이어도 깊이 읽기

이어도 깊이 읽기

이어도연구회 대표 집필 고충석

인간사랑

차례

머리말

'이어도' 하면 무엇이 떠오를까? 어떤 사람은 신화와 전설을 떠올릴 것이고, 다른 사람은 이어도 주변 해역의 해양자원을 생각할 것이다. 이어도해양과학기지를 생각하는 사람도 있을 것이고, 해양영토를 떠올리는 사람도 있을 것이다. 그리고 이런 생각들이 한 데 모이면 자연스럽게 중국을 떠올리게 될 것이다. 그렇다. 이어도를 놓고 중국과 다툼이 있다. 아직은 물 밑 싸움이지만.

21세기가 '해양의 시대'임은 주지의 사실이 되었다. 해양의 전략적 가치가 재인식되고 그에 따라 한 치라도 더 해양영토를 넓히고 영향력을 강화하기 위해 치열한 각축이 벌어지고 있다. 중국과 일본 간에 벌어지는 센카쿠/댜오위다오 분쟁은 민족주의 세력 간의 감정적 대응과 상대국 국민들의 역사적 정서 동원, 그리고 경제제재 등에 이어 물대포 공방, 전투기 대치, 공격용 레이더 조준 등으로 군사적 충돌 일보 직전까지 치달았다.

센카쿠/댜오위다오는 무인도로 총면적은 약 6.32㎢에 불과하며, 5개 섬과 3개 암초로 구성된 제도(諸島)이다. 왜 이런 무인도를 두고 치열한 공방을 벌이는지 의문이 들 수도 있다. 그런데 분명한 것은 섬의 영유권을 놓고 벌이는 분쟁은 단순한 영역 다툼이 아니라는 것이다. 그 본질은 그 섬의 가치, 즉 경제 및 군사안보적 국익을 놓고 벌이는 해양주권과 국익 쟁탈전이다.

이어도를 사이에 두고 한국과 중국 사이의 바다는 400해리가 되지 않는다. 유엔해양법협약에 따라 200해리까지 선포할 수 있는 배타적 경제수역이 서로 겹치게 된다. 이어도는 바로 그 배타적 경제수역이 겹치는 지점에 위치하고 있다. 그러나 훨씬 우리 쪽에 가깝게 있다. 우리 마라도에서는 80해리, 즉 149km밖에 안 되지만, 중국의 서산다오로부터는 155해리, 즉 287km나 떨어져 있다.

이어도는 말 그대로의 '섬'은 아니다. 이어도는 물속 4.6미터 속에 잠겨 있는 수중 암초이다. 그것을 이어'도'라고 명명하는 것 자체가 모순일지도 모른다. 그런데 오래 전부터 이어도는 신화로, 또는 전설로 제주도민들의 가슴 속에 깃들어 있었다. 어떤 사람에게는 애환으로, 또 다른 어떤 사람에게는 이상향으로 말이다. 그래서 우리 제주도민에게 이어도는 수중 암초 그 이상인 것이다. 한 걸음 더 나아가면, 웅장한 위용의 이어도해양과학기지가 우리 해양수산의 상징이듯, 그것이 뿌리를 내리고 있는 이어도는 우리 해양영토의 상징이다.

이어도 문제는 배타적 경제수역의 중첩으로 생긴 해양경계획정 이슈로 도서 영유권을 놓고 벌이는 다툼과는 다르다. 200해리까지 선포할 수 있는 배타적 경제수역의 중첩으로 인한 문제이기 때문에 해양 관할권 이슈이며, 당사국 간 협상을 통해 결정될 문제이다.

전 세계적으로 바다를 접하고 있는 연안국의 수는 150여 개 정도이다. 이중에 130여 개국이 배타적 경제수역을 선포했다. 그런데 만약 150여 개 연안국 모두가 배타적 경제수역을 선포하면 전 세계 해양의 35%가 연안국

관할권에 편입된다. 여기에 세계의 주요 어장과 해저석유의 90%가 연안국의 배타적 경제수역 내에 있다. 어떤 나라도 해양경계획정 협상에서 쉽게 뒤로 물러날 수 없는 이유이다. 또 전 세계적으로 약 427건 정도의 잠재적 해양경계획정 문제가 존재한다. 이중에서 약 36%에 해당하는 168건 정도만 해결되었고 259건은 미해결 상태이다. 그만큼 해결도 쉽지 않은 분쟁 이슈가 해양경계획정 문제이다.

한·중 간에는 해양경계획정을 위한 회담을 오랫동안 진행해 왔다. 양국은 1996년 유엔해양법협약 가입 이래 2008년까지 14차례 국장급 협상을 해왔으나 진전이 없었다. 그런데 최근 몇 년 사이 한·중 양국의 최고 지도자 간에 회담의 지속 또는 가속화에 대한 공감대가 형성된 것 같다. 2008년과 2012년 이명박 대통령과 후진타오 주석의 정상회담, 그리고 2013년과 2014년 박근혜 대통령과 시진핑 주석의 정상회담에서 해양경계획정 협상을 추진하기로 합의했다.

이러한 정상 간 합의에 따라 2015년 12월 22일 서울에서 회담이 재개되었다. 이번 회담은 과거의 국장급 협의를 격상시켜 차관급으로 개최했다. 양국의 공식적인 해양경계획정을 위한 회담은 7년 만의 재개였다. 그러나 회담에서 양국의 논리가 팽팽히 맞서면서 별다른 결론을 내지 못했고, 양국은 2016년부터 차관급 회담을 연 1회씩 양국에서 교차 개최하고 국장급 실무회의와 전문분과회의를 병행하는 데 합의했다. 양국의 협상은 수년간 장기전이 될 가능성이 높아지게 된 것이다.

협상이 자꾸 결렬되는 이유는 한·중 양국이 주장하는 해양경계획정의 원칙과 절차가 다르기 때문이다. 우선, 협상 '원칙'에서 한국은 '등거리 원칙'을 기본 입장으로 하여 '중간선' 적용을 주장하는 반면, 중국은 '형평의 원칙'과 여러 가지 '관련 사정'을 원칙으로 적용할 것을 주장하고 있다. 또 협상 '절차'의 측면에서 한국은 경계획정을 위해 잠정적인 중간선을 먼저 그은 후, 필요한 경우 세세한 부분들을 조정해 나가자는 입장이다. 그에 반해 중국은 먼저 경계획정에 영향을 미치는 요인들을 모두 고려한 후, 이들 간의 균형을 맞춰 나가고, 그런 후에야 구체적인 경계선에 합의할 수 있다는 입장이다. 유엔해양법협약이라는 글로벌 해양규범이 존재함에도 불구하고 서로 상이한 주장을 하고 있는 것이다.

모든 국가에 공통적인 목표는 국가이익의 보호 및 증진이다. 그러다 보니 분쟁을 다루는 데 취약한 유엔해양법협약을 자국에 유리한 쪽으로 해석하여 획정 원칙을 세우고 이를 추진해 나가는 나름의 절차를 주장하는 것이라고 생각된다. 해양경계획정 문제가 오랫동안 해결되지 못한 것은 그것이 가지는 엄중한 무게 때문이다. 경계획정에 대해 상호 합의를 하면 그것이 최종적인 경계가 될 가능성이 높다. 또 바꿀 수 없는 영원한 경계가 될 가능성이 높다. 해양경계획정에 대한 협정은 다시는 되돌릴 수 없는 국경조약의 성격을 갖기 때문이다. 그래서 이 협상은 단순한 경제적 혹은 전략적 가치 이상으로 중요한 협상인 것이다.

해양경계획정 문제가 결국 국익의 상충과 그 충돌의 문제라면, 어떻게 상호 국익을 조정할 것인가가 협상 타결의 관건이 된다고 할 수 있다. 따라서 유엔해양법 같은 국제법의 조문만 강조하기보다 타결 가능한 정치적 조건 또는 다양한 정치적 타협책 등을 다각도로 강구하는 것도 필요하다.

사단법인 이어도연구회는 2007년 설립 이래 이어도에 관한 국민적 이해증진을 위한 다양한 사업들과 함께 이어도와 관련된 인문학적, 국제법적, 해양공학적, 국제관계적 연구들을 꾸준히 그리고 심도 있게 수행해 왔다. 이 연구는 그동안 사단법인 이어도연구회가 축적한 다양한 연구와 활동 경험을 바탕으로, 이어도에 대한 복잡한 이슈를 다각도로 이해할 수 있도록 이어도에 관한 개설서 집필을 목적으로 이루어졌다.

이어도 문제가 직면하고 있는 큰 한계는 그 상대가 중국이라는 점이다.

지금 중국은 미국과 함께 G2 국가이다. 이런 중국과 이어도 이슈를 놓고 맞서야 하기 때문에 이어도의 관할권을 확보하는 문제는 버거운 이슈라고 아니할 수 없다. 그러나 이 연구를 통해서 검토했듯이, 이어도에 대한 우리의 역사는 오랜 과거로 거슬러 올라간다. 제주의 문화 속에는 이어도가 설화, 소리, 속담 등으로 깊이 각인되어 있다. 중국이 관심을 갖기 훨씬 이전부터 민간과 정부의 협업 하에 이어도를 찾기 위한 탐사도 수차례 이루어졌다. 이런 이어도는 우리의 삶 속에 녹아 있는 생활이고 문화이다.

이어도는 국제법적으로도 적절한 대응이 필요한 문제이다. 유엔해양법협약을 근간으로 어떻게 이어도 주변수역에 대한 관할권을 주장할 것인지에 대한 체계적인 국제법적 연구와 대응이 필요한 상황이다. 아울러 무리한 중국의 쑤옌자오(이어도의 중국명) 관할권 주장에 대한 역사적 또는 국제법적 논거의 발굴과 대응 논리의 개발도 필요하다. 그리고 한 걸음 더 나아가면, 이어도를 둘러싼 무력 행사에 대한 대응 또한 소홀히 할 수 없다. 최근의 센카쿠/댜오위다오를 둘러싼 무력시위는 위협적인 중국의 대응방식이다. 또 남중국해 인공섬 건설을 통해 영유권과 관할권 주장을 강화하고 있는 중국의 대응 또한 간과해서는 안 될 최근 중국의 해양분쟁 대응 방식이다. 이런 점들을 감안할 때, 이어도를 둘러싼 중국과의 무력 충돌 가능성에 대비할 필요가 적지 않다.

이 책은 이어도 이슈의 본질이 무엇이고, 우리의 역사와 문화 속에 깃들어 있는 이어도의 모습은 어떤 것인지를 탐구하면서도, 그에 대한 우리의 관할권 주장을 위한 다양한 논리의 개발과 논거 구축, 그리고 다각적인 대응방안들을 검토했다. 그러나 이 연구는 아직까지도 진행 중인 연구라는 점을 인정하지 않을 수 없다. 이어도에 관한 각종 민속자료가 발굴될 수 있고, 이어도해양과학기지의 다양한 활용 가능성을 유념해야 한다. 또 중국의 해양전략 변화 가능성을 상정하지 않을 수 없으며, 우리 정부가 중국과 해양경계획정 협상을 어떻게 진전시켜 나갈 것인지도 고려해야 할 문제이다. 이처럼 여러 가지 진행형의 문제와 이슈들이 지속적으로 제기되기 때문에 이어도 문제는 종료된 프로젝트가 아니라 앞으로도 지속해 나가야 할 국가 차원의 미래 프로젝트이다.

이 책은 우리 국민 모두가 이어도는 물론이고 그와 관련된 해양영토 및 해양분쟁 이슈를 깊이 있게 이해하고, 그 중요성에 공감할 수 있기를 바라며, 교육 현장에서 해양주권 의식 함양과 해양강국 비전의 확산을 위한 해양 교육의 밑알이 되었으며 하는 바람이다. 이런 점에서 이 책은 이어도 개설서로서의 첫 발을 내디디고자 하는 연구이며, 향후에도 지속적인 증보와 개정의 노력이 필요할 것이다. 그리고 이어도 이슈에 대한 국민적 이해증진을 위해서는 이 연구를 출간하여 국민들에게 널리 배포될 수 있는 저술을 통한 대중화 사업의 추진도 지속될 필요가 있을 것이다.

마지막으로, 이 책은 집필진뿐만 아니라 자문위원, 감수위원 등 많은 학자와 전문가들의 참여로 빛을 보게 되었다. 특히 해양수산부 국립해양조사원의 연구 지원은 큰 힘이 되었다. 사단법인 이어도연구회는 이 기회를 빌려 7년 여 동안 물심양면으로 격려와 지원을 아끼지 않으신 전문가분들과 국립해양조사원에 깊이 감사드린다.

2016년 7월

사단법인 이어도연구회
이사장 고충석

우리 민족이
바다를 알고 지낸 시기는 영광의 시기이고,
바다를 잊어버린 시기는 환란과 시련의 시기였다.
한국을 구원할 자는
바다의 나라로 일으키는 자이고,
한국을 구원하는 것은
바다에 서는 나라로 고쳐 만드는 것이다.

— 육당 최남선,
"해양과 국민생활,"『地方行政』, 2권 2호(1953).

제1장 서론

제1절 문제의 제기

1. 왜 해양인가?

바야흐로 해양의 시대다. 15세기 대항해 시대 이후 해양에 대한 관심은 그 어느 때보다 크다. 21세기 들어 인류는 화석 연료와 자원 고갈이라는 새로운 문제에 직면하고 있기 때문이다. 그래서 많은 국가들이 해양으로 눈을 돌려 다음 세기의 지속 가능한 발전을 위한 새로운 성장 동력원을 찾고 있다.

해양은 장애물이 아니라 열린 공간이다. 미지의 세계에 대한 상상력과 개척정신을 배양한다. 물로 가득 찬 바다로만 해양을 봐서는 안 된다. 지구 표면적의 71%를 차지하는 해양은 그 크기만큼이나 무한한 가치와 잠재력을 갖고 있다. 해양은 많은 국가들에게 자원·에너지·해운·물류·항만 등을 통한 국가발전의 견인차이다(김성진, 2013; 윤진숙, 2013).

해양의 가치가 높아질수록 한 치라도 더 넓은 해양을 차지하기 위한 국가 간 각축도 불가피하다. 해양은 경계 없이(seamless) 하나로 이루어진 드넓은 세계인 것처럼 보이지만 실제는 그렇지 않다. 눈에 보이지는 않지만 여러 경계선들이 그어져 있다. 그리고 이 경계선이 불확실한 곳에서는 아직도 논란과 갈등, 분쟁이 지속되고 있다.

오늘날과 같은 해양 경계가 획정된 것은 비교적 최근이다. 1982년 4월 30일 채택되어 1994년 11월 16일부터 발효된 유엔해양법협약(United Nations Convention on the Law of the Sea: UNCLOS)이라는 국제법이 만들어져 세계 해양의 경계를 획정하는 기준이 되었다. 영해, 접속수역, 배타적 경제수역, 대륙붕 같은 명칭이 바로 해양에서의 경계를 나누는 기본 개념이자 영역 구분이라고 할 수 있다.

그런데 새로운 세계 해양질서를 규율하기 위해 국제사회가 합의하여 만든 유엔해양법협약 체제의 등장이 역설적으로 해양 경쟁을 첨예화 시켰다. 배타적 경제수역, 대륙붕같은 핵심 해양 영역을 둘러싼 분쟁을 다루는 명확한 규범을 제시하지 못하고 있기 때문이다. 서로 마주보는 대향국(對向國) 간 또는 인접국 간에는 종종 해양경계획정을 놓고 분쟁이 발생할 수밖에 없다. 그런데 한 치라도 더 넓은 해양을 차지하기 위해 유엔해양법협약 규정을 자의적으로 해석, 주장, 관철시켜려 할 경우 논란과 갈등은 필연적일 수밖에 없다. 이러한 갈등과 분쟁 과정에서 유엔해양법협약은 구속력 있는 결정보다는 당사국 간 협의를 통한 원만한 합의를 강조하는 국제법 일반의 특성에서 크게 벗어나지 못하고 있다.

시야를 동아시아로 좁히면 해양의 전략적 가치가 재인식됨에 따라 한 치라도 더 해양영토를 넓히고 영향력을 강화하기 위한 국가 간 각축은 갈수록 치열해지고 있다. 동아시아 해양의 한 축인 '동중국해'에서는 중·일

간 센카쿠/댜오위다오 분쟁이 발발, 냉전적 중·일 갈등을 재현한 바 있다. 양국 간 갈등에는 일부 민족주의 세력들 간의 감정적 대응, 상대국 국민들의 역사적 정서의 동원, 경제제재로의 맞대응, 그리고 더 나아가서는 물대포 공방, 전투기 대치, 공격용 레이더 조준 등으로 일촉즉발의 군사적 충돌로까지 치달았다.

동아시아 해양의 또 다른 한 축인 '남중국해'에서도 중국의 선제적 인공섬 건설을 통한 영유권과 관할권 확보 공세에 베트남 등 동남아시아 관련국들과의 분쟁이 심화되고 있다. 특히 남중국해에서는 '항행의 자유'를 주창하고 있는 미국과 배타적 경제수역에서의 군용기 진입을 '군사적 도발'로 간주하는 중국의 입장이 서로 대립하고 있는데, 이는 G2 간 대립이 가장 가시화되는 곳이 해양이며 남중국해라는 것을 뜻한다.

최근 동아시아 해양에서 벌어지고 있는 도서 영유권과 해양 관할권을 둘러싼 분쟁은 단순한 해양 영역 다툼이 아니다. 섬과 바다의 가치, 즉 경제 및 군사안보적 국익을 놓고 벌이는 해양주권과 국익 쟁탈전이다. 일찍이 앨빈 토플러(Alvin Toffler)와 폴 케네디(Paul Kennedy)는 21세기는 해양의 시대가 될 것이라고 예견했다(토플러, 1994; 케네디, 1990). 헌쇼(F.C.J. Hearnshaw)는 해양을 지배하는 자가 세계를 지배한다고 했다(Hearnshaw, 1940). 자크 아탈리(Jacques Attali)는 한국이 세계 경제를 지배하는 강력한 세력이 되지 못한 이유 중의 하나로 해양산업에 소홀했다는 점을 지적한 바 있다(아탈리, 2007). 해양의 중요성은 이구동성으로 강조하는 바이다.

그렇다고 해양 시대의 도래가 인류에게 밝은 미래만 약속하지 않는다. 해양이 품고 있는 막대한 잠재력은 오히려 해양을 새로운 갈등의 진원지로 만들 수 있다는 점을 유념할 필요가 있다. 이런 점에서 해양은 '양날의 칼'이다. 해양의 가치는 인류의 밝은 미래를 약속하기도 하지만, 높은 가치를 지닌 해양을 둘러싼 갈등은 분쟁과 충돌로 귀결될 수도 있다.

그동안 해양에 대한 우리의 인식은 그리 높은 수준은 아니었던 것으로 보인다. 특히 역사적으로 은둔의 조선이 펼쳐 온 정책 때문이었다. 조선은 섬에 사람이 살지 못하도록 한 공도정책(空島政策)과 일반 백성의 해상활동을 전면 금지한 해금정책(海金政策)을 시행했다. 바다를 멀리하고 어부를 천대하는 경향이 자연스럽게 확산되었다. 이런 풍조는 조선시대 내내, 그리고 이후 근대 식민시대를 거치면서 우리 뇌리 속에 뿌리깊게 박히게 되었다.

육당(六堂) 최남선은 500년 이상 계속된 이러한 분위기를 바꾸는 데 앞장섰던 선구적 지식인이었다. 육당은 바다에 대해 처음으로 언급한 "해에게서 소년에게"(최남선, 1908)를 통해 바다가 미래의 도전정신이고 소년이 건너야 할 당면한 현실로 보았다. 또 육당은 1954년 해군본부의 의뢰로 한국 해양 통사인 『한국해양사』(韓國海洋史) 편찬을 주도하면서 쓴 서문에서 대한민국은 해양화의 길을 걸어가야 한다고 힘주어 말했다(최남선, 1954). 그는 해양화로 갈 때 국운을 개척할 수 있다면서, "한국을 바다의 나라로 일으키는 자", 그리고 "한국을 바다에 서는 나라로 고쳐 만드는" 자가 "한국을 구원할 것"(최남선, 1953)이라고 했다.

시대가 바뀌어도 육당의 지적은 여전히 유효하다. 해양의 중요성에 비추어 볼 때 해양에서 우리의 미래를 찾아야 한다는 것은 시간이 갈수록 더욱 분명해지고 있기 때문이다. 육지에 비해 우리의 해양 잠재력은 훨씬 큰 것으로 보인다(김영석, 2016). 첫째, 우리나라는 육지 면적의 4.5배에 달하는 해양관할권을 갖고 있다. 도서의 수는 유인도 482개와 무인도 2,876개로 총 3,358개이고, 해안선 길이도 14,962㎞에 달한다. 갯벌 면적은 여의도 면적의 858배인 2,487㎢이다. 그리고 해양 관할권 면적도 44.3만 ㎢에 달한다.

둘째, 우리나라는 풍부한 해양자원을 보유하고 있다. 서해 조력에너지 650만 kw, 연안 파력에너지 650만 kw로 추정되며, 해양생태계의 경제적 가치는 연간 100조 원에 달하는 것으로 추정되고 있다.

셋째, 우리나라는 천혜의 해상교역 조건을 갖추고 있다. 동북아의 중심이면서 세계 간선항로 상에 위치한 우리나라는 물류 허브로서의 잠재력을 보유하고 있다. 2014년 컨테이너 물동량은 세계 4위 수준이다. 우수한 해운항만물류 인력 및 인프라를 확보하고 있기 때문에 가능한 기록이라고 할 수 있다.

넷째, 해양 부문에서의 경쟁력도 세계적이다. 조선수주량 세계 2위, 해운선복량 세계 5위, 항만물동량 세계 4위, 양식수산업 세계 7위, 수산물 생산량 세계 13위, 생물다양성 세계 1위 등을 기록하고 있다.

우리가 갖는 해양의 잠재력과 해양력에도 불구하고, 해양자원 확보를 위한 치열한 경쟁은 우리에게 녹록치 않은 압력으로 작용하고 있다. 유엔해양법협약의 발효와 배타적 경제수역 제도의 정착 등에 따라 해양자원은 물론이고 해양영토를 둘러싼 국가 간 경쟁이 심화되고 있기 때문이다. 우리에 비해 국력과 해양력 모두 월등한 중국, 일본과 해양 경쟁에 직면한 우리에게 해양 문제, 특히 해양영토를 둘러싼 분쟁의 해결은 난제 중의 난제라고 할 것이다.

해양의 중요성을 일찍이 갈파했던 '해양 선각자' 육당의 언급과 갈수록 치열해지고 있는 해양경쟁 상황을 유념할 때, 우리에게 이어도는 절묘하다. 그 위치가 절묘할 뿐만 아니라 대한민국의 미래구상에서도 절묘하다. 대한민국이 '바다의 나라'로 나가는 징검다리라고 할 수 있기 때문이다. 그렇다면 왜, 그리고 어떤 면에서 이어도가 그렇게 절묘한가?

2. 왜 이어도인가?

이어도(島)는 말 그대로의 '섬'은 아니다. 이어도는 물속 4.6미터 속에 잠겨 있는 수중 암초이다. 그것을 이어'도'라고 명명하는 것은 그 자체로서 모순일지도 모른다. 그런데 오래 전부터 이어도는 신화로, 또는 전설로 우리의 가슴 속에 섬으로 깃들어 있었다. 어떤 사람에게는 애환으로, 또 다른 어떤 사람에게는 이상향으로 말이다. 그래서 특히 제주도민에게 이어도는 수중 암초 그 이상인 것이다. 그래서 이어도를 명명할 때 섬을 뜻하는 '도'(島)자를 썼던 것이다. 그리고 한 걸음 더 나아가면, 웅장한 위용의 이어도 해양과학기지가 뿌리를 내리고 있는 이어도는 우리 해양영토의 상징이다.

우리나라는 이어도를 놓고 중국과 다툼을 벌이고 있다. 중국과 우리나라 사이의 바다는 거리상으로 400해리가 되지 않는다. 200해리까지 선포할 수 있는 양국의 배타적 경제수역이 겹치게 된 것이다. 그런데 이어도는 중국의 동단 '서산다오(佘山島)'로부터 155해리(287km) 떨어져 있고, 한국의 마라도로부터 서남쪽으로 80해리(149㎞) 떨어져 있다. 우리에게 훨씬 가깝게 있다. 그럼에도 불구하고 유엔해양법협약에 따르면, 중국과 협상을 통해 이어도 수역의 관할권을 정해야 한다. 그래서 한·중 양국은 지난 1996년부터 해양경계획정을 위한 회담을 거의 매년 개최했다. 2008년까지 14차례에 걸쳐 국장급 실무협의를 진행해 왔지만, 서로 입장차만 확인했을 뿐 번번이 결렬되었다. 그만큼 이어도의 가치가 막중하기 때문에 팽팽한 줄다리기를 해온 것으로 보인다.

이어도는 경제적으로 뿐만 아니라 지정학적 측면에서도 그 가치가 막대하다. 우선, 이어도의 경제적 가치 측면에서 이어도 주변 수역의 해양 광물자원의 가치를 언급하지 않을 수 없다. 현재까지 과학적으로 조사된 바는 없으나 막대한 자원이 매장된 것으로 추정되고 있다. 예컨대, 채굴 가능한 석유 매장량의 경구 사우디아라비아는 2,617억 배럴, 미국은 220억 배럴이며, 채굴 가능한 가스 매장량은 사우디아라비아가 21.8조 큐빅피트, 미국이 117.4조 큐빅피트로 평가되고 있다. 그런데 미국 윌슨국제연구센터의 Harrison(2005)의 연구에 따르면, 이어도가 위치하고 있는 동중국해의 광물자원의 추정매장량은 석유 최대 1,000억 배럴과 가스 175~210조 큐빅피트(cubic feet)이며, 추정매장량의 가치는 석유 1경 600조 원, 가스 702~843조 원에 해당한다. 이러한 동중국해의 광물자원 추정치를 기초로 할 때 이어도 주변지역에도 상당한 규모의 광물자원이 매장되어 있을 것으로 추정할 수 있다.

한편, 사단법인 이어도연구회가 수행한 연구에 따르면, 이어도의 지정학적 가치는 연간 6,885억 원 수준으로 추정된다. 이 수치는 군사·안보적 가치 3,085억 원, 문화·상징적 가치 1,646억 원, 그리고 지리·과학적 가치 2,162억 원을 합한 것이다. 동일한 기준으로 추정한 독도의 무형가치는 1조 68억 원으로, 이어도는 독도의 68.4%만큼의 가치를 갖고 있는 것으로 평가되고 있다(박명호, 2013).

그런데 최근들어 미·중 간 동아시아 해양패권 경쟁이 갈수록 치열해지는 상황을 고려하면 이어도 주변수역의 군사·안보적 가치가 제대로 반영되지 못한 것으로 보인다. 또한 한·중 해양경계획정 협상에서 우리에게 유리한 변수로 작용할 가능성이 높은 이어도종합해양과학기지가 갖는 협상적 가치도 적절히 반영되지 못한 것으로 보인다. 이러한 이어도의 잠재적인 지정학적 가치까지 고려할 경우, 특히 중국의 해양에서의 '부상'이 강화될수록 이어도의 가치는 독도의 가치에 못지 않는, 또는 상회하는 막대한 가치를 가질 것으로 전망되고 있다.

최근 몇 년 사이 한·중 양국의 최고 지도자 간에 회담의 지속 또는 가속화에 대한 공감대가 형성된 것은 사실이다. 2008년과 2012년 후진타오 주석과 이명박 대통령은 한·중정상회담에서 "해양경계획정 문제를 조속히 해결하는 것이 양국 관계의 장기적이고 안정적인 발전을 위하여 중요한 의미가 있다는 데 동의하고 회담을 가속화"하기로 합의한 바 있다. 박근혜 대통령도 시진핑 주석과의 2013년 정상회담에서 "해양경계획정 협상을 조속히 가동키로 합의"했다. 특히 2014년 정상회담에서는 보다 구체적으로 2015년부터 차관급 회담 재개에 합의했음을 밝히기도 했다.

최근 몇 년간 연달아 한·중 정상들은 해양경계획정 협상의 지속과 타결의 필요성에 뜻을 같이 한 것이다. 합의에 이르고자 하는 양국 정상의 정치적 의지가 그 어느 때보다 큰 것으로 보인다. 그에 따라 한·중 양국 정상 간 합의로 2015년부터 해양경계획정 협상을 본격화하기로 하고, 12월 22일 그 첫 회담을 가졌다. 여기서 양측은 서로 기본 입장을 교환했고 연 1회의 차관급 회담 개최와 그 사이에 국장급 실무회의 및 전문 분과회의의 개최를 병행하기로 합의했다. 그리고 향후 협상 진행 및 체제와 일정 등을 정하는 선에서 회담을 마무리했다(《한국일보》, 2015년 12월 22일자).

주지하듯이, 회담의 중요성에 비추어 단시일 내에 협상이 타결되기를 기대하는 것은 어렵다. 협상 타결 전까지 한·중 간 해양경계획정 이슈는 잠재적 분쟁이슈로 지속된다고 봐야 할 것이다. 이런 맥락에서 해양경계획정을 둘러싸고 이어도가 가지고 있는 다양한 가치와 최근 중국의 해양 공세에 비추어 보면, 이어도는 머지않은 시점에 한·중 간의 뜨거운 이슈로 부상할 가능성도 배제할 수 없다. 따라서 이어도를 둘러싼 중국과의 해양분쟁에 대한 다양한 측면의 대비는 아무리 강조해도 지나치지 않을 것이다.

제2절 이어도, 어떻게 할 것인가

1. 이어도 이슈의 성격

한·중 양국은 서해 해역의 폭이 좁아 배타적 경제수역(EEZ)이 일부 겹친다. EEZ는 영해 기선 200해리가 기준인데, 한·중 양국이 마주보는 서해 해역은 400해리가 되지 않는다. 한·중 간 이어도 해역의 경계획정을 놓고 회담을 벌이고 있는 이어도 이슈의 성격은 다음의 몇 가지로 정리될 수 있다.

첫째, 이어도 문제는 아직까지 국가가 공식적으로 갈등의 핵심 주체로 등장하지는 않은 상태이다. 한·중 양국 정부는 모두 이어도 이슈에 대해 당사자 간 협상 이슈라는 점에 공감하고 있다. 한국은 서해상 중간선을 기준으로 해양경계획정을 하자는 입장인 반면, 중국은 해안선 길이, 인구 수 등을 고려한 형평의 원칙을 강조하며 한국 쪽으로 더 옮겨야 한다고 주장한다. 그런데 상대국 정부에 공식적인 차원에서 이를 강력하게 주장하지는 않고 있는 것으로 보인다. 2015년 12월 열린 협상에서도 한·중 양측은 서로의 기본 입장을 교환하고 향후 협상 진행에 관한 논의로 회담을 마무리한 바 있다. 다만 한·중 양국의 학계가 각자가 내세우는 주장의 정당성을 설파하고 이에 민간 부문이 동조하는 추세인 것으로 보인다.

이어도 문제가 국가 간 본격적인 갈등 이슈로 부상하지 않았다는 점에서 보면, 현재로서 심각한 갈등 이슈로 현재화되었다기보다는 잠재적인 이슈라고 볼 수 있다. 물론 최근의 센카쿠/댜오위다오 분쟁을 전후로 한 2011년 말 이후부터 중국이 이어도를 포함한 동중국해에 대한 통제를 본격화하고 있는 것도 사실이다.[1] 중국 민족주의의 발흥이 이어도 이슈로까지 확장될 경우 센카쿠 열도/댜오위다오 분쟁과 같은 심각한 수준으로 이행될 가능성도 배제할 수 없을 것이다.

---

1 2011년 12월 14일과 15일 서해상에 중국해감(中國海監) 50호와 66호를 배치하고 조어도 일대와 춘샤오 일대, 한국과 갈등을 빚고 있는 이어도와 가거초 일대를 순항하겠다고 대대적으로 공포한 바 있다. 또 2012년 1월 말에는 'Y-12' 쌍발엔진

둘째, 이어도 문제는 기본적으로 배타적 경제수역 문제, 즉 해양경계획정 이슈이기 때문에 갈등 주체 간의 양립불가능한 이슈는 아니다. 주지하듯이, 이어도는 수중 암초이기 때문에 이것이 해양법적으로 경계획정의 결정적 요소라고 보기는 어렵고, 따라서 국가 간 합의와 협상을 통해 이어도 주변수역의 해양경계가 획정될 수 있다. 이어도 이슈가 양립 불가능한 사안으로 받아들여지고 있는 데는 협상을 앞두고 상대적으로 보다 유리한 지위에 서기 위한 전략적 조치처럼 보인다.

그런데 이런 상황이 국가 존립의 토대인 영토를 둘러싼 분쟁으로 국민들에게 비쳐지면서 마치 합의와 타협이 영토주권의 포기로 인식되어 양립불가능한 이슈가 되고 있는 것으로 보인다. 특히 대중의 민족주의가 개입되면서 배타적 경제수역 획정을 통한 해양 관할권 문제가 영유권 문제로 와전되어 보다 더 강도 높은 갈등으로 발전하고 있는 것으로 보인다. 물론 이러한 갈등의 첨예화에는 기본적으로 상대국의 의도에 대한 불신과 같은 인식적 요인이 중요하게 작용하고 있는 것으로 보인다(이남주·배기찬, 2009: 438).

셋째, 배타적 경제수역 분쟁이 본질적으로 국가 간 경제적 이익갈등으로 이해되듯이, 이어도 문제도 같은 맥락에서 이해될 수 있다. 배타적 경제수역이 어떻게 획정되느냐에 따라 해양 관할의 범위가 확대 또는 축소될 수 있으며, 그 결과로 해양자원의 활용 범위에 지대한 영향을 미칠 수 있다.

그러나 이어도 이슈는 이처럼 순수하게 경제적 이익갈등으로만 보기 어려운 측면이 있는 것도 사실이다. 중국이나 한국 모두에게 이어도 주변수역은 주요 해양수송로가 통과하기 때문이다. 오늘날 에너지는 단순히 경제

터보프롭 장거리 정찰기까지 추가 배치했다. 정찰기의 순시활동 범위는 중국 연안에서 200해리로 앞서 언급한 분쟁지역을 모두 포함한다. 《環球時報》, 2012年 1月 6日.

발전의 동력이라는 차원을 넘어 국가안보의 문제로 인식되지 오래다. 또 이어도 이슈는 군사적 측면에서도 가볍지 않은 이슈이다. 이어도가 위치한 동중국해는 중국이 해양전략에서 가장 중요하게 생각하는 제1도련선 범위 내에 있다. 그리고 중·일 간은 물론 미·중 간 해양패권이 점점 더 격화되는 상황에서 배타적 경제수역을 확대하는 것은 중국의 사활적 해양안보 이슈라고 할 수 있다.

본래 배타적 경제수역 자체는 군사적 이슈가 아니지만 해양에서의 중·일 또는 미·중 간 과도한 경쟁이 야기될 경우, 배타적 경제수역은 해역 방어의 지렛대로 사용될 수도 있을 것이다. 이론적으로 보면 안보협력도 경제적 이익갈등에 해당한다고 할 수 있지만, 군사적 문제와 같이 국가의 생존에 직접적인 영향을 미치는 문제는 포지티브섬 게임으로 전환하기 어렵다(이남주·배기찬, 2009: 438)는 점에서 갈등해결이 쉽지 않은 이슈이다.

마지막으로, 갈등이 발생하여 점점 더 고조된다고 해서 그것이 해결 불가능한 것이 아니라는 점도 유의할 필요가 있을 것이다. 물론 사안의 성격에 따라 쉽게 짧은 기간에 해결되지 못하는 사안도 있겠지만, 이런 경우는 역사적으로 누적되어 온 경우일 것이다. 특히 국가의 정체성과 관련된 이슈들인 경우가 그렇다.

그러나 이런 이슈들조차도 근본적으로 해결 불가능한 이슈는 아니다. 유럽 통합이 이를 잘 보여준다. 역사적으로 유럽은 크고 작은 숱한 전쟁들을 치렀으며, 한·일관계와 유사하게 영국과 프랑스도 숙명적 관계로 비쳐지곤 했었다. 그럼에도 불구하고 유럽이 통합되고 자국의 주권 일부를 공동체에 이양할 수 있었다는 것은 동북아에서의 갈등도 해결 또는 치유 불가능한 사안은 아니라는 점임을 보여준다. 그런 가능성에도 불구하고 이를 가장 크게 제약하는 요소가 민족주의라는 점에서 그 심각성은 크다. 특히 국가적 정체성의 확립이 한·중·일 3국 모두에서 중요한 과제가 되고 있고, 종종 국가의 정치지도자들이 정치적 지지도를 높이기 위해 의도적으로 민족주의를 활용함으로써 그런 가능성을 더욱 제약하고 있다.

2. 어떻게 할 것인가

과거 해양 문제는 육지에 부수되는 부차적인 문제였다. 그러나 오늘날은 다르다. 해양 문제는 육지 문제와 병행되는, 때로는 더 중요하게 간주되는 이슈로 부상했다. 주지하듯이, 현행 유엔해양법협약에 의해 특정 도서가 200해리의 배타적 경제수역을 관할할 수 있는 권리가 인정되면 한반도 넓이의 2배에 해당하는 약 40만 ㎢의 해양 수역을 확보할 수 있다. 그리고 그 수역에서는 배타적인 경제적 권리를 향유할 수 있다는 점에서 막대한 국익을 확보하게 되는 것이다. 이 점이 바로 이어도 해양주권 확보와 해양국익 수호의 중요한 이유이다.

사실, 해양영토 문제에 대해 일본이나 중국은 우리보다 훨씬 공격적이다. 예를 들면, 일본은 만조 때 겨우 수면 위로 드러나는 오키노도리시마라는 암초에 1989년부터 1993년까지 지름 50m의 원형 벽을 쌓아 올리고 콘크리트를 부어 섬의 면적을 확장했다. 그리고 이 섬을 기점으로 200해리 배타적 경제수역을 선포, 일본 국토 면적(38만 ㎢)보다 넓은 43만 ㎢ 면적의 공해를 해양영토로 편입시켰다. 이후 일본은 오키노도리시마를 섬으로 인정하지 않는 중국의 이의제기에 맞서기 위해 이곳에 항공기 이착륙이 가능한 해양리조트를 건설하겠다고 선포하기도 했다.

중국은 훨씬 더 공격적으로 해양영토 문제에 대처하고 있다. 남중국해의 난샤군도와 시샤군도에 대한 인공섬 건설에 박차를 가하고 있다. 중국은 최근 남중국해에서 2016년 완공을 목표로 모두 7곳에 인공섬 축조 공사를 진행해 왔다. 중국은 외교안보, 통상, 개발, 금융 등을 포괄하는 종합 발전 전략으로 '일대일로(一帶一路)' 신실크로드 전략을 추진하고 있는데, '해양'이 바로 이 전략의 한 축이다. 중국은 이 전략 구상에 따라 보다 공격적으로 남중국해에 대한 패권 강화를 추진하고 있다. 2014년까지만 해도 스프래틀리 군도의 파이어리 크로스 암초(중국명 융수자오, 베트남명 다쯔텁)에 중국이 축조한 인공어초(人工魚礁)가 500에이커(약 60만 평) 수준이었는데, 2015년 관측한 바로는 2,000에이커(약 245만 평)에 달한다는 것으로 나타나고 있다.

이처럼 일본과 중국의 이른바 '도서화'(islandisation)를 위한 해양 공세는 모두 해양영토 확장을 직접적인 목표로 하고 있다. 이 점에서 과거 이어도해양과학기지 건설 전후 국내 일각에서 제기되었던 이어도의 '도서화' 주장은 시사하는 바가 적지 않다. 이어도의 미래 가치와 중요성을 깊이 생각해 볼 때이다.

이어도는 우리나라가 태평양으로 나아가는 길목에 있다. 그리고 이어도 주변수역도 광대하다. 그리고 이어도는 태풍의 길목에 위치해 있어 이어도 해역을 거쳐 한반도로 북상하는 태풍이 전체의 40%를 넘는다. 이들 태풍을 실시간으로 파악해서 예보함으로써 얻을 수 있는 이익도 적지 않다. 이어도 항로는 한국의 해양 인프라로 한국인들에게는 생명줄과도 같다. 이어도 항로를 통해 이동하는 우리나라 전략물자는 원유의 경우 99.8%, 곡물 및 원자재의 경우 100%에 달한다. 우리 경제구조상 15일 이상 해상 봉쇄가 이뤄지면 국가 경제가 파탄에 직면할 수밖에 없을 정도이다. 또 제주 남방 해역은 수많은 어족자원 외에 석유와 천연가스 등 230여 종의 해저자원이 매장돼 있는 자원의 보고로 알려져 있다. 이어도의 남쪽 해역은 우리 남해, 서해, 동해에 분포하는 어류들의 산란장이기도 하다.

전 세계 면적의 71%를 차지하는 해양을 적극 활용하지 못하는 나라는 발전을 기대하기 쉽지 않다. 그런 측면에서 이어도를 발판으로 태평양으로 우리의 해양활동을 넓혀 나가야 할 것이다. 이어도는 태평양시대의 교두보이자 해양영토 확장의 시발지라고 할 수 있다. 신라의 장보고처럼 대한민국도 반도라는 작은 땅을 넘어 그 몇 십 배에 해당하는 해양영토 확장을 반드시 이루어내야 할 것이다. 이어도는 바로 태평양으로, 그리고 세계로 비상하는 교두보이기 때문이다.

이어도가 해양 발전, 국익 확장, 미래 한국의 이정표가 될 수 있도록 하기 위해서는 우리의 관할권 하에 두어야 한다. 현재 중국과의 잠재적인 해양분쟁 이슈가 되고 있는 이어도의 관할권 확보가 가장 시급한 우리의 해양 이슈이다. 해양 분쟁에서 분쟁 대상이 되는 도서나 배타적 경제수역, 대륙붕의 중요성에 대한 국민적 이해는 해양주권 확보와 해양 국익의 증진을 위해 필수적인 핵심 요소이다. 왜냐하면, 한국은 일본 및 중국과 해양경계 획정에 대한 완전한 최종적 합의에는 도달하지 못한 상태이며, 앞으로 이 문제를 가지고 직접 협상을 성사시켜야 하기 때문이다.

점점 가시화되고 있는 해양의 시대에 해양 국익과 해양 주권이 걸려 있는 해양 이슈, 특히 해양영토와 관련된 문제를 국민들에게 이해시키고 관련 인식을 증진시키는 문제가 중요한 과제로 대두되고 있다. 이어도 이슈의 경우도 그에 대한 관할권을 우리가 확보하려면 협상에 나설 정부 외교관들뿐만 아니라 우리 국민들의 이어도와 해양법에 대한 이해의 수준도 높여야 하는 것은 물론이다.

제3절 책의 목적과 구성

이 책은 이러한 목적의식 하에 집필되었다. 어떻게 이어도를 국민들에게 알리고 단단한 지지를 결집하여 이어도에 대한 국민인식을 강고하게 할 것인가 하는 것이 집필의 기본 목적이다. 이런 목적을 위해 이 책은 이어도 주변 바다와 이어도에 굳건하게 뿌리 내리고 있는 이어도종합해양과학기지를 수호하기 위해 우리 국민들이 올바르게 알아야 될 내용과 대처해야 할 방안들을 정리했다. 예컨대, 이어도와 관련된 이슈에 대해 유엔해양법협약의 법조문과 그에 근거한 풍부한 판례들에 대한 깊이 있게 검토했다. 한·중 양국 간 해양경계획정에서 중요한 해양 분쟁이슈들에 대해서도 체계적으로 분석, 정리했다. 동아시아 해양에서 미국과 경쟁하는 중국의 해양전략, 핵심이익으로 간주하는 제1도련선과 그 범주에 포함되는 이어도의 군사전략적 가치가 협상에 어떤 영향을 미치는지도 최근 부상하고 있는 문제적 사안이다.

이렇게 이어도와 관련된 다양한 국제법적 또는 국제관계적 이슈에 대한 이해도 중요하지만, 우리의 오래된 역사서의 관련 기술, 오래전부터 구술로 전해 내려오는 소리, 속담, 설화 등 이어도의 역사와 문화에 대한 이해도 중요하다. 따라서 이 책은 이어도 그 자체와 이어도의 인문학적 또는 사회문화적 이해뿐만 아니라 국제법적 시각과 국제관계 및 안보적 관점, 그리고 해양주권 강화를 위한 국가와 시민사회의 역할에 이르기까지 다양한 주제들을 일별하고 숙고해 볼 수 있도록 구성했다. 특히 이어도와 관련된 이러한 이슈들에 대해 정확한 이해를 돕기 위해 객관적이고 과학적으로 접근하고자 노력했다.

이 책이 우리 미래의 동량인 청소년을 비롯하여 우리 국민 모두가 이어도는 물론이고 그와 관련된 해양영토 및 해양분쟁 이슈를 깊이 있게 이해하고, 그 중요성에 공감할 수 있기를 바라며, 교육 현장에서 해양주권 의식 함양과 해양강국 비전의 확산을 위한 해양 교육의 밀알이 되었으며 하는 바람이다.

제1부

해양과 이어도

이어도
제주의 마라도에서 서남쪽으로 149km에 위치한
수중 암초로 파랑도라고도 불렸다.
2003년 정부는 이곳에 해양과학기지가 건설했다.

제2장 국가발전과 해양인식

제1절 해양의 미래 가치와 잠재력

1. 해양의 미래 가치

육상에서 생활을 영위하는 인간에게 오랫동안 삶의 원천은 육지였다. 그러나 육지 중심의 통념적 시각을 넘어 해양을 바라보고 국가발전의 미래를 설계한 선도적인 국가들은 대부분 부강한 국가가 되었다. 19세기 말 알프레드 마한(Alfred Thayer Mahan)은 해양의 지배가 국가 발전의 알파요 오메가라는 것을 주장한 대표적 역사가이자 전략가였다(Mahan, 1980). 해양전략과 해양사의 세계적 권위자로 알려진 제프리 틸(Geoffrey Till)은 21세기 들어서도 이러한 명제가 여전히 유효함을 보여주고 있다(Till, 2011).

〈그림 2-1〉 알프레드 마한

오늘날의 해양은 인간이 생활을 영위하는 데 필요한 육지 자원의 고갈로 새롭게 조명 받고 있다. "우리가 바다를 알고자 하는 것은 단순한 호기심 때문이 아니라 바다에 우리들의 생존이 걸려있기 때문"이라는 케네디(John F. Kennedy) 대통령의 경구는 오늘날에 와서 더욱 절실하게 와 닿는다. 실제로 오늘날 해양은 자원·에너지·해운·물류·항만 등을 통해 국가발전을 견인하는 원천으로 인식되고 있다(김재철 외, 2008; 조동오 외, 2008). 그에 따라 세계 각국은 새로운 성장 동력원을 찾기 위해 해양으로 눈을 돌리고 있다.

해양의 면적은 약 3억 6천만 ㎢로 지구 표면적의 약 71%에 해당한다. 해양은 바다 표면(surface of sea), 수역(water-column), 해저 표면(seabed), 지하층 해저(subsoil)로 나눌 수 있다. 먼저, '바다 표면'은 세계 경제의 고속도로이자 해양레저 공간으로서 인류가 가장 많이 이용한다. 그리고 '수역'은 다양한 해양생물 자원을 품은 곳으로 인간에게 필수적인 식량 자원 공급처이다. '해저 표면'은 오늘날 산업 사회에 필수적인 망간, 니켈, 코발트 등 광물자원이 깔려 있는 곳으로 주목받고 있다. 가장 밑인 '지하층 해저'에는 석유와 천연가스 그리고 꿈의 연료로 불리는 메탄하이드레이트가 대량으로 묻혀 있다(한국해양재단, 2014: 10).

또 해양은 형태에 따라 대양과 부속해로 나뉘고 부속해는 다시 지중해와 연해로 구분되며 그밖에 만과 해협 등도 포함된다. 해양은 그 기능과 연안으로부터의 거리를 기준으로 내수, 영해, 접속 수역, 배타적 경제수역, 공해 등과 같은 몇 개의 구역으로 나뉜다. 이들 해역에 대한 이용과 연안국 관할권의 내용, 경계 구분 등은 국제사회의 중요한 문제 영역 가운데 하나가 되고 있다. 유엔에 가입한 193개 국가(2014년 3월 현재) 가운데 해양과 접해 있는 국가인 '연안국'은 130여 개국에 달한다(한국해양재단, 2014: 108).

그렇다면 해양은 어떤 가치를 얼마나 가지고 있는가? 첫째, 해양은 생명의 근원이다. 지구 표면적의 71%를 차지하는 해양에는 지구 생물의 80%가 서식하고 있다. 아울러 지구 산소의 75%를 공급하고, 이산화탄소의 50%를 흡수한다. 해양은 또한 열(熱)의 수급과 이동을 통해 지구의 기후를 조절하는 기능도 수행한다. 해양은 거대한 담수 공급원이기도 하다. 해양은 425조 톤의 물을 증발시켜 이 중 40조 톤의 물을 육지에 공급한다. 물을 순환시켜 육지의 생명체가 유지될 수 있도록 해 주는 것이다. 이밖에도 해양은 인류에게 25%의 생물 상품과 16% 이상의 동물성 단백질을 제공하고 있다(해양수산부, 2006: 11-14).

둘째, 해양은 자원의 보고이다. 해양은 막대한 광물자원과 무한대의 에너지자원을 보유하고 있다. 더구나 해양의 95%는 아직까지 미개발 상태이다. 금속 매장량의 경우 육상이 110년 어치에 불과한 데 비해 해양은 1만 년 어치가 부존하고 있는 것으로 추정되고 있다. 해양의 석유 부존량은 육지의 부존량과 같은 1.6조 배럴에 이르고, 그 중 62%는 미개발 상태에 있다(해양수산부, 2006: 11-14). 뿐만 아니라 해저의 미발견 석유 부존량은 추정하기 어려운 실정이다. 가스하이드레이트는 매장량이 10조 톤 이상으로, 현재 소비량을 기준으로 할 때 인류가 향후 5,000년 동안 사용할 수 있다(서유택 외, 2008: 324-344).

석유, 가스, 심해저 광물, 조력·파력·조류 에너지 등이 해양에서 나오고 있다. 이러한 해양에너지 자원은 150억 kw로 추정되는데, 지구가 사라지지 않는 이상 무한정으로 재생이 가능한 천연자원이다. 이밖에도 열수광상, 망간각, 망간단괴, 해양생물, 해수에 용해되어 있는 광물 등 해양이 보유하고 있는 자원은 실로 방대하다.

1997년 미국의 로버트 콘스탄자(Robert Constanza) 등이 『네이처』(*Nature*)에 게재한 논문에 의하면, 해양이 연간 제공하는 생태계의 가치는 당시의 화폐 가치로 21조 달러에 달해 지구 전체 생태계 서비스 가치의 2/3에 달하는 것으로 나타났다(Costanza et al., 1997). 구리·망간·니켈 등 전략금속의 육지매장량은 짧게는 40년, 길게는 110년이면 동이 날 것으로 예측되고 있다. 그러나 바다에는 최소 200년에서 1만 년까지 쓸 수 있는 양이 매장돼 있는 것으로 추산되고 있다. 조류·조력·파력 등 해양에너지 자원만도 150억 kw정도다. 바다는 세계 GDP의 5~10%를 창출하는 부의 창출 기반이다. 2010년 약 7조 6천억 달러에서 2020년이 되면 14조 달러가 될 것으로 전망되고 있다.

셋째, 해양은 무역과 운송의 통로다. 오늘날 많은 국가는 경제 성장과 대외 무역의 증가, 그리고 원유 수입량 증가에 따라 해상 무역에 대한 의존도가 높아지고 있다. 해상 무역은 국가와 국가, 지역과 지역의 경제적 상호보완성을 연결해주는 고리가 되고 있으며, 국제 무역의 주도적인 수단으로서 막대한 경제적 이익을 창출하고 있다. 해양은 세계 교역량의 78%를 담당하고 있으며, 우리나라의 경우는 수출입 화물의 99%를 담당하고 있다. 따라서 우리나라와 같이 무역 의존도가 높은 국가에게 해양은 교통로로서

〈표 2-1〉 생태계서비스 가치의 추정 결과

생태계 유형	면적 (백만 ha)	면적당 생태계 서비스 가치 (달러/ha - 년)	연간 생태계 서비스의 총 가치(십억 달러/년)
해양	36,302	577	20,949
- 외해	33,200	252	8,381
- 연안	3,102	4,052	12,568
육지	15,323	804	12,319
합계	51,625	644	33,268

자료: Costanza et al.(1997: 256).

매우 중요하다.

최근 우리에게도 북극 항로가 열리기 시작하면서 해상 무역은 또 다른 기회를 맞이하고 있다. 북극 항로가 주목받는 이유는 물류비를 대폭 절감할 수 있는 효과 때문이다. 예컨대, 부산에서 네덜란드 로테르담까지 북극 항로를 이용하면 수에즈 운하를 통과하는 기존의 인도양 항로에 비해 거리는 약 7,000㎞, 시간은 10일 가량 단축할 수 있다. 2020년까지 북극 항로를 통한 해상 운송은 지금보다 8배 이상 증가할 것으로 전망되고 있다. 북극 항로는 새로운 해양영토의 개척과 더불어 해상을 통한 경제 성장의 기회를 창출할 수 있는 원천이 될 수 있다.

해양은 국가 간 무역뿐만 아니라 국내의 여객과 화물 운송에 있어서도 중요한 역할을 담당하고 있다. 국제 교역의 78%가 바다를 통해 이루어지며, 우리나라는 99.8%에 달한다. 대량 화물 운송에 연안 해운을 이용하면 포화된 육상 교통 인프라의 문제를 해결하거나 육상 운송에 장애가 발생했을 때 좋은 대처 방안이 될 수 있다(한국해양재단, 2014: 28).

마지막으로, 해양은 다목적 공간이다. 해안 지역은 인류의 주거 공간으로서 과거부터 오늘날까지 그 중요성이 변함없이 지속돼 왔다. 오늘날 전 세계 인구의 약 50%는 해안선으로부터 내륙으로 50㎞ 이내의 공간에 거주하고 있다. 최근 해양 공간은 단순한 거주 공간을 벗어나 새로운 해양 개발과 건설의 공간으로 변모하고 있다. 우리나라의 인천 국제공항이나 일본 오사카의 간사이 국제공항, 아랍 에미리트의 팜 주메이라 등은 해안 지역을 매립하거나 인공 섬을 건설하여 해양 공간의 활용을 극대화하는 해양 건설의 대표적인 예이다.

한편 여가와 관광 산업이 활성화되면서 해양 공간은 또 다른 변화를 맞이하고 있다. 맑고 청명한 바다를 배경으로 펼쳐진 다양한 수상 레저 공간과 크루즈 산업은 바다 자체가 천혜의 관광 자원으로 활용될 수 있음을 잘 보여준다.

해양은 여전히 미개척지와 다름없다. 현재까지 전체 해양의 5% 정도만이 인류가 개척해서 활용하고 있다. 인류가 직면한 문제를 해결할 열쇠는 바로 해양에 있다. 기후변화 대응, 자원·에너지·식량위기의 해결, 신성장동력 창출의 원천이 바로 해양이 될 수 있기 때문이다.

해양은 인류에게 미래이고 가능성이다. 전 세계 국가들 사이에 해양은 국부의 원천이라는 믿음이 공유되고 있다. 치열한 경쟁이 해양에서 이루어질 수밖에 없는 이유이다. 그래서 여러 국가들이 적극적인 국가해양전략을 수립, 시행하고 있다. 중국은 '해양과학기술개발 2050'(2011년)과 '21세기 해상실크로드(一帶一路)'(2013년)를, 미국은 'An Ocean Blue Print for the 21st Century'(2004년)를, 그리고 일본은 '21세기 해양정책(2002년)'과 '국가해양기본계획'(2013년) 등을 수립하여 해양 개척을 위한 교두보를 마련하고 있다.

역사상 세계 패권을 장악한 나라는 언제나 막강한 해양력을 자랑했다. 해양력은 다차원적 측면들을 아우르는 종합적 국력이다. 항해·항만·조선·

해양기술·수산력 등과 같이 해양의 사용과 통제 능력을 총체적으로 일컫는 용어이다. 다시 말하면 배를 직접 만들어 운항하는 기술, 항만이나 연구기지 조성, 해양영토의 관리, 물고기 양식 능력 등을 모두 포함한다. 이처럼 광범위한 국가적 역량을 지칭하는 해양력은 국가의 생존을 지탱하는 근간이다. 영국의 역사가이자 문명 비평가 아놀드 토인비는 해양을 일컬어 '인류의 영원한 기업'이라고 했다. 세계 인구가 10배로 늘더라도 충분히 생존을 보장해 줄 수 있는 유일한 곳, 그곳이 영원한 기업, 해양이라는 것이다.

2. 해양영토의 중요성

육지와 달리, 바다는 소유권을 정해둘 필요가 없는 공동의 공간으로 오랫동안 인식되어 왔다. 그러나 육지 자원이 점점 고갈되어감에 따라 많은 국가들이 바다를 중요하게 인식하기 시작했다. 예컨대, 수산 식량에 대한 수요 증가가 한 예가 될 수 있다. 사실, 미래의 식량 문제는 농업과 축산 등 육지 생산물만으로는 해결이 불가능할 것이라는 것이 일반적 평가이다. 그 때문에 세계 각국에서 수산 자원에 대한 관심이 높아지고 있다. 2005년 국제식량농업기구(FAO)는 전 세계의 수산물 초과 수요가 2015년 1,090만 톤에서 2030년 9,200만 톤까지 늘어날 것으로 예상했다.

한반도 주변 해역에서도 기후변화로 수산물 생태가 달라지면서 국산 수산물 생산량이 크게 줄어들고 있는 실정이다. 그로 인해 어획량 급감, 수입 수산물 의존도 증가, 수급 불안정, 생선 가격 인상 등이 이어지는 이른바 '피시플레이션'(fishflation=fish+inflation)의 가능성도 제기되고 있다(동양증권, 2011; 농림수산식품부, 2012). 장기적으로 식량위기가 현실화되고 여기에 피시플레이션이 겹쳐서 나타날 경우, 그 충격으로 우리 경제의 기초는 물론 식량주권이 흔들릴 수 있는 심각한 상황에 직면할 수 있다. 이때의 식량은 국가 안보를 지킬 수 있는 기초가 되고, 해양에서 수급되는 식량자원은 무기에 버금갈 만큼 국가안보를 지키는 핵심 수단이 될 수 있다.

다른 한편, 과학기술의 발달로 해양 개발이 보다 용이해지고 바다가 지닌 무궁무진한 잠재력이 속속 밝혀짐에 따라 해양에 대한 관심은 갈수록 뜨거워지고 있다. 현대 세계 각국은 해양과학기술의 혁신적인 발달에 따라 해양 이용을 극대화하고 있다(최재선 외, 2009: 1). 해양공간은 해양 생물·무생물 자원의 탐색 공간이자 물류 공간일 뿐만 아니라 대륙붕과 해저공간을 활용한 식량, 에너지, 광물자원의 수요에 대응하기 위한 공간으로 적극 개발되고 있다. 바다는 오늘날 인류가 직면한 수많은 문제를 해결할 수 있는 열쇠라는 인식이 보편화되고 있는 것이다.

이러한 최근의 변화와 세태를 반영하듯 최근 '해양영토'라는 단어가 자주 거론되고 있다. 이는 국제사회가 한 치의 바다라도 더 확보하려는 치열한 해양영토 확보 경쟁을 벌이고 있음을 보여주는 한 단면이라고 할 수 있다.

세계의 많은 연안국들이 배타적 경제수역과 대륙붕 수역의 연장을 주장하고 있다. 더욱이, 연안국들 간에 인접한 많은 수역들이 중첩적으로 존재하기 때문에 해양영토를 조금이라도 더 차지하기 위한 치열한 각축전이 벌어지고 있다. 비단 자국 해역뿐만 아니라 심해저, 극지 등 주인 없는 해양영토를 선점하기 위한 경쟁 또한 과열되고 있다. 특히 남극에서는 영국, 칠레, 아르헨티나 등이 대립하고 있으며, 더 많은 국가들이 남극 영유권 주장에 가세하고 있다(한국해양재단, 2014: 24).

세계 각국이 더 넓은 바다로의 진출에 박차를 가하면서 한 치의 해양영토라도 더 차지하기 위한 경쟁과 충돌은 날이 갈수록 심해지고 있다. 해양영토 확보를 둘러싼 치열한 경쟁을 보여주었던 대표적 사례로 아르헨티나와 영국이 벌였던 포클랜드 전쟁이 거론된다. 스페인으로부터 독립한 아르

〈그림 2-2〉 포클랜드 제도의 위치

헨티나가 포클랜드 제도(아르헨티나 명 말비나스 제도)의 소유권을 주장하면서 영국과의 영유권 분쟁이 시작되었다. 특히 이 지역의 원유 매장량이 남미 전체 원유 매장량에 맞먹는다는 조사결과가 발표되면서 분쟁은 중단 없이 계속되었다.

그런데 1964년 아르헨티나가 영유권 문제를 UN에 상정하여 평화적 해결을 모색함으로써 협상이 진행되는 듯 했으나 양국이 상이한 주장을 굽히지 않으면서 영유권 문제의 해결이 지연되어 왔다. 이런 상황에서 1982년 4

월 2일 아르헨티나가 해군함대 및 지상군 약 2,500명으로 포틀랜드 섬을 점령했다. 그러자 이에 영국은 항공모함 2척을 비롯하여 핵잠수함 5척, 전투함 26척 등 총 59척과 전투기, 헬기 등 192대 그리고 8,000명의 지상군을 투입하여 4월 26일에 포클랜드에 상륙, 75일간의 격전 끝에 아르헨티나의 항복을 받아냈다(조정원, 2009). 당시 엘리자베스 2세의 차남인 앤드류 왕자가 해군 대위로 참전했었다.

이 전쟁으로 인해 막대한 국력을 소진한 아르헨티나는 심각한 경제위기에 내몰린 반면, 전쟁에서 승리한 영국은 막대한 자원이 매장된 포클랜드를 지켜낼 수 있었다. 포클랜드 전쟁은 국익을 위해서는 언제든 어디서든 무력충돌이 일어날 수 있으며, 따라서 해양력은 해양영토 수호를 위한 핵심 요소라는 것을 분명하게 보여주는 사례라고 할 수 있다.

3. 해양사의 교훈

세계 근대사는 해양을 둘러싼 강대국 간 쟁탈전이 그 서막이었다. 제국주의 시대에는 해양을 지배하는 것이 곧 대륙의 지배로 이어질 수 있었기 때문이다. 바다를 지배한 민족이 세계를 지배했다는 키케로(Cicero)의 언급처럼, 누가 해양을 지배하느냐에 따라 세계의 패권까지도 좌우되었다. 19세기 말 미국의 해군전략가 알프레드 마한(Alfred Thayer Mahan)의 인식도 궤를 같이한다. "사람들은 대체로 바다의 사정에 어둡다. 왜냐하면 그들은 바다의 영향에 관한 특별한 관심이나 지식도 가지고 있기 않기 때문이다. 따라서 그들은 해양력(Marine Strength)이 여러 중요한 문제에 대해 결정적이고 심오한 영향을 주었다는 사실을 가볍게 보아 넘겨왔다."

페니키아, 그리스, 카르타고, 로마 등은 바다의 지배를 통해 세계를 호령했던 국가들이다. 대항해시대 '무적함대'로 불리던 스페인과 포르투갈은 막강한 해양력으로 식민지를 점령했다. 그리고 '해가 지지 않는 나라' 영국이 세계의 중심이 될 수 있었던 데는 '대항해 시대'에 선구적인 해양 경영에서 그 실마리를 찾을 수 있다. 미국도 태평양을 장악하면서 지금까지 세계 최고 강국의 지위를 유지하고 있다. 페르시아, 중국, 동남아시아를 아우르는 해양실크로드부터 아프리카와 인도양까지 진출한 15세기 중국의 정화 함대도 빼놓을 수 없는 해양력의 상징이다.

국가의 명운을 걸고 충돌하는 전쟁에서 해양은 승부의 결정적 변수로 작용한다. 알프레드 마한에 의하면, "세계의 두 정복자 한니발(Hannibal)의 17년에 걸친 승리와 나폴레옹(Napoleon)의 16년의 승리도 해양 전투에서의 패배와 함께 공허한 것이 되었다"(Mahan, 1980: iii-iv).

역사적으로 해양을 지배하는 국가가 세계질서를 이끄는 지도력을 획득해 왔다. 스페인, 포르투갈, 영국, 프랑스, 독일, 미국 등의 경험에서처럼, 바다를 지배한 자가 부국과 강국이었던 것은 역사가 증명하는 명제다. 세계정치의 주도권을 다투는 강대국들은 그래서 공히 해양패권(oceanic hegemony)을 추구한다.

오늘날에도 강대국의 요건은 해양패권과 이를 위한 해군력이다. 해양에서의 패권경쟁에는 중견국이나 약소국들이 참여하여 경쟁하기란 쉽지 않다. 그렇다고 해양에서의 권익을 둘러싼 경쟁에서 손을 놓고 있어서는 안 된다. 해양에서의 국가주권과 국가이익의 달성은 해양을 접하고 있는 연안국의 필수불가결의 임무가 되어야 한다.

육지의 화석연료와 각종 자원이 고갈되고 환경 오염이 심각해지면서 바다에서의 경쟁도 날로 치열해지고 있다. 해양을 새로운 국부(國富)의 원천으로 보는 많은 국가들이 해양으로 눈을 돌리기 시작했다. "바다를 지배하는 자가 세계 무역을 지배하고, 세계 무역을 지배하는 자가 세계의 부를 지

〈그림 2-3〉 영국 화공선의 공격을 받는 무적함대

자료: 필립 제임스 드 루테르부르 作, "Defeat of the Spanish Armada" (8 August 1588), 영국 국립 해양 박물관 소장; 《국방일보》 재인용.

배하며, 결과적으로 세계를 지배한다"고 단언했던 헌쇼(F.C.J. Hearnshaw, 1940: 118)의 경구가 새삼스럽지 않은 일이 되고 있는 것이다.

해양의 중요성은 현재는 물론이고 미래에도 별반 달라지지 않을 것이다. 육상 자원의 고갈을 앞둔 오늘날, 해양은 마지막 남은 인류의 보고이며 경제발전의 프론티어이기 때문이다. 『제3의 물결』(*The Third Wave*)로 널리 알려진 미래학자 앨빈 토플러(Alvin Toffler)는 인류의 문명이 발전해 온 과정을 농업화 혁명, 산업화 혁명, 정보화 혁명으로 구분하면서, 앞으로 '제4의 물결'은 바다에서 일어날 것이라고 지적한 바 있다(Toffler, 1980). 근대 제국의 시대 이후 이제 또 다시 해양의 르네상스가 기대되고 있다.

21세기가 해양의 시대라는 점에 이의를 제기할 사람은 없을 것이다. 미국, 영국, 일본 같은 전통의 해양 강국뿐만 아니라 중국과 러시아 등 주변 열강들이 해양의 전략적 가치를 새삼 인식하고 해양영토 확보와 영향력 확대에 열을 올리고 있다. 이것은 영역을 둘러싼 다툼이나 눈앞의 경제적 실익을 넘어서 보다 장기적인 미래의 생존과 직결되는 문제에 대한 능동적 대응이라고 할 수 있다. 그리고 이러한 치열한 경쟁은 갈수록 치열해질 것이 분명하다.

다가올 미래에 해양은 인류의 생존과 복지를 좌우할 환경의 보고이다. 해양은 국부의 원천이면서 전략적 이익을 제공하는 근거이다. 해양이 막대한 경제적·전략적 가치와 무한한 잠재력을 가지고 있기 때문에 아직까지도 완전하게 그 경계가 획정되지 않은 해역에서는 해양영토를 확보 또는 확대하기 위한 국가 간 치열한 경쟁이 벌어지고 있다. 이는 한 국가의 미래가 보다 넓은 해양을 관할하면서도 어떻게 더 효율적으로 해양을 경영하고 개발할 것이냐에 달려 있음을 방증하는 것이다. 주요 해양국가들이 21세기 해양전략을 재정비하고 있는 이유도 바로 이 때문이다.

1994년 유엔해양법협약이 발효된 후 해양 선진국들은 해양의 가치와 중요성을 재인식하고 국가적인 차원에서 보다 적극적으로 해양전략을 수립하고 있다. 예컨대, 2000년대 이후 수립된 주요 국가의 현대적 해양전략으로, 2000년 중국의 '해양산업발전계획요강', 2002년 일본의 '21세기 일본해양정책', 2004년 미국의 'Ocean Blueprint', 2002년 영국의 'Safeguarding Our Seas', 2005년 캐나다의 'Ocean Action Plan', 2006년 유럽연합의 'A European Vision for the Oceans and Seas' 등이 수립된 바 있다. 우리나라도 장기적 해양전략의 모색을 위해 글로벌 컨설팅사 ADL(Arthur D. Little)에 의뢰하여 「미래 국가해양전략」 연구용역을 추진한 바 있다(김성진, 2006: 4). 이처럼 국가적 차원에서 해양에 대한 보다 적극적인 인식이 지역과 국가를 막론하고 광범위하게 확산, 보편화되면서 해양영토를 둘러싼 갈등과 분쟁도 끊임없이 생산 및 재생산되는 경향을 보이고 있다.

제2절 일본과 중국의 해양인식

해양이 인류에게 제공하는 기회를 활용하기 위해 바다와 인접해 있는 모든 국가들이 동분서주하고 있다. 해양에 대한 관심은 지역과 국가를 초월한 글로벌한 트렌드이다. 그 중에서도 해양강국이면서 G1 국가인 미국은 글로벌 해양패권을 유지·강화하기 위한 해양관리의 체질을 개선해 나가고 있다. 미국은 '연방해양정책위원회'를 설치하고 2000년 6월 「해양관리법」(Ocean Act)을 제정했다. 그리고 2004년 12월 「21세기 해양 청사진」(An Ocean Blue Print for 21st Century)을 수립하고 국제적 역할 증대, 과학기술 개발 강화, 연안관리 강화 등을 추진하고 있다. 캐나다, 러시아, EU 등 많은 중견국들도 해양 전담 부처 설립, 통합행정체제 구축, 해양전략 수립 등을 통해 적극적인 해양정책을 추진하고 있다. 약소국으로 분류되는 태평양 도서 국가들과 아프리카 국가들까지도 다양한 방식으로 해양 권익 확보에 적극적으로 나서고 있다.

여기서는 한국과 필연적으로 해양 경쟁에 직면할 수밖에 없는 동아시아의 인접국 일본과 중국의 역사적으로 형성되어 온 해양인식을 검토한다.

1. 일본의 해양인식

역사적으로 일본 또는 일본인에게 해양은 대륙과의 교류와 소통을 위한 첫 관문이며 필수조건이었다. 일본은 '동아시아해', 동아시아 삼국을 둘러싸고 있는 동해와 서해(황해), 동중국해와 남중국해를 포괄하는 해역에서 중요한 위치를 차지하고 있다(장동익, 2007a: 10). 이 '동아시아해'는 고대 중국에서 발생한 황하문명이 동남아 지역 국가들도 전파되는 통로였고, 또 이 바다를 통해 주변 여러 국가와 민족들이, 때로는 교류와 협력을, 그리고 때로는 대립과 갈등을 벌이던 역사의 장(arena)이기도 했다.

'동아시아해'의 중심에 위치한 일본의 지정학적 위치는 전근대 일본인에게 해양에 대한 남다른 인식을 갖게 했을 것이다. 뒤에서 보다 상세하게 검토하겠지만, 명나라는 해양을 통한 교육과 진출을 금지하는 강력한 해금(海禁) 정책을 펼쳐 왔던 중국의 왕조였다. 무로마치(室町) 시대였던 당대의 일본도 명나라가 추구하는 엄격한 해금정책에 편입되어 중국을 중심으로 한 조공무역체제를 성립시키기도 했다.

그러나 중국과 일본 내부의 사회경제적 성장과 그에 따른 대외교역 욕구의 분출로 폐쇄적인 조공무역체제는 한계를 보이게 되었고, 그 결과 16세기 이후부터 왜구 활동이 활발해지기 시작했다. 왜구 활동은 바다를 방어하는 중국의 강력한 '해방'(海方) 정책에 의해 진정되기는 했지만, 왜구가 주도하는 비합법적·폭력적 경제교역의 양상은 1592년 조선에서 임진왜란이라는 전쟁의 양상으로 다시 한번 폭발하게 되었다. 그리고 이는 17세기 동아시아 국제질서를 뒤흔드는 신호탄으로 작용했다(장동익, 2007a: 13).

이러한 역사적 과정 속에서 일본은 도서국가로서 자연스럽게 해양 친화적 성향의 국가가 되었고, 특히 19세기 말 아시아의 근대화 시기에 접어들면서는 해양을 통해 대륙과 다른 세계로의 진출을 도모했다. 사실, 오늘의 강대한 일본이 있게 한 원동력도 시대적 전환기였던 근대에 일본과 일본인의 해양 개척에 대한 적극적 인식에 있었다는 점을 부인하기는 어려울 것이다.

일본은 전체 6,852개의 섬으로 구성된 섬나라이다. 이 중에 유인도서는 홋카이도 등 본토 5개 도서를 포함하여 427개이고, 사람이 거주하지 않는 무인도서는 6,425개이다. 해안선의 길이도 세계에서 6번째로 긴 3만 5천 ㎞에 이른다(김경신·이주하, 2008: 8). 영토 면적은 약 37만 ㎢이지만, 일본이 주장하는 배타적 경제수역의 면적은 386만 ㎢에 달한다. 특히 일본의 해양영토는 한국, 중국과 비교해 보면 큰 대조를 보인다. 〈표 2-2〉와 같이, 한국의 육지영토 대비 해양영토는 3.5배이고 중국은 불과 0.14배 밖에 안 된다. 이에 비해 일본은 무려 10.4배에 달할 만큼 광대하다. 중국의 경우 육지영토 면적은 세계 3위인데 반해, 관할 해양 면적에서는 일본의 1/3에 불과할 정도로 협소하다.

〈표 2-2〉 한·중·일 3국의 영토 및 EEZ 면적 비교

국가	영토 면적(㎢)(A)	EEZ면적(㎢)(B)	B/A
한국	99,500	349,478	3.5배
중국	9,600,000	1,355,800	0.14배
일본	370,370	3,862,000	10.4배

자료: Sam Bateman(1998: 4-5).

이처럼 일본이 광대한 해양영토를 보유한 배경에는 천혜의 도서국가라는 사실이 중요하지만, 그에 덧붙여 적극적인 해양인식 하에 100여 년 전부터 추진해 온 해양영토 확대 전략이 주효했던 것으로 평가되고 있다.

주지하듯이, 일본은 수많은 유·무인 도서가 있었기 때문에 광대한 해양영토를 보유하게 된 것이다. 일본의 총 6,852개의 섬으로 이루어진 도서국가이다. 즉 혼슈(本州), 홋카이도(北海道), 시코쿠(四國), 큐슈(九州) 및 오키나와(沖繩) 본도를 제외하면 6,847개의 섬이 낙도이다. 낙도 중에서 유인도

서가 422개, 무인도서가 6,425개이다. 일본은 갈수록 해양영토의 중요성이 증대함에 따라 이러한 도서들에 대한 체계적인 관리와 지원에 나서고 있다(김경신·이주하, 2008: 6). 일본으로 하여금 도서 관리의 필요성을 강화시켜 준 것이 바로 유엔해양법협약의 발효인데, 이 국제적인 해양규범인 도서와 인근 해역에 대한 국가의 배타적 권리를 부여한 제도적 장치 역할을 한 것이다.

일본에게 도서는 광대한 해양영토를 관할할 수 있게 해준 중요한 자원이다. 그런데 도서의 역할은 이것으로 끝나는 것이 아니다. 그 외에도 도서 주변수역의 각종 해양자원에 대해 배타적인 권리를 행사할 수 있게 해준다. 도서의 기점 200해리는 배타적 경제수역으로 각종 자원의 개발과 채취 등이 가능하다. 또 도서는 인접국가와의 국경선을 획정할 때 긴요한 역할을 하는 기점이 된다. 일본은 많은 국가들과 해양영토를 둘러싼 갈등에 직면해 있다. 러시아와의 북방도서, 우리나라와의 독도, 중국과의 센카쿠/댜오위다오 및 오키노도리시마 등이 대표적 사례이다. 이 모두가 도서 그 자체나 또는 도서를 근거로 한 분쟁이다.

일본은 이처럼 도서의 가치를 절실하게 인식하면서 도서 그 자체에 대한 남다른 관심을 보였는데, 그 몇 가지 사례를 들면 다음과 같다. 첫째, 오가사와라(小笠原) 제도는 일본 도쿄 남해상 500km 떨어진 지점에 위치하며 30여 개의 섬으로 구성된다. 미국 포경선의 식량조달기지 역할을 했던 이 제도는 1861년 영국과 미국이 일본 영토임을 승인했고 1876년 일본에 귀속됐다. 그리고 제2차 세계대전 후 미국 통치하에 있다가 1968년 6월 일본으로 귀속돼 도쿄도에 편입했다.

둘째, 미나미토리시마(南鳥島)는 도쿄 남동쪽 1,800km의 거리에 위치하며 면적은 1.51㎢이며 일본 최동단 섬이다. 일본 정부는 1898년에 이 섬을 자국 영토라고 선언했다. 이 섬은 일본의 수많은 섬들 중 유일하게 다른 섬들과 배타적 경제수역을 접하지 않으며, 타국과의 경계획정 문제도 없는 섬이다. 따라서 이 섬은 주변 해역에 완벽한 반경 200해리의 배타적 경제수역을 갖는데, 그 면적은 38만 ㎢에 달한다.

셋째, 중국과 심각한 영유권 분쟁에 직면해 있는 센카쿠/댜오위다오는, 일본 주장에 따르면, 1895년 자국영토로 편입했다.

넷째, 역시 중국과 갈등을 빚고 있는 오키노도리시마(沖ノ鳥島)는 도쿄에서 남쪽으로 1,740km 떨어져 있는 섬으로 1922년에 측량선을 파견했고 1939년에 관측시설 공사를 벌였다. 일본의 영토(국제법적 섬)로 인정되기만 하면 일본 국토 면적보다 넓은 약 40만 ㎢의 배타적 경제 수역을 확보할 수 있다.

마지막으로, 오키나와(沖繩)는 일본 큐슈 남단으로부터 약 685㎞ 떨어진 최남단에 위치한 섬으로, 17세기까지는 류큐(琉球) 왕국으로 독자적인 문화를 유지해 온 독립국가였으나 1609년 정복하여 일본에 복속시켰고, 1879년 일본에 편입시켰다. 그러나 제2차 세계대전 때는 미군에 의해 점령되어 이후 27년간 군정 통치를 받았다. 1971년 6월 17일 미국과 일본 사이에 오키나와 반환협정이 조인되고, 군정 통치 26년 만인 1972년 5월 15일 협정이 발효됨으로써 일본으로 복귀했다.

일본은 주변의 그 어떤 나라들보다도 일찍 섬이 갖는 군사적·경제적 가치를 파악했던 것으로 보인다. 중국이나 한국에게는 해양영토라는 개념조차 없었던 19세기 말부터 무인도를 속속 자국령으로 편입시켜왔다. 그 결과로 광대한 해양영토와 함께 엄청난 해양자원을 확보한 해양대국이 된 것이다.

최근에도 일본은 2007년 4월 「해양기본법」을 제정하고 각 부처에 산재해 있던 해양정책 기능을 통합적으로 관리하기 위해 같은 해 7월에 총리를 본부장으로 하는 '종합해양정책본부'를 설치했다. 뿐만 아니라 일본은 2008

년 「해양기본법」 제정과 2009년 「해양기본계획」 수립을 통해 해양영토의 확보의 근간이 되는 도서관리 강화전략을 지속적으로 추진하고 있다(김경신·이주하, 2008: 13-16). 그리고 2010년 6월에는 국가전략 프로젝트인 「신성장전략」에 해양을 포함시킴으로써 새로운 해양전략을 통해 '잃어버린 10년'을 회복하는 데 박차를 가하고 있다.

그런데 〈그림 2-4〉와 같이, 일본은 러시아와의 쿠릴열도 등 북방도서, 중국과 센카쿠/댜오위다오 및 오키노도리시마 등을 놓고 갈등에 휩싸여 있다. 심지어 우리의 고유 영토인 독도에 대해서도 문제를 삼고 있다. 일본은 사실상 인접국과 경계를 이루고 있는 최외곽 도서들 대부분에서 해양영토 분쟁에 직면해 있다. 해양에서 확보할 수 있는 권익은 한 치도 양보하지 않으려는 것이 일본의 입장이다.

2. 중국의 해양인식

중국은 동아시아의 바다, 즉 동중국해와 남중국해 양 해역에 걸쳐 약 18,000㎞의 해안선과 6,500여 개의 도서를 보유하고 있다. 그러나 약 960만 ㎢로 세계 4위의 국토 규모를 갖고 있는 중국은 전통적으로 해양국가보다 대륙국가로서의 면모가 두드러지는 국가이다. 더욱이 광대한 해안선에도 불구하고 관할하는 해역, 특히 배타적 경제수역 면적은, 앞의 〈표 2-2〉에서 살펴보았듯이, 약 136만 ㎢로 육지 영토 대비 0.14배에 불과하다. 육지 영토 대비 해양관할수역의 면적비가 10배 이상이 되는 일본과 큰 대조를 보이고 있다.

역사적으로도 중국 역대 왕조들의 관심은 주로 내륙에 있었다. 중국은 고대부터 상업보다는 농업을 우선시하는 '중농경상'(重農輕商)을, 해양보다

〈그림 2-4〉 일본이 영유권을 주장하는 지역들

자료: 한국해양재단(2014: 124).

는 육지에 중점을 두는 '중륙경해'(重陸輕海)의 관점을 견지해 왔다(이준태, 2010: 242). 중국은 광대한 내륙 영토에서 경제적으로 자급자족을 할 수 있었기 때문에 무역이나 해양에 대한 관심은 그리 높지 못했던 것이다. 뿐만 아니라 중국은 고대부터 대외적 위협이 주로 대륙의 북부 및 서북부 변강이었고, 따라서 정치적으로나 군사안보적으로도 해양보다는 내륙 내부의 도전을 막아내는 것이 더 중요한 과제였다. 이러한 유구한 중국사 속에서 볼 때, 역대 중국 왕조들에게 해양 진출의 필요성은 그다지 크지 않았었을 것이라는 것이 일반적 평가이다.

이러한 일반적 평가에도 불구하고, 고대로부터 당·송대(唐·宋代)까지 중국은 비교적 우수한 해양력을 가지고 있었던 것으로 평가되어 왔다. 이 시대는 중국 역사상 가장 개방적이고 국제적이라고 평가되는 시기로, 선박 건조 기술과 항해술 면에서 높은 수준이었다. 명대(明代) 들어 바다를 멀리하는 조치가 취해지면서 대륙국가화하는 경향을 보이기는 했지만, 적어도 명나라 초기 정화(鄭和) 함대의 해양원정은 중국의 강력한 역사적 해양력을 보여주었던 대표적 사례였다(이준태, 2010: 243).

정화 함대의 해외 원정

중국은 2008년 베이징 올림픽 개막식 행사에서 '정화'를 중화문명을 전 세계로 전파한 인물로 새롭게 부각시키려고 했다. 정화(鄭和, 1371~1434)는 색목인(色目人) 출신 무슬림으로 명나라 초엽 환관이었다. 명나라 영락제 때 대규모 함대를 이끌고 수차례 해외 원정을 다녀온 이른바 '정화 함대'의 대항해는 방대한 함대 규모, 원정 항로 및 횟수 등 여러 면에서 500년 전의 항해라고는 믿기 어려울 만큼 세계적이었던 것으로 평가되고 있다.

정화 함대가 항해에 이용된 대 함선, 즉 보선(寶船)은 3,000톤 규모로 길이 150미터, 선폭 60미터에 9개의 돛대를 가진 대형 함선이었다(주경철, 2008: 139-140). 하버드대 자료에 따르면, 1420년 명나라의 선박 보유량은 3,800여 척에 달했는데, 이는 당시 유럽 전체의 선박 보유량보다 훨씬 많은 수치였던 것으로 추정한다(이만용, 2012: 22). 정화 함대는 1405년부터 1433

년까지 28년 동안 7차례에 걸쳐 대항해에 나섰는데, 매번 27,000여 명의 인력과 보선 60여 척 및 100여 척의 소형 함선으로 구성된 대함대였다.

정화 함대는 난징(南京)에서 출발하여 동남아와 인도양을 지나 아프리카의 동해안과 홍해 연안에 이르는 30여 개 국가들을 차례로 거쳤다. 보다 구체적으로 베트남의 참파, 인도네시아의 팔렘방, 스리랑카의 실론을 거쳐 페르시아만의 호르무즈, 오만, 사우디아라비아의 제다, 아프리카 소말리아의 모가디슈에 이르는 장장 15,000마일의 뱃길을 항해한 것이다.

정화 함대가 항해에 나선 이유는 경제교류의 목적도 없지 않았지만, 그보다 더 중요한 이유는 주변국들의 안정과 그 국가들에 대한 영향력 확대에 있었다. 당시의 명나라는 건국 초기였고, 그래서 대내외적 위협이 끊이지 않던 시기였다. 즉 북방 변경에서는 패망한 몽골 세력에 의한 소란 사태가

〈그림 2-5〉 정화(鄭和)

빈번했고, 동남 연해에서는 왜구의 약탈과 노략질이 계속되고 있었다. 그리고 지금의 동남아지역에서는 자바국을 비롯한 일부 국가들이 명나라 중심의 역내 질서에 도전하는 상황이었다. 정화 함대의 대항해는 이처럼 중국 주변의 혼란스러운 상황을 안정적으로 관리하는 것이 중요한 목적이었던 것이다(이만용, 2012: 22). 따라서 정화 함대의 해외 원정을 통해 명나라의 위용을 주변국들에게 과시할 수 있었으며 원정 상대국을 중국의 조공질서에 편입시키는 혁혁한 성과를 거두었다.

정화 함대의 해외 원정은 시기와 규모에서 단연 세계사적이었다. 포르투갈 함대가 희망봉을 돌아 인도 고아에 이른 1510년보다 시기적으로 1세기 가까이 앞섰다. 서양의 이른바 '대항해 시대'를 열었던 콜럼버스나 바스코 다가마, 마젤란과 비교해 보면 잘 드러난다. 1492년 콜럼버스와 함께 출항한 인원은 함선 3척에 승무원 120명이었다. 바스코 다가마 함대는 함선 4척에 승무원 170명이었다. 마젤란도 함선 5척과 승무원 265명을 이끌었을 정도이다(서울신문, 2010). 그에 비해 정화 함대는 60여 척 대형 함선과 100여 척의 소선에 연 27,000명의 장병을 통솔했다(주경철, 2008: 139-140). 정화의 함대는 당시 그 어떤 함대보다도 방대한 규모였는데, 이는 당시 중국의 조선술과 항해술 등 기술력이 총체적으로 드러나는 것이었을 뿐만 아니라 군사력 면에서도 웬만한 국가의 해군력을 압도할 만큼의 막강한 규모였을 것으로 평가된다(이만용, 2012: 22).

맥닐이라는 역사가는 "만약 중국이 계속해서 탐험적인 항해 선단을 해외로 보냈다면, 콜럼버스가 카리브 제도에 어물거리고 있기 수십 년 전에 중국의 정화 함대는 일본 해류를 타고 샌프란시스코 만에 배를 타고 들어갔을 수도 있었을지 모른다"라고 적고 있다(McNeill, 1988: 229; Arrighi, 2007: 320)에서 재인용). 이처럼 중국의 역사 속에서 명나라의 영향력을 주변국들에게 확산시켰던 정화 함대의 해외원정은 최근 들어 재평가되고 새롭게 조명받고 있다. 예컨대, 2008년 베이징 올림픽 개막식 행사에서는 중화문명을 전 세계로 전파한 인물로 정화를 내세웠다. 이동률(2011/2012: 49)은 베이징 올림픽에서의 '정화'에 대한 재조명의 의미를 다음과 같이 평가한다.

> 정화의 원정을 통해 과거 해양대국으로서의 중국 역사를 부각시킴으로써 그동안 대륙국가로서의 정체성에서 벗어나 해양대국으로의 변신이라는 현실적 수요에 정당성을 부여하려는 의도가 읽혀진다. 동시에 중국의 해양진출이 야기할 수 있는 중국위협론의 확산을 우려하여 정화의 원정이 교류를 위한 평화의 항해였다는 점도 강조하고 있다.

그러나 명나라는 정화 함대의 해외 원정 이후 해양을 통한 해외 진출을 봉쇄하는 정책으로 전환하게 되었다. 중국의 관심은 내륙에 맞춰지게 되었고, 해양 활동은 주로 왜구의 침탈과 해적의 준동을 통제하는 정도로 왜소해질 수밖에 없었는데(하도형, 2012: 48), 이것이 바로 '해금'(海禁)의 서막이었다.

명/청 시대의 해금정책

중국 역사에서 해양과 관련하여 주목해야 할 점은 바로 명·청(明·淸) 시대의 해금정책이다. 이 정책은 근대 들어 서세동점의 시기에 중국이 열세를 면치 못하게 만들었던 주요 요인으로 작용했기 때문이다(이준태, 2010: 245).

건국 초기 명나라는 해외무역을 강조했던 원나라의 정책을 계승하여 무역을 장려했다. 그러나 명나라 태조 홍무제(洪武帝)는 즉위 4년(1371년)에 해금령(海禁令)을 반포했다. 그로부터 몇 년 후 해금정책이 훨씬 엄격해지면서 일체의 해상활동도 허용되지 않는 강력한 해금정책이 시작되었다. 홍무 4년부터 해금정책의 전격적인 실시는 해양으로부터 오는 체제위협에 대한 적극적 대응조치의 일환이었다. 원말명초(元末明初)는 새로운 왕조의 국가권력이 확고하게 확립되기 이전 시기로, 동남 연해를 중심으로 활동하던 방국진(方國珍) 등 해상군사 세력에 대한 대책이 긴요했다. 왜냐하면, 동남지역 연안의 주민들이 이들 해상군사 세력과 연결될 경우 체제를 위협하는 요인으로 부상할 가능성을 배제할 수 없었기 때문이다.

더욱이 이즈음 한반도 서남부와 중국 동부 연해에서 약탈활동을 하던 왜구 역시 해금정책의 채택을 가져온 중요한 요인 중의 하나였다. 명나라 조정은 이처럼 해양으로부터 제기될 수 있는 치안 문제가 자칫 건국초기 불안정한 권력에 악영향을 미칠 수도 있다고 판단했기 때문에 해상으로부터의 위협을 막는, 즉 해방(海防)을 위해 해금이라는 정책 선택을 하게 된 것이다 (이준태, 2010: 246).

한편, 명나라 이후 만주족 누르하치가 세운 청나라는, 정복왕조로서 중국 내지(內地)를 정복해 나가는 과정에서 강력한 반청세력의 저항에 직면했다. 동남 연해지역에 대한 지배권을 장악하고 있던 정성공(鄭成功) 세력은 청조에 적지 않은 위협으로 작용하고 있었다. 이러한 반청세력의 활동을 무력화시키기 위해 청조는 순치(順治) 12년(1655년) 처음으로 해금령을 공포했고, 또 순치 18년(1661년)에는 천계령(遷界令)을 반포하여 해금을 더욱 강화했다. 천계령은 대만을 근거지로 활동하고 있던 정성공 세력을 연해민과 접촉하지 못하도록 근본적으로 차단시키기 위해 연해민들을 내지로 이주시켰다. 청조는 강희(康熙) 22년(1682년) 대만을 평정함으로써 중국 내지 정복을 완결했고, 이듬해에 청조는 해금 조치를 완화하고 대외무역을 허가하는 조치를 취했다.

그러나 이러한 조치는 해금이 이전보다 다소 완화되었음을 의미하는 것이지 해상활동에 대한 국가의 통제가 완전히 해제되었음을 뜻하는 것은 아니었다(이준태, 2010: 247.). 왜냐하면, 청조도 기본적으로는 연해와 해양의 치안 확보 및 질서 유지 차원에서 명대(明代)의 해금을 계승했다. 이것은 청조가 해금 완화조치 이후에도 중국인의 해외 이민과 해상을 통한 미곡 유출에 대해서는 엄격하게 제한했다는 사실에서도 잘 드러난다(홍성구, 2007).

당시 동남아시아에는 이미 대규모 화교(華僑) 사회가 건설되어 있었다. 그런데 동남아 화교사회는 청조의 통제권 밖이었기 때문에 반청복명(反淸服明)의 강력한 세력화 가능성을 배제할 수 없었다. 아울러 미곡의 해외 유출은 이들의 경제적 기반이 될 수 있었다. 이런 맥락에서 청조는 해외 이민도, 미곡 유출도 엄격하게 제한하지 않을 수 없었던 것이다(홍성구, 2007).

명·청 시대에 계속된 해금정책으로 인해 중국의 해상역량은 점차 쇠퇴되었고 자연스럽게 해양에 대한 인식도 소극적이고 축소지향적이 되었다. 영토는 육지와 바다를 포괄하지만, 바다를 멀리하는 정책의 영향으로 육지만을 영토로 인식하는 경향이 나타나게 되었고, 더 나아가 해양은 확장의 대상이 아니라 방어의 대상으로 인식되었으며 해상 진출은 제한될 수밖에 없었다. 이러한 중국의 해양인식은 세계사적 흐름에 역행하는 것이었다. 서양에서 15~16세기는 해양국가 발흥의 시대이고 해양시대의 시작이었는데 반해, 중국은 해금과 해방을 통해 시대적 흐름을 거스르고 있었던 것이다.

결국, 15세기 중반 중국의 해양을 멀리하는 정책은 유럽의 대항해와 함께 아시아에서 유럽으로의 헤게모니 이동을 가져오는 결정적 전기가 되었던 것으로 평가되고 있다(Abu-Lughod, 1989: 321-322). 아울러 이러한 중국의 해양정책은 이후 동아시아 국가들에 광범위한 영향을 미쳤고, 특히 조선조의 해금정책도 그러한 당시 동아시아 국제질서 속에서 연동되어 실시된 소극적이고 수세적인 해양정책이었다(이준태, 2010: 243).

근대의 국치(國恥)와 현대적 해양전략으로의 전환

15세기 이후로 지속된 중국의 해양에 대한 소극적 인식은 근대까지 지속되었다. 해금정책 이후 청나라는 뒤늦게 해양의 중요성을 인식하기 시작했다. 아편전쟁 이후 서구 열강의 침입으로 국운이 쇠하던 시기에 청나라는 바다를 통한 군사적 위협이 더 심각함을 인지하고 '양무운동'의 일환으로 중국 최초의 근대식 해군인 북양함대를 창건했다. 중국이 오랫동안의 해금으로 내륙에 움츠리고 있던 동안 동북아 해상은 왜구로 불리던 일본이 장악해 나갔다. 그 결과 1894년 청일전쟁에서 중국의 북양함대는 일본 함대에 의해 전멸하는 비운을 맞았고, 중국은 아시아 패권국 지위를 일본에 넘겨줄 수밖에 없었다(이만용, 2012: 22–23). 이른바 '백년국치(百年國恥)'를 경험하기 시작한 것이다.

국치를 경험하고 난 뒤 중국은 새로운 해양방어 전략의 필요성을 심각하게 인식하게 되었다. 그리고 그 핵심은 해군력에 기반한 외부의 침략세력이 동남해안을 장악하고 본토로 상륙하기 전에 근해에서 차단할 수 있는 방어전략이 본토의 안전을 위한 필수 요소라는 것이다. 그러나 1949년 중화인민공화국, 즉 지금의 중국이 수립된 이후에도 중국 지도부의 해양안보에 대한 인식은 여전히 방어적 수준에 머물러 있었다. 마오쩌둥(毛澤東) 시기 중국은 명확한 해양전략 목표와 계획이 부재했으며, 1970년대까지도 해양에 대한 중국의 경제적·안보적 인식은 부족했다(이지용, 2014: 92). 중국이 해양방어를 위한 전략적 개념을 체계적으로 수립해야 할 필요성을 인식한 것은 덩샤오핑이 주도한 개혁·개방기인 1980년대에 이르러서이다.

중국의 해양전략에 대한 새로운 인식은 해군제독 류화칭(劉華淸)으로부터 비롯되었다. 류화칭의 해양에 대한 전략적 인식은 소련의 군사전략을 기반으로 했다. 그는 "해군 역량이 없는 나라는 장기적으로 강국의 지위를 차지할 수 없다"며 1960년대에 수립한 고르쉬코프(Gorshkov)의 적극적 해양방어 전략을 수용했다. 소련은 이러한 해양방어전략을 토대로 해군력 증강에 박차를 가하여 1970년대 말에 이르면 대양해군(blue water navy status)으로 전환하게 된다.

류화칭은 이러한 소련의 해양전략 개념을 도입하여 중국의 해양방어전략을 주창했다. 그리고 그 중심에 해양방어를 위한 '도련선'(島鏈線, island chains) 전략을 고르쉬코프의 전략에서 차용했다(Holmes and Yoshihara, 2008: 43-45). 류화칭은 1980년대 초에 현재 중국의 해양방어 전략인 제1도련선과 제2도련선에서 '반접근/지역거부 전략(A2/AD: Anti-Access/Area Denial)'을 각각 2020년과 2050년까지 완수한다는 전략계획을 세웠다(U.S. Department of Defense, 2010).

이러한 중국의 해양전략은 단기적으로는 제1도련(쿠릴열도-일본-대만-필리핀-보르네오를 잇는 방어선)내의 해역에서 해양통제권을 확립하고, 중기적으로는 제2도련(일본-보닌-괌-캐롤라인 제도를 잇는 방어선) 내의 해역에서 해양거부권을 행사하며, 장기적으로 전 세계 해양으로 작전 범위를 확대할 수 있는 대양해군 건설을 목표로 했다(부승찬, 2015).

그런데 류화칭의 전략은 훨씬 뒤늦게 중국의 해양전략으로 수렴되었다. 1990년대까지도 중국에서는 자국의 해군을 연안해군을 넘어 대양해군으로 발전시킬만한 이해와 능력이 부족했다. 해양에 대한 새롭고 적극적인 인식은 냉전의 종식과 함께 중국의 개혁·개방을 통한 국력 신장, 그리고 WTO 가입을 통한 국제사회로의 편입 등으로 중국이 처한 정치경제적 상황과 조건이 변함에 따라 점차적으로 확산되기 시작했다.

2006년 12월 27일 후진타오(胡錦濤)는 제10차 해군당대표대회에서 "중국은 해양대국"임을 강조하고, 중국의 해양권익을 보호하기 위해 중국해군의 역할과 강화를 역설했다. 그리고 2012년 11월에는 2013년에서 2022년까지의 10년간 중국을 이끌어 나갈 시진핑(習近平) 등의 신지도부를 선출하는 제18차 당대회가 개최되었는데, 이 자리에서도 '해양강국' 건설이 중국 공산당의 새로운 방침으로 제시되었다(조영남, 2013: 320).

국가해양국의 류츠꾸이(劉賜貴) 국장은 《인민일보》와의 인터뷰에서 해양강국의 특징으로 ① 해양 경제의 발전, ② 해양 과학기술의 혁신, ③ 해양 생태환경의 보존, ④ 해양 방위 능력 강화를 통한 국가주권의 효과적 방위 및 해양의 평화 발전 수호 등을 들었다(餘建斌, 2012). 또 광둥 해양대학 해양 정치 및 전략연구실 장건강張建剛 주임은 2030년 중국이 "해양강국의 꿈"을 실현하기 위한 7대 정책으로 ① 강대한 해군 건설(예컨대, 최소 6~8척의 항공모함 보유), ② 국내총생산(GDP) 대비 1/3~1/2의 해양경제 비중, ③ 해양 과학기술과 해양 개발능력 강화, ④ 해양 관리능력 강화, ⑤ 해양 의식 증진과 해양 문화 진작, ⑥ 전 지구적 해양 전략의 상층계획 수립, ⑦ 통일 달성 및 도서·해양 분쟁 해결 등을 제시한 바 있다(張建剛, 2013).

해양진출의 새로운 '꿈'을 꾸기 시작한 중국은 2008년 2월 「국가 해양사업 발전계획 요강」을 공표하고, 같은 해 7월 통합적인 해양행정을 구현하기 위해 '국가해양국'을 확대 개편했다. 그리고 2011년 3월에는 「제12차 국가경제사회발전 5개년계획(2011~15)」에 최초로 '해양발전전략'을 명시하고 「국가 해양사업 발전계획 요강」을 승인했다. 중국은 이 요강에서 2010년까지 국내총생산(GDP)에서 해양산업 비중을 5%까지 끌어올린다는 목표를 제시했다.

최근 해양 부문에 대한 국가적 차원의 노력을 통해 중국은 G2 국가가 되려는 목표를 보다 적극적으로 추구하고 있다. 아울러 중국의 해양에 대한 관심은 해군력 증강으로 나타나고 있다. 동아시아 역내에서 미국의 해양패권을 견제 또는 제압하기 위해 대양해군 육성과 항공모함 건조 등을 통해 해군전력 강화에 나서고 있다. 급격하게 높아진 해양에 대한 관심은 동중국해에서 일본과, 그리고 남중국해에서 아세안(ASEAN) 국가들과 치열한 도서 영유권과 해양 관할권 분쟁을 벌이고 있다.

해양영토분쟁이 점점 격화되는 상황에서 제기된 중국 지도부의 해양강국 건설론은 주변국의 우려를 자아내기에 충분하다. 그리고 그에 따라 해양에서의 미·일 경쟁은 물론이고, 미·중 경쟁까지 더욱 격렬해지고 주변국들의 경계도 더욱 강화될 것으로 전망되고 있다(Huang, 2013; Office of the State Council of the People's Republic of China, 2011). 이런 상황에서 최근 중국은 남중국해 인공섬 건설에 돌입했다.

중국은 남중국해의 대부분을 자국령이라고 주장하고 있다. 막대한 자원을 보유하고 있을 뿐만 아니라 어마어마한 규모의 해양물류가 통과하는 해역이 남중국해이다. 그런 만큼 중국 이외에도 말레이시아, 베트남, 브루나이, 대만, 필리핀 등 남중국해 연안 국가들도 각자의 영유권과 관할권을 주장하고 있다. 이런 상황에서 부상한 인공섬 이슈는 중국과 남중국해 연안의 분쟁 당사국들, 그리고 미국을 자극하는 가장 뜨거운 이슈가 되고 있다.

제3절 한국의 해양사와 해양인식

우리나라는 3면이 바다로 둘러싸인 반도 국가이다. 해양 경영 여하에 따라 국가의 운명도 달라질 수 있다. 그러나 한국에서 해양사는 그다지 주목받지 못했던 역사이다. 가장 큰 이유 중의 하나는 그동안의 한국사에 대한 이해가 주로 중국을 중심으로 한 대(對) 북방관계가 대외관계의 중심이었기 때문이다. 또 조선의 대륙과의 교류는 조선사회 내부의 교류에 대한 수요를 충족시키기에 충분한 수준이었다.

해양이 한국의 대외관계사의 중요한 일부임은 부정할 수 없는 사실이다. 그럼에도 해양을 통한 대외관계는 대륙을 통한 대외관계의 부차적인 것으로 인식될 수밖에 없었다(장동익, 2007a: 11-12). 당연히 조선시대의 역사에서도 해양은 국가발전에 그다지 중요한 요인이 아니었던 것이다.

입지적으로 전형적인 해양국가인 우리나라가 역사적으로 해양을 경시하거나 간과하는 이유는 무엇일까? 그 이유는 조선왕조 500년 동안 해양활동을 멀리해야 하는 해금이 기본적인 해양정책이었기 때문이다. 조선왕조가 등장하기 전까지, 즉 고려시대까지 우리 민족은 해양에서 활발하고 왕성한 활동을 벌였다. 일찍부터 우리 민족은 해양활동에 눈을 떴고 한반도 주변 바다를 무대로 수많은 해양사를 써 왔다.

조선시대 500년을 제외하면 오히려 우리 민족은 해상 무역국가를 살았던 민족이다. 우리 민족의 역사를 농업국가의 역사로 규정하는 것이 일반적이지만, 이는 적절치 못한 표현이라고 할 수 있다. 고려시대까지 우리는 해양국가의 전통을 가진 민족이었다. 농업국가의 전통은 조선시대의 전통에 국한된다. 동아시아의 찬란했던 해양국가 전통을 삼국시대로 거슬러 올라가 가진 우리 민족의 해양 웅비를 회고해 보자.

1. 해륙국가 고구려

고구려에 대한 우리의 역사적 고정관념 중의 하나는 고구려를 오로지 만주대륙에서 말을 타고 수렵활동을 하던 기마민족으로 국한하는 것이다. 그러나 실제 고구려는 해양력 또한 막강했고 적극적으로 바다를 활용하여 성공한 국가였다. 고구려의 출발은 내륙의 기마군단이었으나 점차 해양 진출을 통해 국세를 확장해 나갔다. 고구려는 동아시아 역사에서 지리적으로 대륙과 해양을 동시에 장악했던 유일한 국가였다.

바다는 여러 가지를 용이하게 해준다. 이동은 물론이고 무역이나 외교, 심지어 전쟁도 바다를 통하면 훨씬 쉽게 목표를 달성할 수 있다. 당시 고구려가 강대국이 되려면 대륙은 물론이고 바다까지도 동시에 장악해야 했다. 즉 해륙(海陸) 국가가 되는 것이 고구려의 미래임을 인식하고 일찌감치 기마군단과 대선단을 동시에 운영하는 해륙시스템을 구축했던 것이다.

고구려는 대륙과 해양을 잇는 해륙교통망을 완성시킨 후 중국을 상대로 등거리 외교정책을 펼쳤다. 그리고 그와 동시에 해상 봉쇄를 통해 백제, 신라, 가야, 왜(倭)가 중국 지역과 교류하는 것을 방해하고 차단했다. 고립에서 벗어나려는 백제의 개로왕은 '승냥이와 이리들에게 길이 막히니…'라는 내용의 국서를 보냈을 정도로 당시의 상황을 개탄했다. 이처럼 고구려의 해양력은 막강했고 적극적인 해양활동을 통해 성공한 국가였다.

황해와 남해, 동해를 넘나들었던 고구려는 조선술과 항해술도 뛰어났던 것으로 보인다. 물론 지금은 고구려가 보유했던 함선의 크기와 우수성, 항해술을 증명할 수는 없다. 압록강의 하류인 단동에서 30km 떨어져 있어 압록강을 거슬러 올라오는 길목을 통제하는 요충지였던 박작성(泊灼城) 유적에서 목선(木船)이 출토된 바 있는데, 그 길이가 3.7m로 강을 건너는 배였던 것으로 추정되고 있다.

그러나 역사적 기록들을 통해 유추해 보면 고구려와 수나라, 당나라 사이에는 70여 년에 걸친 해륙 양면전을 치른 바 있다. 예컨대, 살수, 즉 지금의 청천강에서 을지문덕이 이끄는 고구려의 군대는 수나라의 대군을 맞아 혁혁한 전공을 거두었다. 살수대첩이라고 불리는 이 전쟁을 치를 당시 수나라는 지금의 미국과 같은 초강대국이었다. 수나라는 국가적 자존심을 걸고 전투병만 113만 명에 전쟁을 도운 자까지 합하면 300만 명 가까이 되는 세계 전쟁사에 유례가 없는 대규모의 병력을 동원해 고구려를 침략했다. 수나라와 고구려 두 나라의 명운이 걸린 전쟁에서 고구려의 을지문덕이 대

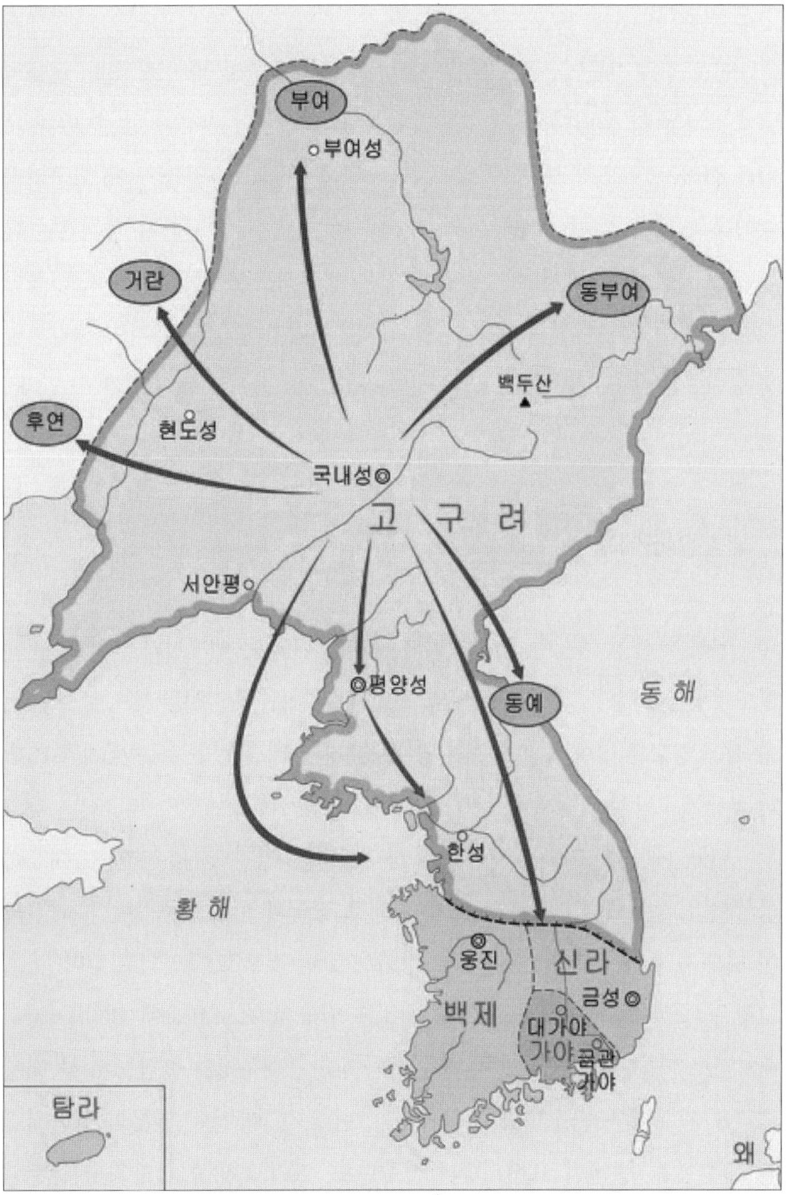

〈그림 2-6〉 장수왕 시대의 고구려

자료: kr.newtopic.org

승을 거뒀다.

이로써 을지문덕은 고구려는 물론 한반도의 명운까지도 벼랑 끝에서 구하는 전과를 올렸다. 당시 수나라는 무려 800명의 전사가 탈 수 있는 오아(五牙)라는 이름의 배를 동원했는데, 이 전선들과 수전을 벌여 고구려가 승리를 거두었다. 이런 정황으로 미루어 볼 때 당시 고구려가 움직였던 함선들도 결코 작은 배는 아니었을 것임은 짐작하고도 남음이 있다. 더욱이 대승을 거두었다는 점은 바다를 활용하는 지략과 항해술과 각종 해양기술 등에서도 당시 초강대국이었던 수나라를 압도했을 것으로 추정할 수 있다.

2. 해상왕국 백제

우리 역사상 해상왕국으로 널리 알려진 나라는 백제이다. 백제는 일본 열도에 해양거점을 개설하고 왜와 긴밀한 관계를 형성했던 것으로 보인다. 이 점은 영토 확장에서 고구려의 광개토대왕에 비견할 수 있는 백제의 13대 임금 근초고왕의 활동에서 잘 나타난다(강봉룡, 2004: 23).

369년에 근초고왕이 왜왕에게 하사했다는 칠지도(七支刀)가 그 대표적 물증이라고 할 수 있다. 또한 백제는 왜로 장군과 학자들을 빈번히 파견하여 지도자적 위치에서 우호관계를 강화해 갔던 것으로 확인되고 있다. 근초고왕은 중국대륙과 한반도, 그리고 일본 열도의 요소요소에 해양 거점을 확보하고 이를 통해 항로의 길목을 장악하고 중개무역을 중심으로 한 해상교역을 전개했다. 근초고왕 시대에는 〈그림 2-7〉과 같이 일본의 규슈지방은 물론이고, 중국의 요서지방과 산동반도, 그리고 남중국 등과도 활발한 해상 활동을 벌였다.

백제의 활발한 해상활동은 우수한 조선기술이 바탕이 되었다. 백제는

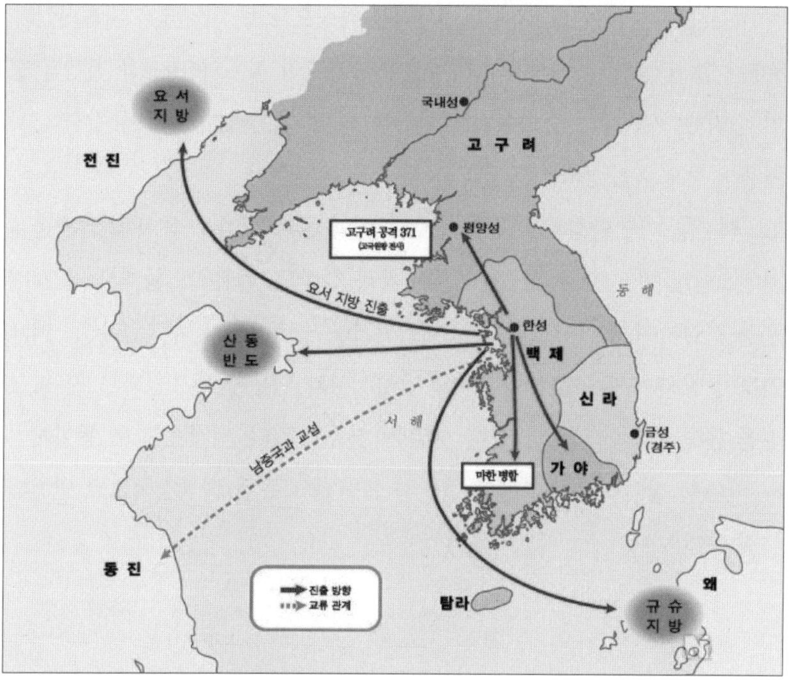

〈그림 2-7〉 근초고왕 시대의 백제

자료: www.naver.com

'방(舫)'이라는 선박을 건조해서 운용했는데, 이 '백제선'은 왜국에서도 우수한 선박으로 통했다. 당시 중국에서 건조한 선박과 백제선은 그 형태나 제작 기법 등에서의 차이를 보였는데, 이러한 차이로 보아 백제만의 독자적인 훌륭한 조선기술을 보유했던 것으로 추정되고 있다. 백제는 우수한 선박이었던 백제선을 타고 동아시아 바다를 장악해 나갔고, 해상을 통한 문화교류와 교역 및 물류의 중심 역할을 수행할 수 있게 되었다. 즉 백제의 해상활동은 단순한 해상 교역에 그치지 않고 정치·경제·군사적인 측면 등 다양한 방면에서 이루어졌다.

근초고왕 이후에도 백제의 군사력을 바탕으로 한 해양력은 지속되었다. 5세기 말 동성왕은 북중국의 탁발선비족 왕조인 북위와 10년간 전쟁을 벌여 승리했다. 백제의 승리는 강력한 군사력 없이는 어려웠고, 이 강한 군사력을 바탕으로 해상과 대륙을 잇는 무역을 장악했다.

백제의 자연환경은 하천을 통한 내륙수운과 해상을 통한 연안해운을 자연스럽게 발전시켰다. 또한 중국대륙과 한반도, 일본열도를 잇는 국제해운을 경영하여 동아시아의 해상 네트워크를 구축했다. 일부 기록에는 백제인들이 동북아시아뿐만 아니라 동남아시아와 인도에 이르기까지 먼 바닷길을 통해 활발한 해상 교류를 했다는 기록도 있다. 백제는 고대 동아시아의 바다를 장악하고 경영하여 찬란한 문화를 보유한 해상왕국으로 발전해 나갈 수 있었다.

3. 해상왕 장보고의 나라 신라

신라는 고구려나 백제에 비해 비교적 뒤늦은 8~9세기에 해양무역의 전성기를 맞는다. 신라인들은 당대(唐代)에 중국 대륙의 동해안으로 진출해 '신라방'(新羅坊)이라는 집단 거주지를 형성하며 동북아시아 해상 무역에 주도적인 역할을 수행했다. 최치원을 비롯, 많은 유학생들과 의상대사 등을 앞세운 승려들이 당나라에 유학을 다녀오기도 했다.

신라인들이 활발한 해상 활동을 할 수 있었던 데는 뛰어난 성능을 가진 배와 나침반을 이용한 항해술 덕분이었다. 그리고 덧붙여 신라인들은 일본은 물론 아라비아 상인들과도 활발한 교역을 했다. 바다를 통해 세계와 호흡을 같이하고자 했던 것이다.

당시 해상 교역이 활발하게 이루어졌는데, 당나라를 거쳐 신라를 찾아오는 아라비아 상인들은 서역의 보석, 향료, 유리제품 등을 들여와 서라벌 귀족들에게 팔고, 신라의 인삼과 비단은 당나라로 가져가 팔았다. 이처럼 해상교역이 활성화된 배경이 있다. 즉 한편으로는 신라의 진골 귀족들이 부(富)를 축적하면서 진기한 외국 물품의 수요가 크게 늘어났고, 다른 한편으로는 골품제의 억압으로 정치사회적 성장이나 진출이 차단되었던 하급 계층들이 바다를 통한 외국과의 교역을 하나의 성장수단으로 인식한 데 따른 것이었다. 그와 함께 항해술이 발달하고 새로운 항로가 개척되었던 사실 등을 지적할 수 있다(장동익, 2007a: 16).

8세기 말 청년 장보고는 친구 정년(鄭年)과 함께 당나라로 건너갔고, 빼어난 무술실력에 힘입어 나란히 무령군(武寧軍) 소장(小將)의 직위까지 올랐다. 출세한 그는 당에 머무르지 않고 신라로 돌아왔는데, 그 이유는 많은 신라인들이 해적에게 붙잡혀 당나라 곳곳으로 노예로 팔려 나가는 것을 보았기 때문이다. 귀국한 장보고는 흥덕왕에게 해적 소탕의 책임을 맡겨 달라고 요청했다. 흥덕왕은 장보고의 제안을 수락하고 군사 1만과 함께 완도를 근거지로 청해진을 세우고 그를 청해진대사(淸海鎭大使)로 임명하여 신라의 바다를 지키게 했다.

청해진은 당에서 흑산도와 남해안을 거쳐 일본의 기타큐슈에 이르는 국제 무역 항로의 중간에 해당하는 곳이었다. 그는 이곳을 기지로 하여 해적을 소탕하고 황해의 무역로를 보호하면서 황해 일대의 해상권을 장악함으로써 당과 신라와 일본을 연결하는 국제무역을 주도했다. 장보고는 당시 신라인들이 많이 살고 있던 산둥성에 '법화원'이라는 절을 짓고 이곳을 무역의 거점으로 삼았으며, 아울러 신라인의 친목과 단결, 안녕을 꾀하는 정신적 위안처로 만들었다. 해상활동의 르네상스를 가져왔던 신라시대의 장보고는 청해진을 거점으로 해상 활동에 전념하여 해적들의 준동을 차단했을 뿐만 아니라, 막강한 군사력을 바탕으로 중국과 일본의 중간에 위치한

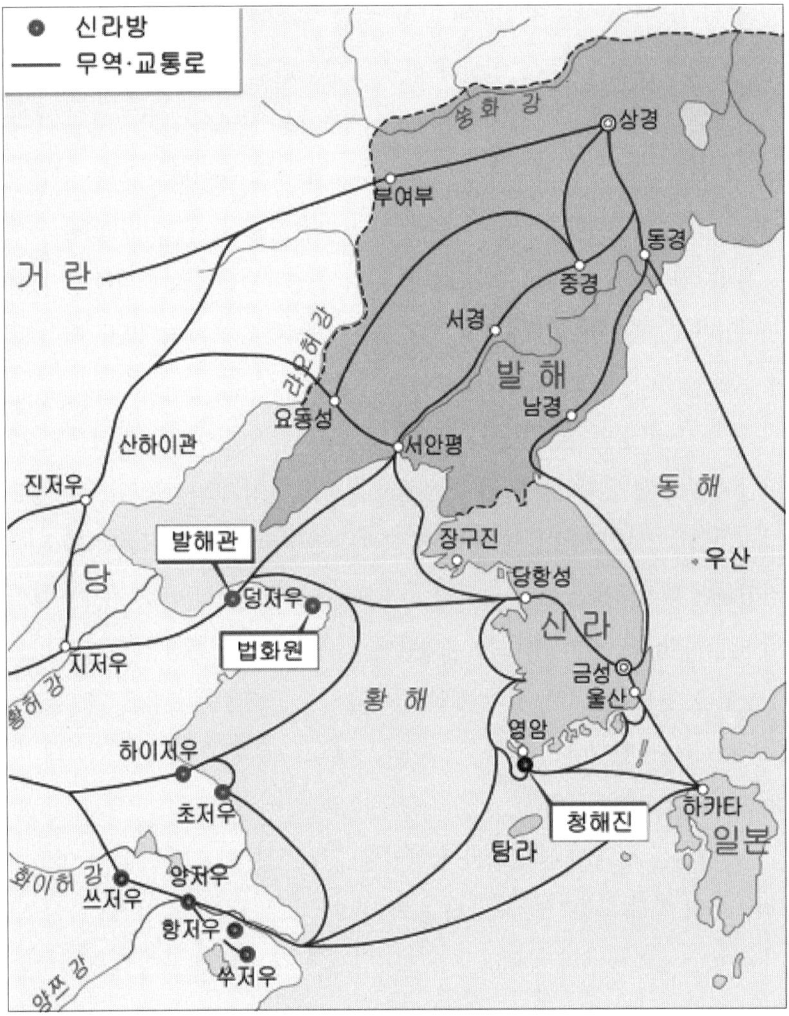

〈그림 2-8〉 신라방과 무역/교통로

자료: http://historykorea.tistory.com/

청해진의 지리적 이점을 이용하여 당나라와 왜 사이에서 중개무역을 하면서 부를 축적하여 거부(巨富)가 될 수 있었다.

4. 마지막 해상왕국 고려

왕건의 가문은 고구려 출신이었지만 남하해서 예성강 근처의 송악에 정착했다. 선대부터 바다와 인연이 깊었던 왕건의 가문은 신라 말기에 크게 일어났던 해상 가문으로서 중국과 왕성한 교역을 펼쳤다. 그 과정에서 왕건 가문은 활발한 무역 활동은 물론, 해적을 소탕하기 위한 해전 풍부한 경험도 축적하게 되었다. 이런 환경에서 성장한 왕건은 어려서부터 해적 소탕을 위한 해전에 가담해 바다 경험을 쌓았고, 이는 후일 고려를 건국하고 주변 바다의 해상권을 장악하는데 큰 힘을 발휘할 수 있게 해주었다.

태조 왕건의 경험을 바탕으로 고려는 해양을 통한 교역에 적극적이었다. 그리고 여기서 그치지 않고 고려는 건국 이후 축적된 해양력을 바탕으로 백제의 최대 국제항구라고 할 수 있었던 나주를 함락하고 영산강 수로를 장악해 고려의 해상 무역이 해외로 확장될 수 있는 발판을 구축했다. 이에 따라 고려는 중기 이후 동아시아의 해상권을 장악했고 한국 역사상 마지막 해상 왕국으로 부상할 수 있었다.

고려는 태조 왕건 때부터 송나라와 해상교역을 시작했지만 본격적인 교류는 고려 8대 임금인 현종 때부터였다. 해상교역의 전성기를 맞았던 25대 임금인 충렬왕 4년(1278년)까지 송나라 무역선이 126회나 고려에 왔고 송나라 상인 5천여 명이 고려에 입국했다는 기록이 『고려사』(高麗史) 중 '세가'(世家)에 있다. 그리고 고려 최대의 국제 항구는 개경 근방 예성강 하구의 벽란도였다. 여기에는 송나라 이외에도 오월, 남한 등의 남중국 여러 나라는 물론, 멀리 인도양까지 나아가 인도, 대식국(大食國, 아라비아) 상인들도 찾았다.

고려는 송나라와의 교역을 통해 해양에 관한 기술력 확보에도 주력했던 것으로 보인다. 예컨대, 항해술은 두 나라의 우수한 부분을 서로 도입하며 발전해나간 것으로 보인다. 고려는 계절풍을 이용해 중국을 오가고 선박의 속도를 높이는 방법을 개발했다. 지리와 나침반 등 항해 장비나 별·해·달의 이동을 측정하는 관측성항해법도 도입했다. 이 같은 고려 항해술의 발달은 오늘날의 일등항해사 격인 암해자(暗海者)가 신라로부터, 천문현상을 관측하고 시간과 날짜를 계산하던 천문생(天文生)이 발해로부터, 그리고 항해술에 뛰어난 해민(海民)들이 백제로부터 대거 고려 백성으로 유입된 데 힘입었다.

고려는 군선, 조운선, 무역선 등 형태별로 여러 종류의 배를 건조해 운항했다. 이 중에서는 군선의 종류가 가장 많았는데, 주력군선은 대선(大船)과 과선(戈船)이었다. '대선'은 왕건이 백제의 나주를 공략할 때 탔던 약 37m의 큰 배로서 갑판 위에 누각이 설치되어 있으며 말이 달릴 수 있도록 넓고 크게 만든 지휘선이다. 그리고 '과선'은 뱃머리에 쇠로 만든 철각 뭉치를 달아 적의 군선으로 돌격하여 들이받아 부수는 격파선이다. 또 뱃전 사방에는 날카로운 창 또는 단검을 촘촘히 꽂아 적병이 기어오르지 못하도록 했다. 이순신 장군의 거북선이 나타나기 전 최강의 군선이었던 과선을 만든 이유는 고려 전기 이래 지속적으로 동해 및 남해를 침범해 온 여진족과 왜구의 토벌을 위해서였다.

그런데 고려 말기로 갈수록 국력이 기울어 감에 따라 왜구의 침입이 빈번해졌고 규모 역시 커짐에 따라 고려의 국가적 명운을 위협하는 수준에 이르렀다. 그러나 원나라의 압제 하에서 국력이 크게 피폐해졌고 홍건적까지 변방을 어지럽게 하면서 왜구를 방어할 군사적 여유가 없었다. 그에 따라 고려의 제해능력(制海能力)은 취약한 수준에까지 이르렀고 해방(海防)도

붕괴되기에 이르렀다. 이를 방증하는 것이 고려 말기 도서지역에서 외국인과의 접촉이나 해적으로부터의 침탈을 막기 위해 공도정책(空島政策)의 실시였다(강봉룡, 2005: 224-230; 장동익, 2007b).

공도란 말 그대로 섬을 비운다는 뜻이다. 섬 주민들을 육지로 모두 이주시켜 섬을 비워버리는 극단적인 조치이다. 이 시기의 공도조치에 대해 처음 언급한 것은 『신증동국여지승람』(新增東國輿地勝覽)의 건치연혁(建置沿革) 혹은 고적조(古跡條)에서 였다(강봉룡, 2005: 227). 이 역사서는 고려 말기에 공도 조치의 대상이 되어 섬을 비워야 했던 곳으로 남해도, 거제도, 진도, 압해도, 장산도, 흑산도 등으로 기록하고 있다. 일부 섬의 경우는 그 시점까지 기록되어 있는데 거제도는 1271년(원종 12년), 진도는 1350년(충정왕 2년), 남해도는 공민왕 대(1351~1374년)인 것으로 나타나 있다.

그런데 이러한 고려왕조의 조치는 당시의 정황으로 볼 때, 석연치 않은 측면이 있었다. 왜냐하면 공도 조치되었던 섬들이 규모와 비중에서 적지 않게 중요했던 섬들이었기 때문이다. 즉 비중 면에서 군현(郡縣)이 설치될 정도였고, 전통적으로 해상세력의 근거지였던 큰 섬이었다는 것이다. 따라서 이런 섬들은 왜구의 침탈을 저지하는 거점으로서의 활용도가 높았을 것이다. 그런데 고려 말기의 공도 조치가 취해진 이유를 왜구의 침탈로부터 섬 주민을 보호하기 위해서라는 것이 역사 문헌들의 공통적 지적이다.

이러한 석연치 않은 역사적 기록에 대해 강봉룡은 당시의 공도화 조치가 왜구 침탈에 대한 대응 때문이라기보다는 해상세력들의 연합 가능성을 차단하기 위한 조치였다고 분석한다. 당시 고려 왕조는 삼별초 세력과 그 동조 세력을 적도(賊徒)로 간주했고 도서지역 해상세력의 연계는 정권 유지에 걸림돌이 될 것이라는 우려를 낳기에 충분했을 것이다. 따라서 강봉룡에 의하면, 1271년은 삼별초 세력이 진도를 중심으로 서남해안을 석권하던 시기였고, 이들 삼별초 세력이 거제도 해상세력과의 연계 가능성을 사전에 차단하기 위한 조치로 공도 조치가 이뤄진 것(강봉룡, 2005: 228)이라고 분석한다.

고려 말기의 공도정책은 서남해를 거점으로 하던 해상세력의 붕괴를 가져왔고 왜구의 침탈을 부추기는 결과를 가져왔을 것이다. 따라서 이 시기의 공도 조치는 해양국가 고려의 해양력을 약화시키고 해방 체제를 붕괴시키는 의도하지 않은 결과를 낳았다. 그리고 이것은 고려왕조가 종말을 고하고 마지막 해상왕국으로 남게 되는 중요한 원인으로 작용했다.

5. 해금과 공도의 시대, 은둔의 조선

조선시대에 들어와 국가 방위라는 차원에서 적극적으로 바다를 수호한다는 인식은 그다지 확고하지 못했다. 오로지 육지를 통해 북쪽 대륙에 있는 명나라에 사신을 보내 대국(大國)으로 섬기면서 중화문화를 적극적으로 흡수하고자 했다. 반면, 남쪽 바다 건너편에 대해서는 야만스런 오랑캐 정도로 인식했다. 조선은 통제하기 쉽지 않은 해양의 불안정성을 꺼려하여 해양을 통한 문화 교류에도 적극적이지 않았다. 그보다는 중화권의 권위를 빌어서 백성을 통치하는 것이 체제의 안정성을 추구할 수 있는 중요한 요소로 여겼다.

조선은 이처럼 동·서·남에 면해 있는 바다를 외면하는 정도에 그치지 않고 바다를 통한 교류를 원천 봉쇄하는 '해금'(海禁)을 실시했다. 이는 바다로부터 오는 위협을 차단하기 위한 조치의 일환이었다. 그래서 왜구나 서양 오랑캐의 욕심을 불러일으키지 않기 위해 고의적으로 해안을 황폐하게 만들었다. 밤이면 해안에서 불빛을 보여서는 안 되었고, 심지어는 섬에 사는 모든 주민을 내륙으로 철수시키는 공도정책을 펼치기도 했다(강봉룡, 2005: 231-232).

조선의 해금정책은 당시의 중국 왕조 명(明)의 그것을 모방한 것이었다(강봉룡, 2005: 232-235). 명 태조 주원장은 중국 대륙을 통일하고 지배체제를 안정화시키는 데 주안점을 둔 통치를 시작했다. 특히 명의 안정적 지배에 걸림돌로 인식되던 강남의 해상세력을 제압하는 것이 급선무였다. 그래서 주원장은 명의 지배에 저항하는 해상세력을 제압하기 위해 일체의 해상활동을 금지하는 해금정책을 펼쳤다. 이러한 정책은 이후 조법(祖法)이 되어 쇄국정책 추진의 근거가 되기도 했다. 이러한 공도정책에 따라 명은 민간 상인들의 해외 도항을 금지했다. 그리고 원양 어선 건조를 불허했고 기존 원양 어선은 국내 수송용으로 개조하도록 했다. 이러한 해금 조치를 통해 명은 지배체제를 위협할 수 있는 해상세력의 활동 수단과 무대를 제거해 버렸다.

이러한 명의 해금정책은 조공-책봉관계에 있던 주변국에도 영향을 미쳤고, 조선도 명의 정책에 적극적으로 동조하고 나섰다. 해상의 다양한 경로가 있었음에도 불구하고, 조선은 육지를 통해서만 명에 사신을 보내 대국으로 섬겼다. 반면 바다 건너 남쪽에 있는 사람들은 야만적인 민족으로 간주했다. 이처럼 중국과 대륙에 기반한 사대주의 외교로 조선은 쇄국의 길로 들어섰던 것이다.

14세기 중엽 이후 중국의 해안가는 쉴 새 없는 왜구들의 침입으로 한바탕 홍역을 치르지 않을 수 없었다. 중국의 해금 여파로 조선 후기가 되면 해금은 한·중·일 삼국에서 공히 실시되었다. 이들 삼국은 당시 동아시아 국가의 보편적인 국제질서였던 화이사상에 근거한 조공관계의 틀 속에 있었기 때문이다. 조선 후기의 해금정책은 크게 세 가지 하부정책으로 구분할 수 있다(우인수, 2007).

첫째는 원양(遠洋) 도항(渡航)을 금지하는 정책이다. 이는 어선과 병·전선 모두에 적용된 것으로 불법적인 해외 도항이나 외인과의 접촉을 원천로 차단하고, 왜구나 해적의 침략을 막기 위한 조치였다. 두 번째는 도서지역

거주민들을 육지로 이전시키는 도민쇄환(島民刷還) 정책이다. 이 정책은 왜구나 해적으로부터 양민을 보호하고 섬이 그들의 근거지화하는 것을 원천적으로 차단하기 위한 조치였다. 세 번째로는 해외 통상(通商)을 통제하는 정책이다. 광해군 시기 이후 일본과의 통상이 재개되었지만 부산 한 곳만을 허락하면서 정부의 통제와 규제 속에 제한적인 통상을 허락했다. 이러한 철저한 조선의 해금정책으로 조선은 세계인에게 거의 알려지지 않은 '은둔의 나라'(강봉룡, 2005)로 머물게 되었던 것으로 보인다.

조선 왕조의 공도정책은 고려 말에 비해 한층 강화되었다. 일시적인 '조치'의 차원을 넘어 '정책'으로 자리를 잡아 나간 것이다(강봉룡, 2005: 231). 그 배경에는 통치이념과 무관하지 않았다. 조선에게 섬은 왕조의 지배가 미치는 통치의 대상도 행정체제의 대상도 아니었다. 백성들이 섬으로 들어가는 것은 왕조의 통치권에서 벗어나는 것을 의미했다. 이런 탓에 관의 허락없이 입도(入島)하는 것은 무거운 형벌로 다스렸던 것이다.

조선의 공도정책은 기본적으로는 고려 말 공도 조치의 계승이라는 측면을 부인할 수 없을 것이다. 그러나 보다 본질적인 측면에서는 조선과 조공-책봉관계이던 명나라의 해금정책을 따른 것이었다. 그 여파는 조선 백성의 수탈을 일삼았던 빈번한 왜구의 침범과 조선왕조의 명운까지 위협했던 왜란을 초래했고, 더 나아가서는 근대 들어 서세동점(西勢東漸) 시기 조선의 근대화를 제약했던 쇄국으로 나타났다. 조선의 지독한 해금과 쇄국의 길은 식민화의 길로 안내했던 것이다.

6. 근현대사 속 해양인식

한국 근대사에서 해양은 500년에 가까운 오랜 해금의 영향으로 관심

대상에서 크게 벗어나 있었다. 조선 최대의 국난 중 하나였던 임진왜란의 교훈은 해금을 풀고 해양력을 강화하는 것이었다. 그러나 이후 조선은 바다의 빗장을 더욱 강하게 잠그는 조치를 취했다. 조선의 해금은 망국으로 가는 경로였다. 서세동점으로 해양을 통해 새로운 문물이 물밀 듯 들어오던 조선 말기에도 해양을 통한 교류를 억제하는 정책에는 변함이 없었다. 구한말에는 쇄국으로 사람들의 마음까지 닫아버렸다.

그러나 우리가 구한말 쇄국정책으로 당시의 세계화와 글로벌 스탠더드(global standard)를 외면하고 있을 당시 일본은 이미 '탈아입구'(脫亞入歐)를 외치고 있었다. 즉 아시아를 넘어 구라파, 즉 유럽으로 진입하겠다는 의미심장한 구호였다. 우리 조선보다 20년 앞선 그 비전과, 비전을 향한 시동이 오늘의 일본을 가능하게 했다. 구한말의 쇄국은 당시 우리의 조국을 '세계화의 미아'로 만들고 말았다.

당시의 개방과 세계화는 개항(開港), 즉 항구를 열어 외국과 통상하는 것과 동일시되었다. 해양이 개방과 세계화의 바로미터였던 것이다. 결국, 500년 이상 지속되어 온 바다에 대한 배타적 인식, 즉 해금으로 대변되는 소극적이고 수세적인 해양인식이 식민지배라는 역사의 치욕과 백성의 고통을 가져왔다. 그리고 근대의 소극적 해양인식은 해방 이후에도 쉽사리 바뀌지 않았다.

1951년 체결된 샌프란시스코 강화조약은 역설적으로 일본의 주권을 회복시켜준 조약이었다.[2] 반면, 전쟁의 참상을 직접 겪고 막대한 피해를 입은 우리나라에게는 지금까지도 큰 상처를 안겨준 조약이다. 실효적으로 지배하고 있는 우리의 독도를 둘러싸고 일본과의 도서 영유권 분쟁의 실마리를 제공했기 때문이다. 아울러 이어도 주변수역이 우리의 바다가 될 수 있는 일말의 가능성도 앗아갔다. 존 다우어 교수는 샌프란시스코 체제가 남긴 부정적 유산의 하나로 "일본과 한국, 중국 등 이웃 나라들과의 영토분쟁"

(다우어, 2014)[3]을 꼽는다. 그러면서 그는 이들 부정적 유산이 현재 동아시아의 진정한 화해와 평화를 가로막고 있다고 지적한다.

이어도에 대한 한국의 관할권 주장은 '대한우국노인회'(Patriotic Old Man's Association)에 의해서 이루어졌다. 이 조직은 1946년 1월 10일 60세 이상 노인들의 발기로 조직되었고, 모스크바 3상 회의 결정 발표 이후 반탁을 목적으로 만들어진 조직이었다. 이 단체는 1948년 8월 5일 독도, 쓰시마와 함께 파랑도에 대한 한국반환 탄원서를 맥아더 장군에게 보냈다.[4]

한편, 독도 분쟁의 실마리가 바로 샌프란시스코 강화조약으로부터 기원한다는 사실에 대해서는 많은 논의가 있었다. 그렇지만 이어도 문제까지 이 회담에서 논의되었다는 사실은 잘 알려져 있지 않다. 샌프란시스코 조약 체결되는 과정을 보면 이어도, 즉 당시의 '파랑도'에 관한 언급이 분명하게 나온다.

1951년 6월 14일 '강화조약'의 마지막 초안 제2조는 "일본은 조선의 독

2 샌프란시스코 체제란 이름은 1951년 9월 8일 체결된 두 개의 조약에서 명명된 것이다. 이 조약들을 통해 일본은 주권을 회복했다. 하나는 제2차 세계대전 때 맞서 싸웠던 일본과 48개 '연합국' 간에 맺어진 다자 간 평화조약이다. 다른 하나는 미국과 일본 양자 간 안보조약으로 이 조약을 통해 일본은 미국에 일본 및 인근 지역에 군사력을 보유할 권리를 허용했으며, 미국은 일본의 재무장을 지지하고 촉구했다. 두 개의 조약은 1952년 4월 28일 발효됐으며 이날, 일본은 주권을 회복했다(김창수, 2015: 1).

3 존 다우어 교수는 "샌프란시스코 체제가 남긴 8개의 부정적 유산으로 ① 오키나와와 '2개의 일본' ② 일본과 한국, 중국 등 이웃 나라들과의 영토분쟁 ③ 일본 내 미군 기지 ④ 일본의 재무장 ⑤ '역사 문제들' ⑥ (미국의) '핵우산' ⑦ 중국봉쇄와 일본의 아시아로부터의 이탈 ⑧ 일본의 '예속적 독립' 등을 꼽는다(다우어, 2014).

4 RG59, Central Decimal File, 894.014/9-1648(장박진, 2011: 60; 정병준, 2010: 256 재인용).

립을 인정하고 제주도, 거문도 그리고 울릉도를 포함한 조선의 모든 권리, 권원 및 청구권을 포기한다."라고 작성되었다. 그러나 1951년 7월 19일 우리 정부는 미국에게 "조선 및 울릉도, 거문도, 제주도, 독도 및 파랑도를 포함한 일본에 의해 합병된 제도에 대한 모든 권리, 권원 및 청구권을 1945년 8월 9일에 포기한 것을 확인한다"라고 고쳐 쓸 것을 요구했다.

이에 관한 보다 상세한 논의를 살펴보자.[5] 우리나라의 초대 법제처장으로 제헌헌법을 기초하는 중책을 맡았던 유진오 박사는 당시 법무부 부국장으로부터 미국의 대일강화조약, 즉 샌프란시스코 조약의 초안이 실린 일본 신문을 건네받았다. 그 신문에는 우리나라의 부속도서로 제주도, 거문도, 울릉도만 예시되어 있고 독도가 빠져 있었다. 독도가 빠져 있는 조약의 초안은 문제라고 생각한 유진오 박사는 장면 총리와의 논의를 거쳐 미국 측에 우리 정부의 의견을 직접 전달하기로 했다. 그러고 나서 당시의 학자 중에 역사, 특히 해양사에 밝은 육당 최남선에게 자문을 구했다.

육당은 여기서 독도의 내력에 관한 자세한 설명에 덧붙여, 목포와 나가사키, 상하이를 연결하는 삼각형의 중심쯤 되는 바다에 '파랑도'라는 섬이 있는데, 이번 기회에 우리의 영토로 확실히 해놓는 것이 좋겠다는 의견을 피력했다. 그에 따라 우리 정부는 독도뿐만 아니라 파랑도, 즉 지금의 이어도도 우리의 영토임을 주장하는 공식 문서를 작성했다. 그리고 1951년 7월 10일자로 한반도와 함께 제주도, 거문도, 울릉도, 독도, 파랑도(이어도)를 일본의 영토에서 제외시켜 달라는, 바꿔 말하면 한국의 영토에 포함시켜 달라는 공식문서를 미국 측에 전달했다.

그리고 7월 19일 이에 관한 한·미 양국 담당자 간의 논의가 있었다. 당

5 이에 대해서는 김병렬(2008: 3) 및 송성대(2015: 53-55)을 참조하여 작성했음.

시 미국 국무부 대일강화조약 담당 수석고문이었던 존 덜레스(John F. Dulles)와 양유찬 대사의 회의가 그것이었다. 그날 양유찬 대사는 덜레스에게 새로 독도 및 파랑도를 한국영토로 인정하도록 요청했다. 덜레스는 이 섬들이 일본의 병합 이전에 한국령이었다면 조약에서 한국영토로 포함시키는 데 아무 문제가 없다고 말했다.[6] 그런데 한국대사관 관원들은 두 섬에 관해 필요한 정보를 제출하지 못했다. 심지어는 두 섬의 위치에 대해 "자신들은 독도가 울릉도 인근, 혹은 다케시마암 인근에 있다고 믿으며, 파랑도 역시 그렇다고 생각한다"[7]라고 말도 안 되는 회답을 했다.

그러나 1951년 8월 10일 미국은 이러한 우리 측의 요구에 대해 당시 미국 국무부 극동담당 차관보였던 딘 러스크(Dean Rusk)는 "우리 합중국 정부는 유감스럽게도 이 제안을 받아들일 수 없다"고 공식 언급했고, 이어도에 대한 논의는 역사 속으로 묻히게 되었다. 그리고 9월 8일 샌프란시스코 조약이 체결되었는데 제2조는 "일본은 조선의 독립을 인정하고 제주도, 거문도 그리고 울릉도를 포함한 조선의 모든 권리, 권원 및 청구권을 포기한다."로 최종 결정되었다.

샌프란시스코 강화조약 중 이어도와 관련한 내용에 우리 측 요구가 반영되지 않자 이승만 정부는 이어도의 실체 확인을 위한 작업을 돌입했다. 1951년 해군함정을 동원하여 한국산악회와 해군의 파랑도 탐사가 이루어진 것이다. 이 당시 이승만 대통령은 한·일 정상회담을 앞두고 육당 최남선이 제기한 '파랑섬 실재론'을 받아들여 부산 피난정부 시절임에도 불구하고 탐사를 지시했으며, 아마도 이러한 노력 덕분에 '이승만 라인' 안에 이어도

6 *FRUS 1951*, Vol.6, Part 1, p. 1203(박병섭, 2014: 186 재인용).

7 Memorandum by Feary to Allison, Subject: Islands (1951.8.3), Lot 54D423, Box8 (정병준, 2010: 765 재인용).

가 포함될 수 있었던 것으로 보인다(이어도연구회, 2011: 197).

우리 현대사에서 해양 관할수역에 대한 최초의 관심은 '이승만 라인'을 통해 표현되었다. '평화선'이라고도 불리는 이승만 라인은 1952년 1월 18일 공표한 '대한민국 인접해양의 주권에 대한 대통령의 선언(Republic of Korea Presidential Proclamation of Sovereignty Over Adjacent Seas)'이다. 대개 한반도 주변수역 50~100해리 범위이며 유엔해양법 체제 하의 배타적 경제수역의 외측한계보다 안쪽에 위치해 있지만 독도를 라인 안쪽에 포함시키고 있다.

이승만 정부는 '평화선'를 국내법적으로 뒷받침하기 위해 1953년 「어업자원보호법」을 제정하여 평화선 내측에서 이루어지는 외국선박의 불법어로 행위를 엄격히 단속해 왔다. 그러나 1965년 '한·일 어업협정'으로 양측에 공동규제수역(평균 50해리)을 설정하고 자율적인 조업규제를 실시하면서 평화선은 유명무실해지게 되었다.

7. 한국 해양사의 교훈

동아시아의 역사는 육지 위주로 파악되어 왔다. 그러나 동아시아는 동해와 남해, 황해와 동중국해가 있고 그 너른 바다를 육지가 둘러싸고 있다. 이른바 지중해(地中海)의 모습을 띠고 있는 것이다. 윤명철 교수는 이 역사적 영역을 일컬어 '동아지중해'(East Asian-mediterranean-sea)라고 한다. 한반도는 동아지중해의 한 가운데서 모든 육지와 바다를 연결하고 있다. 그러므로 해양문화가 발달할 수밖에 없었고, 또 그것을 활용하는 정도에 따라 민족의 위치가 영향을 받았다(윤명철, 2002:195-196)

우리 민족의 웅지가 대륙과 일본으로 뻗어나간 삼국시대, 통일신라시대까지는 바다를 통해 활발하게 대외로 진출했다. '고구려'가 강국이 된 이

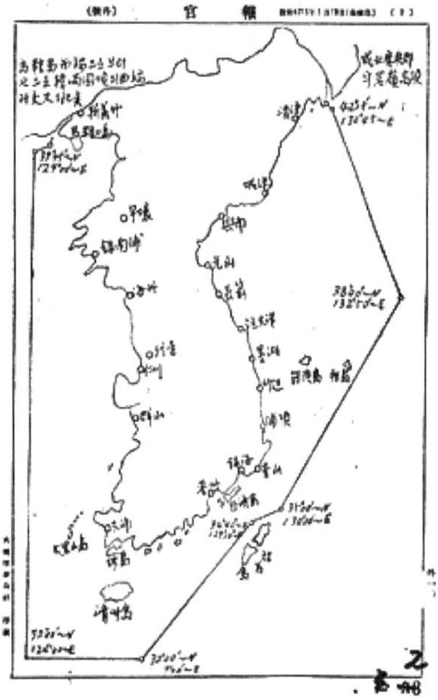

관보에 실린 평화선(1952)

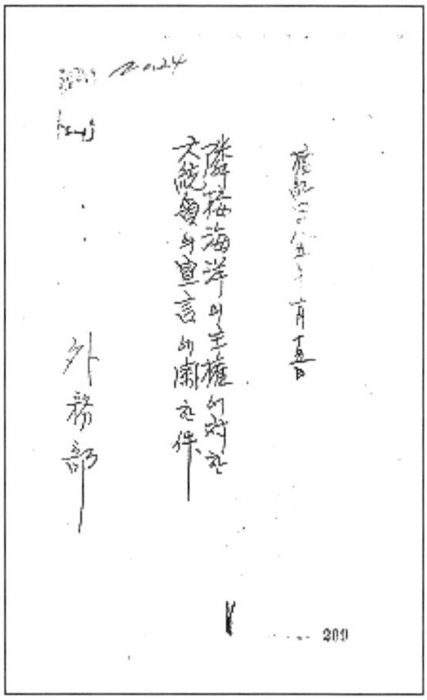

평화선 선포 전 국무회의 상정안(1952)

〈그림 2-9〉 이승만라인

유 가운데 하나는 해양능력에 기반하여 분단된 중국을 대상으로 등거리외교를 벌였고, 주변국들 간의 해양교섭을 철저히 통제한 덕분이었다. '백제'는 북중국과 남중국에까지 진출했고 일본 열도에서는 국가 형성에도 지대한 영향을 미쳤다. '가야' 역시도 개국 초부터 해양을 매개로 한 교역활동을 벌였고 일본 열도에도 진출했다(윤명철, 2002: 196).

이러한 역사적 맥락에서 볼 때, 백제와 신라 후기의 장보고, 해군제독 출신 왕건의 고려 건국 초가 해양력이 왕성했던 시기라고 할 수 있다. 그러나 고려 말부터 극심하게 노략질을 일삼는 왜구의 출몰로 조선왕조는 바다로부터의 침입이나 피해를 미리 막아 지키는 해방정책 대신에 바다로 나가는 것을 억제하는 해금정책과 섬과 바닷가를 비우는 공도정책을 추진했다.

이러한 조선의 정책은 중국으로부터 답습한 정책으로, 이로 인해 조선의 해양력은 극도로 취약해질 수밖에 없었다.

중국도 일찍이 15세기에 정화(鄭和)가 해양원정을 다녀오면서 해양강국의 꿈을 가졌다. 정화의 대항해는 영락제와 홍희제에 이어 선덕제가 즉위하면서 대단원의 막을 내렸다. 그리고 본격적인 쇄국정책으로 돌아서면서 중국사는 물론 아시아사는 쇠락의 길을 걸었다. 명나라의 해금정책은 결과적으로 아시아의 주도권을 유럽에 넘겨주는 계기로 작용했다. 스페인, 포르투갈, 네덜란드, 영국 등과 같은 유럽의 해상세력은 해상 무역과 약탈로 세계적 해양강국으로 거듭났다. 중국은 근대 서세동점의 시기에 서구열강에 의해 나라가 만신창이되는 굴욕을 겪었고, 더 나아가서는 서양 해양강국의 세계적 패권화는 현재까지도 이어져 서양 주도의 세계질서가 자리매김하게 되었다(임형두, 2006; 이만용, 2012: 21).

그런데 해금정책은 명나라에 그치지 않았다. 소중화(小中華)와 사대(事大)를 표방해온 조선조 역시 공도정책과 해금정책을 펴 명나라의 뒤를 따랐다. 명의 태조가 정권 위협요인으로 간주되는 강남의 해상세력을 견제하고 탄압하기 위해 해금정책을 폈던 것처럼, 조선 역시 권력 강화, 특히 강력한 중앙집권체제를 확립하기 위함이었다. 해상세력의 활동 수단과 무대 자체를 없애버린 명나라의 전례를 조선은 그대로 따랐던 것이다(임형두, 2006). 결국, 중국의 명청대(明淸代)와 한국의 조선시대 해양정책은 왕권체제의 강화와 안정에는 상당한 기여를 했지만 대외교역이 쇠퇴하고 해양의 이용 가능성이 극소화를 초래했다(이준태, 2010: 243). 그 결과, 중국과 한국은 나란히 서세동점과 일본 제국주의 침략의 희생양이 되어야 했다.

바다를 멀리하는 조선의 정책은 해양경영의 포기와 다름없던 조치였다. 조선왕조 500년 동안 바다를 등지고 살아온 결과는 처절했다. 철저하게 세계사와 격리된 우물안 개구리였고, 그 결과로 왕조에게는 망국과 굴욕이

〈그림 2-10〉 장보고 대사 동상

었고, 백성들에게는 역경과 고난이었다.

그러나 우리 역사가 해양에 대해 부정적인 유산만 갖고 있는 것은 아니다. 우리가 세계에 내세워도 손색이 없을 만큼 훌륭한 해양문화의 유산으로 두 인물을 들 수 있다. 그 첫 번째는 신라의 유산 장보고(張保皐)이다. 청해진 대사(Commissioner, 총감(總督)) 장보고는 청해진(완도)을 기지로 신라 경주의 감포항과 서남해안 일대, 그리고 중국 산둥반도와 장쑤성·절강성·광둥성·경항(京杭) 대운하와 장안(西安), 일본 하카다·교토·오사카, 나아가 샴(타일랜드), 페르시아(아랍), 필리핀을 상대로 활발한 교역을 펼치며 만국의 상인을 맞이했다. 장보고는 해양 민족으로서의 신라의 정신을 유감없이 발휘함으로써 우리의 정신사에 하나의 금자탑을 이룩한 인물이 되었다. 미국 주일대사를 역임한 하버드대의 라이샤워(Edwin O. Reischauer) 교수는 그를 일컬어 "해양 상업 제국의 무역왕(The Trade Prince of Maritime Commer-

〈그림 2-11〉 이순신 장군 동상

cial Empire)"(신복룡, 2014: 277-278 재인용)이라고 명명했다.

두 번째로는 조선의 유산 이순신(李舜臣)이다. 충무공 이순신 장군은 세계 해전사에 있어 전무후무한 불세출의 영웅이다. 무적의 러시아 발트 함대를 격파한 일본의 러일전쟁 영웅 도고 헤이하치로(東鄕平八郞) 제독은 그의 승전 기념식장에서 자신을 이순신 장군에 비교한 기자에게 "나를 영국의 넬슨 제독과 견줄 수는 있어도, 감히 이순신 장군에 비교할 수 없다. 이순신 장군에 비교한다는 것은 이순신 장군에 대한 모독이다"라고 대답했다. 충무공이 임진왜란 중에 거둔 23전 23승은 이순신 장군의 탁월한 전략·전술 이외에도 그동안 면면히 이어온 우리 민족의 조선술과 항해력, 조류관측 등 해양조사 능력 등도 주효했다.

역사를 돌이켜 보건대, 장보고의 사망과 고려 건국의 주역인 해양세력이 바다를 버리고 중앙귀족으로 안주하면서 해상권은 서서히 송나라 상인과 아랍인들에게 넘어갔다. 조선시대에도 충무공 이후 숙종 때 안용복 장군이 중심이 되어 독도와 울릉도, 대마도까지 해방정책을 추진했으나 문약(文弱)한 조정과 문민 우위의 사조(思潮)는 해금·공도정책을 확대하는 근본적 결정력으로 작용했고, 이러한 정책은 19세기 말 쇄국정책으로 나라를 잃는 계기로 작용했다.

우리가 군사력, 그 가운데에서도 특히 제해권의 강화를 소홀히 한다면 지난날 우리의 조상들이 겪었던 국가 멸망의 쓰라림이 우리의 시대에 재연되지 않으리라고는 누구도 장담할 수가 없다. 그러므로 현대를 살아가는 우리들은 바다에로 눈을 돌려 장보고와 이순신 등의 선조들이 누렸던 바다의 영광을 되찾아야 한다. 이것은 과거의 역사에 대한 단순한 노스탤쟈가 아니라 바로 생존의 문제인 것이다(신복룡, 2014: 292).

우리나라는 장기적 해양전략의 모색을 위해 글로벌 컨설팅사 ADL(Arthur D. Little)에 의뢰하여 「미래 국가해양전략」 연구용역을 추진한 바 있다(김성진, 2006). 이 연구용역을 통해 우리나라는 처음으로 해양력 개념을 도입하고 40여 개의 측정지표를 가지고 40개국의 해양력을 평가한 바 있다. 분석결과, 우리나라의 해양력은 12위인 것으로 평가되었다. 그리고 이 연구용역을 기초로 당시 해양수산부는 2016년 세계 5위의 해양강국으로 진입한다는 뜻에서 해양비전을 「Ocean Global 5」로 설정하고 해양과 관련된 국제질서를 리드하는 국가로 도약하겠다는 포부를 밝힌 바 있다. 우리나라가 만약 세계 5위권으로 진입할 경우 2016년에는 해양부문에서 연간 약 180조원의 부가가치와 총 470만 명의 일자리를 창출할 수 있을 것으로 전망한 바 있다(김성진, 2006: 5; 김성진, 2013).

알프레드 마한은 해양에 관한 그의 유명한 텍스트라고 할 수 있는 『역사에 미친 해양의 영향』이라는 저술에서 해양력을 구성하는 6가지 구성요소로 ① 지리적 요인, ② 자연환경, ③ 영토의 크기, ④ 인구, ⑤ 국민성, ⑥

정부의 의지를 꼽았다(Mahan, 1980). 이들 구성요소 중 지리적요인과 자연환경, 영토의 크기는 바꿀 수 없는 부분이지만, 인구와 국민성, 정부의 의지는 변동의 여지가 있다. 향후 한국의 해양력 강화를 위한 노력이 지향해야 할 방향에 다름 아니다.

그런데 해양의 중요성에 대한 우리 정부의 인식이 한결같지는 않은 것 같다. 특히 이명박 정부 들어 해양에 대한 정부의 인식은 많이 바뀐 듯했다. 해양정책과 미래 국가해양전략을 주도해야 할 부처인 해양수산부가 국토해양부에 합병되면서 동력을 거의 상실했다. 박근혜 정부 들어 해양수산부가 부활했지만, 이내 '세월호 사고'의 발생으로 해양정책의 초점은 해양안전과 위기 관리 등으로 이동할 수밖에 없었다. 과연 현 시점에서 2006년 당시 수립했던 「미래 국가해양전략」 연구용역이 목표로 삼았던 해양비전과 전략이 어느 정도나 달성되었는지는 의문이다.

역사적으로도 한국은 고려 말 이후 지속된 공도정책, 해양진출 억제 정책 등 해양 정책의 부재를 경험했고, 그래서 해양과학 분야는 소홀할 수밖에 없었고, 해양의 경제적 이용에 대해서도 여전히 낮은 수준의 인식에 머물러 있었다. 그렇다고 미래가 어두운 것만은 아니다. 한국 해양력은 가능성이 충분하다. 단시일 내 국제수준의 해양력을 확보했고, 해운, 항만, 조선 등의 산업은 이미 세계에서 주도적인 위치에 있다. 물론 해양과학 기술을 비롯해 해양안전관리·관광·환경 등은 질적으로 부족하다. 또 한국은 반도국가 이전에 대륙과 해양을 균형 있게 고려해야 하는 해륙국가이다. 특히 유라시아의 극동 한·중·일 삼각고리에 위치한 매우 중요한 지정학적 위치에 놓여있다. 이런 관점에서 볼 때 한반도 통일은 단순한 '1+1'이 아닌, 대륙으로 향하는 관문으로 엄청난 시너지효과를 부여할 것이다(주강현, 2015).

제3장 상징적 해양영토로서의 이어도

제1절 이어도의 실체

1. 이어도의 형상

이어도가 역사의 기록에 처음 등장한 것은 1900년 영국 상선 소코트라(Socotra) 호가 암초에 걸려 좌초한 해상사고 기록이다. 이를 계기로 이어도는 '소코트라 록'(Socotra Rock)으로 해도 상에 명명되었다. 그러나 이어도는 그보다 훨씬 오래 전부터 제주도에서 이상향으로 전해 내려오는 전설 속의 섬(島)이었다. 이어도가 이슈가 되자 뒤늦게 중국은 '쑤옌자오'(蘇岩礁)라고 자기식으로 명명했다.

이어도는 '말 그대로의' 섬(島)은 아니다. 이어도는 수중 암초(rock)로서 가장 얕은 곳은 해수면 아래 4.6m에 위치한다. 수심의 분포는 40m까지는

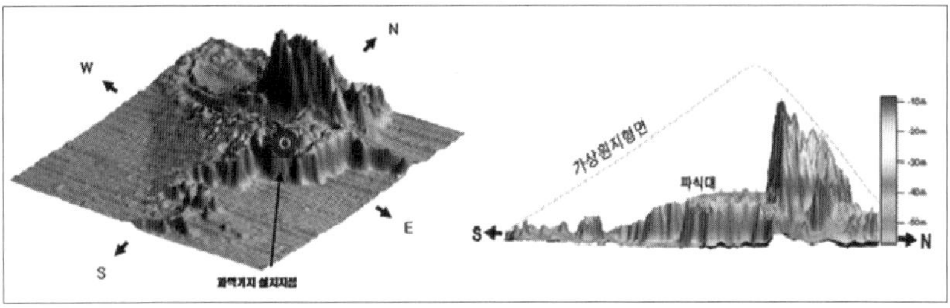

〈그림 3-1〉 이어도의 입체경관과 단면경관

굴곡이 매우 심한 복잡한 해저지형 분포를 보인다. 정상부를 중심으로 북서쪽으로는 52m까지 급한 수심 변화를 보이며 낮아지다 다시 50m로 높아지지만, 50m 수심지역은 비교적 경사가 완만한 지형변화를 보인다. 또 정상부

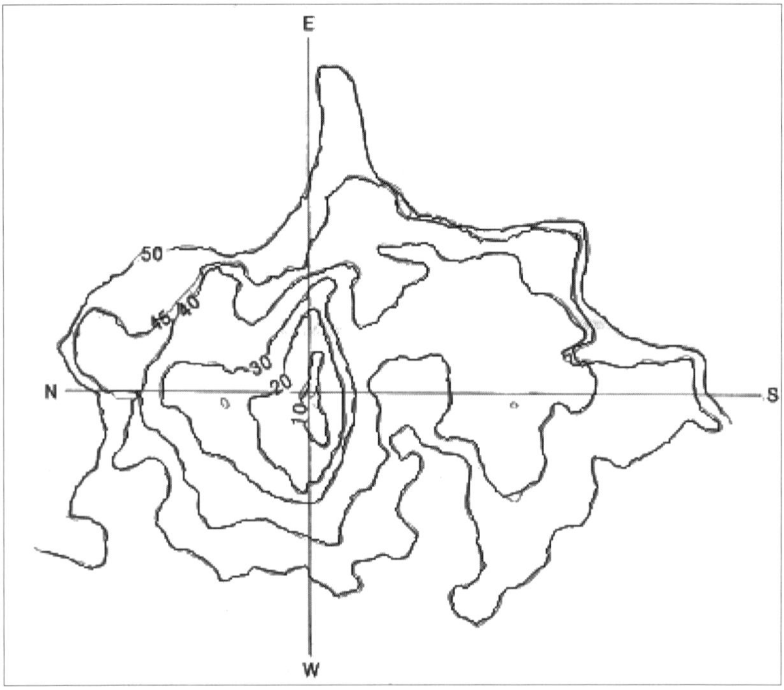

〈그림 3-2〉 이어도의 등고선

의 남동쪽으로는 수심 45m에서 수심 55m로 갑자기 낮아지는 급경사의 돌출암반이 남동쪽의 경사면에 분포한다. 이어도 정상 암체의 주변은 50m 등수심선을 기준으로는 남북으로 약 1.8km(중국 측 자료: 1.6km), 동서로 약 1.4km(중국 측 자료: 1.1km)의 타원형의 분포(중국 측 자료: 비대칭 말안장 형태)를 보이며, 2.0㎢(중국 측 자료: 1.76㎢)의 면적을 갖는다(심재설, 2007: 38-39).

이어도의 1.4㎞ 기저부 길이를 갖는 동·서 단면도는 대칭적 형태를 보이나 1.8㎞ 기저부 길이를 갖는 남·북 단면도는 이어도의 생성진화과정을 잘 보여주는 북고남저의 지형을 이룬다. 이어도 해양과학기지의 설치 위치는 이어도 정봉으로부터 남쪽으로 약 700m 떨어진 수심 41m지점이다(심재설, 2007: 39).

2. 이어도의 위치

이어도는 태평양으로 나가는 바다의 중앙에 위치하고 있다. 이어도는 동중국해의 중앙, 즉 북위 32도 07분 22.63초, 동경 125도 10분 56.81초 상에 있으며 한국과 가장 가까운 위치에 있다. 중국의 동단 퉁타오(童島)로부터 247㎞ 떨어져 있지만 사실상 이 섬은 무인도이기 때문에 '서산다오(佘山島)'라는 유인도를 기점으로 삼으면 155해리(287㎞) 떨어진 곳에 이어도가 있다. 또 일본의 도리시마(鳥島)로부터는 서쪽으로 149해리(276㎞) 떨어져 있다. 이에 반해 한국의 마라도(馬羅島)로부터 서남쪽으로 80해리(149㎞) 떨어져 있다.

이어도는 한·중·일 3국 중 한국과 가장 가까운 거리에 존재한다. 그런데 마주보는 대향국으로서 한국과 중국 사이의 거리가 236해리(436㎞)밖에 안 된다. 이는 유엔해양법상 바다를 끼고 있는 연안국이 관할할 수 있는 배

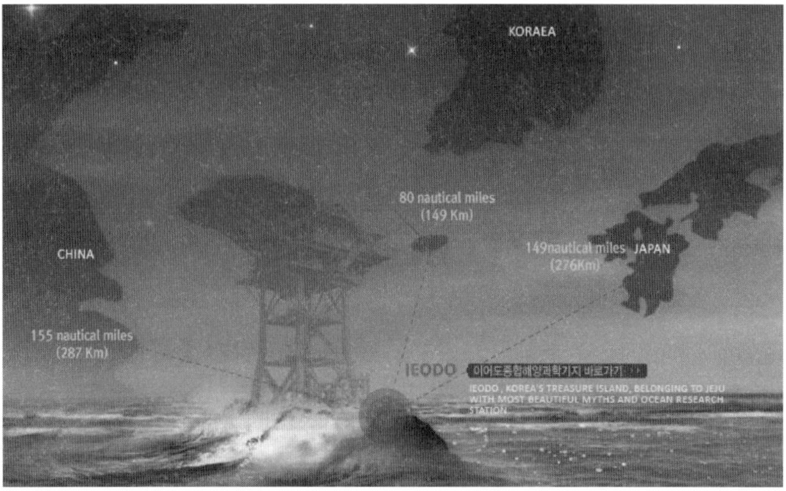

〈그림 3-3〉 이어도의 위치

자료: 이어도연구회 홈페이지(http://www.ieodo.kr/index.php).

타적 경제수역인 200해리(370.5㎞)의 두 배인 400해리(741㎞)가 되지 않아 서로 겹치는 부분이 있음을 의미한다. 이 경우에 양국은 협상을 통해 해양 경계를 획정하도록 유엔해양법협약은 규정하고 있다.

3. 주변 해역의 특성과 가치

이어도는 1952년 인접해양에 대한 주권을 선언한 '평화선' 선포수역 내에 있어 우리나라가 관할하고 있다. 또한 이어도는 1970년 제정된 「해저광물자원개발법」 상 해저광구 중 제4광구에 위치한 우리나라 대륙붕의 일부이다.

이어도 해역의 반경 200㎞를 기준으로 우리나라에 직접적으로 영향을 미치는 태풍의 40%가 통과하는 길목에 위치하고 있다. 뒤에서 더 상세하게 다루겠지만, 태풍이 한반도에 상륙하기 8~12시간 전에 이곳 이어도를 통과한다(문일주, 2008: 2). 현재 이어도종합해양과학기지에서 태풍의 위력이나 변화 등을 관측하고 있으며, 이러한 관측결과를 통해 태풍예보를 함으로써 재해를 줄여 나가고 있다.

또한 이어도는 태평양으로 오가는 바다 중앙에 위치하고 있다. 연간 25만 척의 선박이 오고가는 해상교통의 요충지로서 안전 항로를 확보하는 차원에서도 매우 중요하다.

이어도는 한·중·일 3국에 의해 만들어지는 삼각형의 가운데 해역에 있는 암초로 경제적으로 뿐만 아니라 과학적·군사안보적으로도 중요한 지점이다. 이어도는 북상하는 쿠로시오 해류와 남하하는 황해의 한류, 중국 대륙의 연안수가 만나는 지점으로 다양한 어종이 풍부하게 서식하는 동중국해의 대형 어장이다(노홍길, 1991: 475-492). 주요 태풍의 길목에 위치하고 있는 이어도 주변수역은 해양환경 및 기상관측 등 해양과학조사를 위한 거점으로 활용할 수 있을 뿐만 아니라 해난구조와 어업지원을 위한 기지를 설치할 수 있는 적지로 평가된다.

또한 이어도는 동중국해의 중앙에 위치하고 있어 군함의 통과 항로 및 주요 군사 활동을 위한 수역에 해당되는 등 군사안보적 측면에서도 중요한 가치를 지니고 있다(심재설 외, 1996: 408-413).

여느 수중 암초들은 통항의 장애물로 또는 하찮은 바위덩이로 취급되곤 하지만, 과거 제주도민의 이상향이었던 이어도는 오늘날 과거와는 다른 새로운 이상향으로 우리 곁으로 돌아왔다. 이어도의 가치는 여러 측면에서 분석·검토되어 왔으며, 이어도종합해양과학기지는 이어도의 현재적·미래적 가치를 방증하는 상징적 구조물이라고 할 수 있다.

그런데 이어도는 한국과 중국의 배타적 경제수역이 겹치는 지점에 위치하고 있다. 이 때문에 이어도는 한·중 간 해양 관할권 분쟁의 잠재적 이슈로 등장했다. 그리고 그 시발은 대체로 2003년 태풍·해일 등 해양 및 기상 현상의 연구 및 예보에 활용하기 위한 이어도종합해양과학기지가 건설된 시점이라고 할 수 있다.

이후 중국은 이어도종합해양과학기지 운영에 관해 이의를 제기하고, 이어도 관련 중국 NGO가 결성되어 한국 정부의 해양과학기지 운영에 대해 반대하는 활동을 시작했다. 그리고 이어도 주변수역 해저에서 발견된 또 다른 암초에 대해 자국어 명칭을 붙이는 등 이어도 및 그 주변수역의 관할권을 둘러싼 분쟁의 조짐이 나타나고 있다.

제2절 전략적 자원으로서의 이어도

국민·영토·주권은 국가를 구성하는 3요소로 알려져 있다. 이 중에서 영토는 땅·바다·하늘을 포괄하는 국가 구성의 기본 요소이다. '영토'는 한 국가의 주권이 미치는 육지와 섬을 말하고, '영해'는 주권이 미치는 영토 주변을 둘러싼 바다이며, '영공'은 영토와 영해의 수직 상공, 즉 주권이 미치는 하늘의 공간이다.

그런데 이러한 영토 인식은 상당히 소극적인 인식이다. 특히 훨씬 더 광범위한 영역이 특정 연안국가의 관할 영역이 되고 있는 해양영토의 경우가 그렇다. 해양영토를 좁게 해석하더라도, 국가의 영토 주권이 미치는 관할 해역은 영해 이외에도 배타적 경제수역과 대륙붕 수역까지 포함된다. 하지만 직접적인 관할 해역을 넘어 개별 국가가 독점적 탐사와 개발권을 확보한 심해저 및 과학기지를 운영 중인 극지를 포함한 지역 또한 넓은 의미의 해양영토로 볼 수 있다(한국해양재단, 2014: 11).

이어도는 한·중·일 3국에 의해 만들어지는 삼각형의 가운데 해역에 있는 수중 암초이다. 이어도 주변수역은 북상하는 쿠로시오 해류와 남하하는 황해의 한류, 중국 대륙의 연안수가 만나는 지점으로 다양한 어종이 풍부하게 서식하는 동중국해의 대형 어장이다. 주요 태풍의 길목에 위치하고 있는 이어도 주변수역은 해양환경 및 기상관측 등 해양과학조사를 위한 거점으로 활용할 수 있을 뿐만 아니라 해난구조와 어업지원을 위한 기지를 설치할 수 있는 적지로 평가된다.

또한 이어도는 동중국해의 중앙에 위치하고 있어 군함의 통과 항로 및 주요 군사 활동을 위한 수역에 해당되는 등 군사안보적 측면에서도 중요한 가치를 지니고 있다. 해양광물자원과 해양수산자원 등 막대한 해양자원을 보유한 수역으로서, 해상 교역을 위한 해양수송로가 통과하는 수역으로서, 그리고 한·중·일 3국의 미묘한 갈등 상황에서 군사안보적으로도 적지 않은 가치를 지닌 수역으로서 이어도의 가치를 검토할 것이다.

1. 해양자원

해양자원은 철·망간 등의 해양광물 자원 외에 해양바이오자원, 조력·파력 등 해양에너지 자원, 해양심층수나 해수를 이용한 탈염 식수 등 해양수자원, 갈치·오징어 등의 해양수산자원, 레저·크루즈·스포츠 등 해양공간자원, 해양조사·관측·측량 등의 해양과학기술자원 등이 포함된다. 여기서는 해양광물자원과 해양수산자원을 중심으로 이어도가 가지고 있는 해양자원의 가치를 논의한다.

해양광물자원

이어도 수역은 석유나 천연자원이 매장되어 있을 가능성이 큰 것으로 알려져 있다. 우리나라는 1970년 「해저광물자원개발법」을 공표하고 한반도 주변 대륙붕지역을 7개 해저광구로 설정하여 석유 및 가스 등 광물자원에 대한 탐사를 추진해 왔다. 이어도 주변은 우리나라 대륙붕개발에서 4광구에 해당하지만 지하자원 매장량에 대한 공식적인 통계는 나와 있지 않다.

UN 산하기관인 아시아극동경제위원회(Economic Commission for Asia and the Far East: ECAFE)가 만든 아시아지질자원위원회(Committee for Co-Ordination of Joint Prospecting for Mineral Resources in Asian Offshore Areas: CCOP)가 1968년에 동중국해와 서해지역에 대한 탐사 실시했다. CCOP가 1969년 발표한 보고서에 따르면, 동중국해와 서해에 석유와 가스의 부존가능성이 높은 것으로 추정되었다. 즉 대륙붕 하부와 서해 퇴석물이 석유 및 가스를 보유할 가능성이 매우 높다고 보았으나, 그 규모에 대한 구체적인 수치는 제시되지 못했다(Emery et al., 1969: 39-40).

미국 윌슨국제연구센터(Woodrow Wilson International Center for Scholars)에 따르면, 동중국해에는 엄청난 양의 석유와 가스가 매장되어 있는 것으로 추정되었다(Harrison, 2005: 5). 석유는 최대 1,000억 배럴까지 매장되어 있는 것으로 추정되었다. 세계 최대 산유국인 사우디아라비아의 채굴가능(proven and probable) 석유 매장량이 2,617억 배럴이고 미국은 220억 배럴이다. 최근의 석유 가격인 배럴당 100달러를 이용하면 1,000억 배럴의 가치는 10조 달러이고, 이는 최근 환율 1,060원/달러를 적용할 때 1경 600조 원에 해당한다. 동중국해의 가스는 175~210조 큐빅피트(cf: cubic feet) 매장되어 있는 것으로 추정되었다. 사우디아라비아의 채굴가능 가스 매장량은 21.8조 큐빅피트이고, 미국은 117.4조 큐빅피트이다. 175~210조 큐빅피트의 가치는 702~843조 원에 해당한다.[8]

동중국해의 광물자원 추정치를 기초로 할 때, 이어도 주변지역에도 상당한 규모의 광물자원이 매장되어 있을 것으로 추정할 수 있다. 그러나 동중국해는 북쪽으로는 서해, 서쪽으로는 중국본토, 남쪽으로는 대만, 동쪽으로는 일본의 큐슈와 류큐열도로 둘러싸인 광대한 해역이므로 이어도 주변지역의 광물자원 추정치는 동중국해 전체 추정치에 비해 축소되어야 할 것이다. 또한 아직 과학적인 탐사에 의한 구체적인 수치가 제시된 적이 없다는 사실에도 유념해야 한다.

한편, 독도의 가치를 연구한 유승훈(2009)에 따르면, 독도 주위에 메탄하이드레이트가 6억 톤 가량 매장되어 있어 국내 천연가스 소비량의 30년치에 해당되는 양이고, 금액으로는 150조 원이 넘는 것으로 추정된다. 독도 주변의 메탄 하이드레이트를 30년간 매년 일정한 양으로 채굴한다고 가정하고 할인율 5.5%를 적용하면 이로 인해 연간으로 발생하는 가치는 10조 3,208억 원이 되는 것으로 추정할 수 있다(유승훈, 2009: 48-52).

이어도 주변의 해저광물자원은 적절한 추정치가 없어 독도의 경우와 비교하기 어렵지만, Harrison(2005)이 언급한 동중국해의 원유 및 가스 매장량 추정치를 고려할 때(Harrison, 2005) 독도보다 적지 않은 가치의 해저광물자원이 매장되어 있을 가능성이 상당히 있는 것으로 보인다.

해양수산자원

이어도 어장과 어류자원에 대한 연구는 강석규(2010)와 송춘복 외(2010)의 연구가 있다. 강석규(2010)의 연구는 이어도 어장의 경제성을 평가하여 수산자원의 경제적 가치를 추정하는데 유용한 근거자료라고 할 수 있

8 1cf=1.023MMBtu, 1MMBtu=3.7달러, 1달러=1,060원 적용.

다. 송춘복 외(2010)의 연구는 이어도 주변해역의 어류자원에 대한 연구로 어종과 서식밀도 등을 이해하는 데는 유용하지만, 수산자원의 경제적 가치를 추정하는 직접적인 자료로 보기는 어려운 점이 있다.

강석규(2010)에 따르면, 이어도 어장의 경제적 부가가치(Economic Value Added: EVA)는 2007년 기준으로 연간 3,400만 원에 불과하다. 외끌이 대형기선저인망어업에서 1,730만 원, 근해안강망어업에서 1,680만 원이고, 쌍끌이 대형기선저인망어업에서는 1억 7,960만 원의 적자, 근해자망어업에서는 1,490만 원 적자가 발생하여 이어도 어장의 경제적 부가가치에 포함시키지 않았다.

그러나 경제적 부가가치는 기업의 자본비용을 고려한 당기순이익 개념으로 기업의 수익성을 나타내는 데는 유용한 지표이지만, 국민소득계정의 추정방법에 비해 부가가치 창출 규모를 과소하게 계산하므로 국민경제에 기여하는 정도를 측정하기 위해서는 조정이 필요하다. 국민소득계정의 추정방법를 기준으로 이어도 어장이 2007년에 창출한 부가가치는 약 5억 3천만 원으로 계산된다.

〈표 3-1〉과 같이 어업수입이 10억 3천만 원, 출어비가 5억 원으로 어업수입에서 출어비를 차감한 부가가치가 5억 3천만 원이다. 어업종류별로 부가가치를 보면, 외끌이 대형기선저인망어업이 2억 7,400만 원으로 가장 많고, 그 다음으로 근해안강망어업 1억 5,900만 원, 쌍끌이 대형기선저인망어업 7,600만 원, 근해자망어업 1,700만 원 순으로 나타나고 있다.

이어도 어장이 2007년에 창출한 부가가치 5억 3천만 원을 2013년의 명목가치로 변환하려면 물가상승률을 고려해야 한다. 물가상승률을 2007년부터 2012년까지 GDP 디플레이터의 연간 증가율 2.48%를 이용하여 계산한 결과 2013년의 명목가치는 약 6억 천만 원이 된다. 따라서 이어도 주변 어장 수산자원의 가치는 2013년 현재 연간 6억 천만 원이고, 향후 계속적

〈표 3-1〉 2007년 이어도 어장으로부터 창출된 부가가치(단위: 천원)

구분	어업수입(A)	출어비(B)	부가가치(A)-(B)
쌍끌이 대형기선저인망어업	216,837	140,510	76,327
외끌이 대형기선저인망어업	531,391	257,193	274,198
근해안강망어업	256,217	96,850	159,367
근해자망어업	26,238	9,210	17,028
합계	1,030,683	503,763	526,920

주: 출어비는 어업수입에 이어도 어장 이용어업의 출어비 비중을 곱하여 계산 (출어비 비중이 쌍끌이 64.8%, 외끌이 48.4%, 근해안강망 47.8%, 근해자망 35.1%)
자료: 강석규(2010).

으로 창출될 이현금흐름의 현재가치는 117억 천만 원으로 추정할 수 있다. 그러나 이어도 어장에서 수익을 내는 어업만이 장기적으로 지속될 수 있다는 점을 고려하면 이어도 주변어장 수산자원의 가치는 2013년 현재 연간 5억 원이고, 향후 계속적으로 창출될 이 현금흐름의 현재가치는 96억 4천만 원으로 추정된다.

한편, 유승훈(2009)에 따르면, 2007년 기준 독도 인근 수역의 어장생산량이 9,492만 원으로, 강석규(2010)의 이어도 어장의 어업수입 10억 3,068만 원보다 훨씬 적은 것으로 나타났다. 따라서 이어도 주변 해양수산자원의 가치는 적지 않다.

2. 해양수송로

물류의 혈맥이라고 하는 '해양수송로'(Sea Lanes of Communication: SLOC)를 둘러싼 경쟁은 해양 갈등을 야기하는 중요한 이슈 중의 하나이다.

SLOC는 원유, 원자재 같이 생산활동에 필수적인 물자를 수송하는 해상 통로이다.[9] 바다가 없는 나라는 자원이 있어도 경쟁력이 약해질 수밖에 없다. 일례로 몽골이나 콩고 등은 자원부국임에도 바다가 없어 수송비가 비싸 자원 경쟁력이 취약한 것으로 알려져 있다.

우리나라는 지형적으로는 반도국가이지만 지정학적으로는 남북분단으로 인해 육상 진출이 사실상 불가능하기 때문에 해양국가와 다름없다. 그리고 원유 및 원자재 등을 수입하여 이를 가공·수출하는 경제방식을 채택하고 있기 때문에 SLOC는 곧 한국 경제의 동맥과도 같다. 실제로, 우리나라는 국제교역량의 99.7%, 원유수입의 100%를 해운에 의존하고 있는 실정이다. 한국이 수입하는 주요 자원은 에너지, 철강제품 생산을 위한 제철원료, 곡물, 원목 등을 들 수 있다. 이러한 자원은 국가 기간산업에 필수적인 동시에 국내생산만으로는 충당하기 어려워 거의 전량을 해외에 의존하고 있으며 해상운송을 통해 수입되고 있다. 특히 에너지 수입 동향을 보면 원유가 91.4%로 대부분을 차지하고 있으며, 나머지는 석탄, LNG 등이며 지속적인 에너지 수요의 증가로 에너지의 해외수입 의존도는 더욱 심화되고 있다.[10] 그런 만큼 관련 해역이나 SLOC는 '한국경제의 생명선'이라고 할 수 있으며, 항행에 문제가 생길 경우 커다란 타격을 입을 가능성이 높다.

---

9 본래 SLOC라는 용어의 개념은 군사전략적 차원에서 처음 사용되어 "작전부대와 작전기지를 연결하여 그 노선을 따라 보급품 및 증원군이 이동하는 해상의 통로"라는 뜻으로 사용되어 왔다. 그러나 최근에는 해양을 통한 국가 간의 무역이 확대되고 세계적 상호의존성이 증대됨에 따라 단순한 군사적 의미를 넘어 "해상에서 인원과 물자의 원만한 수송을 위한 체계적 연결망과 시설"이라는 통상과 관련된 포괄적 의미를 내포하는 것으로 이해되고 있다(van Dyke et al., 1988: 55).

10 에너지 경제연구원 인터넷 통계정보 자료 참조. http://www.keei.re.kr/ 검색일: 2009년 10월 15일.

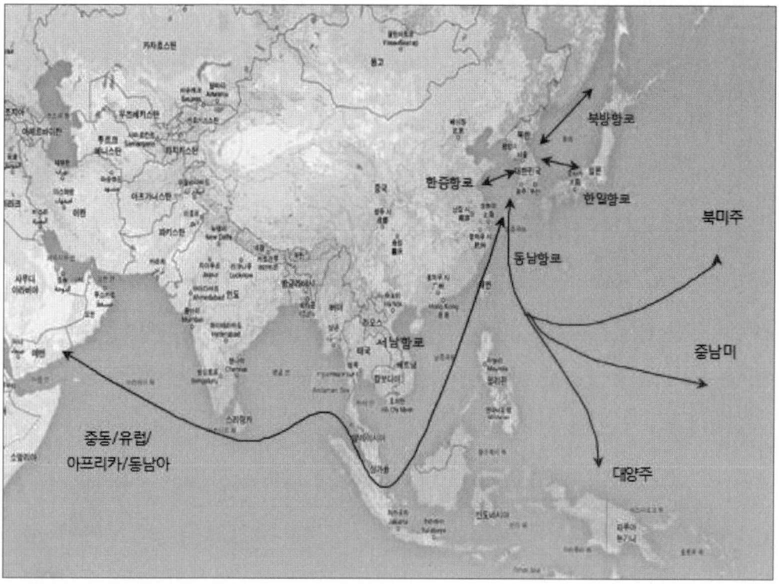

〈그림 3-4〉 한국의 5대 항로

우리나라에게 해상운송의 연결망인 SLOC 보호는 국가의 경제발전뿐만 아니라 국가의 생존과도 직결된 문제로, 사활적인 국익이 걸려 있다고 해도 과언이 아니다. 국내 석유비축계획의 기본 방향은 정부의 직접비축을 60일 이상, 민간 비축을 30일로 하여 90일 이상의 석유를 비축하는 것이다(김형건 외, 2012: 89). SLOC가 30일 이상 차단되면 한국경제는 심각한 타격을 입게 될 것이다.

해군본부는 『해군비전 2030』에서 미래 해군의 역할을 "상시 해상교통로를 보호하고, 해상테러 및 해적행위에 대한 감시와 차단활동을 실시하여 우리나라 선박의 자유로운 활동을 보장하고, 해양에서 국익을 보호하기 위한 모든 조치를 취할 수 있는 능력을 갖추어야 한다"(해군본부, 2008)라고 명시하고 있다. 삼면이 바다로 둘러싸여 있고, 분단으로 인해 북측이 막혀 있어 도서국가나 다름없는 우리나라에서는 SLOC가 평상시 경제를 지탱하고 전시 전쟁지속 능력을 보장하는 생명선과 다름이 없는 것이다.

국력이 큰 국가이거나 무역거래가 활발한 국가일수록 대동맥 역할을 하는 SLOC는 길고 복잡해진다. 우리나라도 경제적 해외 의존도가 크므로 SLOC가 다양하며 길고 복잡하다(차도희, 2010: 146). 그러나 우리나라가 이용하는 주요 SLOC는 '5대 항로'로 구분할 수 있다. 〈그림 3-4〉와 같이, 서해를 통해 중국으로 연결되는 '한중항로', 한국과 일본을 연결하는 '한일항로', 동해에서 러시아와 홋카이도를 가로질러 태평양으로 나가는 '북방항로', 그리고 남해에서 남중국해와 말라카 해협을 거쳐 동남아, 중동, 유럽, 아프리카로 진출하는 '서남항로'와 일본열도를 우회하거나 해협을 통과하여 북미주, 중남미와 대양주를 향하는 '동남항로' 등으로 구분된다.

이들 항로들 중에서 이어도와 관련해서는 두 개의 항로가 중요하다. '한중항로'는 중국의 경제적 부상에 따라 한·중 교역량이 급격히 증가함에 따라 경제적 중요성이 점점 더 커지고 있는 항로이다. 동 항로는 한·중 간에 배타적 경제수역이 중첩되는 문제로 갈등이 잠재되어 있는 동중국해 항로이다. 그리고 '서남항로'는 이어도 주변 수역을 거치는 항로로서, 원유를 비롯한 핵심 에너지원을 공급하는 주 파이프라인이다. 뿐만 아니라 동아시아 해양자원 및 영유권 분쟁이 상존하는 동중국해와 남중국해를 경유하는 항로이기 때문에 안보적·전략적으로도 중요한 항로이다.

이어도 주변수역은 연간 25만 척의 배가 통과하는 해상교통의 요충지이다. 한국의 핵심 SLOC가 통과하는 길목일 뿐만 아니라 중국에게도 경제적·전략적으로 중요한 SLOC의 길목이다. 그래서 이 수역은 중국이 '핵심이익'으로 간주하는 제1도련선 내에 포함되어 있다.

3. 군사안보적 차원

이어도가 위치하고 있는 우리의 서남해는 한·중·일 3국의 해양 경쟁이 치열하게 벌어지는 곳이라고 할 수 있다. 아직까지 서남해는 3국 간의 합리적 행동에 의해 갈등과 분쟁이 휴면상태에 있을 뿐 해양자원의 매장 등 경제적 가치를 고려할 경우 향후 심각한 갈등으로 전화될 소지가 매우 높은 수역이다. 군사적 측면에서도 남서해는 중국이 대양으로 진출하는 길목에 있으면서 양보할 수 없는 '핵심이익'으로 간주되는 제1도련선 안에 있기 때문에 미국이나 중국과의 힘의 대결도 예상되는 수역이다. 이런 맥락에서 남서해에 위치하고 있는 제주도를 위시한 수많은 우리의 도서들은 매우 중요한 군사적 가치를 지니고 있다고 할 수 있다(신창훈, 2010: 87). 그리고 여기에 추가적으로 강조되어야 할 것이 이어도와 그 주변 수역이다.

중국은 전례 없이 해군력 증강에 박차를 가하면서 동북아 나아가 동아시아 지역 안정성을 흔들고 있다. 모든 전문가들이 최악의 시나리오에 동의하는 것은 아니지만, 2010년을 전후로 한 최근의 추세로 볼 때, 중국은 미국을 포함한 주변 국가들에게 자신의 힘을 직·간접적으로 시위하고 있는 것으로 보인다. 그에 따라 일본, 한국 등 그 주요 주변국들은 중국으로부터 가해질지도 모르는 잠재적인 위험에 대비해 세력균형을 유지할 수 있는 조치, 즉 군비증강에 더욱 박차를 가할 가능성이 농후한 것으로 평가되고 있다(구민교, 2011).

중국이 이어도 주변수역에 대한 관심의 일단을 보여주는 것이 이어도 부근 중국의 국가세력 출현 현황 자료이다. 〈그림 3-5〉와 같이, 중국 관공선이 이어도 인근에 출현한 횟수는 2007년부터 2013년 9월까지 총 117회에 달한다. 항공기 접근도 88회에 달하며, 이를 모두 합하면 205회에 달한다.

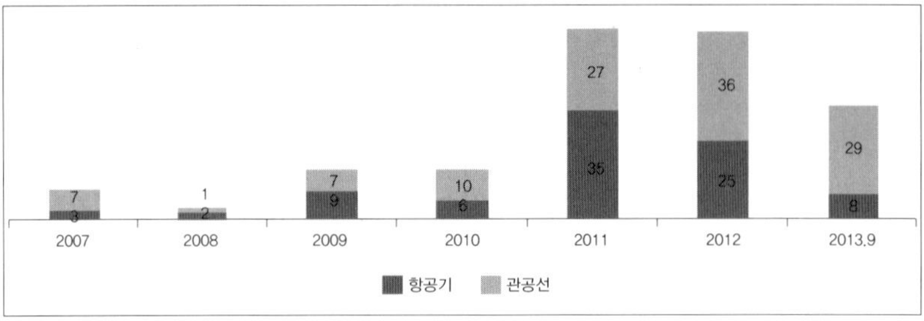

〈그림 3-5〉 중국 국가세력 출현 현황(단위: 회)
자료: 해양경찰청(2012: 40); 박민수(2013).

이어도에 대한 중국의 관심은 해군의 움직임을 통해서도 포착된다. 합동참모본부의 자료에 따르면, 중국의 해군 소속 군함 및 잠수함이 상습적으로 한국 해군의 이어도 작전구역을 침범하고 있는 것으로 나타나고 있다. 중국 해군의 이어도 작전구역 침범 현황은 2011년 13건, 2012년 41건, 그리고 2013년의 7월 말 기준 31건 등으로 지속적으로 증가하는 추세이다(JTBC News, 2013년 9월 20일자).

이와 같은 이어도 인근 중국 항공기와 관공선의 출현, 그리고 중국 해군 군함과 잠수함의 우리 작전구역 침범은 해가 갈수록 그 횟수가 많아지고 있다. 특히 2011년 이후부터 이어도 주변수역에 대한 중국의 관심이 급격하게 증가하기 시작했는데, 이를 방증하는 대표적 사례가 중국의 '방공식별구역'(Air Defense Identification Zone: ADIZ) 선포이다. 방공 식별구역이란 자국 영공의 방위를 위해 영공의 바깥쪽 공해 상공에 설정되는 가상의 공중 구역을 의미한다.

최근 이어도 상공은 한·중·일 간 첨예한 군사적 이슈로 부상하면서 긴장을 고조시킨 바 있다. 2013년 11월 23일 중국은 〈그림 3-6〉과 같이 이어도 상공이 포함된 동중국해 상공의 방공식별구역(CADIZ)을 전격 선포했기 때문이다. 향후 중국에서 선포한 방공식별구역을 비행하는 모든 항공기는 사전에 비행 계획을 중국 정부에 알리도록 한 것이다. 중국의 입장에서는 미확인 비행 물체가 중국의 영공에 매우 빠른 속도로 진입할 경우 이에 대한 대응 시간이 부족하므로 불가피하게 방공식별구역을 선포하였고, 이를 근거로 미확인 비행 물체에 대한 식별, 감시, 통제를 가함으로서 잠재적인 공격 가능성에 대비하고 중국의 주권과 영공을 수호하기 위한 차원에서 방

〈그림 3-6〉 중국의 방공식별구역

자료: 《중앙일보》, 2013년 11월 25일자.

〈그림 3-7〉 동북아 방공식별구역 중첩 상황

자료: 《중앙일보》, 2013년 12월 8일자.

공식별구역의 설정이 필요했다는 것이다(한국해양재단, 2014: 33).

중국의 CADIZ 선포는 적지 않은 문제를 야기한다. 중국을 향하는 항공기뿐만 아니라 단순히 해당 구역을 비행하는 경우에도 적용되기 때문에 공해상에서의 비행에 대한 자유를 침해하게 된다. 또 사전에 주변국들과 협의 없이 이루어진 일방적 선포이기 때문에 주변국들의 방공식별구역과 중첩되는 문제를 초래했다. 더욱이 중국이 동중국해에 설정한 방공식별구역은 우리나라의 이어도종합해양과학기지와 일본이 영유권을 주장하는 센카쿠/댜오위다오를 포함하고 있기 때문에 향후 이 지역에서의 긴장을 고조시킬 우려가 있다.

이어도 수역은 아직까지도 해양 경계가 명확하게 획정되지 않은 상태로, 우리 정부는 이어도해양과학기지 건설과 운용을 통해 자원과 해양주권 확보를 위한 노력을 계속하고 있다. 이런 과정에서 발생한 중국의 일방적인 CADIZ 선포에 적극 대응할 필요성이 제기되었다. 그에 따라 그동안 일본의 방공식별구역(JADIZ) 안에 들어가 있던 이어도 상공을 〈그림 3-7〉과 같이 우리의 방공식별구역(KADIZ)으로 새롭게 선포했다. 1951년 3월 미 공군이 중공군의 공습을 저지하기 위해 설정한 이후 62년 만에 발표한 새 방공식별구역이다. 이로써 우리 정부는 이어도와 동중국해에 대한 수호 의지를 명확히 밝혔다. 아울러 이어도 상공은 이제 한·중·일 3국의 ADIZ가 중첩됨으로써 우발적인 충돌 사태가 발생할 개연성은 더욱 커지게 되었다.

제3절 해양과학기지로서의 이어도

이어도에는 국내 최대의 종합해양과학기지가 우뚝 서 있다. 과학기지는 이어도 정봉으로부터 남쪽으로 약 700m 떨어진 수심 41m(기본수준면 기준)에 설치된 고정식 자켓구조 형식이다(심재설, 2007: 43). 이어도에 해양과학기지가 세워짐으로써 이어도 주변수역 관할권에 대한 우리 주장의 정당성은 한층 고양되고 있다. 만약 그렇지 않았더라면 이어도는 추상적이고 형이상학적인 관념에 그쳤을지 모른다(심재설, 2014: 59). 그리고 이어도에 대한 국민적인 관심을 이끌어내는 것 또한 쉽지 않았을 것이다. 해양과학기지가 바로 이어도를 우리의 해양영토로 자리매김할 수 있게 해주는 상징적 실체라고 할 수 있다.

1. 기지의 구조

이어도종합해양과학기지는 제주도 마라도에서 남서쪽 방향으로 149㎞ 떨어진 이어도 위에 세워진 인공구조물이다. 우리나라 최초의 종합해양과학기지인 이어도기지는 1995년 착공해 총 사업비 212억 원, 7,000여 명의 기술자들이 투입되어 8년에 걸친 대공사 끝에 2003년 6월 완공되었다.

이어도종합해양과학기지는 연 면적 400여 평의 규모에 전체 높이가 지반으로부터 77m이다. 이 중 41m는 물에 잠겨 있고, 36m는 물 위로 솟아 있다. 지반 위 구조물만 30층 건물과 맞먹고, 무게 3,400톤으로 사각형의 철제구조물이다. 높이 20m 이상의 거센 파도와 초속 60m의 태풍에도 견딜 수 있도록 견고하게 만들어졌다(심재설·전인식, 2004: 29; 심재설: 2007: 43).

이어도해양과학기지에는 최첨단 해양, 기상, 환경 관측체계를 갖추고 해양 및 기상 예보, 어장 예보, 지구환경 문제 및 해상교통안전, 연안 재해 방지와 기후변화예측에 필요한 자료를 실시간으로 수집, 제공할 수 있도록 최신 기종의 해양·기상 관측 장비와 감시시스템 등 44종 108점이 설치되어 가동되고 있다. 감시카메라와 초음파 센서 등 감시시스템은 기지에 접근하는 대상에 대해 중국어 등 4개 국어로 경고방송을 하도록 구축되어 있다.

이어도해양과학기지는 모두 4층으로 되어 있다. 약 400평 규모인 플랫폼의 상부구조 1층 하부 데크(cellar deck)에는 기계장비 설치 및 디젤 발전기, 모노레일 오폐수 처리시설, 화재 진압시설, 담수기 등이 설비가 되어 있

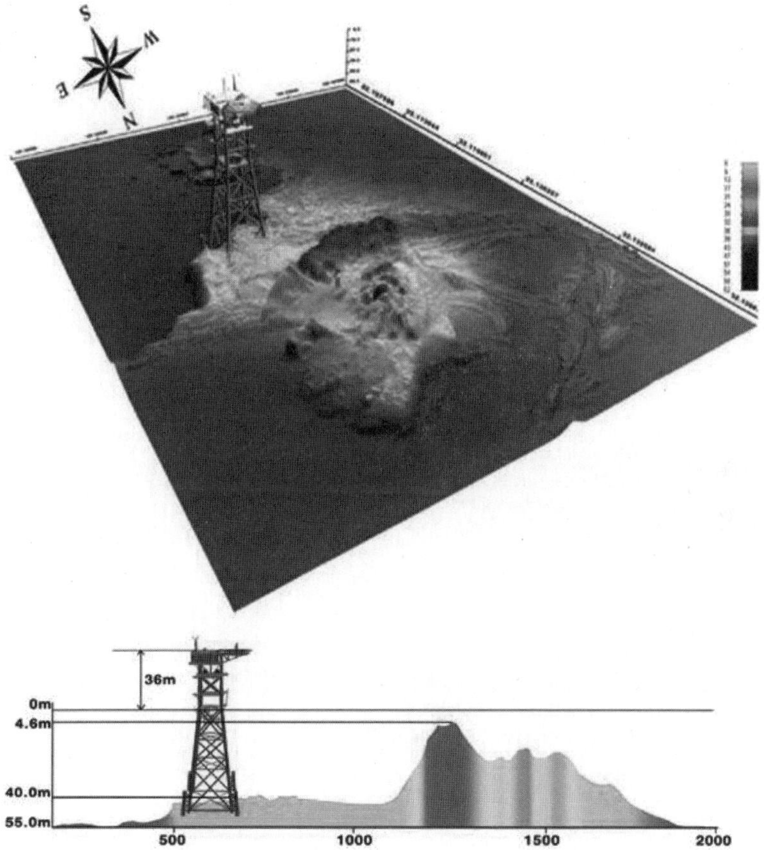

〈그림 3-8〉 이어도 해저지형도 및 남북단면도와 해양과학기지

으며, 2층 주 데크(main deck)에는 침실, 화장실, 회의실, 주방, 실험실, 스위치 기어룸, 배터리실이 있다. 3층 지붕 데크(roof deck)에는 등주설비, 풍력발전기, 통신 및 관측시설, 해수 및 담수탱크시설, 공조기(Hvac), 안개경보기 등이, 4층 헬기 이착륙장(heliport)에는 피난 구조 및 비상시 인원 동원을 위한 이·착륙장이 갖추어져 있다.

특히 3층에는 연구와 보수공사를 하는 사람들이 상주할 수 있도록 침실, 화장실, 식당, 회의실, 연구실 등이 있고 냉장고, 세탁기, 에어컨, 난방기, 텔레비전 등의 생활시설이 완비되어 있다. 이 시설에서는 8명이 2주일 동안 외부 지원 없이 숙식할 수 있으며, 전화와 위성방송을 즐기는 것은 물론 인터넷도 이용할 수 있다. 당연히 선박 접안시설과 헬리콥터 이착륙장, 등대시설, 통신 및 관측시설, 실험실과 회의실도 마련되어 있다. 따라서 이어도기지는 아무도 없더라도 모든 활동이 가능하도록 자동무인시스템으로

〈그림 3-9〉 이어도과학기지 관측실 내부

운영할 수 있으며, 언제든 이어도기지에 머물면서 정기점검을 하거나 각종 연구나 탐사활동을 할 수 있는 최첨단 종합기지로서 역할을 하고 있다.

〈표 3-2〉 이어도종합해양과학기지 시설 및 기관별 주요활용

구 분	내 용
해양수산부 해양조사원 수산과학원	·해양오염, 해양물리 관측 ·파랑, 조석, 해수면변화 및 해.조류, 해일 관측 등 ·어황 관측 ·항해안전(등대)
환경부	·대기오염 관측 등
기상청	·해상기상 관측 등
해양경찰청	·수색, 구난기지(헬기착륙장)
해양연구원	·해양 및 기상예보 연구 ·지구환경, 해양생물 연구 ·원격탐사 검증자료 획득 ·대기환경 연구 등
해양관련대학	·해양 및 기상 등 기초 분야 기술연구 등

이어도는 해양과학기지가 세워지면서 신화와 첨단과학이 만나는 현실의 섬이 되었다. 이어도가 21세기 해양강국으로 가는 전초기지로 새롭게 탈바꿈하게 된 것이다. 이어도기지는 첨단 과학의 요람으로 우리나라 기후·해양 연구 수준을 몇 단계 상승시켰다는 평가를 받고 있다. 2007년부터는 연구기관인 한국해양연구원에서 전담하였던 기지의 유지·관리·운영을 국가기관인 국립해양조사원으로 이관하여 현재까지 이르고 있다.

2. 과학기지의 설계 및 시공

이어도해양과학기지는 고정식 해양구조물이다. 고정식 해양구조물에는 매립식, 콘크리트중력식, 재킷구조물 등이 있는데, 이어도해양과학기지는 재킷구조물이다. 이 구조물은 해양자원 개발에 선구적인 역할을 하는 해양구조물로서 석유생산 혹은 시추장비, 관측용 장비 등을 설치한 갑판구조물, 그리고 이를 지지하는 재킷과 구조물 전체를 견고히 해저에 고착시키는 기둥으로 구성돼 있으며 수심 1백m 이내의 해역에서 주로 설치된다.

〈표 3-3〉 구조물과 설계조건

구조물	자켓(JACKET)	32.5m×12m×50.5m 약 1,258톤
	데크(DECK)	24m×21m×23.2m 등 약 950톤
	파일(PILE)	ø60′; 404.8m, ø72′; 241.2m, 합계 : 1,220톤
설계 조건	구조물 수명	50년 기준
	파 고	24.6m 기준
	풍 속	초속 50m(시간평균), 초속 60m(분평균) 기준
	조 위	3.7m
	해·조류	초속 2.34m

기지의 설계 조건은 수명을 50년, 피로수명 100년으로 잡고 최대파고 24.6m, 풍속은 시간평균 초속 50m, 분평균 초속 60m, 해류나 조류는 초속 2.34m를 견딜 수 있도록 하였다(심재설·전인식, 2004: 29). 특히 해양수산부는 과학기지 설계 때부터 구조물 안전에 최대한의 조건을 부여하고자 최근 100년간 내습한 태풍 중 가장 강력했던 태풍의 파고(18.24m, 1998년 셀마)와 풍속(58.3m, 2000년 프라피룬)을 상정해 이보다 강한 태풍에도 견딜 수 있도록 하였다. 실제로 2003년 9월 한반도에 내습하여 막대한 피해를 끼친

태풍 '매미'도 견뎌냄으로써 그 견고함이 확인되기도 하였다.

이어도해양과학기지 설치 작업의 순서는 먼저 과학기지 설치 위치에 자켓을 설치한 후, 데크를 자켓 상부에 거치하는 방식이다. 이 과학기지는 우리나라에서 처음 세워진 해양관측을 위한 플랫폼 형식의 구조물 시설인 관계로 그 설계에서부터 제작·설치까지 수많은 어려움이 따랐다.

▲자켓 제작

▲자켓 선적

▲자켓 운송

▲자켓 부양

▲파일 삽입 및 항타

▲데크 제작

▲데크 선적

▲데크 결합

▲자켓과 데크 결합 용접

〈그림 3-10〉 이어도종합해양과학기지 제작 과정

자료: 심재설 박사 제공(2015년 6월)

총 8척의 선박이 투입되어 시작된 자켓 설치 공사는 당초 설치기간을 15일로 예상했으나 예상치 못한 기상악화로 예정보다 2배가 넘는 40일이 소요되었다. 자켓 설치 후 6개월이 지난 시점에서 데크를 바지선에 싣고 갔지만 당시의 태풍 '구지라'의 영향으로 제주도로 피신할 수밖에 없었다. 2차 시도에서 8시간의 사투 끝에 와이어로 900톤이 넘는 데크를 들어 데크의 레그를 자켓의 구멍에 끼우는데 성공했다. 이로써 2003년 6월 비로소 대한민국 해양과학기지 제1호, 이어도해양과학기지가 웅장한 모습을 드러내기에 이른 것이다.

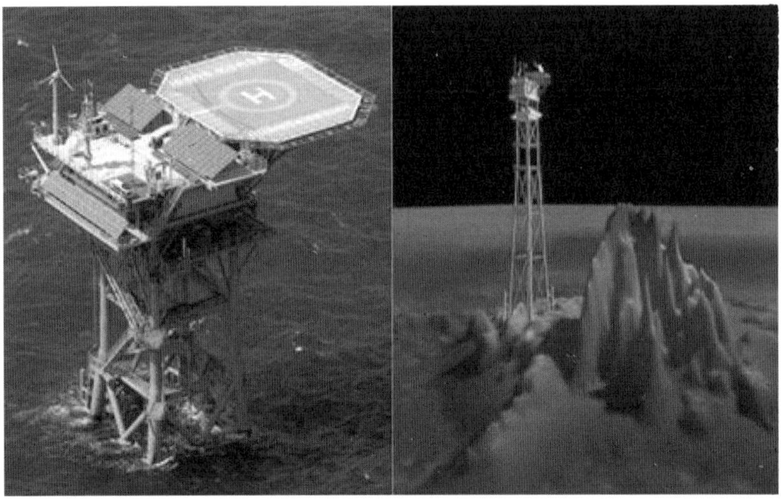

〈그림 3-11〉 이어도 해양과학기지 구조물과 3차원 입체 영상

이어도해양과학기지는 그 설계, 제작, 설치 등 모든 과정을 순수 국내 자체기술에 의해 시행하였다는 점에서 우리나라 해양관련 기술이 한 단계 발전할 수 있는 교두보 역할을 했을 뿐만 아니라 동시에 이어도가 21세기 해양강국으로 가는 전초기지로서 새롭게 태어날 수 있게 하였다.

〈표 3-4〉 이어도해양과학기지 구축 경과

연도	추진 내용
1995	· 현장 해양조사(수심측량, 조위, 해·조류 관측)
1996	· 현장 해양조사(파랑), 2차원 수리모형실험, 설계 및 작업조건 산출
1997	· 현장 해양조사(파랑), 정밀 해저지형 탐사, 구조물 개념설계, 관측/제어시스템 기본설계
1998	· 해저지반 보링 및 자료분석, 구조물 실시설계, 과학기지 운영 방안
1999	· 관측장비 선정·구입·설치위치 결정, 관측/제어시스템 설계·테스트, 분야별 정보활용방안 연구, 3차원 수리모형 실험
2000	· 쇄파유도류에 의한 유체력 결정, 과업지시서 및 공사시방서 작성, 제작·설치 업체로 현대 중공업 선정 및 책임감리 업체 결정
2001	· 과학기지 상세설계, 안전성 제고를 위한 풍동/수치실험 · 원격 관측/제어/통신시스템 상세 설계, 관측장비 구입
2002	· 구조물 및 원격관측/제어/통신시스템 제작 및 임시 설치 · 과학기지 임시 운영 · 10월 하부구조 설치완료
2003~ 현재	· 4, 5월 상부구조 설치 및 시운전 완료 · 6월 11일 준공식 · 과학기지 운영 및 활용연구 수행
2007	· 국립해양조사원으로 이어도 기지 운영기관 이관

3. 해양법 상 지위

이어도는 국내법적으로 보면, 1952년 1월 18일 공표한 이승만 정부가 선언한 평화선 수역 내에 있다('대한민국 인접해양의 주권에 대한 대통령의 선언' 제3조). 1970년 입법된 「해저광물자원개발법」 상 해저광구 중에서는 제4광구에 위치한 대한민국 대륙붕의 일부이다(「해저광물자원개발법」 제3조 및 동법 시행령 제3조 및 별표). 또「한·일어업 협정」에 따르면, 이어도해양과학기지 주변수역은 공동자원수역에 속한다(「대한민국과 일본국 간의 어업에 관한 협정」 제5조). 향후 등거리 원칙에 따라 배타적 경제수역을 선포하게 되는 경우에 이어도 수역은 한국 측에 위치하게 된다(한국해양연구소, 2007: 390).

국제법적으로 이어도(島)는 섬이 아니라 수중 암초이다. 따라서 이어도는 해양법 상 섬으로서의 지위를 인정받지 못하는 것은 자명하다. 그런데 이어도가 비록 수중암초이기는 하지만, 그 위에 해양과학기지를 설치했기 때문에 섬에 준하는 해양법 상의 지위를 기대하는 경우도 있다. 다시 말하면, 수중 암초 위에 인공 구조물을 건설한 경우에는 영토로서의 지위를 인정받거나 해양 관할권 설정을 위한 근거로 삼을 수도 있다는 기대를 하는 경우가 있을 수 있다는 것이다.

실제로, 해저나 간출지(干出地, low tide elevation=썰물 때 드러나고 밀물 때 잠기는 땅) 위에 건설된 인공구조물을 섬으로 인정하여 해양수역을 가질 수 있도록 할 것인가 하는 문제는 오랫동안 논란의 대상이 되어 왔다. 하지만 인공구조물에 대해서는 해양수역을 인정하지 않는 것으로 이미 법제화되어 있다. 어떠한 지형이 국제법적으로 섬의 지위를 획득하기 위해서는, 유엔해양법협약 제121조 1항에서 언급하는 바와 같이, "자연적으로 형성된"(naturally formed) 것이어야 한다. 뿐만 아니라 해양과학기지는 기둥에 의해 해저에 고착되어 있을 뿐 진정한 의미에서 해저와 연결되어 있다고 보기도 힘들다.

이러한 의미에서 인공섬과 해상구조물은 구분되어야 한다. 인공섬은 바닥이 해저에 완전히 고착되어 있는 것이고 해상구조물은 기둥에 의하여 고착되어 있거나 해상에 떠있으면서 닻에 의해 고정되어 있는 것이다. 따라서 이어도해양과학기지는 해저에 완전히 고착되어 있는 것이 아니므로 해상구조물이라고 하는 것이 적절할 것이다. 이어도가 인공섬이 되기 위해서는 해저에 고착되고 해면 위로 돌출될 수 있도록 콘크리트를 이용하여 육지지역과 같은 영구적인 구조물을 건설하여야 한다.

1958년 대륙붕 협약 제5조 제2항에서 대륙붕에 대한 탐사 및 자원개발을 위한 인공구조물의 설치는 인정하고 있지만, 동조 제4항에서는 이들의 섬으로서의 법적 지위를 부정하고 있다. 인공구조물의 설비 및 장치는 연안국의 관할권 하에 있지만 도서의 지위를 갖지 못하며 그러한 설비 및 장치는 자체의 영해를 가지지 아니하며, 그 존재는 연안국의 영해의 경계획정에 영향을 주는 것도 아니다.

1982년 유엔해양법협약 역시 제60조에서 경제수역 내에 인공섬이나 경제적 목적을 위한 시설물을 건설하고 사용할 수 있으며, 그 주변에 500미터의 '안전수역'을 설치할 수 있다고 하고 있을 뿐이다. 동조 제8항에서 "인공섬과 시설물 및 구조물은 섬의 지위를 가지지 못한다. 그들은 자체의 영해를 가지지 못하며, 그 존재는 영해, 배타적 경제수역이나 대륙붕의 경계획정에 아무런 영향을 주지 않는다."고 하면서 이들이 섬의 지위를 가지지 못한다고 명백히 하고 있다. 따라서 현행 국제법에 따르면 이어도에 인공섬을 건설한다고 하더라도 섬의 지위를 인정받는다는 것은 불가능하다.

1930년 헤이그 성문법전화회의에서 몇몇 국가들은 인공구조물이라고 하더라도 '섬'의 지위를 가질 수 있다는 견해를 표명한 적이 있다. 네덜란드가 섬의 정의를 "간조시 수면 위에 존재하는 모든 자연적 또는 인공적인 해저의 융기"로 하자고 하였으며 제2위원회 제2소위에서 섬을 "항상 만조점 위에 존재하는 물로 둘러싸인 육지지역"이라고 한 것 등이 그것이다. 하지만 이러한 견해는 1958년 제1차 해양법회의를 거치면서 인공구조물에는 '섬'의 지위를 인정하지 않는 것으로 변경되었다. 그리고 제3차 해양법회의를 거쳐 1982년 유엔해양법협약에서 다시 한 번 확인되었다.

현재의 유엔해양법협약 상으로 이어도는 주변을 매립하여 인공적으로 수면 위로 돌출시키면 '인공섬'이 될 수는 있을 것이다. 그러나 국제법적인 효력을 가지는 '섬'이 되기는 쉽지 않을 것으로 전망된다. 결국 현재 우리 정부가 이어도에 종합해양과학기지를 건설하여 운용 중에 있지만, 이로써 우리의 영토가 새롭게 구축되거나 해양관할권이 확장될 수 있는 것은 아니다.

그런데 이어도해양과학기지가 국제법적 근거가 없는 구조물이 아니라는 점은 분명히 할 필요가 있다. 이어도해양과학기지 설치의 국제법적 근거는 UNCLOS 제56조(배타적 경제수역에서의 연안국의 권리, 관할권 및 의무) 제1항 (b)호와 제60조(배타적 경제수역에서의 인공섬·시설 및 구조물) 제1항과 제2항이다. 배타적 경제수역에서 연안국은 인공섬·시설 및 구조물의 설치와 사용 및 해양과학조사에 관한 관할권을 가진다(동 협약 제56조 제1항 (b)호와 제60조 제1항). 이러한 인공섬·시설 및 구조물에 대하여 연안국은 안전 및 출입국관리 법령에 관한 관할권을 포함한 배타적 관할권을 가진다(동 협약 제60조 제2항).

또 동 협약 제60조에 의거, 기지를 중심으로 그 주변 500m를 '안전수역'(safety zone)으로 설정해 공시하여 안전 항해와 구조물의 안전을 위한 적절한 조치를 취할 수 있게 하고 있다. 다음은 UNCLOS 제60조 배타적 경제수역에서의 인공섬, 시설 및 구조물에 관한 규정이다.

제60조(배타적 경제수역에서의 인공섬, 시설 및 구조물)

1. 배타적 경제수역에서 연안국은 다음을 건설하고, 이에 관한 건설·운용 및 사용을 허가하고 규제하는 배타적 권리를 가진다.
   (a) 인공섬
   (b) 제56조에 규정된 목적과 그 밖의 경제적 목적을 위한 시설과 구조물
   (c) 배타적 경제수역에서 연안국의 권리행사를 방해할 수 있는

시설과 구조물

2. 연안국은 이러한 인공섬, 시설 및 구조물에 대하여 관세·재정·위생·안전 및 출입국관리 법령에 관한 관할권을 포함한 배타적 관할권을 가진다.
3. 이러한 인공섬·시설 또는 구조물의 건설은 적절히 공시하고, 이러한 것이 있다는 사실을 경고하기 위한 영구적 수단을 유지한다. 버려졌거나 사용되지 아니하는 시설이나 구조물은 항행의 안전을 보장하기 위하여 제거하며, 이 경우 이와 관련하여 권한 있는 국제기구에 의하여 수립되어 일반적으로 수락된 국제기준을 고려한다. 이러한 제거작업을 수행함에 있어서 어로·해양환경 보호 및 다른 국가의 권리와 의무를 적절히 고려한다. 완전히 제거되지 아니한 시설 또는 구조물의 깊이, 위치 및 규모는 적절히 공표한다.
4. 연안국은 필요한 경우 항행의 안전과 인공섬·시설 및 구조물의 안전을 보장하기 위하여 이러한 인공섬·시설 및 구조물의 주위에 적절한 조치를 취할 수 있는 합리적인 안전수역을 설치할 수 있다.
5. 연안국은 적용가능한 국제기준을 고려하여 안전수역의 폭을 결정한다. 이러한 수역은 인공섬·시설 또는 구조물의 성격 및 기능과 합리적으로 연관되도록 설정되고, 일반적으로 수락된 국제기준에 의하여 허용되거나 권한있는 국제기구가 권고한 경우를 제외하고는 그 바깥쪽 끝의 각 점으로부터 측정하여 500미터를 넘을 수 없다. 안전수역의 범위는 적절히 공시한다.
6. 모든 선박은 이러한 안전수역을 존중하며 인공섬·시설·구조물 및 안전수역 주변에서 일반적으로 수락된 항행에 관한 국제기

준을 준수한다.

7. 인공섬·시설·구조물 및 그 주위의 안전수역은 승인된 국제항행에 필수적인 항로대 이용을 방해할 수 있는 곳에 설치할 수 없다.

8. 인공섬·시설 및 구조물은 섬의 지위를 가지지 아니한다. 이들은 자체의 영해를 가지지 아니하며 이들의 존재가 영해, 배타적 경제수역 또는 대륙붕의 경계획정에 영향을 미치지 아니한다.

한편, 이어도해양과학기지 설치의 국내법적 근거는「배타적경제수역법」제3조(배타적 경제수역에 있어서의 권리)와 제5조(대한민국의 권리행사 등)이다. UNCLOS 상으로 대한민국은 배타적 경제수역에서 인공섬·시설 및 구조물의 설치와 사용에 관한 관할권을 가지고 있다(동법 제3조 제1호). 이러한 권리를 행사 또는 보호하기 위하여, 인공섬·시설 및 구조물에서의 법률 관계에 대해서도 대한민국의 법령이 적용된다(동법 제5조 제1항). 그리고 대한민국의 배타적 경제수역에서 대한민국의 법령을 위반한 혐의가 있다고 인정되는 자에 대해서 관계 당국은 UNCLOS 제111조의 규정에 의한 추적권의 행사, 정선·승선·검색·나포 및 사법 절차를 포함하여 필요한 조치를 취할 수 있다(동법 제5조 제3항). 이러한 권한은 대한민국과 관계국 간에 별도의 합의가 없는 경우라도 대한민국과 관계국의 중간선까지 행사할 수 있다(동법 제5조 제2항).

제2부

해양법과 동아시아 해양분쟁

이어도
제주의 마라도에서 서남쪽으로 149km에 위치한
수중 암초로 파랑도라고도 불렸다.
2003년 정부는 이곳에 해양과학기지가 건설했다.

제4장 유엔해양법협약과 해양 이슈들

제1절 바다의 국제법으로서의 유엔해양법협약

해양법은 바다에 관한 국제법으로 영해, 배타적 경제수역, 대륙붕 등과 같은 해양경계에 관한 법적 내용을 규정하고 있을 뿐만 아니라 국제 해양질서의 유지 및 해양 분쟁의 평화적 해결의 법률적 근거가 되고 있다. 해양법은 제3차 유엔해양법회의에서 만들어진 유엔해양법협약(United Nations Convention on the Law of the Sea: UNCLOS)을 통해 일반화되었다. 이 법은 국가 간 협의를 거쳐 1982년 4월 30일 채택되고 1994년 11월 16일 발효되었다.

1. 유엔해양법협약의 탄생 배경

8~9세기 바이킹의 본격적인 해양침략 시대부터 14~15세기의 해양탐험시대에 이르는 동안 바다에서의 법질서 개념은 거의 존재하지 않았다. 그러나 바다를 통해 새로운 세계를 꿈꾸고 국가 발전을 도모할 수 있다는 해양인식이 확산되면서 해양에 대한 규범의 필요성이 대두되었다. 그러나 해양 문제에 대한 각국의 이해가 첨예하게 대립되었기 때문에 보편적인 해양규범에 대한 국제적 합의를 이루는 일은 지난한 과제가 아닐 수 없었다.

보편적인 세계적 해양규범 정립의 필요성이 상존하던 가운데 각국의 이해관계가 각축하는 가운데 해양을 통한 교역이 더욱 활발해지기 시작한 14세기 이후부터 그 필요성은 더욱 커져갔다. 당시 세계적 해양강국이었던 스페인과 포르투갈은 1492년 콜럼버스의 신대륙 발견 후 해양관할 문제를 놓고 충돌했다. 그러자 교황 알렉산더 6세가 주선하여 1494년 토데실라스 조약(Treaty of Tordesillas)의 체결을 통해 해양을 분할했다. 이 조약은 〈그림 4-1〉과 같이 극과 극을 잇는 가상의 선을 기준으로 서쪽은 스페인, 동쪽은 포르투갈이 차지하기로 했다.

그러나 16세기에 신흥 해양강국으로 부상한 영국과 네덜란드는 스페인과 포르투갈이 주도하는 해양에 대한 관할권에 반발했다. 네덜란드 재상이었던 휴고 그로티우스(Hugo Grotius)는 17세기에 '자유해양론'(*Mare Liberum*)을 통해 해양자유의 원칙을 주장했다. 스페인과 포르투갈이 주도하는 해양관할체제에 반대하면서 해양자유의 원칙에 대한 학문적 토대를 마련했다. 이러한 그로티우스의 주장은 네덜란드의 국가이익과 부합하는 것이었다. 그러나 해양패권을 차지한 영국은 자국의 국가이익에 부합하는 해양규범을 주장했는데, 연안 수역의 일정 부분에서는 폐쇄해양론을 적용하고 공해에서는 해양자유의 원칙을 주장하는 것이었다. 1635년 존 셀든(John Selden)의

'폐쇄해양론'(*Mare Clausum*)은 영국의 국가이익에 적합한 주장을 뒷받침하였다.

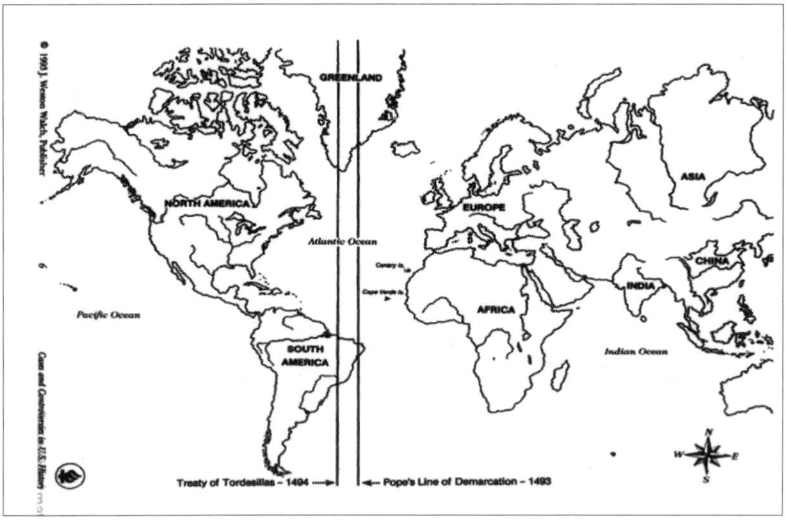

〈그림 4-1〉 토데실라스 조약에 따른 해양경계

자료: Walch and O' Halloran(1993: 6).

1609년 휴고 그로티우스의 해양자유의 주장과 존 셀덴의 폐쇄해양론은 국제사회에서 국가이익 추구를 위해 충돌하는 강대국의 견해를 반영하는 것이었다. 폐쇄적인 영해와 항해의 자유를 향유하는 공해의 구분은 해양관습법으로 국제사회에 정착되었다. 그러나 영해의 폭에 대한 국제사회의 합의가 없었으며 이에 대한 해양규범의 정립 필요성이 대두되었다.

해양법은 가장 기본적이면서도 상호 대립되는 국가주권(territorial sovereignty)의 원칙과 공해자유(freedom of high seas)의 원칙 간의 상호작용의 결과로서, 시대의 요구에 따라 두 원칙 간에 계속적인 갈등과 타협의 산물로 형성되어 발전하여 왔다(Brown, 1994: 6).

2. 해양법의 탄생 과정

제1, 2차 유엔해양법회의

해양법의 역사는 항행의 자유와 자국 연안의 관할권을 강조하는 논쟁을 통해 발전하여 왔다. 이러한 논쟁은 제2차 세계대전 직후인 1945년 트루먼 선언이 발표되면서 본격화되었다. "미국 연안 대륙붕의 모든 천연자원은 미국에 속한다"는 트루먼 선언은 이후 연안국들이 자국 영해 바깥의 인접 해양자원에 대한 배타적 권리를 일방적으로 선언하면서 해양자유의 원칙'을 제한하는 움직임을 불러일으켰다. 이에 따른 국제 규범의 필요성이 제기되었으며 유엔 차원에서 해양법을 제정하기 위한 방안이 구체적으로 논의되기에 이르렀다.

유엔해양법회의는 1958년부터 1982년까지 세 차례에 걸쳐 개최되었다. 제1차 회의는 1956년 국제법위원회가 초안을 마련하여 유엔총회에 제출했고, 그것을 심의하기 위해 1958년 제네바에서 86개국의 대표가 참석한 가운데 개최되었다.

제1차 유엔해양법회의의 당초 계획은 포괄적인 단일 협약을 제정하는 것이었다. 그러나 해양법회의가 4개 분과위원회로 분리 진행됨으로써 결국 4개의 독립된 협약 체계, 즉 영해 및 접속수역에 관한 협약, 공해에 관한 협약, 대륙붕에 관한 협약, 어업 및 공해생물자원보존에 관한 협약 등으로 출발하게 되었다.

해양의 자유를 추구하는 해양강대국들과 자국 해안의 관할권을 확대하려는 연안국가들 간의 타협의 결과로 4개 협약이 채택되었다. 이들 4개의 협약으로 이루어진 제1차 해양법 협약은 인류 역사 이래 해양법에 관한 최초의 성문법전이다. 그러나 '영해 및 접속수역에 관한 협약'에서 가장 핵심적인 내용인 영해의 폭에 관한 합의는 도출하지 못했다. 그리고 1960년에 제2차 유엔해양법회의를 제네바에서 개최하여 이 문제를 해결하고자 했으나 이 역시 합의에 실패하고 말았다.

해양법에 관한 제네바 협약 체제 자체의 불완전성과 더불어 과학기술의 발달에 기인한 해양생물자원의 보존 문제, 해양환경의 보전 문제, 해저광물자원 개발 문제와 같은 새로이 등장한 해양법 문제들은 기존의 제네바 협약 체제로서는 해결할 수 없는 상황이 되었다. 게다가 1960년대 이후 국제무대에 대거 등장하여 정치세력화 한 신생 독립국들은 기존의 해양법 질서를 부정하는 입장을 취하는 경향을 보였고, 주요 연안국들은 해양 관할권을 일방적으로 확장하는 추세로 발전했다.

제3차 유엔해양법회의

제1, 2차 유엔해양법협약 당시의 불완전성과 더불어 세계의 빠른 변화로 새로운 해양법 문제들이 등장하게 되었다. 경제발전과 과학기술의 발달로 인해 이전의 해양법으로는 해결할 수 없는 문제들이 등장한 것이다. 1960년대 이후 주요 연안국들은 기존의 국제 해양 질서를 부정하면서 해양 관할권을 일방적으로 확장하는 추세로 변하였다. 1967년에 이르러서는 25개 국가만이 영해를 3해리로 제한하고 있었으며, 66개 국가가 12해리, 그리고 8개 국가는 200해리를 주장했다(한국해양재단, 2014: 145).

이와 같은 상황에서 제3차 유엔해양법회의 개최에 결정적인 작용을 한 것은 1967년 9월 21일 유엔총회 제1위원회에서 해양법의 아버지라고 불리는 몰타(Malta)국의 주(住) 유엔 대사 아비드 빠르도(Arvid Pardo) 박사가 심해저 및 그 자원을 '인류공동유산(common heritage of mankind)'으로 정의한 제안이었다.

전 지구 영역의 어떤 부분 또는 그 자원을 인류 전체의 것으로 보고,

그것에 대해

1. 국가의 주권적 지배와 국가 또는 자연인·법인에 의한 전유(專有)가 배제되고,
2. 관리를 위한 국제 조직을 가지고,
3. 얻은 이익은 그 조직을 통해 인류 전체에 배분하는 체제를 구비하고,
4. 그 이용이 평화 목적에 한정되어 있을 것.

이 제안의 핵심적 내용은 국제법의 아버지라고 불린 그로티우스 이래 확립되었던 해양자유의 원칙에 대한 재검토와 더불어, 심해저 자원에 대한 국제 공동 관리라는 획기적인 개념의 도입이었다. 그리고 1967년 유엔총회는 이 제안을 받아들여 국가 관할권 영역 바깥의 심해저를 평화적으로 이용하는 문제를 연구할 특별위원회 설치를 결의하여 제3차 유엔해양법회의를 1973년에 개최하기로 했다.

제3차 유엔해양법회의는 160개국이 참가한 가운데 1973년부터 1982년까지 진행되었다. 제3차 유엔해양법회의는 1973년부터 1982년까지 이어져 최장기 국제회의라는 기록을 남겼다. 이 회의의 결과물인 1982년 유엔해양법협약은 1994년 11월 발효되었다. 새롭게 채택된 제3차 유엔해양법협약은 과거 수백 년 동안 형성되어 온 전통적인 해양규범들을 수용하고 선·후진국 간 상이한 주장들을 포용하는 지난한 과정을 거치면서 주요 해양 이슈에 관한 국제적 합의를 이끌어냄으로써 국제사회는 새로운 해양체제를 완성하는 성과를 거두었다(강량 외, 2006: 280).

이로써 해양법은 해양을 육지의 연장으로 간주하고, 해양에 대한 국가의 주권적·경제적 권리를 대폭 강화했으며, 내륙 국가들에게도 공해에 대한 권리를 인정하여 해양을 인류의 공동자산으로 인정하게 되었다.

3. 유엔해양법협약의 특징

제3차 유엔해양법회의를 통해 도출된 유엔해양법협약은 가장 포괄적인 해양 관련 성문법으로 '해양에 관한 헌법'이라고 불리고 있다. 유엔해양법협약의 외형상의 특징은 우선 그 조문 구성의 방대함을 들 수 있다. 전문과 본문 17부 320개조, 9개 부속서, 6개 특별 부속서, 4개 특별 결의로 구성되며 영해, 배타적 경제수역, 대륙붕, 공해, 심해저 등 해양의 모든 영역과 해양 환경, 해양 과학 조사, 해양 기술 이전, 분쟁 해결 제도 등을 주된 내용으로 하고 있다. 이러한 유엔해양법협약의 특징을 정리하면 다음과 같다(한국해양재단, 2014: 146).

첫째, 영해의 범위를 3해리에서 12해리로 확장했다. 유엔해양법협약은 오랫동안 대립했던 영해 문제에 대한 국제적 타협을 이끌어 냈다. 영해에 대해 기본적으로는 연안국의 주권을 인정하면서도, 자유로운 선박의 왕래를 보장하기 위해 수면 위로 통과하는 것만을 허용하는 무해통항권(right of innocent passage)보다 훨씬 강력한 국제해협 통과통항권(right of transit passage)을 신설하여 잠수함과 항공기도 영해를 통과할 수 있도록 했다.

둘째, 200해리(약 370km) 배타적 경제수역(EEZ) 제도를 확립하였다. 이로써 연안국들은 이 수역 내에서 독점적으로 활동할 수 있도록 법률적으로 보장받게 되었다. 그에 따라 이전에는 공해였던 바다 면적의 36% 정도가 배타적 경제수역에 편입되었다.

셋째, 대륙붕 제도를 확립했다. 대륙붕 협약은 천연자원 개발이 가능한 해저와 그 아래를 해안으로부터 거리에 관계없이 대륙붕으로 인정하고 있어서 과학기술의 진보에 따라 대륙붕이 무제한 확장될 상황이었다. 그러나 대륙붕 협약을 통해 수심 200미터까지로 하던 대륙붕의 범위를 수평 200해리(최대 350해리)까지로 제한했다.

넷째, 국가 관할권 밖에 새로운 법 제도를 확립했다. 심해저와 그 자원을 '인류공동유산'으로 규정했으며, 국제해저기구(International Seabed Authority)를 설립하여 심해저 자원의 개발을 관리·규제하게 되었다.

마지막으로, 해양 분쟁의 평화적 해결을 위해 국제해양법재판소(International Tribunal for the Law of the Sea: ITLOS)를 설립할 것을 규정했다.

유엔해양법협약은 발효 이후 국제 해양질서에 관한 새로운 관습법 형성에 중요한 역할을 담당했을 뿐만 아니라 해양제도에 관련되는 국제관행의 근거와 기준이 되었다. 우리나라에서 유엔해양법협약은 1995년 12월 국회의 비준 동의를 거쳐 1996년 1월 유엔에 비준서를 기탁했고, 1996년 2월부터 발효되었다.

4. 유엔해양법협약의 문제점

유엔해양법협약은 발효 이후에도 그 내용과 기능에 관한 비판과 반성이 계속되어 왔다. 또 해양영토를 둘러싼 갈등도 끊이지 않고 있다. 따라서 이 협약과 관련된 문제점을 파악하는 것은 해양법 발전이나 해양분쟁에 대한 대응 방향을 모색하는 데 중요한 의미를 갖는다.

첫째, 강대국들이 이 협약을 외면하는 경향을 보였으므로 국제사회의 보편적 지지 속에 발효되는 기반을 상실했다고 평가할 수 있다. 따라서 필연적으로 협약 개정론이 대두될 것으로 예상되었다. 왜냐하면 협약의 발효 요건을 충족한 60개 비준국 대부분은 개발도상국들로서, 이 국가들이 부담하는 유엔 예산분담비율은 전체 예산의 4.3%에 불과했다. 또한 국제심해저제도의 이행에 관련한 개정 협정이 유엔해양법협약 발효 전인 1994년 7월 28일에 채택되었다. 미국을 위시한 일부 선진 해양국들은 국익에 부합하지 않는다고 판단하여 비준을 기피했다. 그러므로 해양법 규범으로서, 특히 심해저제도의 보편성 확보에 심각한 의문이 제기되기도 했다.

둘째, 새로이 설립된 심해저를 관리, 감시하는 국제해저기구와 해양법 협약의 해석 및 운영에 관련된 분쟁을 해결하기 위해 설립된 국제해양법재판소(ITLOS) 등의 협약체계 운용에 수반되는 재정부담 문제가 발생한다. 이것 역시 미국 등 해양 선진국들의 적극적인 참여 없이는 해결이 불가능하므로 장차 국제사회가 이미 유엔해양법협약에 규정된 심해저 자원의 인류 공동유산 원칙을 조화롭게 현실 문제와 접목할 것인가가 중요한 과제이다.

셋째, 이 협약을 기준으로 하여 관습법을 형성하는 과정에서 협약의 발효와는 별개로 발생했던 문제로써, 각 연안국이 관할 해역과 대륙붕의 범위를 확장하면서 주변 국가들 간의 경계획정에 관하여 극심한 분쟁이 있었다. 그리고 극동지역 및 남중국해에서는 아직도 갈등이 계속되고 있다.

넷째, 새로운 배타적 경제수역 제도를 시행하면서 각 연안국들은 법률적·기술적 측면에서의 미숙함을 드러내었기 때문에 이 제도가 보편적인 국제법 제도로 정착되기 위하여서는 더 많은 시행착오를 거쳐야 가능성도 적지 않다. 따라서 이 제도가 원래 제3차 유엔해양법회의에서 의도한 대로 이상적인 자원 보존, 관리제도로서의 역할에 충실하다고는 볼 수 없다.

다섯째, 공해생물자원에 대한 보존, 관리제도는 영해와 공해로만 구성된 1958년의 제네바 협약체제를 그대로 전수했기 때문에 제3의 수역인 배타적 경제수역과 조화시키는 문제가 생겼다. 따라서 유엔해양법협약이 발효된 후에도 공해생물자원 보존, 관리제도는 정착되지 못한 채 새로운 관리규범의 확립을 위한 별도의 국제적 합의를 필요로 하게 되었다.

마지막으로, 유엔해양법협약을 통해 공인된 배타적 경제수역 제도와 대륙붕 제도의 도입은 새로운 해양시대를 주도하는 핵심적 역할을 수행해 왔다. 그러나 이들 제도의 실행은 필연적으로 인접국 또는 대향국 간 해양

관할권 결정 과정에서 해양경계획정을 둘러싼 분쟁을 발생시켰다(이용희, 2009: 20). 특히 해양관할권이 상호 중복되는 수역에서는 인접국 또는 대향국이 상호 자기 수역이라고 주장하고, 경우에 따라서는 한 국가의 일방적 활동으로 분쟁도 빈번하게 발생하고 있다. 국제해양질서는 여전히 유엔해양법협약의 제도적 모호성 때문에 혼란 속에 있으며, 다양한 형태의 분쟁과 심지어는 무력충돌의 가능성도 잠재하고 있다.

제2절 해양영토와 해양경계

1. 해양영역

해양영토란 한 국가의 영토 주권이 미치는 관할 해역을 의미한다. 해양영토는 12해리의 영해에 국한되지 않는다. 영해라는 범위를 넘어서 넓게는 배타적 경제수역과 대륙붕 수역에까지 이른다. 유엔해양법협약은 해양자원의 이용 및 채굴이 가능하도록 일정 면적에 대한 연안국의 관할권을 부여했다. 이 때문에 화석연료의 고갈 및 각종 해양자원의 경제적 효과가 커짐에 따라 배타적 경제수역과 대륙붕 등 해양경계획정 문제는 곧 국익과 직결된 문제로 간주되었다. 그리고 연안국이 배타적 경제수역과 대륙붕에 대한 관할권을 행사할 수 있는 수역을 육상 영토 개념과 등치시켜 '해양영토'로 지칭하고 있는 것이다.

오늘날에 와서는 이러한 틀에 박힌 법조문 상의 정의도 넘어서고 있다. 한 국가가 접하고 있는 관할 해역을 넘어서, 개별 국가가 독점적 탐사와 개발권을 확보한 심해저와 과학기지를 운영 중인 극지까지도 해양영토로 간주되고 있다.

그런데 우리가 주목해야 될 사실은 아직도 해양의 경계가 명확하게 확정된 것이 아니라는 점이다. 모든 연안국가가 200해리의 배타적 경제수역을 관할할 수 있지만, 서로 마주보는 대향국 간 바다가 400해리가 되지 않는 해역에서는 200해리의 경계가 중첩될 수밖에 없다. 이처럼 대향국이나 인접국 사이에 그 수역이 겹칠 경우 경계를 획정할 수 있는 명확한 기준이 없어 갈등이 발생하고 있다(Blanchard, 2003: 433-434).

해양영토와 관련된 갈등의 중심에 놓여 있는 수역이 배타적 경제수역과 대륙붕이다. 이런 점에서 대향국과 상호 중첩된 수역을 가진 연안국들은 해양영토에 주목하지 않을 수 없다. 해양영토가 늘어날 수도 있지만 줄어들 수도 있음을 의미하기 때문이다.

유엔해양법협약에 따르면, 해양영토의 범위는 '기선'(baseline)이라고 하는 가상의 선으로부터 결정된다. 〈그림 4-2〉와 같이, 모든 국가는 '기선'에서 12해리 범위 내에서 '영해'(territorial sea)의 폭을 결정할 수 있다. 기선으

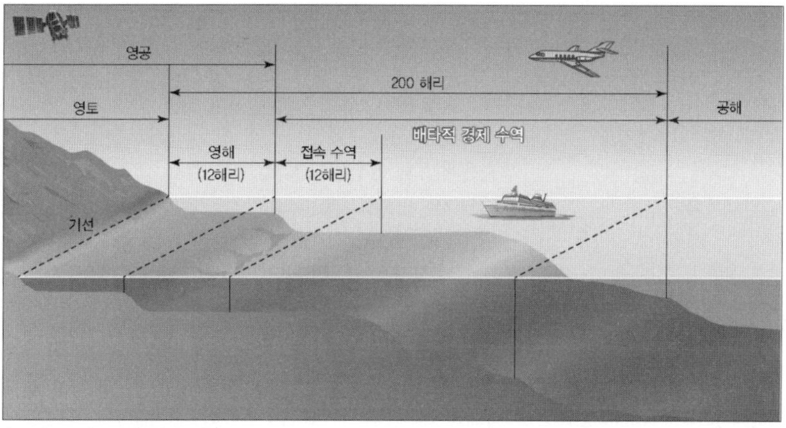

〈그림 4-2〉 해양영역 개념도

자료: 한국해양재단(2014: 17)

로부터 24해리까지 영해의 바깥쪽 바다는 '접속수역'(contiguous zone)에 해당한다. 또한 기선에서 200해리까지 '배타적 경제수역'(exclusive economic zone: EEZ)을 선포할 수 있다. 배타적 경제수역은 바다가 가진 다양한 잠재력으로 최근 그 중요성이 급격히 부각되고 있다. 대륙붕 수역은 육지 영토의 자연적 연장이 기선부터 200해리 미만인 경우 200해리, 200해리를 넘는 경우 최대 350해리까지 설정되는 수역이다.

주지하듯이, 연안국의 주권이 미치는 해양영역은 크게 영해, 접속 수역, 배타적 경제수역, 대륙붕으로 구분된다. 〈표 4-1〉은 유엔해양법협약이 규정하고 있는 해양영역들의 관할권을 구분한 것이다.

〈표 4-1〉 UNCLOS의 해양 관할권 구분

<table>
<tr><th>구분</th><th>범위</th><th colspan="2">관할권</th></tr>
<tr><td>영해</td><td>12해리</td><td colspan="2">경찰권, 어업권, 연안 무역권, 환경보호·보존권,
해양과학 조사권</td></tr>
<tr><td>접속수역</td><td>24해리</td><td colspan="2">관세, 재정, 출입국, 위생
* 4개 사항 외의 관할권은 불인정</td></tr>
<tr><td rowspan="2">배타적 경제수역</td><td rowspan="2">200해리</td><td>주권적 권리</td><td>자원 이용·보존권, 경제적 이용권</td></tr>
<tr><td>관할권</td><td>인공구조물, 해양환경보존,
해양과학조사</td></tr>
<tr><td>대륙붕</td><td>200해리~
350해리</td><td colspan="2">자원개발·탐사, 인공도 설치,
자원개발·탐사를 위한 대륙붕 착공 및 굴착,
해양환경보존, 해양과학조사</td></tr>
</table>

2. 기선: 해양경계의 기준

해양자원에 대한 가치와 중요성이 커짐에 따라 해양경계획정을 둘러싼 국가 간의 경쟁은 날이 갈수록 치열해지고 있다. 해양경계는 어떤 기준에 따라 설정되는가에 따라 한 나라의 해양경계가 달라질 수 있는데, 그 기준이 기선(baseline)이다. 즉 기선을 어디로 설정하느냐에 따라 해양영토의 크기는 작아지거나 커질 수 있는 것이다.

기선은 모든 해양관할권의 출발선으로 대축적지도상에 연안의 저조선(低潮線, low-water line=가장 낮은 수위의 조류에 의해 형성되는 해안선)을 따라 긋는 것이 보통이다. 유엔해양법협약 체제에서 기선은 단지 영해의 경계를 획정하는 데뿐만 아니라 접속수역이나 배타적 경제수역, 그리고 대륙붕에 이르기까지 여러 가지 중요한 해양 관할수역의 범위를 획정하는 핵심 준거가 된다. 따라서 기선의 설정으로 자국이 관할하는 해역이 정해지기 때문에 연안국들에게는 매우 민감하고 중요한 사안으로 인식되지 않을 수 없다(Oppenheim, 1992: 602).

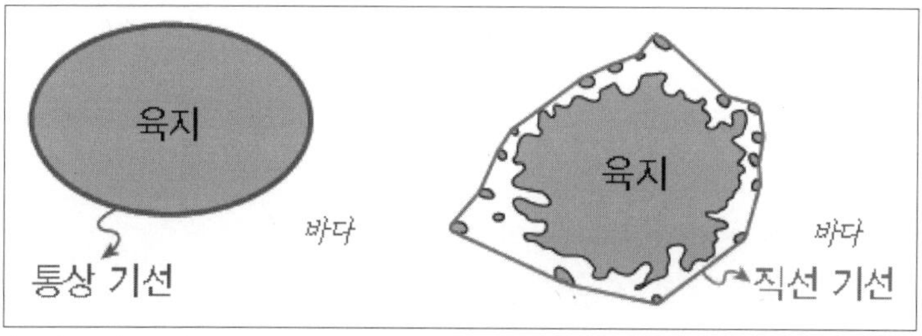

〈그림 4-3〉 통상기선과 직선기선

기선은 통상기선(normal baseline)과 직선기선(straight baseline)으로 구분된다. 통상기선은 해안선이 단조로운 곳에 적용된다. 직선기선은 해안선의 굴곡이 심하고 섬이 많은 경우에 적용되는 것으로 가장 외곽에 자리한 섬과 섬을 직선으로 연결한 선이다.

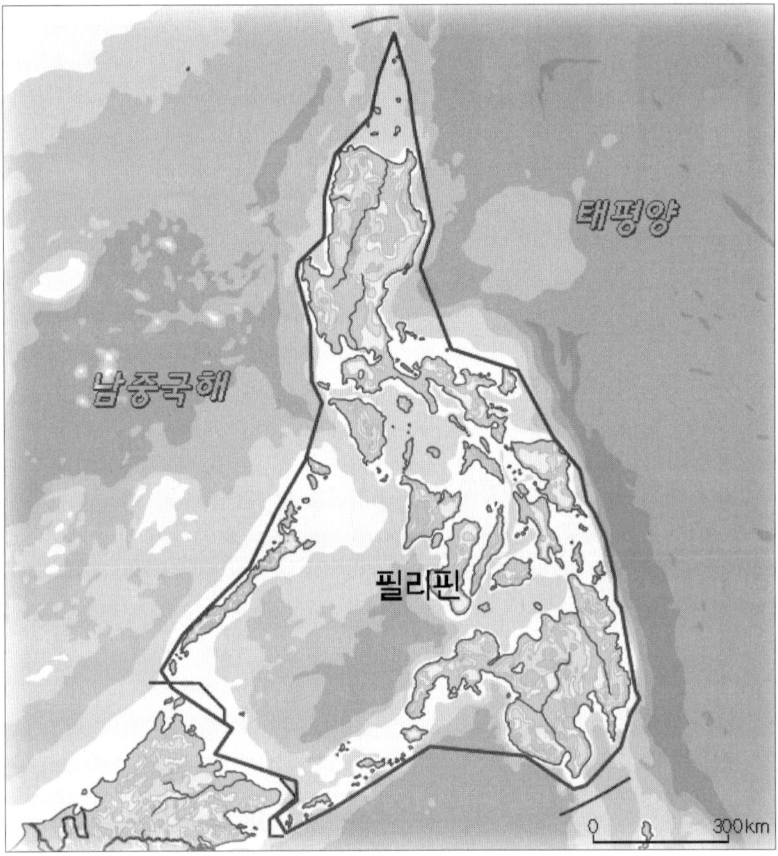

〈그림 4-4〉 군도기선에 의한 필리핀의 영해

자료: 한국해양재단, 『해양영토 바로알기』, p. 13.

영해의 기준이 되는 선은 썰물 때의 해안선, 즉 통상기선이 원칙이지만, 해안선의 굴곡이 심하고 연안에 섬이 많을 경우, 외해로 돌출한 섬들을 직선으로 연결한 선, 즉 직선기선을 기선으로 한다. 그리고 군도기선(群島基線, archipelagic baselines)은 군도로 이루어진 섬나라, 즉 군도국가에서 적용된다. 군도국가는 군도의 가장 외측 섬과 간조 시 수면 상에 있는 암석의 가장 외측 점을 연결한 직선의 기선을 그을 수 있는데, 〈그림 4-4〉와 같이, 이를 군도기선이라 한다.

직선기선은 1935년 노르웨이가 자국의 지리적·경제적 특수성을 보호하기 위해 국왕령으로 처음 채택한 데서 유래되었다. 영국과 노르웨이 간의 어업분쟁사건에 대해 1951년 12월 18일 국제사법재판소의 판결에서 직선기선 방법이 처음 인정된 바 있다.

해양경계획정을 둘러싼 갈등에서 문제가 되는 것은 직선기선의 적용에 관해서이다. 그것은 국제법적으로 적실성이 인정되지만, 실제 적용에서는 그리 간단하지 않다는 것을 함축한다. 경계획정을 위한 기선 설정을 어떻게 하는가에 따라 해양영토의 크기가 달라질 수 있기 때문이다.

연안국은 직선기선을 해도에 명백하게 표시하고 공개하도록 하고 있다. 이와 관련, 쟁점이 되고 있는 유엔해양법협약의 주요 규정들을 살펴보면 다음과 같다.

- 직선기선은 간출지를 기점으로 삼을 수 없도록 규정되어 있다. 그러나 항상 해면 상에 있는 등대나 그와 유사한 시설이 간출지 상에 있을 때는 예외라고 규정하고 있다(제7조 4항).
- 해안선이 깊게 굴곡이 지거나 잘려 들어간 지역 또는 해안을 따라 아주 가까이 섬이 흩어져 있는 지역에서는 적절한 지점을 연결하는 직선기선의 방법이 사용될 수 있다(제7조 1항).
- 삼각주가 있거나 그 밖의 자연조건으로 인해 해안선이 매우 불안정한 곳에서는 바다 쪽 가장 바깥 저조선을 따라 적절한 지점을 선택할 수 있으며, 그 후 저조선이 후퇴하더라도 직선기선은 이 협약에 따라 연안국에 의해 수정될 때까지 유효하다(제7조 2항).

- 직선기선을 그을 때는 그 해안의 일반적 방향에서 현저히 벗어나게 설정할 수 없으며, 간출지까지 또는 간출지로부터 설정할 수 없다. 또한 등대나 그와 유사한 시설이 간출지에 세워진 경우 또는 국제적인 승인을 받은 경우에는 직선기선을 설정할 수 있다(제7조 3항, 4항).

유엔해양법협약에서는 '통상기선'을 해양의 경계획정에서 기준선으로 삼고 있으며 '직선기선'의 적용을 엄격히 제한하고 있다. 그러나 일부 국가들에서 자국의 이익을 위하여 무리하게 '직선기선'을 사용하고 있다. 특히 한국의 인접국가인 중국과 일본은 모두 무리하게 직선기선을 사용하여 배타적 경제수역을 선포한 대표적인 국가로 분류할 수 있다.

3. 해양영토의 유형

영해

영해는 육지와 동등한 주권이 미치는 바다의 공간이다. 영해는 바다에 접해 있는 연안국이 주권적 권리를 행사할 수 있는 배타적 관할 구역이다. 시대적 변천에 따라 영행의 범위는 변해 왔다. 과거 18세기에는 착탄거리설(cannon-shot rule)을 기초로 연안으로부터의 포탄 사정거리인 3해리를 영해의 폭으로 인정했었다. 그러나 기술 발전으로 대포의 사정거리가 늘어나면서 다른 의견들이 제시되기도 했다. 그렇지만 적어도 20세기 초반까지 영해 3해리 원칙은 국제 해양법 체제의 중요한 원칙이었다.

연안국은 영해에서의 해상 안전과 질서를 국내법으로 통제할 수 있으며, 외국 선박이 영해에서 문제를 일으켰을 경우에도 마찬가지로 국내법을 근거로 나포하거나 처벌할 수 있다. 그리고 연안국은 영해에서 외국 선박이 폐기물을 투기하거나 해양 오염을 야기할 경우, 이를 규제할 수 있는 권한을 갖고 있으며, 해양 과학 조사를 위한 배타적 권리를 갖는다. 우리나라는 '영해 및 접속수역법'에 의해 기선으로부터 12해리까지의 해역을 영해로 설정하고 있다. 대한해협은 일본과의 협소한 거리를 고려하여 3해리로 설정되었다(한국해양재단, 2014: 12).

접속수역

접속수역은 영해와 달리 배타적으로 주권적 권리를 행사할 수 있는 해양 영역은 아니다. 그렇지만 영해 바깥쪽으로 이어지는 일정 범위, 즉 기선으로부터 최대 24해리까지의 수역으로, 연안국이 자국의 권익을 침해받지 않기 위해 설정할 수 있는 공간이다. 접속수역은 영해에서 연안국의 주권 행사를 보완하기 위하여 관세, 재정, 위생, 출입국관리와 같은 부분에 대한 연안국의 관할권을 행사하는 수역이다.

접속수역은 본래 18세기에 영국에서 시행되었던 '배회법(Hovering Act)'으로부터 기원한다. 이 법은 공해 자유 원칙의 예외로서 영국의 영해 외곽을 배회하면서 밀수를 행하던 외국 선박을 단속할 목적으로 제정된 것이었다. 영국은 이 법에 근거하여 관세를 효과적으로 부과하고자 영해에 인접한 일정한 범위의 수역에 한해 관세 통제권을 행사했다. 미국에서는 독립 초기였던 18세기 후반, 밀수와 노예무역을 억제하고자 영국에서와 비슷한 관할권을 행사했다. 19세기 유럽에서는 여러 국가들이 접속수역을 설정하게 되면서 점차 관습법으로 정착되었고, 20세기 초에는 이미 접속수역에 대한 법적 개념이 확립되었다(한국해양재단, 2014: 15).

그런데 배타적 경제수역이나 대륙붕과 같은 개념들이 등장함에 따라 전통적인 접속수역 설정의 필요성은 감소하고 있다. 해양영토를 결정하는 해양경계 문제에서 논란의 대상이 되는 것이 바로 배타적 경제수역과 대륙붕이기 때문이다.

배타적 경제수역

연안국들은 해양경계의 기준이 되는 '기선'으로부터 200해리까지 배타적 경제수역을 설정할 수 있다. 배타적 경제수역 내에서는 연안국들이 생물 및 비생물 자원의 탐사나 경제적 개발 등에 관해 주권적 권리를 행사할 수 있다. 그 외에도 몇 가지 중요한 권리가 연안국들에게 부여되었다. 연안국들은 배타적 경제수역 범위 내에서 인공 섬이나 해상 시설물의 설치와 이용, 해양오염의 방지 및 해양의 과학적 조사에 대한 관할권을 가질 수 있다. 또 배타적 경제수역 안에서는 전통적인 어업 자유가 부인되고 연안국이 전면적으로 어업활동을 관리하게 되었다.

그러나 공해와 같이 모든 국가가 항행의 자유, 상공비행의 자유, 해저전선 및 도관 부설의 자유, 그리고 이들 자유와 관련된 해양 사용의 자유를 향유할 수 있도록 했다. 이와 같이 몇 가지 제한을 제외하면 배타적 경제수역은 사실상의 영토로 볼 수 있기 때문에 각국에서는 배타적 경제수역을 주권적 차원에서 관할하고 있는 것이다.

배타적 경제수역의 개념은 1945년 미국의 트루먼 대통령이 '2개의 해양 관할 선언(대륙붕 선언)'을 함으로써 관심을 받기 시작했다. 그 후 1958년에 제네바에서 개최된 제1차 유엔해양법회의에서는 영해 및 접속 수역에 관한 협약, 공해에 관한 협약, 어업 및 공해의 생물 자원 보존에 관한 협약, 대륙붕에 관한 협약 등 4개 조약이 채택되었다. 그러나 국가 간 첨예한 이해관계 때문에 영해와 어업 수역에 대해서는 합의점을 찾지 못했다.

해양에 대한 연안국의 권리가 점차 확대되는 상황에서 '대륙붕에 관한 협약' 체결에도 불구하고, 대륙붕의 법적 정의가 모호함에 따라 세계의 모든 해저가 연안국들에 의해 분할될 수도 있는 상황에 봉착했다. 또 과학기술의 발달로 3해리만으로는 더 이상 연안국의 권리를 지키기 어렵게 되었다. 이런 상황이 되자 영해를 12해리 또는 그 이상으로 확대하려는 움직임이 두드러졌다. 이런 변화 속에서 케냐의 니엔가(Njenga)가 1972년 라고스에서 개최된 제13차 아시아·아프리카 법률 자문 위원회(AALCC)에서 『배타적 경제수역에 관한 보고서』를 제출하면서 이에 관한 논의가 본격화되었다(김영구, 1998).

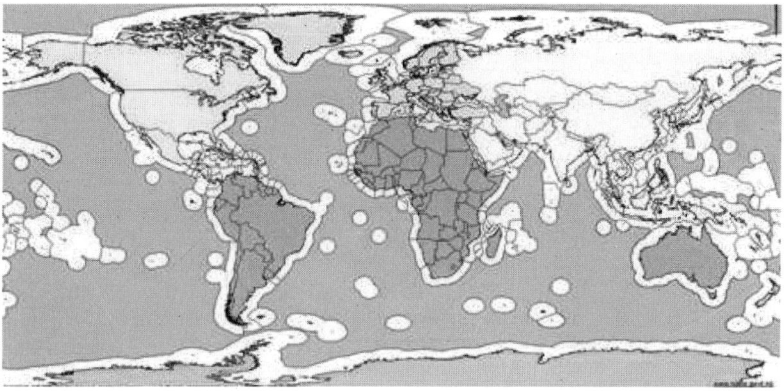

〈그림 4-5〉 세계 각 국의 EEZ 현황
자료 : 뉴질랜드 수산부

배타적 경제수역에 관한 논의는 연안국의 자원 확보라는 경제적인 요구와 개발도상국의 이익 보호라는 정치적인 요구, 그리고 자원 보존과 관리, 환경보호 등 국제 사회 전체가 추구하는 새로운 과제를 연안국에 위임한다는 명분까지 결합되면서 전개되었다. 1970년대에 이르러 세계 각국은 경쟁적으로 배타적 경제수역을 선포했으며, 그 결과 전체 바다 면적의 1/3 이상이 배타적 경제수역에 포함되었고, 세계의 주요 어장의 대부분이 연안국의 배타적 경제수역으로 편입되었다(한국해양재단, 2014: 17).

배타적 경제수역은 영해와 공해의 성격을 함께 갖고 있는 혼합적 수역이라 할 수 있다. 바다를 사이에 두고 서로 마주보는 대향국 상호 간 거리가 400해리 미만인 경우 배타적 경제수역과 대륙붕의 경계획정 방법에 관한 분쟁이 발생할 수밖에 없다. 이것은 크게 두 가지 견해가 대립되는데, 중간선 원칙과 형평의 원칙이 그것이다. 그러나 유엔해양법협약 제74조는 인접국 또는 마주보는 국가 간의 배타적 경제수역 경계획정은 '형평한 해결'을 위해서 국제사법재판소 규정 제38조에 언급한 국제법을 기초로 '합의'에 의하여 성립되어야 한다고 규정하고 있다.

그러나 대향국 사이에 놓인 수역의 범위가 총 400해리가 되지 않을 경우 국가 간 이해관계는 첨예하게 대립될 수밖에 없다. 배타적 경제수역의 경계 획정을 위한 보편적이고도 명확한 기준이 분명하지 않기 때문이다. 한·중·일이 접하고 있는 황해와 동중국해가 대표적인 사례라고 할 수 있다. 한·중·일 3국에 인접한 해역은 상대적으로 협소하여 배타적 경제수역을 설정하기가 쉽지 않다. 또 3국 모두가 서로 자국의 주권적 이익을 확대하려고 하기 때문에 분쟁의 소지는 상존(常存)한다. 이에 따라 한·중·일 3국은 별도의 해양경계획정을 위한 협정을 통해 상호 간에 분쟁을 해소하는 방법을 탐색하고 있다.

대륙붕

대륙붕은 본래 해안에서 수심이 비교적 얕고 경사가 완만한 해저 지형으로, 육지가 자연적으로 연장된 해저 지형을 일컫는다. 〈그림 4-6〉과 같이, 지질학상 대륙붕은 수심 약 200m까지 완만한 경사를 이루는 지역을 말한다. 이어 경사가 급해지는 지대는 '대륙사면'(continental slope)이고, 다시 완만한 경사가 나오는 곳을 '대륙융기'라고 한다. 이들 3가지를 더해 '대륙변계'(大陸邊界, Continental Margine)라고 지칭한다.

1945년 미국의 트루먼 대통령이 '대륙붕 선언'을 했던 것이 사실상 국제 사회에서 처음으로 대륙붕에 대한 권리를 주장한 사례이다. 당시 연안국들이 대륙붕에 존재하는 풍부한 생물 자원 및 비생물 자원에 대한 권한을 주장함으로써 대륙붕이 국제법적인 문제로 부각되기 시작한 것이다.

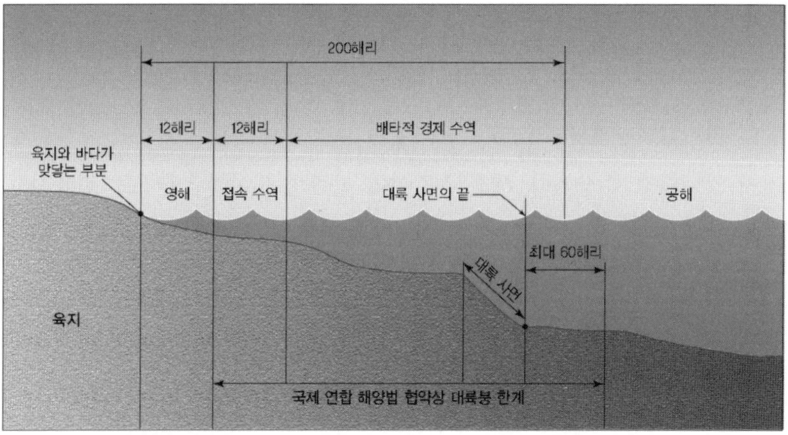

〈그림 4-6〉 대륙붕 개념도

자료: 한국해양재단(2014: 21).

해저에 관한 새로운 관할권의 개념은 이후 1958년 '대륙붕에 관한 협약'을 채택하여 최초로 성문화되었다. '대륙붕에 관한 협약'은 영해 외의 해저에서 수심 200m까지의 해저 또는 그 이상의 심해라 하더라도 천연자원에 대한 개발이 가능한 해저를 대륙붕으로 정의했다(대륙붕에 관한 협약 1조).

1969년에 있었던 '북해 대륙붕 사건'은 대륙붕에 관한 새로운 인식을 심어주는 계기였다. 당시 북해를 끼고 서로 인접한 독일과 네덜란드·덴마크는 상호 간에 주장하는 대륙붕의 경계획정 방식이 달라 합의에 이르지 못하고 있었다. 단지 독일이 양자 교섭을 통해 1964년 네덜란드와 1965년 덴마크와 각각 부분적으로 북해 대륙붕의 경계를 획정하는 조약을 체결하고 있었다(최홍배, 2000: 188-189). 이들 3국은 이미 합의를 통해 경계가 획정된 부분을 넘어선 해역, 즉 북해의 중심부 대륙붕 경계를 획정하고자 교섭을 시작했으나 입장 차이로 합의에 이르지는 못하고 있었다.

당시 네덜란드와 덴마크는 1958년 대륙붕 협약 제6조의 '등거리·특별사정(equidistance-special circumstance)의 원칙'을 주장했다. 당사자 간에 합의가 없는 경우에 '특별한 사정'이 인정되지 않는 한, 모든 대륙붕 경계는 등거리선에 따라 획정되어야 한다고 주장한 것이다. 반면, 대륙붕 협약 당사국이 아니었던 독일은 동 협약이 규정하고 있는 등거리선 방식은 구속력을 갖지 않는다고 주장했다. 해안선 길이에 비례해서 이해관계국에 '정당하고 공평한 배분'(just and equitable share)이 이루어지도록 해야 한다는 것이 독일의 주장이었다.

요컨대, 네덜란드와 덴마크는 등거리선 방식을 통한 경계획정을 주장한 반면, 독일은 자국 영토로부터 뻗어나간 대륙붕이 북해의 중심부까지 미친다는 것을 근거로 형평성 있는 획정을 요구하고 있었다. 결국 독일은 이 문제를 1967년 2월 국제사법재판소에 제소했고, 2년 여에 걸친 심리 끝에 국제사법재판소는 독일을 지지하는 판결을 내렸다.

이러한 판결은 대륙붕 경계획정을 위한 등거리선 원칙의 사용이 항상 의무적인 것은 아니며, 더욱이 대륙붕의 경계를 설정하는 모든 경우에 적용될 수 있는 의무적인 단일 기준은 없다는 취지가 담겼다고 볼 수 있다(최홍배, 2000: 192). 이 판결을 계기로 대륙붕은 영토의 자연연장으로 보는 시각이 우세하게 되었고, 1982년 유엔해양법협약 제76조에 분명하게 채택되었다.

한편, 유엔해양법협약(제76조 1항)은 대륙붕을 "영해 밖으로 영토의 자연적 연장에 따라 대륙변계의 바깥 끝까지"로 규정하고 있다. 또 "대륙변계의 바깥 끝이 200해리에 미치지 않는 경우에는 영해기선으로부터 200해리까지의 해저지역의 해저와 하층토"가 대륙붕이 된다. '대륙변계 바깥 끝'이란 '대륙사면의 끝(FOS: : foot of the continental slope)으로부터 퇴적암 두께가 1%인 고정점' 또는 '대륙사면의 끝으로부터 60해리를 넘지 않는 고정점'을 연결한 선이다.

연안국들은 유엔해양법협약 제76조와 2 부속서에 근거해, '영토의 자연연장'에 따라 200해리~350해리까지 대륙붕을 연장할 수 있는 권리를 부여받았다. 그리고 협약 77조에서는 연안국으로 하여금 대륙붕 탐사 및 해저와 하층토의 광물, 무생물자원, 정착성 생물자원 등 천연자원 개발에 주권적 권리를 향유할 수 있게 했다.

그런데 대륙붕의 경계를 정하는 일은 쉽지 않다. 유엔해양법협약 상 '해양 관할권으로서의 대륙붕'과 '지질학적 대륙붕'은 그 정의가 다르다. 지질학에서 대륙붕은 해안에서 수심 200m 깊이의 지점까지 이르는 해저 지형을 뜻하지만, 해양법에서는 해안에서 단절 없이 완만한 경사를 이루며 확장된 해저 지형을 의미한다. 따라서 어떤 연안국의 대륙붕의 범위를 정함에 있어서 지질학적 개념의 대륙붕을 넘어서 해양관할권의 범위로 인정될 수 있는 이른바 '대륙변계'의 한계를 정하는 것은 쉽지 않은 일이다.

이에 따라 만들어진 것이 국제심해저기구(ISA)의 한 기관으로 설립된 대륙붕한계위원회(Commission on the Limits of the Continental Shelf: CLCS)이다. 유엔해양법협약은 한 나라가 소유할 수 있는 대륙붕은 200해리 미달시 200해리까지는 보장하고 육지의 자연연장이 대륙붕이나 영해의 폭을 측정하는 기선으로 350해리를 넘을 수 없도록 했다. 그리고 이 경우 2,500m 등심선으로부터 100해리를 초과하지 아니하여야 한다. 이 지역에 대한 소유를 인정받으려면 유엔 대륙붕한계위원회에 해저지형에 대한 정보를 제출해 동 위원회의 '권고'를 근거로 확정적인 대륙변계를 정할 수 있다.

한편, 대륙붕은 배타적 경제수역과 일정한 차이를 보인다. 배타적 경제수역은 거리(200해리)로 정의한 데 비해, 대륙붕은 자연연장(natural prolongation) 또는 거리(200해리)로 정의함으로써 200해리 이원으로 확장될 수 있는 여지가 존재한다는 데서 차이를 보인다. 또한 배타적 경제수역은 해저와 하층토 외에 상부수역의 생물·무생물자원 개발에 대한 연안국의 주권적 권리를 인정하는 데 비해, 대륙붕은 해저와 하층토의 무생물 자원(단, 정착성 생물자원은 포함) 개발에 대한 연안국의 주권적 권리를 인정한다는 차이점도 있다.

제3절 해양경계의 획정: 기준과 원칙

1. 해양경계획정의 기준

대륙붕과 배타적 경제수역 경계획정의 기준과 원칙은 시대에 따라 변해 왔다. 1958년 대륙붕 협약은 대륙붕 경계획정의 원칙으로 등거리선 원칙을 규정했지만, 그 후의 국제 판례는 그보다는 형평의 원칙을 강조하는 방향으로 변화되었다. 그러한 과정에서 자연연장론이 등장하기도 했다.

대륙붕과 배타적 경제수역의 경계획정 문제는 제3차 유엔해양법회의에서 진행된 협의 중 가장 어려운 과제였다. 이 회의에서 해양경계획정 문제에 관해서는 크게 두 가지 견해가 대립되어 있었다. 해저의 지리형상학, 지질학, 생물자원을 포함한 각종자원 등을 고려한 형평의 원칙(equitable principles)과 대륙붕 협약 제6조에 따라 등거리선 원칙(equidistance principles)으로 경계를 획정하여야 한다는 주장이 팽팽하게 맞섰던 것이다.

제3차 유엔해양법회의의 협의 과정 중 이 두 견해를 지지하는 양 그룹은 계속적으로 대립했다. 그러다가 1980년 제9회기에 제시된 Negotiating Group-7 의장인 Judge Manner가 절충안을 제안했다. 회담 막바지에 나온 대 타협안으로, 어느 한 쪽에만 유리한 방향으로 가서는 타결이 요원했기 때문에, 결국 애매모호한 내용의 절충안이 제시된 것이고, 이것이 채택되었다. 이 절충안 내용의 특징은 경계획정의 기본원칙으로 중간선 원칙이나 형평의 원칙 어느 쪽도 우선적인 지위를 인정하지 않고, 대신에 국제법에 따라 '합의'로 결정하도록 한 것이다.

그런데 해양경계획정의 기본적 원리를 제시함에 있어서 국제법에 따라 정한다고 규정하는 것은 아무런 규정도 하지 않은 것과 같으므로 좀 더 구체적이고 규범적인 기준을 찾게 되었다. 그리하여 1981년 해양법협약 공식 초안에 채택된 것은 "국제사법재판소 규정 제38조에 언급된 국제법"이라는 삽입구이다. 그리고 이들 절충안은 결국 유엔해양법협약에 그대로 채택되어 다음과 같이 규정되었다.

제74조 대향국 간 또는 인접국 간의 배타적 경제수역의 경계획정

1. 서로 마주보고 있거나 인접한 연안을 가진 국가 간의 배타적 경제수역 경계획정은 공평한 해결에 이르기 위하여, 국제사법재판소규정 제38조에 언급된 국제법을 기초로 하는 합의에 의하여 이루어진다.
2. 상당한 기간 내에 합의에 이르지 못할 경우 관련국은 제15부에 규정된 절차[11]에 회부한다.
3. 제1항에 규정된 합의에 이르는 동안, 관련국은 이해와 상호협력의 정신으로 실질적인 잠정약정을 체결할 수 있도록 모든 노력을 다하며, 과도적인 기간 동안 최종 합의에 이르는 것을 위태

롭게 하거나 방해하지 아니한다. 이러한 약정은 최종적인 경계획정에 영향을 미치지 아니한다.

4. 관련국 간에 발효 중인 협정이 있는 경우, 배타적 경제수역의 경계획정에 관련된 사항은 그 협정의 규정에 따라 결정된다.

2. 육지 영토의 자연연장 원칙

1945년 트루먼 선언에서 시작되어 대륙붕 협약에 의해 구체적으로 규정된 대륙붕의 국제법적 정의는 해안으로부터 인접한 수심 200m 또는 개발 가능한 수심을 기준으로 정해졌다. 그리고 개발 가능한 수심 기준은 200m를 넘어서 대륙붕이 해양 쪽으로 무제한 확대될 가능성을 내포했기 때문에, '지리학 내지 지질학상의 인접성' 기준이 중시되었다. 이처럼 대륙붕의 개념은 원래 지형학 내지 지질학적인 개념이었는데, 해저자원의 개발과 함께 각국의 실행에 의해 국제법적 정의가 내려진 것이다.

그런데 자원개발의 기술 및 형태가 발전, 변화되면서 새로운 대륙붕의 정의가 필요하게 되었다. 대륙붕의 경계획정과 관련된 1969년 '북해 대륙붕 사건'의 국제사법재판소의 판결에 따르면, 대륙붕은 육지 영토의 자연적 연장이다. 이 원칙은 인접하거나 마주한 국가 간의 대륙붕의 경계획정에 큰 영향을 주었다. 이에 대해 중재재판소는 육지 영토의 연장인 대륙붕에 관해 타고난 권한을 가진다는 원칙은 대륙붕에 관한 가장 기본적인 원칙이며, 특정 국가의 대륙붕은 그 국가의 육지 영토의 연장이 되어야 하고, 다른 국

11 여기서 "제15부에 규정된 절차"란 분쟁의 해결에 관해 규정된 절차를 의미한다.

가 육지 영토의 연장을 침해해서는 안 된다는 국제사법재판소의 판결을 그대로 인정했다.

이후 관련국은 국가 간 대륙붕 경계획정 및 공동개발협정 체결시 육지 영토의 자연적 연장을 고려하여 협상을 타결했다. 그 예로는 네덜란드, 서독, 덴마크 간 북해 대륙붕 경계획정(1969), 한·일 간 남부 대륙붕 공동개발협정(1974), 호주·인도네시아 간 대륙붕 공동개발협정(1974) 등이 있다.

그런데 중재재판소의 결정을 면밀히 분석해 보면, 육지 영토의 자연적 연장이라는 개념을 적용하는 것은 경우에 따라 다를 수 있다. 즉 이웃하거나 마주보는 국가 간에 대륙붕의 경계가 지질학적으로 명백하기 때문에 이 개념의 적용에 큰 무리가 따르지 않는다. 그러나 그렇지 않은 경우, 즉 대륙붕의 경계가 지질학적으로 명백하지 않은 경우에는 이 개념을 적용하여 경계를 획정하는 것은 논란의 여지가 있을 수 있다.

대륙붕 경계획정은 둘 이상의 국가 사이에 대륙붕의 귀속을 결정하는 문제이다. 인접하거나 마주보는 국가 간의 대륙붕 경계는 당사국 간의 합의, 특별한 사정, 중간선 또는 등거리원칙에 따라 결정된다. 그런데 '북해 대륙붕 사건' 판결을 계기로 자연연장 원칙이 해양경계를 획정하는 규칙이 되었다. 대륙붕 경계획정 시에는 중간선 등거리 원칙, 자연연장 원칙, 형평의 원칙이 적용되고 관계국 간 유효한 협정이 있으면 해당 협정에 따라 결정한다(제84조 제2항).[12]

대륙붕의 경계획정에 대한 많은 판결들은 경계획정에 대한 기준으로

12 "대륙붕을 대륙영토의 자연적 연장으로 한다는 원칙에 근거하여 연안국은 그 영해 또는 배타적 경제수역 밖으로, 구체적 지리조건에 따라 배타적관할 하의 대륙붕의 범위를 합리적으로 확정할 수 있으며, 그 최대한도는 각국이 공동으로 상의해 결정한다."

자연연장 개념을 강조하였다. 육지 자연 연장론은 형평의 원칙, 관련사정 등과 함께 경계획정에 있어서 중요한 개념으로 연안국에 의해 원용되었다. 특히 제3차 유엔해양법회의에서 많은 국가들은 이러한 육지의 자연 연장 기준에 의해 대륙붕의 정의를 내려야 한다고 주장했다. 연안국들은 그때까지의 대륙붕 협약에서 정하는 기준으로는 만족하지 못하였기 때문에 해양 기술의 발전에 따라 더 광범위한 대륙붕에 대한 주권적 권리를 행사하려고 했다.

1985년 리비아-몰타 대륙붕 사건에서 몰타는 해안선으로부터 거리 개념을 적용할 것을 주장한데 비해, 리비아는 육지 영토의 자연연장 원칙의 적용을 주장했다. 리비아는 양국 간 대륙붕이 두 개로 나누어지므로 그 나누어지는 구역에 따라 대륙붕 경계의 획정을 주장하였다. 국제사법재판소는 해양법의 발전에 따라, 해안으로부터 200해리 이내의 대륙붕에 대해서는 거리 개념을 적용하여, 등거리 원칙에 의거해서 권원을 주장할 수 있기 때문에 200해리 이내에 있는 대륙붕에 대해서는 해저, 해상토의 지형적 특성을 경계획정에서 고려하지 않으면서 자연연장 원칙의 적용을 배제하였다. 이후 대륙붕 경계획정에서 육지 영토의 자연연장 원칙은 크게 주목 받지 못하고 있다.

3. 등거리 및 중간선 원칙

1958년 제네바 대륙붕 협약 제6조 1항은 동일한 대륙붕의 연안이 서로 해안선을 지닌 인접국 2개국 이상의 국가에 속하고, 대륙붕의 경계에 대한 합의가 없는 경우, 특별한 사정(special circumstances)에 의하여 다른 경계선이 정당화되지 않는 경우에는 중간선으로 한다고 규정하였다. 즉 마주보고 있는 국가 간에는 중간선으로 경계를 정하고 인접국 간에는 등거리 원칙을 적용한다는 것이다.

중간선이 해양의 경계획정에 사용된 역사는 아주 길며, 1936년 보그스(Boggs)가 중간선을 획정하는 새로운 방법을 고안해 낸 이래 중간선, 등거리선은 해양경계획정에 관한 협상이나 재판에서 자주 사용되어 왔다. 이 방법이 자주 사용되게 된 것은 경계선 획정이 편리하고 단순하여 분쟁의 소지를 없애주며, 사람들이 평등하다고 생각하며 대체로 형평에 맞는 경계선을 만들어내는 장점이 있기 때문이다.

이러한 장점과 1958년 대륙붕 협약 규정에도 불구하고 국제사법재판소는 북해 대륙붕 사건, 리비아-몰타, 메인만 사건, 기니-기니비소 사건 등 해양경계획정 사건에서 등거리선 방법의 사용이 국제법상 강제적인 규칙이 아니며 우월한 지위를 갖지 않는다고 판시하여 왔다. 그러나 1982년 유엔해양법협약에 해저지형이나 지질과는 관계없이 오직 거리에 의하여 측정되는 배타적 경제수역이 등장하고 대륙붕에도 200해리 거리기준이 등장함으로써 경계획정에서 등거리선-중간선의 역할이 다시 중요하게 되었다.

1985년 리비아-몰타 대륙붕 사건에서 국제사법재판소는 대륙붕의 경계획정에서 해저의 자연적 특성을 고려할 필요가 없고 중간선을 그어 해안선의 길이 및 기타 일반적 지리 현상을 고려하여 그 중간선을 조정하는 판결을 내렸다. 특히 2006년의 바베이도스-트리니다드 토바고 해양경계획정에 관한 중재사건에서 상설중재재판소(Permanent Court of Arbitration)는 섬의 존재를 무시하고 중간선을 기준으로 획정하였다. 이와 같이 배타적 경제수역의 등장으로 해양경계획정에서 거리가 중요해지면서 중간선이 중요해졌고 중간선에 따른 경계획정 방식이 훨씬 강화되었다. 형평에 맞는 경계획정을 위하여 등거리선 해양경계획정 방식이 과거에 비하여 자주 사용되고 있다.

2개국의 해안이 서로 마주보고 있거나 인접하고 있는 경우에는 기선상의 최단거리 지점에서 등거리에 있는 모든 점을 연결한 중간선을 넘어서 영해를 확장하지 못한다. 그러나 역사적 권원(관할권)이나 특수한 사정으로 인하여 이와 다른 방법으로 두 국가의 영해를 획정하는 것이 필요한 경우에는 중간선 원칙을 적용하지 않는다고 규정하고 있다(영해 및 접속수역에 관한 협약 제15조 제1항).

1958년 대륙붕에 관한 협약 제6조에서는 다음과 같이 규정하고 있다. "동일한 대륙붕을 서로 마주보고 있거나 인접한 대륙붕의 경우에는, 그 국가 간의 대륙붕의 경계는 당해 국가 간 합의에 의하여 결정된다. 합의가 없고 특별한 사정에 의해 다른 경계선이 정당화되지 않으면 기선의 최단거리에 있는 각 지점으로부터 등거리 원칙의 적용에 의해 결정된다."

그러나 대륙붕 협약에 가입하지 않는 국가가 많을 뿐더러, 내용 자체도 특수상황과 등거리 중간선의 관계가 불분명하고 여러 가지 모호한 점이 발견되어 경계획정의 기준에 대한 보충 또는 수정이 불가피해졌다.

결국 배타적 경제수역 제도의 등장으로 해양관할권 설정에서는 거리기준이 강화되어 국가 간 협상에 의한 경계획정 시 등거리선·중간선이 경계선으로 사용되어온 것은 사실이다. 1985년 리비아-몰타 사건에서 보듯이 국제사법재판소도 등거리선의 유용성과 형평성을 인정하고 있다. 따라서 오늘날 해양경계획정에서 추후에 고치는 것을 전제로 등거리선, 중간선을 임시경계선으로 획정하여 사용하는 것은 법적으로나 실제에 있어서나 적절한 방법이라고 할 수 있다.

4. 형평의 원칙

형평의 원칙은 1969년 북해 대륙붕 사건에서 그 사법적 영향력을 발휘하였다. 북해 대륙붕 경계획정 사건에 있어서 중간선 적용은 인접국 간에 타 지역 영토의 자연적 연장을 구성하는 해저지역을 한쪽의 국가에 귀속시키는 결과를 초래한다고 하여 중간선 원칙의 타당성을 부정하였다. 그 대신 국제사법재판소는 대륙붕의 경계획정은 형평의 원칙에 따라 타 지역 육지 영토의 자연적 연장을 침해하지 않는 방법으로 모든 관련사정을 고려하여 합의에 의해 결정되어야 한다고 판시하였다.

1977년 영-불 대륙붕 사건에서 중재법원이나 1982년 리비아와 튀니지 간 대륙붕 사건에서 국제사법재판소는 "경계획정은 모든 관련사항을 고려하여 형평의 원칙에 따라 이루어져야 한다."고 하였다. 경계획정에서 형평을 강조하는 이러한 관습법적 경향은 제3차 해양법회의에서도 나타나 등거리선에 대한 아무런 언급 없이 형평에 맞는 해결을 강조하였던 것이다.

그러나 형평의 정확한 의미는 해양법협약이 채택된 지 30년이 되어가는 아직도 명확하지 못하다. 따라서 형평의 원칙을 경계획정에 관한 주요원칙으로 삼았던 북해 대륙붕 사건에서도 다나카(Kotaro Tanaka)판사는 "추상적이고 일반적인 성격 때문에 경계획정에 관한 그 어떠한 구체적인 기준도 제시하지 못하는 정의라든가, 형평, 합리성과 같은 보다 고차원적인 법의 이상을 적용하도록 요구한 독일의 주장을 재판소가 수용하였다."고 하면서 반대의견을 피력했던 것이다.

그러면 이처럼 추상적인 '형평의 원칙'을 구체적으로 경계획정에 적용하자면 어떻게 해야 하는가? 1982년 유엔해양법협약은, 배타적 경제수역 및 대륙붕의 경계획정 기준으로 1958년 대륙붕 협약의 등거리선 원칙과 달리 관련사정을 모두 고려하여 형평스러운 경계획정 결과의 도출을 강조하는 새로운 원칙을 규정하고 있다. 특별한 사정과 관련 사정에 대하여는 몇 가지 고려해야 할 사항이 있다.

첫째, 해안선 거리의 비례성이다. 서로 마주보고 있거나 인접한 연안을 가진 두 국가가 해양경계선의 각 점들을 각 국가의 영해 폭의 기선에서 제일 가까운 각 점 간의 거리의 고정비례에 의하여 경계를 획정한다. 즉 비례성은 당사국가들 간의 협상에 의해 정한 비례에 따라 결정될 수 있다는 것이다. 국제재판에서 일국의 대륙붕이나 경제수역 등 해양수역 면적과 당사국 해안선의 길이 간 비례성은 형평성에 입각하여 판단하는 것이 일반적이다.

1969년 북해 대륙붕 사건은, 대륙붕의 면적과 각국의 해안선의 길이를 비교하는 것을 합리적인 정도인 비례성이라고 보고, 불규칙 해안선에 대해서도 보편적인 방향에 따라 이러한 비례성을 적용하였다. 비례성은 대륙붕에 대한 독립적 권원(관할권)을 제공하는 일반 원칙이 아니고, 특정 지형적 상황의 형평성을 평가하는 관련 요소나 기준이다. 비례성의 적용이 자연의 재형성이 아니라는 입장은 리비아-몰타 사건에서 재확인되고 있다.

둘째, 어족자원 등의 경제적 요소이다. 국제사법재판소와 중재재판소는 어족자원 접근권을 해양경계획정의 중요한 관련 사정의 하나로 받아들이고 있으나, 석유·가스 등 에너지 자원 개발권에 대하여는 경계획정선과 연관성 정도에 따라 관련 사정으로의 수용여부가 달라지고 있다. 튀니지-리비아 사건[13]에서 튀니지·리비아 양국의 석유, 가스 개발권이 오랫동안 지

13 튀니지-리비아 대륙붕 사건에서 재판소는 1969년 북해 대륙붕 사건 및 1977년 중재재판소와는 다르게 형평에 관한 정의를 언급하였다. 원칙이 목적에 종속된다는 것이 압도적인 결과이다. 원칙의 형평성은 형평한 결과에 도달할 목적의 유용성 측면에서 평가되어야 한다.

속되었고 석유채굴 양여지역에 인접한 선이 과거에 사실상의 해양경계였다는 점을 들어 석유채굴권을 중대한 사정으로 수용하고 있다. 석유채굴 행위 자체나 타국가의 채굴 행위에 대한 대응만으로 관련 사정이 될 수 없고, 당사국 간 명확하거나 묵시적인 합의가 있어야 관련 사정으로 고려될 수 있다고 하는 것이 판례의 경향이다.

셋째, 도서의 가치를 얼마나 인정해야 하는가 하는 문제이다. 유엔해양법협약 제121조 1항은 일반적으로 도서에 관해서 영해, 접속수역, 배타적 경제수역 및 대륙붕 등 해양관할권을 육지영토와 같은 정도의 법적 권원을 주는 것을 인정하고 있으나 중재재판소는 많은 경계획정 판결에서 작은 도서로 인해 초래될 수 있는 불균형한 효과를 막기 위해 작은 도서에 부분적인 해양수역 창출효과만 인정하거나 존재를 아예 무시하고 있다. 리비아-몰타 대륙붕 사건(1986)은 잠정적인 경계선을 이동시키는 방법, 튀니지-리비아 대륙붕 사건(1988)은 경계선의 각도를 조정하는 방식으로 해양경계선에 대한 섬들의 효과를 제한하였다. 또한 간출지를 근거로 영해의 폭을 넓히는 이른바 개구리 도약(frog leaping) 방법을 허용하지 않고 있다.

유엔해양법협약 제7조에서도 간출지 위에 상시적인 등대나 구조물이 설치되지 않는 한, 직선기선 설정을 금지하는 규정을 두어 등거리선 획정을 위한 간출지의 기선효과를 인정하지 않고 있다. 카타르-바레인 해양경계획정 및 영토 문제 사건에서는 간출지에 대한 영유권 문제가 검토되었다. 이 사건에서는 양국은 페르시아만 남부의 바레인과 카타르 사이에 있는 파시트 아드 디발(Fasht ad Dibal)이 국제법상 섬이 아닌 간출지라는데 대해서는 의견이 일치하였다. 국제사법재판소는 해양법이 섬과 간출지에 부여하는 효과에는 매우 커다란 차이가 있다고 하면서, 다른 규칙이나 법원칙이 존재하지 않는 한, 간출지는 영토 획득에 관한 관점에서 섬이나 기타 육지영토와 동일시될 수 없다고 하였다.

넷째, 역사적 권리이다. 국가의 행위는 타국과의 관계에서 법적인 결과를 가져올 수 있다는 것이 일반적으로 인정되므로 해양경계에 있어서도 이러한 원칙의 적용은 묵인이나 금지와 같은 양상으로 나타날 수 있다.

1985년 리비아-몰타 대륙붕 사건에 의하면 몰타는 몰타 섬의 에너지 자원부족, 개발도상국에 있는 도서국가로서 필요한 에너지 수요, 기존 어업 활동의 범위 등을 관련사정으로 고려해야 한다고 주장했다. 국제사법재판소는 해양경계획정이 자원 열세를 보상하기 위하여 덜 부유한 국가에게 대륙붕을 더 주는 식으로 당사국 간 상대적인 경제적 차이를 보상하는 방식이 되어서는 안 되며 이들 일반 원칙들을 해석함에 있어서 명심해야 될 것은 대륙붕 제도에 가장 관련이 있는 지형학적 요소인 지리적 측면을 고려해야 한다는 것이다.

형평성의 원칙은 법의 상황을 고려하지 않고 기계적 적용에 따라 한쪽으로 치우치는 것을 방지하고 자율적 역할에 비중을 둔 경계획정 방식이므로 연안에서의 거리, 해안선의 일방적 방향, 해안선의 길이, 섬·암석·해구·등심선 등의 존재 여부, 육지지역과 대륙붕 간 지질학적 상호관계 여부, 관상 및 어족자원 분포, 어로 관행, 해양오염, 해양국가 간 해양경계에 관한 국제협정 유무, 당사국 간 행위 여부 등의 요소를 고려한다.

유엔해양법협약은 제74조 1항과 제83조에서 마주보고 있는 국가 및 인접국 간의 경제수역(대륙붕) 경계획정은 국제사법재판소 제38조의 '형평한 해결'을 위하여 국제법을 기초로 한 합의 원칙으로 해결하여야 한다고 하고 있다. 중간선-등거리선에 대하여는 아무런 언급도 없이 형평에 맞는 해결을 경계획정의 목적으로 규정하고 있는데 그런데 형평한 해결의 원칙이 구체적으로 무엇인지 해양법협약에는 언급되어 있지 않으므로 해양경계획정 원칙에 관해서는 모호한 규정으로 귀결되어 있다고 볼 수 있다.

제4절 해양영토분쟁

영토분쟁은 국제분쟁을 야기하는 다른 사안들에 비해 양보나 타협보다 무력시위나 충돌 같은 군사적 대응으로 발전할 가능성이 높으며, 분쟁 해결 이후에도 재발 가능성이 높은 경향이 있다(Hansel, 1996: 22-25). 따라서 주권국가가 주요 행위자인 현대 국제체제에서 영토 문제는 분쟁의 핵심적 원천이 되어 왔다. 홀스티(Kalevi J. Holsti)에 의하면, 1648년부터 1987년까지 지구상에서 발생한 전쟁은 총 177건인데, 이 중의 약 85%에 해당하는 149건이 영토 문제와 관련된 것이라고 지적한다(Holsti, 1991: 29, 284).

영토분쟁은 일정한 영토의 주권을 두고 벌어지는 국가 사이의 국제 분쟁으로, 대개의 경우 국경의 부정확성이 그 원인을 제공한다. 따라서 특정 영토에 대해 2개국 또는 그 이상의 국가 간에 영유권에 관한 주장이 상호 충돌하는 경우에 발생하며, 영유권의 새로운 획득이나 기존 영유권의 유지 및 변경 과정에서 주로 나타나게 된다(이동률, 2008: 20).

일반적으로 영토분쟁은 영유권 분쟁(territorial dispute)과 국경분쟁(boundary dispute)으로 구분된다. 이러한 구분은 영토(territory)와 국경(boundary)에 대한 개념상의 차이를 반영한 것이다. 영토는 통상 어느 특정 국가의 주권과 관할권이 행사되는 지역을 뜻하며, 국경은 영토 개념의 일부로서 영토의 외곽 경계지역만을 의미한다(김학린, 2009: 23). 그런데 영토분쟁은 내륙 영토에만 국한되지 않는다. 1994년 유엔해양법협약의 발효 이후 영토분쟁은 해양에서 훨씬 더 첨예한 양상으로 나타나고 있다.

1. 분쟁의 발생 배경

유엔해양법협약의 한계

유엔해양법협약이 세계 해양체제로서의 위상을 갖고 있으며, 해양영토에 대한 인식을 강화하는 가장 직접적인 계기로 작용했다. 그렇지만 해양영토를 둘러싼 분쟁 발생의 한계 또한 적지 않다. 유엔해양법협약은 제74조와 제83조에서 "대향국 및 인접국 간의 경제수역(대륙붕) 경계획정은 국제사법재판소 제38조 규정에 나타난 국제법을 기초로 형평에 맞는 해결을 위하여 합의에 의해 이루어져야 한다"고만 언급할 뿐 어떤 원칙에 따르는 것이 형평에 맞는 해결 방법이라고 구체적으로 언급하지는 않고 있다.

일반적으로 국제협약이나 국제법의 구속력은 분쟁 당사국의 수용 의지 여하에 따라 크게 달라질 수 있고, 또 관련 당사국이 어떤 방식으로 어떻게 합의에 이르는가에 크게 좌우될 수 있기 때문에 실질적인 구속력을 기대하기 어려운 경우도 있다. 해양경계획정 시에는 관련 당사국들이 해안선의 형태, 지리적 요인, 해저지형, 지질학적 특성, 역사적 이용도, 분쟁지역 관련국에 대한 경제적 상호의존도 등 대부분 자국 중심적이고 공통성이 결여된 근거를 내세워 한 치라도 더 많은 관할권 확보를 위해 노력하는 경우가 더 일반적이다. 이는 다분히 다자 간 협의에 의해 자발적으로 형성된 유엔해양법협약이 갖는 구속력의 한계와 관련되는 문제라고 할 수 있다.

1982년 4월에 채택되어 1994년 11월 16일에 정식 발효된 유엔해양법협약은 연안국들에게 해양에 대한 새로운 인식을 제기한 결정적 동인이었으며, 거시적이고 제도적인 측면에서 해양체제의 형성에 기여했다. 그에 따라 유엔해양법협약은 세계 해양체제를 규율하는 레짐으로서 해양질서를 곧추세우는 데 크게 기여한 것으로 평가되고 있다.

그러나 유엔해양법협약의 특성인 느슨한 다자 간 협약의 성격과 국제법으로서의 구속력 결여 등으로 인해 해양분쟁을 불러일으키는 불씨가 되고 있다는 점도 부인하기는 어려울 것이다. 특히 바다 한 가운데 떠 있는 도서들이 갖는 특수 지위와 주변 수역의 자원 매장 가능성 및 전략적 중요성 때문에 각국은 자국의 해양 영유권 및 관할권을 한 치라도 더 확보하고 더 확장시키려는 노력을 경주하기 시작한 것이다. 이처럼 해양에 대한 새로운 인식이 국가이익을 자극했고, 모호하고 느슨한 유엔해양법협약 체제 하에서 끊임없는 해양분쟁을 유발하고 있는 것이다.

해양 가치에 대한 인식 변화

해양자원의 대부분은 배타적 경제수역과 대륙붕에 분포되어 있는바, 수산 자원의 90% 이상, 해저 석유·가스, 해양 신재생에너지의 대부분이 배타적 경제수역 및 대륙붕에서 생산되고, 심해저 광물자원(망간단괴, 코발트각, 해저 열수광산)의 상당 부분도 도서국가 배타적 경제수역 내에 분포되어 있다(조동오, 2010). 해양자원을 둘러싼 국가들의 치열한 경쟁은 에너지를 비롯하여 새로운 경제발전의 동력을 해양에서 찾으려는 국가들의 노력 때문이다.

그런데 해양에 대한 새로운 인식은 근본적으로 유엔해양법협약으로 인해 연안국이 200해리 너머의 대륙붕에 대한 자원 관할권을 가지게 되었기 때문이라고 할 수 있다. 이로 인해 국가는 더 넓은 해양관할 지역을 확보하기 위해 치열한 경쟁을 벌이고 있다. 이처럼 해양의 가치에 대한 인식변화는 해양관할권을 둘러싼 치열한 경쟁으로 나타나고 있다.

국가 간 해양관할권 경쟁에서 최근 가장 큰 이슈는 2009년 5월 13일로 마감된 대륙붕 한계 연장 신청이다. 대부분의 연안국들이 대륙붕 연장을 통해 주권적 권리를 행사하려고 하는 중요한 이유는 해양자원의 무궁한 잠재력 때문이다. 현재 유엔해양법협약 비준국 중 125개국이 배타적 경제수역을 선포했는데, 만일 모든 연안국이 배타적 경제수역을 선포할 경우, 해양의 약 36%와 해저석유 부존량의 약 90%가 연안국에 귀속된다. 세계적으로 개발된 대부분의 해저 유전은 수심 200m까지의 대륙붕에서 발견되었는데, 최근에는 수심 1,000m 이상의 심해저에서도 석유개발이 이루어지고 있으며, 현재 소비되는 석유의 30% 가량이 해양에서 생산되고 있다(한국해양수산개발원, 2009: 54).

그런데 최근에는 석유나 천연가스를 대체할 주요 해양자원으로 가스 하이드레이트가 각광을 받고 있다. 현재 추정되는 가스 하이드레이트 매장량은 육상과 해상을 합하여 약 10조 톤으로 이는 지구상에 존재하는 석유·가스, 석탄 등 모든 화석연료의 2배가 되는 막대한 양으로 5,000년간 사용할 수 있는 것으로 알려지고 있다(한국해양수산개발원, 2009: 55). 앞으로 자원개발 기술이 더욱 고도화되고, 국가들이 해양자원개발을 위한 자금지원 및 인프라 확충에 더욱 노력할 경우 지금의 자원매장 추정량보다 더 많은 자원개발이 가능할 것으로 전망되고 있다.

동북아 역내의 도서 영유권, 해양경계분쟁은 대부분 해양자원, 특히 석유와 천연가스 그리고 어업자원 확보를 둘러싼 경쟁이라고 할 수 있다. 따라서 기존 자원의 고갈에 따른 해양자원 개발에 대한 관심증대는 역으로 최근 중국과 일본 사이의 동중국해에서의 해저가스 개발 분쟁처럼 도서 영유권과 해양경계분쟁을 심화시키는 요인으로 작용하고 있는 것이다.

해양안보의 중요성 증대와 해양패권 경쟁

해양을 접하고 있는 국가들에게 해상을 통한 무역은 국가의 생존과 경제발전의 필수적 토대가 된다. 뿐만 아니라 해저에 매장된 석유 및 천연가스, 미지의 해저에 묻혀 있는 각종 해양자원은 과학기술 발전에 따라 등장한 수중탐사 기술로 가까운 미래에 활용이 가능한 잠재적 자원으로 인식되고 있다. 이처럼 해양의 다양한 가치를 고려할 때, 해양력(sea power)의 중요성은 갈수록 커지고 있다고 할 것이다. 강대국 또는 패권국이 되기 위해서는 강력한 해양력에 기초해야 한다는 데 대해서도 많은 국제정치학자들이 동의한다. 강대국이나 패권국이 되기 위한 것이 아니라 하더라도 해양력은 중요하다. 적어도 해양을 통한 위협을 방어해 낼 수 있는 해양력은 해양을 접하고 있는 모든 국가에 해당되는 공통된 국력의 요소라고 할 수 있다.

사실, 해양은 전통적인 의미에서의 안보와 인적·물적 자원의 운송과 관련된 해양수송로, 자원개발, 환경 등과 같은 비전통적 안보가 동시에 만나는 복합적(complex)이고 다층적인(multi-layered) 공간이다(구민교, 2012: 1). 이러한 해양의 가치와 중요성을 고려할 때, 해양력은 곧 해양안보를 굳건히 하는 토대에서 출발한다. 라흐만(Chris Rahman)에 의하면, 해양안보는 ① 해양환경안보의 시각에서 바다 그 자체의 안보, ② 관리적 접근방법에서의 해양 거버넌스, ③ 바다에서의 주권성 및 주권 강화 시각을 바탕으로 하는 해양경계 보호, ④ 바다에서의 군사활동, ⑤ 해양교통체계의 안전규제 등으로 그 영역을 범주화한다(Rahman, 2009: 31-42). 이처럼 해양안보는 국가이익의 수호를 위한 사활적인 문제이며, 도서 영유권이나 해양경계획정을 둘러싼 국가 간 분쟁은 해양안보의 핵심적 관심사가 된다.

2. 분쟁의 유형

일반적으로 해양영토분쟁은 영역 분쟁, 영역 내 권한에 관한 분쟁, 각국의 관할권 범위 외측 해역의 권한에 관한 분쟁, 그리고 비 해양적 요인으로 인해 발생하는 분쟁 등 네 가지로 구분할 수 있다(한국해양재단, 2014).

우선, 영역 분쟁을 들 수 있다. 점차 해저와 수중으로까지 연안국들의 관할권이 확대되어 감에 따라 해양경계획정의 필요성도 증대되었다. 경계선이 어떻게 획정되느냐에 따라 수만에서 수십만 ㎢에 달하는 광대한 해역에 대한 권한이 좌우될 수 있다. 이러한 영역 분쟁은 네 가지 사례로 나눌 수 있다. 첫째로 식민 도서 주위의 수역이나 대륙붕에 대한 소유권 문제가 있고, 둘째로 근해에 타국 소유의 도서가 존재할 경우 발생하는 문제가 있다. 셋째로 암초나 특수한 위치에 있는 도서를 영역으로 간주할 때 발생하는 분쟁이 있다. 마지막으로 화산으로 인한 신생 도서를 두고 분쟁이 발생할 가능성이 있으며 인공 사주[13] 때문에 생성된 섬 또한 분쟁 요인이 될 수 있다.

둘째, 영역 내 권한에 관한 분쟁에는 몇 가지 유형이 있다. 첫째로 어업권 분쟁이다. 어업권에 관한 분쟁은 모든 연안국 사이에서 발생할 수 있다. 일방적인 200해리 배타적 경제수역 선포로 인해 분쟁 발생의 빈도가 높아지고 있다. 둘째로 비군사적 항해를 둘러싼 분쟁이다. 중요한 항로 근처에 위치하고 있는 해안국이나 군도국이 항로 통행과 관련하여 보다 많은 이익을 얻으려고 할 때 분쟁이 생길 수 있다. 셋째로 해양 과학 조사를 놓고서도 분쟁이 발생한다. 대부분의 연안국에게 해양에 대한 과학적 조사활동은 자원 개발을 위한 필수 요소로 간주된다. 그렇기 때문에 과학적 조사 연구에 참여한 국가들은 그들이 입수하는 정보를 독점하고자 하며 자국의 조사 지역에 대해서 타국의 개입을 통제하고자 한다.

셋째, 각국의 관할권 범위 외측 해역의 권한에 관한 분쟁이 있다. 이러한 형태의 분쟁은 공해와 배타적 경제수역을 이동하는 수산 자원과 관련이 있다. 특히 연어처럼 태어난 곳으로 돌아와 산란하는 회유성 어종의 경우

---

14 사주(sand bar, 砂洲)란 해안이나 하구 부근에 발달하는 모래나 자갈로 이루어진 퇴적지형을 뜻한다.

타국 어부들의 남획으로 인해 개체 수 확보에 문제가 생기면 분쟁이 발생할 수 있다. 또한 고래와 참치(다랑어) 같은 생물자원은 대부분 국가 관할권 밖의 해역에서 서식하는데 이의 남획을 방지하기 위한 관리 기구의 설립이나 그 기구의 임무 수행 과정에서도 분쟁이 발생할 수 있다.

마지막으로, 비해양적 요인으로 인한 분쟁이다. 예를 들면, 대륙붕에서 석유매장이 확인될 경우, 인접 국가들이 자국 해안선의 특성을 내세우며 더 넓은 대륙붕을 차지하기 위한 분쟁을 벌일 것이다. 이때 해안선은 단순한 해양으로의 진출구 성격이 아닌 해양영토분쟁을 일으키는 비해양적 요인으로 작용한다. 이외에 내륙국의 해양자원 배분 요구에 따라 내륙국과 연안국 사이에 발생할 수 있는 분쟁도 이 유형에 포함된다.

이상과 같은 네 가지 유형의 해양영토분쟁 중에서도 가장 빈번하고 심각한 분쟁이 영역 분쟁이다. 영역 분쟁으로서의 해양영토분쟁에는 도서 영유권 분쟁과 대륙붕 및 배타적 경제수역 등의 해양경계와 관련된 관할권 분쟁으로 구분할 수 있다. 해양에서 영유권과 관할권에 관한 분쟁은 국가 이익 차원에서 그 손익이 가장 분명하고, 따라서 갈등과 분쟁이 명백하게 드러나면서 관련 당사국들에 가장 직접적인 위협으로 작용하는 대표적인 해양분쟁 유형이다.

도서 영유권 분쟁

우선, 도서 영유권을 둘러싼 분쟁은 섬이라는 구체적 실체를 대상으로 벌어지는 분쟁이다. 도서 영유권 분쟁의 맥락에서 섬은 육지에서 의미하는 영토와는 또 다른 의미를 갖는다. 해양에서 섬이라는 것은 단순한 섬 그 자체가 아니라 그 섬을 중심으로 한 12해리 영해와 200해리의 배타적 경제수역, 그리고 나아가 대륙붕에 대한 권원까지 포함되기 때문이다(김태준, 2007: 190). 유엔해양법협약 체제 이후 이러한 섬의 가치를 새롭게 인식하여 각국은 해양영토를 경제적, 전략적 그리고 안보적 측면에서 양보할 수 없는 국가이익의 대상으로 인식하고 있다.

동아시아 해역에서 도서 영유권 분쟁은 심각한 수준에 있다. 동아시아 해역에 산재한 많은 섬과 암초들은 오랜 역사를 거치면서 지배권이 서로 바뀐 경우가 허다하며 해양영토에 대한 지배권의 변화는 분쟁의 잠재적 불씨에 해당된다. 더구나 유엔해양법협약의 발효와 함께 이러한 섬들이 갖는 특수한 지위와 에너지 자원의 매장 가능성 때문에 각국은 자국의 해양영토를 한 치라도 더 확보하고, 더 확장시키려는 노력을 경주하고 있으며 이로 인해 인접국가 간 갈등과 대립을 겪고 있다(김태준, 2007: 190).

한·일 간 및 중·일 간 영토분쟁은 경제·안보·국민정서 등 여러 측면들이 중첩되면서 지리하지만 치열한 공방을 지속해 오고 있다. 현재 동북아에는 3개의 도서 영유권 분쟁이 있다. 한·일 간 독도를 둘러싼 분쟁, 중·일 간 센카쿠/댜오위다오 분쟁, 그리고 러·일 간 남부 쿠릴 분쟁이 이에 해당된다. 이들 분쟁은 거의 반 세기 이상 오래된 분쟁임에도 불구하고, 최근 들어 점차 격화되고 있다. 동북아 지역에서 한·중·일 3국 간의 영토분쟁은 해양팽창의 교두보인 도서들을 둘러싸고 벌어지고 있다.

해양경계획정 분쟁

도서 영유권과 마찬가지로 해양경계획정 문제도 해양을 둘러싼 국가 간 갈등의 원인이 되고 있다. 유엔해양법협약에 따라 연안국은 영해, 접속수역, 배타적 경제수역, 대륙붕을 가질 수 있다. 해양경계획정은 절대 불가침 지역인 영토를 구획하는 것과 달리 기능적인 구획을 특징으로 한다. 예를 들어 '내수'를 제외한 해역에서의 타국의 권리도 보장하는 것이다. '영해'에서의 무해통항권을 보장하고 배타적 경제수역과 대륙붕 상부해역에서의 자유통항권을 보장한다.

또한 배타적 경제수역이나 대륙붕은 수산자원을 포함한 생물자원, 광물자원에 대한 연안국의 주권적 권리가 보장될 뿐, 기타 해저전선의 설치, 해양과학조사 등에 대해서는 타국의 권리를 존중해야 한다. 따라서 배타적 경제수역은 주권을 행사하는 영해와는 구별되며, 모든 나라의 선박이 자유롭게 이용하는 공해와도 구별된다. 대륙붕과 배타적 경제수역 설정 등과 같은 해양경계획정 이슈는 영유권 문제라기보다는 관할권 이슈라고 볼 수 있다(배진수, 1998: 16-17).

해양경계획정을 둘러싼 문제는 인접국이나 대향국 사이에서 빚어진다. 영해의 한계(제15조)와 배타적 경제수역(제74조), 대륙붕의 경계획정 원칙(제83조)을 규정한 유엔해양법협약이 이에 대해 명문의 규정을 두고 있다. 영해의 경우는 중간선을 기준으로 하고,[15] 배타적 경제수역과 대륙붕은 국제법에 기초한 공평한 해결원칙이 바로 그것이다.[16] 문제는 이 같은 규정에도 불

15 유엔해양법협약 제15조는 "대향국 간 또는 인접국 간의 영해의 경계획정"을 규정하고 있으며, 그 구체적 조문은 다음과 같다. "두 국가의 해안이 서로 마주보고 있거나 인접하고 있는 경우, 양국 간 달리 합의하지 않는 한 양국의 각각의 영해 기선상의 가장 가까운 점으로부터 같은 거리에 있는 모든 점을 연결한 중간선 밖으로 영해를 확장할 수 없다."

16 유엔해양법협약 제74조는 "대향국 간 또는 인접국 간의 배타적 경제수역의 경계획정"을 규정하고 있으며, 1항의 구체적 조문은 다음과 같다. "서로 마주보고 있거나 인접한 연안을 가진 국가 간의 배타적 경제수역 경계획정은 공평한 해결에 이르기 위하여, 국제사법재판소규정 제38조에 언급된 국제법을 기초로 하는 합의에 의하여 이루어진다." 그리고 동 협약 제83조는 "대향국 간 또는 인접국 간의 대륙붕의 경계획정"을 규정하고 있으며, 1항의 구체적 조문은 다음과 같다. "서로 마주보고 있거나 인접한 연안국 간의 대륙붕 경계획정은 공평한 해결에 이르기 위하여, 국제사법재판소규정 제38조에 언급된 국제법을 기초로 하여 합의에 의하여 이루어진다."

구하고, 나라마다 워낙 이해 다툼이 심한 탓에 적지 않은 해양경계 분쟁이 현재화되고 있다.

아시아 지역의 동중국해와 남중국해는 해양경계획정을 둘러싼 분쟁이 오랫동안 지속되어 온 해역이다. 필리핀, 중국 등 6개국이 도서 영유권 분쟁을 벌이고 있는 남중국해에서는 2009년 3월 10일 필리핀 아로요 대통령이 영해기선법으로 불리는 공화국법 9552(Republic Act 9552)에 서명함으로써 중국, 베트남과의 갈등이 불거졌다. 대륙붕 한계연장을 위한 영해기선을 획정하면서 중국, 베트남 등과 영유권 분쟁중인 난샤군도 8개 도서를 포함하고 있어 문제가 된 것이다. 중국 정부는 외교적으로 이 법안이 '불법이며 무효(illegal and invalid)'라고 강변하였다. 나아가 남중국해에서 무력충돌 가능성도 내비쳐 긴장이 고조되기도 했다. 베트남 정부 역시 필리핀 정부를 비난하고 나서면서 팽팽한 긴장구도가 형성되었다(최재선 외, 2009: 17).

한국을 중심으로 남·서해 지역은 한·중·일 간의 해양경계획정 이슈, 특히 배타적 경제수역 획정 문제 등 적지 않은 현안이 잠재되어 있는 지역이다. 유엔해양법협약 제76조 제10항과 제2부속서 제9조[17]에 따를 때, 동중국해에서의 한·중·일 3국의 해양경계획정은 협상에 의해 결정될 것으로 보인다. 그러나 정치적 협상 이외의 가능성, 즉 사법적 해결이나 무력 충돌의 가능성도 완전히 배제하기는 어렵다.

해양경계획정을 둘러싼 갈등은 비교적 최근인 2009년 5월 13일까지 대륙붕 한계 연장 신청으로 보다 치열한 국면으로 전개될 것으로 예상되고

17 유엔해양법협약 제76조 제10항은 "이 조의 규정은 서로 마주보고 있거나 이웃한 연안국의 대륙붕 경계획정 문제에 영향을 미치지 않는다."고 규정하고 있으며, 제2부속서 제9조는 "위원회의 행위는 대향국 또는 인접국 간의 경계획정과 관련된 사항을 침해하지 않는다."고 규정하고 있다.

있다. 최종 문서 제출은 총 51건, 예비문서 제출은 총 43건이었으며, 국가 수로는 80여 개국이 문서를 제출했다. 그에 따라 시작된 문서 제출로 대륙붕 한계 연장을 통한 해양영토 확보 경쟁이 본격화될 것으로 전망되고 있다. 연안국의 대륙붕 연장신청은 도서 영유권 또는 해양경계획정을 둘러싼 갈등이나 분쟁과 맞물려 있기 때문에 문서 제출은 그동안 수면으로 가라앉아 있던 갈등을 현재화시키거나 기존의 갈등을 고조시키고, 심지어 이미 해결된 분쟁을 재 점화시키는 양상을 보일 가능성이 크다(김민수, 2009).

3. 분쟁의 해결 방식

해양분쟁을 해결하는 방식은 크게 강제적 해결과 평화적 해결로 대별되고, 평화적 방식은 다시 외교적 방식과 사법적 방식으로 구분할 수 있다(백충현, 1982; 유철종, 2005: 7-13; 유병화, 2005 참조). 국가 간의 분쟁 해결은 어떠한 경우라도 평화적인 방법으로 해결되어야 한다. 국제 사회에서 '국제분쟁의 평화적 해결 원칙'은 국제법상의 기본 원칙으로 확립되어 있다. 이 원칙은 1907년 '국제 분쟁의 평화적 처리 협약'을 통해 최초로 구체화되었고, 동 협약은 1899년의 제1차 헤이그 평화 회의에서 최초로 체결되어 1907년 제2차 헤이그 평화 회의에서 개정되었다. 유엔해양법협약에 규정된 분쟁해결의 기본 원칙도 분쟁의 평화적 해결 의무이다. 즉 협약의 해석이나 적용에 관한 협약 당사국 간의 모든 분쟁은 평화적 수단에 의해 해결해야 한다는 것이다.

그러나 항상 평화적으로 국제적 분쟁이 해결되는 것이 아님은 주지의 사실이다. 그래서 동원되는 방식이 강제적 방식이다. 이 방식은 무력을 동원하여 영토를 획득하는 방식이다. 유엔헌장은 평화적 해결을 영토분쟁을 포함함 모든 국제분쟁 해결의 원칙으로 규정하고 있다. 따라서 무력에 의해 강제적으로 영토 문제를 해결하는 방식은 그 정당성이 부정되고 있다. 그러나 국제사회의 보편적 원칙으로서 평화적 해결 방식이 강조되고 있음에도 종종 등장하는 방식이 무력 동원을 통한 방식이다. 분쟁지역에 대한 국가의 심리적·전략적·경제적 가치가 높게 평가되는 경우, 그리고 평화적 해결 수단으로는 자국에 유리한 결과를 기대하기 힘들다고 판단하는 경우에 무력을 동원한 문제 해결 방식이 이용되는 경우가 많다.

평화적 방식의 하나로서, 외교적 방식은 정치적으로 교섭, 타협, 절충 등을 통해 영토 문제를 해결하는 방식이다. 유엔헌장 제33조 1항에는 국제적인 분쟁해결의 수단들에 대해 구체적으로 명시하고 있다. 즉 ① 분쟁 당사자들의 직접적인 외교적 접촉의 방법으로 정상외교나 외교 채널 등을 통해 이루어지는 '교섭', ② 제3자, 특히 국제사실심사위원회가 분쟁 원인에 대한 사실을 명확히 하여 해결을 용이하게 하는 방법인 '심사', ③ 제3자가 분쟁당사자 간의 교섭에 개입하고 심지어는 해결책을 제시하는 방법인 '주선 및 중개', ④ 심사와 중개의 결합 형태로서 제3자가 분쟁을 심사하여 해결조건을 제시하는 '조정' 등이 있다(이동률, 2008: 23).

그리고 또 다른 평화적 방식의 하나인 사법적 방식은 외교적 방식을 통한 문제 해결이 실패할 경우에 해당 사안을 국제사법재판소, 해양법재판소, 중재재판소 등과 같은 국제적인 재판기관에 사법적 판단과 결정을 맡기는 방식이다. 이 경우 실효적 점유와 이해 관계국의 태도가 사법적 판단의 주요 기준이 된다. 그러나 국제사회에서 실제로 영토분쟁을 사법재판을 통해 해결한 사례는 소수에 불과하다(이동률, 2008: 24). 사법적 방식은 그 편의성에도 불구하고 일방의 당사자에게만 전적인 권리를 귀속시키는 제로섬(zero-sum)의 결과를 낳을 수 있다. 이러한 우려 때문에 많은 국가들이 사법적 방식을 회피하는 경향이 있는 것도 사실이다.

이러한 세 가지 방식의 영토분쟁 해결방식들은 분쟁 당사자의 경우 어느 것 하나 빼 놓을 수 없는 고려 대상이라고 할 것이다. 외교적 방식에 의해 해결이 가장 바람직하지만, 이를 위한 교섭, 타협, 절충 등의 방식이 교착 상태에 빠지고 사법적 방식으로의 전환이 불가피할 경우를 상정하지 않을 수 없다. 또한 사법적 방식의 경우도 분쟁 당사자 모두의 동의 하에 이루어지지 않고 한 당사자가 다른 당사자에 대해 힘으로 문제를 해결하려 할 가능성도 배제할 수 없다. 즉 강제적 방식이 최종적인 영토분쟁의 해결방식으로 이용될 수도 있는 것이다. 따라서 영토분쟁 해결방식의 다양성을 고려할 때, 외교적 방식에 의한 분쟁해결을 중심으로 사법적 방식에 대한 대비는 물론 강제적 방식에 대한 대비까지도 있어야 할 것이다.

제5장 해양분쟁과 동아시아

제1절 동아시아 지역의 해양영토분쟁

한·중·일 3국을 중심으로 아시아 지역주의와 정체성 문제에 대한 관심이 확대되면서 '동아시아'라는 지리적 개념이 주목받고 있다. 물론 아직까지도 동아시아 지역의 범위에 대해서는 명확하고 일치된 정의는 없다. 그러나 '아태', '극동', '대동아' 등과 같은 개념을 대신해 '동아시아'의 개념이 회자되기 시작한 것은 제2차 세계대전 이후 동아시아에 냉전체제가 전개되는 것과 관련이 있다.

'동아시아'라는 지리적 개념은 1960년대 말에 와서 국제관계 연구의 분석단위로 도입되었다. 당시 미국 정부의 외교문서에는 '동남아시아(Southeast Asia)', '북동아시아(Northeast Asia)', '극동(Far East)' 외에 '동아시아(East Asia)'라는 용어가 사용되고 있었는데, 이때의 '동아시아' 개념은 동북아시아와 동남아시아를 합한 지역범위에 가까운 것이었다.

동아시아의 지리적 개념을 해양 중심으로 보면 중국이 동쪽과 남쪽으로 해안선을 접하고 있는 '중국해'(China Sea)가 동아시아의 해양이라고 할 수 있다. 그리고 이를 구분하면 〈그림 5-1〉과 같이 동북아시아에는 동중국해가, 그리고 동남아시아에는 남중국해가 있다. 중국 본토의 동쪽, 즉 한국·일본과 서로 마주보고 있는 바다가 동북아시아의 '동중국해'(East China Sea)이다. 동중국해에는 한국·일본·중국이 위치한 동북아 해역으로 한·일 간의 독도 문제뿐만 아니라 중·일 간의 센카쿠/댜오위다오 분쟁과 오키노도리시마 분쟁이 벌어지고 있는 바다이다. 그리고 중국 본토의 남쪽, 즉 베트남, 말레이시아, 필리핀 등과 대향하고 있는 바다를 '남중국해'(South China Sea)라고 부른다. 중국은 남중국해에서 베트남, 말레이시아, 필리핀 등 아세안 국가들과 도서 영유권 및 해양 관할권 분쟁을 겪고 있다.

동아시아 해양지역은 전 세계적으로 분쟁의 가능성이 가장 높은 곳 중의 하나로 평가되는데, 이는 제2차 세계대전 이후 동아시아 국제질서가 강력한 영토성(territoriality)을 중심으로 전개되었기 때문이다(구민교, 2012: 1; 2013: 3). 현재 지속되고 있는 동아시아 지역의 주요 영토분쟁들은 대부분 해양분쟁이라는 특징을 보이고 있다. 이는 유엔해양법협약 상의 영해나 배타적 경제수역, 대륙붕 등과 같은 문제와 연관되어 전개되어 왔다. 동아시아 지역에서 현재화된 또는 잠재되어 있는 해양분쟁들은 몇 가지 특징을 보이고 있다. 구민교(2013: 3-4)는 다음 세 가지로 그 특징을 간추린다. 첫째, 대부분의 분쟁은 19세기 말과 20세기 초에 걸친 서구 및 일본 식민지주의의 산물이며 탈식민지 이후 민족주의의 확산으로 더욱 격화되었다. 둘째, 다른 지역과 달리 해양영토분쟁이 공식적으로 마무리된 경우가 거의 없고, 분쟁 존재 자체도 당사국 일방에 의해 인정되지 않는 경우가 많다. 셋째, 해양분쟁이 완전히 해결되거나 전면전으로 치닫지 않고 주기적으로 반복되는 경향을 보인다.

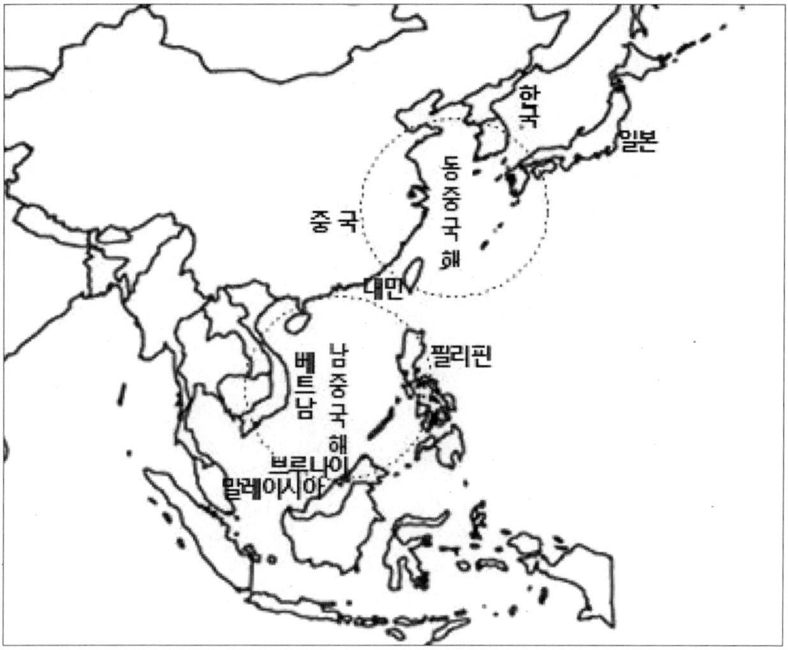

〈그림 5-1〉 동아시아와 동/남중국해

동아시아 지역에서 발생하는 해양 분쟁은 도서 영유권 분쟁과 해양경계획정 분쟁이 대부분이다. 이러한 해양영토분쟁은 표면적으로는 특정 도서의 영유권 다툼이나 해양영토의 관할권 확대 경쟁이지만, 그 이면에는 막대한 해양자원의 활용이라는 경제적 이해관계가 개입되어 있다. 뿐만 아니라 각종 원자재와 에너지원을 수송하고, 자유로운 해상활동을 통해 국익을 증진시킬 수 있는 전략적 이해관계도 개입되어 있다.

국가안보적 측면도 경제적 이해관계 못지않게 중요하다. 동·남중국해에서의 해양영토분쟁은 중국의 군사·안보적 부상으로 더욱 심화될 것으로 전망되고 있다. 중국의 해양분쟁 양태는 중국 부상 초기라고 할 수 있는 1990년대 중반까지만 해도 어업, 에너지 개발 등 경제적 이득을 얻는 데 초점을 맞췄지만, 중국이 경제적으로만이 아니라 군사·안보적으로도 두드러지게 부상하기 시작한 2000년대 후반 들어서는 전략적 영향력 확대라는 관점으로 변화되고 있다. 여기서는 동중국해와 남중국해의 대표적인 해양분쟁 사례들을 검토한다.

제2절 동중국해 해양영토분쟁

1. 센카쿠/댜오위다오 분쟁

센카쿠/댜오위다오는 〈그림 5-2〉와 같이 5개 섬(조어도, 북소도, 남소도, 구장도, 대정도)과 3개 암초(비뢰, 북암, 남암)로 이루어진 제도(諸島)를 말한다.[18] 이 제도는 무인도로 총면적 약 6.32㎢로 가장 큰 섬인 조어도는 동서 약 3.5km, 남북 1.3km의 타원형이며, 북소도는 약 0.33㎢의 면적에 표고 135m, 남소도는 0.46㎢의 면적에 표고 149m이다. 대만에서는 동북쪽으로 170㎞, 중국 본토에서는 330㎞, 일본 오키나와(沖繩)에서는 410㎞ 떨어져 있고, 그 주변 수역은 중동-인도양-말라카해협-일본으로 이어지는 동중

18 이 제도는 일본명 센카쿠 열도(尖閣列島), 중국명 댜오위다오(釣魚島), 대만명 댜오위타이(釣魚臺)로 공식 지칭되고 있다. 그러나 제3국에서는 현 실효지배 국가를 기준으로 '센카쿠/댜오위다오'라고 표기하는 것이 일반적이며, 해당 국가의 주장과 행위를 기술할 경우에는 '센카쿠'나 '댜오위다오'로 사용하기도 한다.

국해 해상교통로의 길목이다(〈그림 5-3〉 참조). 현재는 일본이 오키나와 현에 포함시켜 실효 지배를 하고 있다. 그러나 중국과 대만이 영유권을 주장하면서 일본의 실효 지배를 위협하고 있다.

센카쿠 열도/댜오위다오 분쟁은 인근 해역의 석유매장 가능성, 배타적 경제수역 및 대륙붕 경계선 미획정, 중동과 동북아를 잇는 해상교통로이자 전략 요충지 등과 같은 중국/대만과 일본의 사활적 이해가 걸려 있는 중요한 복합 이슈를 지닌 분쟁이라고 할 수 있다. 그런 만큼 이 제도를 둘러싸고 이해관계 당사자들 간의 치열한 경쟁을 배태할 수밖에 없다.

역사적으로 센카쿠/댜오위다오는 청일전쟁 당시인 1895년 일본 각의(閣議)의 결정으로 오키나와현에 편입되었다. 그리고 제2차 세계대전 종전 이후인 1951년 9월 '샌프란시스코 강화조약'에 따라 미국의 신탁통치 지역에 포함되었다가 1971년 미·일 간 '오키나와 반환협정'으로 일본에 이양되었다. 1972년 중·일 국교정상화 이후 1990년대 초까지 양국은 센카쿠/댜오위다오에 대한 문제제기를 자제하면서 관계개선을 추진해 왔다.

센카쿠/댜오위다오가 잠재적인 분쟁 대상으로 부상하게 된 계기는 그 주변 해역에 막대한 해저자원이 부존되어 있는 것으로 추정되면서부터이다. 중국은 1992년에, 그리고 일본은 1996년에 자국의 '영해법'에서 영토로 포함시켰다. 1997년 양국은 중·일 어업협정 체결시 어업상의 편의를 위해 영유권 문제는 보류하고 센카쿠/댜오위다오 해역을 '중간수역'으로 설정했다.

중·일 양국이 관계개선을 위해 분쟁을 자제하고 협상을 추진하면서도 유엔해양법협약이 발효된 1994년 이후부터 분쟁이 시작되었다고 할 수 있다. 중국인들의 상륙 시도와 일본인들의 저지, 등대 설치를 통해 실효적 지배권 확보를 위한 일본의 시도와 이에 대한 중국의 비난 등의 갈등을 겪으면서 1990년대 중반 이후부터 분쟁이 지속되어 왔다. 2000년대 들어서도 중국/대만과 일본의 민족주의 세력들의 시위, 선박충돌 등을 빌미로 공방을 거듭했다. 2010년 9월 7일에는 일본이 센카쿠/댜오위다오 인근에서 '공무집행방해' 혐의로 중국어선 선장 및 선원 14명을 체포하면서 양국관계가 급격히 냉각된 바 있다.

비교적 최근인 2012년 9월 중·일 간 센카쿠/댜오위다오 분쟁은 일본의 '센카쿠 열도 국유화' 조치 때문에 촉발되어 중국의 댜오위다오 영해기점 선언, 중국 해양감시선의 센카쿠 영해 진입, 전투기 접근 시도 등으로 물리적 충돌 일보 직전까지 가는 대치 상황을 연출했다. 그 내막을 좀 더 살펴보자.

2010년 9월 센카쿠 열도 주변 해역에서 중국 어선과 해상보안청 순시선과의 충돌 사건은 일본 내에서 중국과의 분쟁에 대한 적극적 대응의 필요성을 강화시켰다. 중국이 센카쿠 열도에 대한 자국의 실효 지배를 붕괴시키기 위해 다양한 압력을 강화하고 있다는 것이다. 영유권 수호의 선봉에 일본 도쿄도(東京都)가 섰다. 도쿄도는 센카쿠 열도에 대한 일본의 실효 지배 강화를 위해 항만 시설 등을 정비하고자 매입을 계획했다.[19] 그리고 이 계획을 토대로 매입 자금을 염출하기 위해 도쿄도는 기부금 모금 활동까지 전개하여, 국유화 직후인 9월 13일까지 14억 7327만 엔을 모금했다.

이러한 일본 도쿄도의 움직임에 중국 정부도 외교부의 성명을 통해 즉

19 2012년 6월 일본 중의원 결산행정감시위원회에 참고인으로 참석한 이시하라 신타로(石原愼太郎) 도쿄도 지사의 제기로부터 시작되었다. 이 위원회에서 이시하라 지사는 중국 측이 센카쿠 열도를 '핵심적 이익'이라고 위치를 부여하며 영유권을 주장하고 있는 것과 중국 어선 충돌 사건을 예로 들면서 이를 "'강도가 들었다'고 표현했고, 이러한 문제 상황의 책임은 정부와 국회에 있다면서 영유권을 명확히 하기 위한 대응 강화를 요구했고, 도쿄도 차원에서 조어도의 구입을 주장했다《每日新聞》, 2012年 6月 11日).

〈그림 5-2〉 센카쿠 열도/댜오위다오

자료: www.starseoultv.com

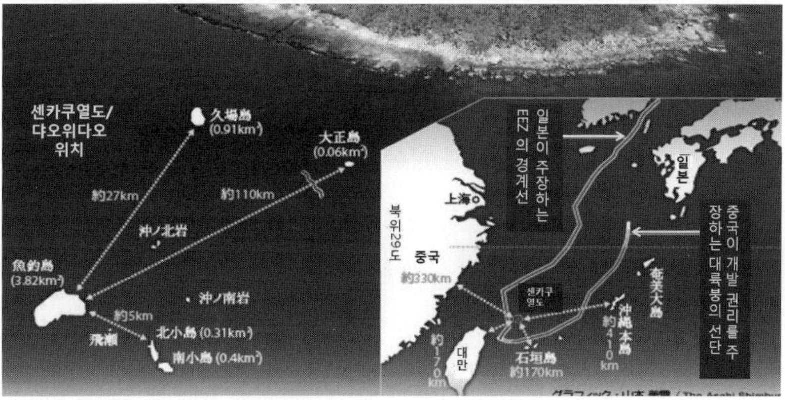

〈그림 5-3〉 센카쿠 열도/댜오위다오

자료: www.starseoultv.com

각 반발했다. 일본 정부도 중국의 반발을 무마하기 위해 도쿄도의 매입 계획을 저지하고, 그 대신 국유화 방침으로 선회했다. 그리고 방침 선회 다음

날인 9월 11일 일본 정부는 3개 섬을 20억 5천만 엔에 매입하여 소유권 이전 등기를 완료했다. 일본 정부는 동경도가 의도하는 조치가 취해질 경우 중국을 자극하게 될 것을 우려했고, 오히려 일본 정부가 직접 국유화 조치를 취하는 것이 사태의 안정화에 기여할 수 있을 것이라고 보고 국유화의 수순을 밟았던 것이다(박영준, 2012; 이명찬, 2012).

그러나 중국 정부의 입장은 달랐다. 도쿄도에 의한 시유화(市有化)나 일본 정부에 의한 국유화나 근본적으로 다를 바 없다는 것이다. 이 모두 댜오위다오가 핵심 이익이라는 중국 정부의 공식입장에 반하는 것이고 댜오위다오 문제에 대한 현상유지를 깨뜨리는 시도로 간주했다. 그에 따라 중국 외교부는 외교 성명을 통해 일본의 국유화 조치는 중국의 영토에 대한 침범이며, 역사적 사실과 국제법을 무시한 처사로 그에 대해 중국 정부와 인민은 강력히 항의했다(이창형, 2013). 그리고 중국은 댜오위다오를 둘러싼 중국 측 영해기선을 선포하고, 그러한 내용을 담은 새로운 해도(海圖)를 유엔에 제출했다. 또 민간 어선 1,000여 척과 국가해양국 산하 순시선 10여 척을 동 해역에 파견하여 실력행사를 불사하겠다는 의지를 보였다.

일본도 물러서지 않고 해상보안청 산하 순시선의 50%에 육박하는 50여 척의 함선을 동 해역에 파견하여, 일촉즉발의 대치상태를 연출했다. 중·일 양국 모두 군사적 충돌만은 피해야 한다는 데 공감한 것으로 보였지만, 다른 한편으로는 물대포 공방, 전투기 대치, 공격용 레이더 조준 등 군사적 충돌도 불사하겠다는 의지도 공공연하게 드러냈다.

이렇게 보면, 최근 분쟁에서 중국과 일본은 상호 강경대응의 경향을 보이고 있다. 중·일 간 센카쿠/댜오위다오 분쟁이 예전과는 다른 양상으로 전개되고 있음에 주목하지 않을 수 없는 상황이다. 중·일 간 센카쿠/댜오위다오 분쟁은 최근 동북아 안보 불안정성의 확대·심화에도 지대한 영향을 미치기 때문이다. 한국의 입장에서 우려되는 것은 중국과 다툼을 벌이고 있는 이어도 문제이다. 이어도 문제란 한·중 간 미획정 상태로 향후 협상을 통해 이루어져야 할 배타적 경제수역 획정 문제이다.

2. 오키노도리시마 분쟁

오키노도리시마(沖ノ鳥島)는 환상 산호초(atoll)로 도쿄로부터 남쪽으로 1,740㎞, 오가사와라로부터도 약 900㎞ 떨어져 있다. 본래는 5개의 암석으로 이루어졌으나 파도 등에 의한 침식으로 1982년에는 4개, 1987년에는 현재와 같이 히가시코지마(Higashikojima)와 기타코지마(Kitakojima) 2개가 되었다(海洋政策硏究財団, 2006: 62). 히가시코지마는 만조시 대략 트윈 침대의 크기이며, 해수면 위로 6cm 정도 올라와 있고, 기타코지마는 소형 침대 크기이며, 높이가 히가시코지마보다 두 배 정도 높다.

1888년 이전까지 오키노도리시마에 대한 일본 내의 공식 언급은 없었다. 1931년 도쿄시의 관할지역 하에 보닌 군도(Bonin Islands)의 일부로 일본의 영토로 선언했다(Yoshikawa, 2005). 그리고 제2차 세계대전 이후 오키노

〈그림 5-4〉 오키노도리시마

자료: ajw.asahi.com/article/globe/feature/ocean/AJ201307140003

도리시마를 포함한 보닌 군도는 1968년에 일본에 반환될 때까지 미국의 신탁통치하에 있었다(고타니 데쓰오, 2009: 39).

열대지역과 태풍의 경로에 위치한 오키노도리시마는 고조시에 표고가 수십 센티미터에 불과한 데다 파도에 의한 침식, 해수면 상승 및 자체적인 섬의 침강이 진행됨에 따라 향후 반세기도 못 가서 침식될 위험에 노출되어 있던 것으로 일본 정부는 판단했다. 이에 따라 일본 정부는 1987년부터 1989년에 걸쳐 철제 소파블록과 콘크리트 호안으로 암초 주위를 둘러싸는 공사를 실시했다.

이 공사를 담당한 건설성은 파도에 의한 침식을 막기 위해 총 285억 엔을 들여 암초 주변에 철제 소파블록을 설치하고 지름 50cm의 원형 벽을 쌓아올려 그 내부에 콘크리트를 부었다. 1998년부터 1999년에는 약 8억 엔을 들여 티탄제의 보호 네트를 설치했다. 최근에는 국토교통성 산하 해상보안청이 오키노도리시마에 무인 등대를 설치하여 2007년부터 운영하고 있다. 현재 오키노도리시마는 일본의 행정구역상 도쿄도에 소속되어 있으나 1999년 6월 해안법 개정에 따라 국토교통성 하천국이 직접 관할하고 있다(이주하, 2009: 81).

산호섬 주변 해역은 니켈, 마그네슘, 코발트, 구리와 같은 금속성 미네

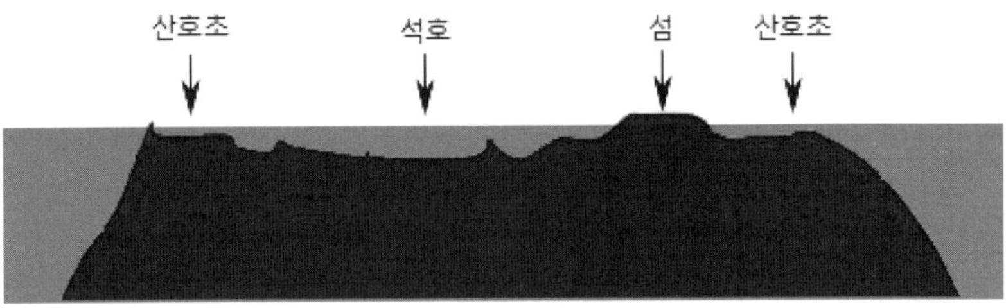

〈그림 5-5〉 오키노도리시마의 지형도

자료: Xue(2010).

랄 등이 잠재적으로 풍부한 것으로 알려지고 있다. 일본은 이러한 풍부한 자원을 가진 오키노도리시마를 침식 위험을 제거하기 위한 보강 공사를 하여 일본의 영토보다 더 넓은 40만 ㎢의 배타적 경제수역과 대륙붕을 가진다고 주장하고 있다. 이에 대해 중국은 물론 한국도 오키노도리시마가 배타적 경제수역과 대륙붕을 가질 수 없는 암석으로 인식하고 있으며, 중국은 특히 완강하게 반대하고 있다.

이러한 양국의 대립적 주장은 2008년 들어 대륙붕 분쟁으로 비화되었다. 일본이 같은 해 11월 13일 유엔대륙붕한계위원회에 대륙붕 한계 연장 신청서를 제출하면서 오키노도리시마를 기점으로 광활한 대륙붕을 신청했기 때문이다. 중국은 이에 반발하면서 2009년 2월 6일 반박문을 제출했다. 중국과 일본은 2000년대 들어서면서부터 오키노도리시마를 둘러싼 공방전을 벌여 왔으나 주로 외교적 공방이었고 해경 순시선 등의 대치나 충돌은 아직까지 발생하지 않았다.

오키노도리시마 분쟁은 그것을 도서로 볼 것이냐 암석으로 볼 것이냐가 핵심이다. 도서와 암석의 차이는 해양 영토의 확대 여부와 직접 관련되기 때문이다. 유엔해양법협약에 근거할 때, 암석은 12해리의 영해만 가질 수 있는데 비해 도서는 이를 기점으로 200해리 배타적 경제수역과 그 이상의 대륙붕을 가질 수 있기 때문이다. 오키노도리시마에 대한 일본과 중국의 대응논리는 〈표 5-1〉과 같이 정리된다.

오키노도리시마 분쟁은 유엔해양법협약과 관련하여 두 가지가 핵심 쟁점이다. 하나는 유엔해양법협약 제121조 1항, 즉 "도서란 바닷물로 둘러싸여 있으며, 밀물일 때에도 수면위에 있는, 자연적으로 형성된 육지지역을 말한다"와 관련된 '도서의 조건' 충족 문제이고, 다른 하나는 동법 제121조 3항, 즉 "인간이 거주할 수 없거나 독자적인 경제활동을 유지할 수 없는 암석은 EEZ이나 대륙붕을 가지지 아니한다"와 관련된 '암석의 인간의 거주 및

〈표 5-1〉 오키노도리시마 분쟁을 둘러싼 일본과 중국의 대응논리

일본	중국
① 중국은 1988년 3월 11일자 《해방군보》(解放軍報)에서 일본의 오키노도리시마 콘크리트 보강공사에 대해 높이 평가하며, 중국도 거액을 투자하여 남사군도의 암석에 인공시설을 설치.	① 오키노도리시마 보강 공사에 대해 높은 평가를 내린 것은 정부가 아닌 개인이 한 것이며, 또 남사군도에 보강공사를 했지만 특정 도서를 기점으로 200해리 EEZ를 주장하지는 않았음.
② 도서와 바위를 구별하는 국제법상의 명확한 기준이 없고, 인간의 거주나 경제생활에 대한 법적 개념의 국제적 합의도 없기 때문에 오키노도리시마는 EEZ나 대륙붕을 가질 수 있음.	② 인간의 거주나 경제생활에 대한 국제적 합의가 없다는 것은 인정하지만 유엔해양법협약 제121조 제3항에 따라 중국 이외의 타국이 언제라도 그에 대해 항의할 수 있음.
③ 일본이 1997년 오키노도리시마에 대해 200해리 어업수역을 설정했을 때, 그리고 1996년에 200해리 EEZ를 설정했을 때 중국은 침묵했으며, 2004년부터 중국이 유엔해양법협약 제121조 제3항 위반을 이유로 비판하는 것은 다른 의도가 있음.	③ 1977년 일본의 어업수역에 대한 잠정조치법으로 200해리 어업수역을 설정했지만 이는 동 해역에서 타국의 해양 이용에 영향을 미치는 것은 아니었음. 과거 영국도 어업자원의 보호를 위해 록콜 도서 주변 해역에 어업수역을 설정했지만, 1996년 유엔해양법협약 가입 시 록콜 섬은 유효한 어업수역의 기점이 되지 못했음.

자료: 김용환(2009: 36-37) 정리.

경제활동 가능성' 충족 문제라고 할 수 있다.

오키노도리시마가 일본의 주장처럼, 배타적 경제수역과 대륙붕을 갖기 위해서는 도서의 조건을 충족해야 한다. 지금까지 일본 정부는 오키노도리시마에 대하여 만조 시에도 수면 위로 드러나 있기 때문에 도서의 조건을 충족한다는 견해를 갖고 있다. 이런 일본의 주장처럼, 오키노도리시마가 도서의 조건을 갖추었다고 하더라도 인간이 거주할 수 없거나 독자적인 경제활동을 유지할 수 없는 암석으로 간주될 경우에는 배타적 경제수역이나 대륙붕을 가질 수 없다. 이에 대해 일본 정부는 '도서'가 아닌 '암석'의 조건으로 이 규정에 따라 특정 지형이 배타적 경제수역 또는 대륙붕을 갖지 않는

다는 근거는 없다(海洋政策硏究財団, 2006b: 60)는 입장을 취하고 있다.[20] 결국, 일본 정부는 유엔해양법협약에서 '암석'에 대해 명확하게 규정하고 있지 않다는 이유로 오키노도리시마를 도서로 간주한다(고타니 데쓰오, 2009: 40).

일본 정부는 유엔해양법협약 제121조 1항과 3항의 조건을 충족시키기 위해 오랫동안 많은 노력을 해왔다. 앞서 지적했듯이, 오키노도리시마의 침식을 막기 위한 보전 공사에 많은 재정을 투입했으며, 공사 과정에서도 제121조 1항의 요건을 손상시키지 않도록 신중하게 공사를 진행시켰다. 자연적으로 형성된 육지의 두정부(頭頂部)에는 손을 대지 않고, 바닷물로 둘러싸일 수 있도록 도랑을 파고 만조 시에는 이 도랑을 따라 해수가 오키노도리 주변을 감싸도록 공사를 했다고 한다(海洋政策硏究財団, 2006b: 59-60; 이주하, 2009: 84). 또한 제121조 3항의 조건, 즉 경제적 활용 방안을 마련하기 위해 45명의 학자, 전문가, 언론인들을 보냈다. 이 시찰 결과를 바탕으로 두 가지 계획을 진행시켰다. 하나는 호주산 철광석과 다른 원자재를 일본으로 운반하는 데 선박의 항해안전을 개선하기 위해 무인 등대를 건설하는 것이었다. 또 모래를 쌓아 도서를 복원시키는 작업을 진행했다(고타니 데쓰오, 2009: 41).

이러한 일본 정부와 민간단체의 노력에도 불구하고, 중국은 오키노도리시마의 '도서'로서의 지위와 그에 따른 배타적 경제수역 관할에 대해서 이의를 제기하고 있다. 중국은 암석 또는 인공섬에 지나지 않는 오키노도리

20 이와 관련하여 도요에이와여자학원(東洋英和女學院)의 타다오 쿠리바야시 법학 교수는 어떤 국제법에도 '암석'에 관한 정의가 없으며, 또 산호초와 암석은 다르다고 지적한다. 그는 산호초를 소유하고 있는 국가는 그에 근거하여 배타적 경제수력을 주장할 수 있다고 주장한다. 시간이 지나도 암석은 안정적이지만 산호는 커질 수 있는 가능성이 있다는 것이다(de Meyer, 2011: 26-27 재인용).

시마는 배타적 경제수역이나 대륙붕을 가질 수 없다는 것이 일관된 시각이다(최재선, 2009: 43).

2009년까지 오키노도리시마 문제에 관해 중국은 몇 차례 입장을 표해왔다. 즉 ① 오키노도리시마는 유엔해양법협약 제121조 제1항에 규정된 도서가 아니다. ② 따라서 배타적 경제수역이나 대륙붕을 가질 수 없다. ③ 중국이 이 지역에서 수행하는 해양과학조사(연구)는 일본이 주장하는 것처럼 불법이 아니다. ④ 오키노도리시마는 중국의 태평양 진출에 위협 요인이다. ⑤ 이 문제를 해결하기 위해서는 관련 국제기구에서 도서 제도, 특히 암석을 포함한 도서의 개념에 대한 기준을 정할 필요가 있다(최재선, 2009: 43-44).

중국 국가해양국 해양발전전략연구소 가오즈궈(高之國) 소장은 이 같은 중국 정부의 입장 표명에도 불구하고 일본은 오키노도리시마 지배 조치를 더욱 강화하고 있다고 비판한다(高之國, 2008: 32). 그는 이러한 일본의 입장 유지가 직접적으로 중국과 필리핀 등 인근 국가들의 해양권익과 권력행사에 영향을 줄 뿐 아니라 이 해역에 대한 공해자유원칙과 자원이용 권리를 침범하는 것이라고 지적한다. 그는 또 오키노도리시마는 북서 태평양의 전략통로를 지킬 수 있는 요충지일 뿐 아니라 중국의 군사활동을 정찰할 수 있는 기지이므로 군사적으로도 매우 중요한 의미를 지닌다고 평가하면서, 오키노도리시마에 대한 일본의 점거는 중국이 태평양으로 진출하는 통로를 봉쇄하는 부정적인 효과를 낳고 있다는 점도 지적한다.

해양발전전략연구소 쟈위(賈宇) 부소장도 일본이 오키노도리시마를 기점으로 200해리 이원 대륙붕한계 연장을 주장하는 것은 국제심해저 구역을 침범하고, 협약에서 확립된 심해저 및 그 자원이 인류공동유산이라는 원칙에 위배되며, 국제사회의 공동권리와 이익을 직접적으로 침해하는 것이라고 비판한다(賈宇, 2009: 59).

사실, 그동안에도 오키노도리시마가 도서로 인정될 수 있는지 여부에 대해서는 여러 학자들이 부정적으로 평가했다. 일찌기 반 다이크(Jon Van Dyke)는 "오키노도리시마는 킹사이즈 침대보다 결코 크지 않은 두 개의 침식 돌출물이며, 확실히 스스로 경제생활을 지속할 수 없고, 살기에 적합하지 않은 암석일 뿐이다"(van Dyke, 1988)라고 주장했다. 일본의 대륙붕 한계 연장 신청 이후에도 많은 학자들이 유사한 지적을 했다(김용환, 2009; 박배근, 2009; Schofield, 2009; Song, 2009). 어쨌든 2012년 5월 대륙붕한계위원회 의장의 성명으로 2008년 11월부터 시작된 오키노도리시마 분쟁은 일단락되었지만, 여전히 지속될 수 있는 여지는 남아 있는 것으로 보인다.

결국, 일본과 중국 간의 오키노도리시마 분쟁은 일본의 과도한 해양 영토 확장 의지, 그리고 중국의 동아시아 해양 패권 경쟁에서의 우위 확보 등이 맞물리면서 발생하고 있고, 도서와 암석의 법적 지위를 판단하는 유엔해양법협약 규정, 특히 제121조 1항과 3항의 모호성이 논란의 근원이 되고 있다.

제3절 남중국해 해양영토분쟁

1. 도서 영유권 분쟁

남중국해에서 영유권 분쟁과 관련된 도서들로는 둥샤군도(東沙群島/Pratas Islands)·중샤군도(中沙群島/Macclesfield Bank)·시샤군도(西沙群島/Paracel Islands)·난샤군도(南沙群島/Spratly Islands)가 있다. 이 중에서 난샤·시샤군도와 달리 둥샤·중샤군도는 그 규모가 매우 작고, 지리적으로 중국/대만에 가까이 있어 중국/대만의 영유권이 인정되고 있는 편이며, 다른 인접 연안국들과 영유권 분쟁은 없다(〈그림 5-6〉 참조).

남중국해 도서 영유권 문제는 지리적 위치상 많은 분쟁 당사국들이 개입되어 있고, 관련 분쟁 당사국들은 역사적 사료, 국제법, 지형적 조건 등을 근거로 각자의 영유권을 주장하고 있다. 하지만 서로 상반되는 주장을 하면서 의견차를 좁히지 못해 문제 해결을 위한 합의에는 이르지 못하고 있다(

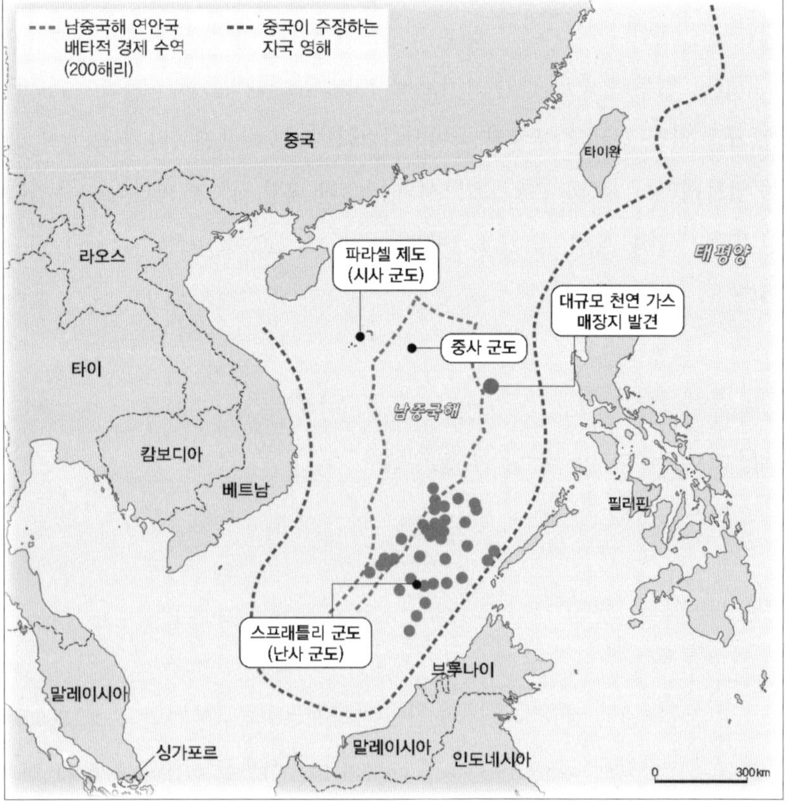

〈그림 5-6〉 남중국해의 주요 해양영토분쟁 지역

자료: 한국해양재단(2014: 124).

김자영, 2011: 1079).

남중국해 도서 영유권 분쟁은 주로 시사군도와 난사군도 문제로 언급되고 있다. 특히 심각한 분쟁 대상이 되고 있는 것이 난사군도이다. 원래는 1930년대에 인도차이나반도를 식민지로 하고 있던 프랑스가 난사군도 중 몇몇 섬을 실효적으로 지배했다. 그러다가 제2차 세계대전의 발발로 프랑스가 포기하면서 일본이 중사제도와 함께 이를 점유했다. 일본은 이를 신남제도(新南群島)라 명명했는데, 태평양전쟁의 패전 후 1951년 샌프란시스코 평화조약으로 그 영유권을 포기하게 됐다. 1946년에 중화민국(대만)이 카이로선언에 따라 시사제도와 함께 이를 접수했다.

난사군도는 대부분 인간이 거주할 수 있는 환경을 갖지 못하여 섬 자체로는 큰 가치가 없다. 그러나 풍부한 해양자원의 개발, 지정학적 위치에 따른 전략적 가치 때문에 주변해역에 대한 관심이 고조되면서 중국, 대만, 베트남, 말레이시아, 필리핀, 브루나이 등 6개국의 영유권 다툼이 심화되었다. 〈표 5-2〉는 남중국해의 도서 영유권 분쟁의 특징을 요약한 것이다.

〈표 5-2〉 남중국해 도서 영유권 분쟁의 특징

군도 명칭	구성 형태	관할국가	분쟁의 성격
둥사군도(東沙群島) Pratas Islands	1개의 산호환초와 1개의 섬	대만	중국-대만 간 문제
중사군도(中沙群島) Macclesfield Bank	24개 저지대 및 3개의 암초, 2개의 사주	중국	대체로 중국의 영유권 인정
시사군도(西沙群島) Paracel Islands	15개의 섬, 26개의 산호암초, 21개의 저지대, 10개의 사주, 3개의 암초	베트남, 중국	중국/대만, 베트남 간 분쟁지역
난사군도(南沙群島) Spratly Islands	5개의 섬, 26개의 산호암초, 21개의 저지대, 10개의 사주 등 200여 개	중국, 베트남, 필리핀, 말레이시아가 일부 점유	가장 첨예한 분쟁지역

자료: 이문기(2008: 41)

난샤군도 문제는 남중국해에서 주변의 다수국가들이 영유권을 주장하고 있는 복잡하고 특수한 분쟁사례이다. 난샤군도 문제는 지역적으로 볼 때 동북아시아와 동남아 국가들이 상호 개입되어 있고, 특히 강대국인 중국과 5개의 약소국인 대만, 베트남, 말레이시아, 필리핀, 브루나이가 동시에 개입되어 있다. 〈그림 5-7〉은 남중국해 도서 점유 현황을 보여주고 있다.

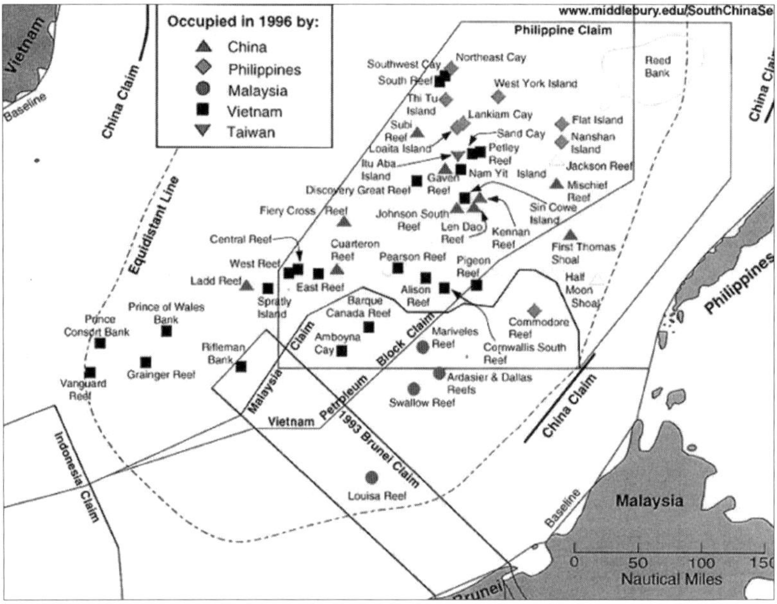

〈그림 5-7〉 남중국해 도서 점유 현황

자료: Valencia(2010: 8-17).

〈표 5-3〉은 난샤군도의 영유권에 대한 관련 당사국들의 논거와 영유권 주장 지역 및 현재의 점령상태들을 보여주고 있다. 중국, 대만, 베트남은 남사군도 전체를, 필리핀은 10개, 말레이시아는 12개, 브루나이는 1개의 섬에 대해 영유권을 주장하고 있다. 현재 중국은 10개, 대만은 1개, 베트남은 24

개, 말레이시아는 6개, 필리핀은 7개 섬을 점유하고 있다. 그런데 중국, 대만, 필리핀은 해수면하의 모든 지형물에 대해서도 영유권을 주장하고 있다. 그러나 유엔해양법협약에 따르면 인공적으로 형성된 지형물은 섬이 아니며, 만조 때 수면 위로 드러나지 않는 것도 섬이 아니라고 규정하고 있지만, 브루나이를 제외한 모든 분쟁 당사국들이 섬이 아닌 암초와 같은 지형물까지 점령하고 여기에 인위적인 시설을 설치, 운영하면서 자국의 영유권을 주장하고 있다(김태준, 2007: 192).

〈표 5-3〉 난샤군도 영유권 주장 범위 및 논거

국 가	주장 근거	영유권 주장 지역	현 점령상태
중 국	역사적 권원	군도 전체	10개 섬
베 트 남	역사적 권원과 지리적 인접성	군도 전체	24개 섬
대 만	역사적 권원(중국과 동일)	군도 전체	1개 섬
필 리 핀	발견에 의한 선점과 시효취득	10개 섬	7개 섬
말레이시아	지리적 인접성(대륙붕 원칙) 근거	12개 섬	6개 섬
브루나이	지리적 인접성(대륙붕 원칙) 근거	1개 섬	실제 점령지역 없음

각국은 나름대로 자국에 유리한 논리나 이론을 주장함과 동시에 현재 점유하고 있는 도서에 대한 영유권 주장 강화와 기정사실화를 위해서 기상관측소와 과학연구기지 등과 같은 시설물을 건설하고 있다. 아울러 각국은 국내법으로 이들 도서를 자국 영토로 편입하는 조치를 취하고 영토표시인 계표(界標)를 설치하는 등 법적인 조치는 물론이고 행정적인 조치도 취하고 있다.

그런데 최근 들어 중국의 노골적인 영유권 주장으로 동남아시아 국가들뿐만 아니라 미국까지 자극하고 있다. 지난 2011년 5월 중국 순시선이 남중국해 상에서 베트남의 석유·가스 탐사선 케이블을 절단하면서 야기된 중국과 베트남 간의 분쟁은 무력충돌 직전까지 갔다. 중국이 G2 국가로 부상함에 따라 해양대국화를 적극적으로 추진하고 있다. 최근 시진핑 정부는 외교안보, 통상, 개발, 금융 등을 포괄하는 종합 발전전략으로 '일대일로(一帶一路)' 신실크로드 전략을 추진하고 있다. 이 일대일로 전략의 한 축이 바로 '해양'이다.

이 전략의 구상은 중국 푸저우(福州)를 기점으로 홍콩, 베트남, 태국, 싱가포르를 거쳐 인도양으로 진출해, 아프리카와 호루무즈 해협을 거쳐 남유럽을 통해 유럽까지 연결하는 신실크로드 인프라를 구축하겠다는 것이다. 해상실크로드 구축전략을 위해서 중국은 동·남중국해, 그리고 말라카 해협과 인도양 등에서 해상안보를 확고히 해야 한다. 이를 위해 중국은 해군력 증강에 나서고 있으며, 이는 중국의 적극적 해상방어 전략인 도련(島鍊) 전략으로 구체화되어 추진되어 오고 있다(이지용, 2015: 47-48).

최근 중국은 남중국해에서 2016년 완공을 목표로 모두 7곳에 인공섬 축조 공사를 진행 중에 있다. 이 역시 일대일로 전략 구상에 따라 보다 공격적으로 남중국해에 대한 패권 강화를 추진하고 있음을 보여주고 있다. 2014년까지만 해도 난샤 군도의 파이어리 크로스 암초(중국명 융수자오, 베트남명 다쯔텁)에 중국이 축조한 인공어초(人工魚礁)는 500에이커(약 60만 평) 수준이었는데, 2015년 관측한 바로는 2,000에이커(약 245만 평)에 달한다는 것이 미국 측의 추산이다.

〈그림 5-8〉과 같이, 중국은 인공섬 건설을 통해 군사용 이착륙장이 있는 전진 기지로 변모시키고 있다는 것이 미국의 주장이다(Wong, 2015). 또 영국의 군사전문지 《제인스 디펜스 위클리》에는 스프래틀리 군도 휴즈 암초(중국명 둥먼자오, 베트남명 다 뜨 응이어)에 새로운 대규모 시설이 축조된 것이 실렸다. 〈그림 5-9〉와 같이, 작은 암초가 축구 경기장 14배에 해당하는

〈그림 5-8〉 난사 군도의 파이어리 크로스 암초

자료: Wong(2015). 2015년 4월 2일 공개된 위성사진.

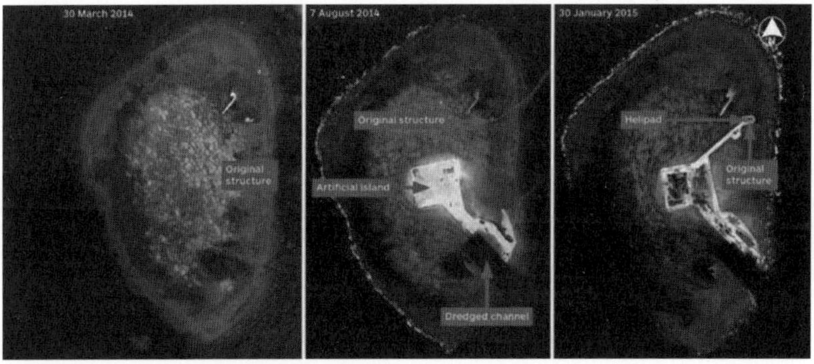

〈그림 5-9〉 스프래틀리 군도의 휴즈 암초

자료: 《제인스 디펜스 위클리》; 이장훈(2015) 재인용.

면적 75,000㎡의 인공섬으로 변신한 것이다. 여기에는 2개의 항구와 헬리콥터 이착륙장 등이 건설되고 있는 것으로 알려졌다(이장훈, 2015).

인공섬 건설을 전후로 중국은 동·남중국해의 도서 영유권을 적극적으로 주장하고 있다. 동중국해에서는 2012년 9월 일본의 '센카쿠 열도 국유화' 조치 이후 센카쿠/댜오위다오의 영유권을 놓고 일본과 무력충돌 직전까지 가는 일촉즉발의 상황도 마다하지 않았다. 그리고 2015년 들어서는 암초와 산호초를 인공섬으로 건설하여 남중국해를 자국 바다로 만들려 하고 적극적인 공세를 펼치고 있다.

강력한 해군력을 기반으로 하는 중국의 공세적 해양전략으로 남중국해에 대한 중국의 지배력권은 한층 공고해질 것이다. 뿐만 아니라 중국과 도서 영유권을 놓고 경쟁하는 동남아 국가들은 물론이고 동아시아 해양의 패권을 지속하려는 미국과의 대립구도 역시 갈수록 첨예해질 것으로 예상되고 있다. 이러한 사태의 전개는 백년국치 이후 아시아의 중심이자 세계의 패권을 놓고 미국과 다투는 G2국가 중국의 강화된 위상을 유감 없이 보여주는 것이라고 할 수 있다.

2. 해양경계획정 분쟁

남중국해에는 수많은 작은 섬, 암초, 사주 등이 있으나, 섬의 법적 요건을 충족시켜 인간의 거주가 가능한 섬으로 인정받을 수 있는 섬은 몇 안 된다(장학봉 외, 2010: 52). 설령 배타적 경제수역과 대륙붕을 가질 수 있는 섬으로서의 법적 지위를 인정받는다 하더라도, 국가 간 서로 중첩되는 해역에서의 해양경계획정 시 인정되는 효과는 사안별로 다를 것이다.

〈그림 5-10〉은 남중국해에서 국가별로 해양경계를 주장하는 해역을 표시한 것이다. 이처럼 남중국해에서의 해양경계획정은 다수의 관련국 간 주장들이 충돌하는 동시에 도서 영유권 문제까지 겹치면서 매우 복잡한 양

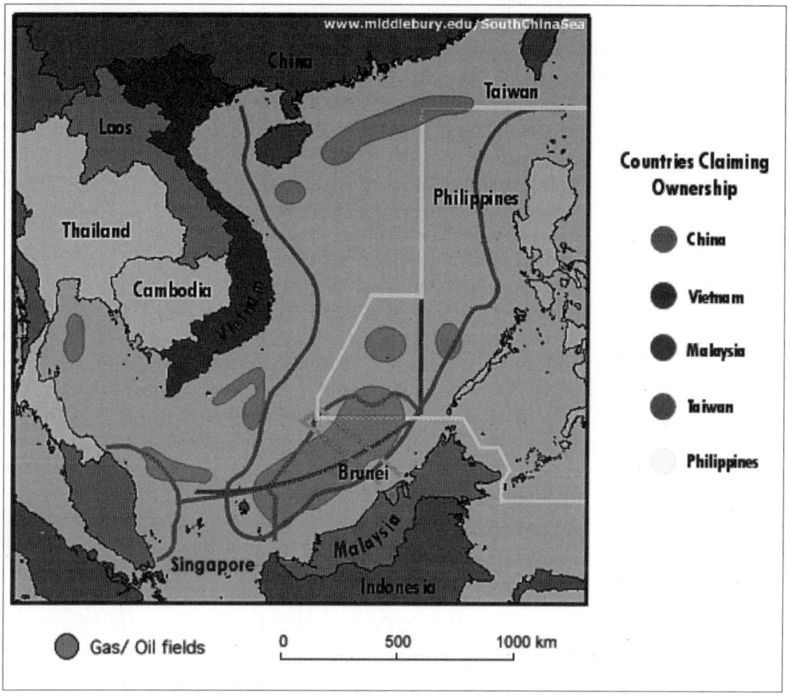

〈그림 5-10〉 남중국해에 대한 국가별 해양경계 주장 해역

자료: EIA(2008: 3).

상을 보이고 있다.

남중국해의 해양경계획정은 크게 두 가지 측면, 즉 중국 측의 주장과 베트남, 말레이시아 등 동남아 국가들의 주장으로 구분할 수 있다. 중국의 경우는 1953년 남중국해에 산재한 250여 개의 섬·암초·산호초가 모두 자신들의 관할이라며 〈그림 5-11〉과 같이 지도상에 이를 표시한 'U라인' 주장을 통해 남중국해를 자국의 바다라고 주장하고 있고,[21] 베트남·말레이시

21 중국은 남중국해 경계획정 논거로 'U라인'을 주장한다. 〈그림 5-11〉과 같이, 9개의 점을 찍어 선을 연결한 것이라 구단선(九斷線, nine-dash line)이라고 부르는데,

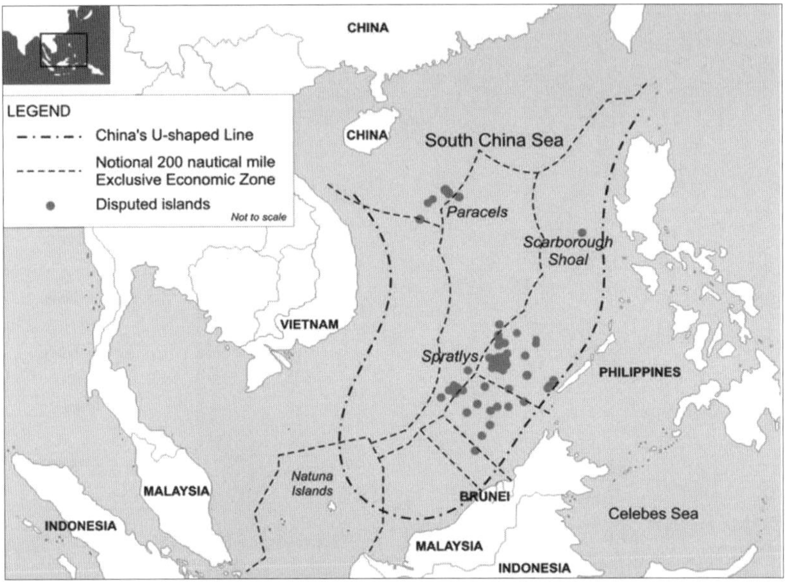

〈그림 5-11〉 중국의 'U라인'

자료: Bateman(연도미상: 7).

아·대만·필리핀 등 다른 분쟁당사국들도 배타적 경제수역을 주장하고 있다. 2009년 베트남, 말레이시아 등이 대륙붕한계위원회에 200해리 이원 대륙붕 한계 확장 신청문서를 제출하고 이에 대해 중국과 필리핀 등이 이의를 제기하면서 남중국해를 둘러싼 연안국 간 해양경계획정 분쟁이 격화되고 있다(김자영, 2011: 1087).

중국은 'U라인'을 중심으로 남중국해 해역의 80%에 대해 관할권을 주장하는 반면, 다른 분쟁 당사국들은 중국이 주장하는 'U라인'이 법적 근거

그 점들을 선으로 연결하면 알파벳 'U'자와 같다고 해서 'U라인'(U-Shaped Line)으로도 불린다.

가 전혀 없는 무효라고 반박하고 있다. 그동안 중국은 학계의 몇 가지 논거를 토대로 남중국해 해양경계획정에서 'U라인'이 형평에 부합된다고 주장해 왔다.

그런데 2013년 1월 필리핀이 남중국해의 영유권 분쟁을 네덜란드의 헤이그에 있는 상설중재재판소(Permanent Court of Arbitration: PCA)에 제소했다. 2012년 필리핀이 실효 지배하고 있던 스카버러 암초(중국명 황옌다오)를 중국이 점거하자 15개 쟁점에 대해 법률적 해석을 내려 달라고 PCA에 호소한 것이다. 이에 대해 중국은 PCA는 영토분쟁을 판결할 권한이 없다면서 맞섰다.

필리핀의 제소에 대해 PCA는 2016년 7월 12일 마침내 판결을 내렸다. 결과는 중국이 주장해온 남중국해 영유권 주장에 근거가 없다는 것이었다. PCA의 판결 내용은 다음과 같이 요약할 수 있다(『서울신문』, 2016년 7월 12일자). 첫째, 중국이 주장하는 'U라인', 즉 '9단선'은 역사적·법적 효력이 없다고 판결했다. 이는 중국의 남중국해 영유권 주장의 대전제를 완전히 부정하는 것이라고 할 수 있다.

둘째, 남중국해의 최남단 난사군도 중에서 7곳의 암초에 인공섬을 건설했는데, 이중 4개의 암초 위에 만들어진 인공섬에 대해서는 섬도 바위도 아니라고 판결했다. PCA는 이들 4개의 인공섬을 만조 때는 사라지고 간조 때만 드러나는 '간조 노출지'라고 판단했다. 그리고 나머지 3개 인공섬은 '섬'이 아니라 '바위'라고 판단했다. 유엔해양법협약 상 간조 노출지는 영해나 배타적 경제수역, 대륙붕의 기점이 될 수 없기 때문에 점유와 건설 활동은 모두 불법이 된다. 또 섬이 아닌 바위도 영해나 배타적 경제수역의 기점이 될 수 없다.

셋째, 필리핀이 실효지배하고 있던 스카버러 암초에 대해서도 '바위'라고 판결했다. 필리핀의 PCA 제소의 발단이 된 이 암초 주변에 대해 중국은 항행을 통제하고 배타적 경제수역 제도의 권리를 내세워 필리핀의 어업행위를 차단해 왔다. 그러나 PCA는 이러한 판결을 통해 중국의 행동이 필리핀의 정당한 어업 활동에 심대한 손해를 끼쳤다면서 어업 행위의 방해를 중단해야 한다고 판단했다.

넷째, 대만이 일본으로부터 넘겨받아 1952년부터 점유하고 있는 타이핑다오(太平島)에 대해서도 섬이 아니라 바위라고 판결했다. 그동안 대만은 타이핑다오를 사람이 살 수 있는 자연섬이기 때문에 배타적 경제수역 제도에 따른 관할권이 있다고 주장해왔다.

2016년 7월 PCA의 판결은 중국의 남중국해 영유권 주장을 국제법정이 부정하는 판결이라는 점에서 중국에 타격이 클 것이며, 그로 인해 이 해역의 긴장이 고조될 것으로 전망되었다. 중국은 PCA의 판결에 앞서 자국에 불리한 판결이 나올 것을 예상하고 인민해방군에 전투준비태세를 명령했고, 이미 5일부터 둥샤군도에서 대규모 군사훈련에 들어갔다. 그리고 PCA 판결 직후 중국 외교부와 시진핑 국가주석 등은 해당 판결은 무효이고 법적 구속력도 없으며 중국은 이를 받아들이지 않을 것이라고 반발했다. 남중국해에서의 '자유항행'을 주장해 온 미국도 항공모함 2척을 남중국해 인근 필리핀 동쪽 해역에 대기시켜 놓고 사태 진전에 대비했다. PCA 판결 이후 미국은 중국을 더욱 압박할 것이고, 그에 따라 미중 양국의 갈등과 대결이 한층 심화되면서 남중국해의 군사적 긴장은 쉽게 풀리지 않을 것으로 보인다.

제3부

중국의 해양공세와 이어도 이슈

이어도
제주의 마라도에서 서남쪽으로 149km에 위치한
수중 암초로 파랑도라고도 불렸다.
2003년 정부는 이곳에 해양과학기지가 건설했다.

제6장 중국의 해양강국화 전략과 이어도

제1절 중국의 해양전략

1. 핵심이익의 확대와 해양영토분쟁

중국의 '핵심이익론'은 비교적 최근에 등장한 담론이다. 그동안에는 타이완, 신장(新疆), 티벳 등이 어떠한 상황에도 양보할 수 없는, 물리력의 사용까지 불사하고 지켜내야 할 핵심이익으로 언급되어 왔다(《環球時報》, 2010年 9月 10日). 그런데 최근 중국과 연관된 일련의 직간접적 사건들로 '핵심이익론'을 둘러싼 논란이 벌어지고 있다.

2009년 워싱턴에서 개최된 미·중 간 '전략경제대화'(Strategic and Economic Dialogue)에서 중국의 '핵심이익'으로 ① 중국의 기본 국가체제(basic systems)와 국가안보 수호, ② 국가주권과 영토보전, ③ 경제사회의 지속적인 발전 등 세 가지를 제시했다(U.S. Department of State, 2009). 그리고 2010년 남중국해 분쟁과 관련하여 중국의 외교책임자가 미국에게 중국의 핵심이익을 존중해달라고 요구한 사실이 알려지기도 했다. 이외에도 중·일 간 센카쿠/댜오위다오 분쟁, 천안함·연평도 사건 이후 미국 항공모함의 서해 진입과 관련한 중국의 강한 반발 사건들로 '핵심이익'에 관한 논란이 크게 불거졌다(Swaine, 2011).

그에 따라 중국은 2010년 12월 다이빙궈 외교담당 국무위원의 "평화발전노선 견지" 기고문과 2011년 9월 발간한『평화발전백서』등에서 중국의 핵심이익을 국가주권, 국가안보, 영토통합, 국가통일, 중국헌법이 규정한 정치제도와 사회의 안정, 경제사회의 지속가능한 발전으로 정의하였다(國務院新聞辦公室, 2011). 그러나 이러한 정의는 모호하고, 특히 중국의 필요에 의해 언제든 확대 적용이 가능하다. 더 나아가 '핵심이익'의 수호를 위해서는 무력까지 동원할 수 있을 것이라는 점에서 국제사회의 우려를 낳고 있다(이영학, 2013: 42).

사실, 모든 나라가 마찬가지지만, 중국의 주권과 관련한 문제는 이미 냉전시기부터 대외정책과 관련한 '평화공존 5항 원칙'[22]에서 가장 중요하게 다루어져 왔던 문제이다. 더욱이 중국의 핵심이익의 개념이 이미 제기된 상황에서 시진핑 체제의 도광양회[23]적 대응은 자칫 주권 및 영토보전에 대한

22 '평화공존 5항 원칙'은 인도와 중국 간 티베트 영유권 문제 해결 협상(1953. 12~1954. 4) 당시 중국 저우언라이(周恩來) 주석이 제안한 외교관계의 기조로, 영토와 주권에 대한 ① 상호 존중, ② 상호 불가침, ③ 상호 불간섭, ④ 평등과 상호 이익, ⑤ 평화 공존 등을 원칙의 주요 내용으로 한다.

23 도광양회(韜光養晦)란 '자신의 재능을 밖으로 드러내지 않고 인내하면서 기다린다'는 뜻이다.『삼국지연의』에서 유비가 조조의 식객으로 있으면서 자신의 재능을 숨기고 은밀히 힘을 기른 것에서 유래했다. 1980년대 덩샤오핑(鄧小平)은 대외적

의지의 약화로 비춰질 수 있다. 그리고 이는 주권 및 영토보전과 관련한 분쟁과 갈등의 해결과정에서 상대방의 강경대응을 유발하는 원인이 될 수 있을 뿐만 아니라 그로 인해 문제 해결이 난항에 봉착하는 결과로 이어질 수 있다(하도형, 2012: 133). 따라서 주권, 국익 등의 문제가 걸린 사안의 경우 유소작위[24]적 대응에 더 적극적일 가능성이 있다.

2012년 11월 8일 개최된 18차 당대회 정치보고의 군사국방 부문에서도 그러한 분위기를 엿볼 수 있다. '평화발전론' 기조의 지속과 강화된 '책임대국' 외교와 상반된 정책방침이 동시에 제시되었기 때문이다. "우리의 국제지위, 국가안보와 발전이익에 부합하는 강한 국방, 군대를 건설해야 함"(胡錦濤, 2012)을 새로 삽입하였고, 과거에는 외교부문에 있던 방어적 국방정책에 대한 방침을 이번 보고에서는 군사국방 부문으로 옮겨왔으며, "군비경쟁을 하지 않고, 어떠한 국가에 대해서도 군사적 위협을 가하지 않겠다"(《多維新聞網》, 2012年 11月 12日)고 하던 방침을 삭제하였다. 이러한 조치들은 중국이 군사국방 분야를 자국의 증대된 국력과 국제적 지위에 걸맞게, 외교적 고려보다는 자국의 필요에 의해 발전시킬 것이라는 의도의 반영이라고 할 수 있다.

으로 불필요한 마찰을 줄이고 내부적으로 국력을 발전시키는 것을 외교정책의 기본으로 삼았는데, 이를 '도광양회'라고 표현했다(위키백과 참조).

24 유소작위(有所作爲)란 '어떤 일에 적극적으로 개입해서 자신의 뜻을 관철시킨다'는 뜻이다. 과거 덩샤오핑은 개혁·개방을 추진하면서 도광양회를 외교정책의 기본으로 삼았지만, 이후 급속한 경제발전을 통해 국력이 축적되자 2003년부터는 세계평화를 지지하면서 대국으로 발전하겠다는 화평굴기(和平崛起)를 외교정책 기조로 삼았다. 그리고 2004년부터는 보다 적극적인 관여와 개입을 뜻하는 유소작위 전략으로 선회했다. 유소작위는 국제 관계에서 관여와 개입을 통해 중국의 역할을 강조하고, 국익을 확대하고자 하는 적극적이고 공세적인 대외정책이라고 할 수 있다(네이버 지식백과 참조).

최근에는 남중국해뿐만 아니라 전략 자원과 해양수송로도 중국의 핵심이익의 범주로 확대되고 있다. 특히 이러한 이슈들이 중국 내 민족주의 정서와 결합될 경우 분쟁 이슈로 발전할 가능성은 충분하다. 따라서 중국은 전통적 핵심이익이라고 할 수 있는 육지 영토뿐만 아니라 센카쿠/댜오위다오나 남중국해의 난샤군도 같은 도서 영유권 등과 관련된 해양영토 문제들이 불거질 경우 기존의 관행적 대응을 넘어서 훨씬 더 적극적이고 공세적으로 접근할 가능성이 있다(김양규, 2011: 3). 18차 당대회 정치보고에서도 "국가주권, 안보, 발전이익을 수호하고, 어떠한 외부의 압력에도 절대 굴복하지 않을 것"(胡錦濤, 2012)임을 천명하였고, 특히 '해양'과 관련해서는 여러 차례 강조하였다.

실제로 중국은 최근 들어 해양 문제에 높은 관심을 보이고 있다. 2010년 7월 한·미 양국이 황해에서 예고된 합동군사훈련과 ARF에서 미국의 남중국해 문제에 대한 발언에 대해 중국 정부와 언론들은 '황해의 안전'과 '남해의 주권'은 중국의 양보할 수 없는 핵심이익이라고 주장했다. 과거 중국이 대만, 티베트, 신장 등을 핵심이익이라고 주장했던 데 비해 해양영토까지 핵심이익의 범주에 포함시키고 있다. 육지 영토의 면적이 세계 3위이지만 해양영토 면적은 일본의 1/5도 안 되는 중국에게 해양영토나 해양경계획정 문제는 영토의 보전을 넘어 영토의 확장을 가능케 한다는 점에서 적극적인 대외정책의 대상이 된다.

2. 공세적 해양전략으로의 전환

중국의 해양전략이 수립되어 체계화된 것은 1980년대 이후이다. 1949년 중국 정부 수립 이후 1950년 중반까지 중국은 대륙주의 사상의 영향으로 해양전략에 대한 기본 개념도 정립하지 못했다. 1960년대 들어 해양으로부터의 위협 인식이 다소 변화되었으나, 연안방어에 초점을 둔 해양전략은 변경되지 못했다. 1970년대 들어서면서 소련 해군의 위협이 증가함에 따라 마오쩌뚱에 의해 해군력 증강계획이 승인되기도 했으나, 대륙주의를 주장하는 전통주의자들의 반대로 대형 해군건설은 무산되었다. 하지만 1970년대 후반부터 중국의 해양전략에 변화가 나타나기 시작했다. 1976년 마오쩌뚱이 사망한 이후 그동안 그를 지지했던 전통주의자들의 세력약화로 해양전략이 연안방어로부터 탈피하기 시작했던 것이다(김종두, 2002: 150).

이처럼 중국의 해양전략 형성에는 안보적 측면에서의 전략적 기조 전환과 맞물려 이루어졌다고 할 수 있다. 중국은 마오쩌둥 시대까지 광활한 국토로 적을 끌어들여 싸우는 인민전쟁전략을 채택다. 그러나 1980년대 이후 덩샤오핑의 지시로 국토 밖에서 적을 맞아 싸우는 적극방어전략으로 전환했다(이상현, 2011: 18; 조현태, 2010: 54). 그에 따라 해양 방어의 개념도 1980년대 이후부터 과거의 '연안방어'(coastal defense) 개념에서 '근해방어'(offshore defense) 개념으로 전환했다. 이러한 전환에는 개혁개방의 성과에 따른 국력신장의 영향도 컸다.

1980년대 중국 해양전략 일대 전환의 중심에는 류화칭(劉華清) 해군사령관이 있었다. 류화칭은 인민해방군 현대화계획을 추진하는데 있어서 주도적인 역할을 수행했으며, 1982년 초에는 해군의 근해방어(offshore defense) 전략을 정교화하는 데 기여했다. 그의 전략의 핵심은 도련선(島鏈線, island chains) 계획이다. 중국의 도련선 계획은 〈그림 6-1〉과 같이 제1도련선과 제2도련선으로 구분된다. 제1도련선은 쿠릴열도를 시작으로 일본에서 대만, 필리핀, 말라카 해협에 이르며, 제2도련선은 오가사와라, 괌, 사이판, 파푸아뉴기니로 연결되는 해양방어선이다. 따라서 중국의 해양전략에서 해양의 범위는 과거의 연안으로부터 제1도련선에 해당되는 근해, 그리고 제2도련선

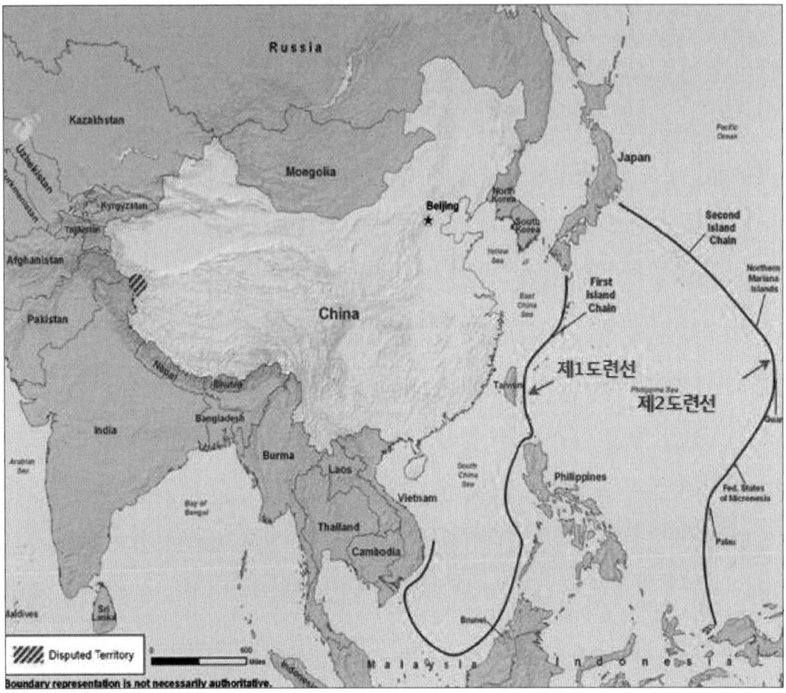

〈그림 6-1〉 중국의 제1, 2 도련선

자료: U.S. Department of Defense(2010: 23).

에 해당하는 외양으로 구분된다.

이러한 해양전략 기조에 따라 중국의 해양전략은 3단계로 구분할 수 있다(김종두, 2002; Khattak, 2011). 제1단계는 적극적 방어에 기초하여 중국 본토로부터 제1도련선 안쪽 해역에 대한 해양 통제를 강화하는 전략이다. 1980년대 중반부터 시작되어 2000년까지 추진된 제1단계는 근해 함대능력을 바탕으로 제1도련선 내의 해역에 대한 적극적인 근해방어가 주목적이다. 제2단계 해양전략 개념은 중거리 전진방어에 기초하고 있는데, 보닌 제도, 마리아나 제도, 팔라우 제도 등 제2도련선까지 해양통제권을 확보하는 것이다. 그리고 제3단계는 신형함정을 바탕으로 제2도련선 밖 해역에 대한 장거리 전진방어를 전략개념으로 채택하고 있다. 제1도련선 전략은 2000년까지 완성되었고, 제2도련선 전략도 2020년을 목표로 추진하고 있다.

〈표 6-1〉 중국 정부수립 이후 해양전략 개념의 변화

구 분	1949~1981	1982~2000	2001~2020	2020~2050
전략개념	연안방어 (coastal)	근해방어 (offshore)	지역전진방어 (regional)	원양전진방어 (blue sea)
방어범위	해안/연안	제1도련	제2도련	원양
작전범위	150nm	150-600nm	1,350-1,500nm	1,500nm이상
전략목표	people's war	area of sea control	area of sea denial	global defense

자료: Office of the Secretary of Defense(2012); Office of Naval Intelligence(2009); Cole(2010) 참조 작성.

3단계 해양전략론은 중국 해군의 현대화와 발전의 지침을 제공하고 있다. 비록 2000년까지 목표로 하고 있는 제1도련 내에서의 해양통제권은 확보하지 못하고 있지만, 해적 퇴치를 위해 아덴만(Gulf of Aden)까지 구축함을 파견한 바 있다. 뿐만 아니라 중국은 중동에서 중국 연안을 잇는 해상교통로 주변에 위치한 중요한 연안국가들과 외교적 유대 강화를 통해 이들 국가 내에 중국의 해군기지 혹은 항만시설을 건설하여 중국의 상선과 에너지 수송선 등을 보호하기 위한 진주목걸이전략(string of pearls)을 추진하고 있다(Holmes and Yoshihara, 2008: 377-378; Kaplan, 2009: 22). 이처럼 중국은 3단계 해양전략을 지속적으로 추진하고 있다.

2000년대 중반 이후부터 중국 내에서는 근해방어전략을 넘어서는 원해방어(Far Sea Defense) 전략론이 서서히 대두되기 시작했다(The Secretary of Defense, 2011: 39). 후진타오 국가주석은 2007년 제17차 중국공산당 전국대

표대회에서의 연설을 통해 "근해(近海) 종합작전능력을 향상시킴과 동시에, 서서히 원해(遠海)방 위형으로 전환하여 원해 기동작전 능력을 향상시킬 것"(防衛省 防衛研究所 編, 2012: 11 재인용)을 지시했다. 2011년에 발간된 중국의 『국방백서 2010』은 해군의 근해방어전략 임무를 재강조하면서도, 동시에 원해에서의 작전능력을 개선할 필요성을 지적했다(The Secretary of Defense, 2011: 61 재인용).[25] 중국 해군전략가들, 특히 중국 인민해방군 해군연구소 왕 샤오쉬안(Wang Xiaoxuan) 소장은 현재 중국 해군력 수준이 선진국에 비해 낙후되었으며, 전력 증강 및 작전반경 확대를 적극 추구해야 한다고 주장한다(Xiaoxuan, 2012).

이상에서처럼 중국의 해양전략은, 단기적으로는 제1도련 내의 해역에서 해양통제권을 확립하고, 중기적으로는 제2도련 내의 해역에서 해양거부권을 행사하며, 장기적으로 전 세계 해양으로 작전범위를 확대할 수 있는 대양해군의 건설을 목표로 하고 있다.

제2절 중국의 해양강국을 위한 해양공세

1. 해양강국 건설 공표

2012년 11월 8일 개최된 18차 당대회의 정치보고에서는 '해양강국 건설론'이 등장했다. 그 동안 중국 공산당은 경제건설, 정치건설, 문화건설, 사

25 미 국방성이 작성한 동 보고서는 원해방어에 대한 중국 내의 언급은 2004년부터 빈번하게 나타나고 있다고 분석했다.

회건설을 4대 국정 목표, 즉 '4위1체'로 추진해 왔다. 그런데 18차 당대회에서는 '당헌' 개정을 통해 "생태문명의 건설"을 추가함으로써 '5위1체' 이론이 만들어졌다. 여기서의 생태문명은 환경보호, 국토개발, 자원 및 에너지 이용 등이 포함된 광의의 개념이다.

18차 당대회의 정치보고는 "생태문명 건설의 힘찬 추진"을 위한 네 가지 정책을 제시했다. 첫째는 국토 공간 개발의 구도(格局)를 개선하는 것이다. 여기서는 특히 "해양 개발 능력을 제고하고 해양 경제를 발전시키며, 해양 생태환경을 보호하고, 국가해양 권익의 옹호를 견지하여 해양강국을 건설한다"는 정책을 분명히 했다. 둘째는 자원절약의 전면적인 촉진이다. 셋째는 자연생태 및 환경보호의 강화이다. 넷째는 생태문명 제도의 건설을 강화하는 것이다(조영남, 2013: 320).

여기서 주목되는 것이 바로 새로운 방침으로 제시된 "해양강국의 건설"인데, 두 가지 측면에서 중요하다. 하나는 해양강국 건설 방침이 최고 의사결정 기구인 당대회에서 공식 결정되었다는 점이고, 다른 하나는 그 내용이 외교나 국방 항목이 아니라 "생태환경의 건설" 항목에서 제기되었다는 점이다. 2009년 무렵부터 중국이 남중국해와 동중국해에서 주변국과 영해 분쟁을 겪어 왔다는 상황을 고려할 때, 이 방침의 결정은 주변국을 긴장시키기에 충분하다. 그래서 의도적으로 생태환경의 항목에서 다룬다고 평가하고 있다(조영남, 2013: 321).

중국에서 "해양강국은 해상에서의 경제 역량과 무장 역량의 총합"을 의미하기 때문에 경제 및 국방 정책과의 관련성이 더 높다. 이 때문에 외국 언론은 중국이 "해양강국의 건설"을 정책 목표로 제시했다는 점에 대해 매우 우려하는 태도를 보이고 있다. 즉 중국이 이를 제기했다는 것은, 덩샤오핑이 제기했던 '도광양회' 방침을 폐기했다는 것을 의미한다는 것이다. 특히 중국과 주변국 간의 해양 분쟁이 격화되는 상황에서 제기된 "해양강국의 건설" 제기는 이런 의심을 뒷받침한다는 것이다. 그 결과 미국과 중국의 경쟁은 향후에 더욱 격렬하게 전개될 것이고, 중국에 대한 주변 국가의 경계도 더욱 강화될 것이다(Huang, 2013).

해양강국 건설 방침을 천명한 이후, 중국은 이를 실천하기 위해 구체적인 노력을 전개하고 있다. 중국 정부는 '전국 해양 경제 발전 12차 5개년 계획(規劃)'에서, 2011~15년 기간 동안에 중국 해양을 3대 권역, 즉 북부 해양 경제권, 동부 해양 경제권, 남부 해양 경제권으로 나누어 발전시킨다는 계획을 발표했다. 또한 이 기간 동안에 분쟁 지역인 중사군도와 서사군도 지역에 관광지 및 휴양지를 개발한다는 계획도 갖고 있다(조영남, 2013: 321-322).

2. 해양공세

2010년을 전후로 중국의 대외안보 정책에 많은 변화들이 감지되고 있다. 예컨대, 중국은 남중국해 영토 문제를 둘러싼 미·중 간 갈등에서 적극적으로 의사표현을 하고 있다. 센카쿠/댜오위다오 영유권 문제를 둘러싼 중·일 갈등에서도 중국은 적극적으로 대응하고 있다. 남중국해 도서들에 대한 영유권 문제에 대응해서도 중국은 외교 행보와 군사훈련 등을 통해 한층 더 적극적인 대응에 나서고 있다. 이러한 일련의 사건들에 대한 중국의 입장과 태도는 '베이징 컨센서스'(Beijing Consensus), '공자학원'의 전 세계적 확산 등과 같이 그동안 중국의 소프트파워(soft power) 증진을 통한 대외적 이미지의 개선을 위한 꾸준한 노력들과는 일정한 차이를 보이는 현상들이다.

이러한 최근 중국의 행보에서 주목되는 것은 해양 관련 이슈들에 적극적으로 대응하고 있다는 점이다. 2012년 9월 일본의 '센카쿠 열도 국유화'[25] 조치로 촉발된 센카쿠/댜오위다오 분쟁은 양국의 영토주권과 국가이익뿐만 아니라 대외적인 국가 위신이 걸린 문제로 진화하면서 한 치의 양보도 없는 대결일로를 갔다. 물대포 공방을 넘어 전투기 대치나 공격용 레이더 조준 등으로 군사적 충돌도 불사하겠다는 의지를 공공연히 보여주기도 했다.

그리고 이 분쟁이 지속되는 가운데 중국은 2013년 11월 동중국해 상공에 '방공식별구역'(Air Defense Identification Zone: ADIZ)을 전격 선포하면서 해양과학기지가 건설된 이어도 해역에 긴장이 고조되기도 했다. 중국은 2014년 5월 남중국해 파라셀군도(시샤군도) 해역에서도 석유 시추 문제로 베트남과 물대포 공방에 이어 전투기를 출격시키는 등 적극적인 무력 대응에 나서고 있다.

중국은 센카쿠/댜오위다오을 비롯하여 해양영토분쟁에 적극적인 대응조치에 나서도록 한 데는 세 가지 요인을 지적할 수 있다. 즉 ① 댜오위다오가 중국의 핵심이익으로 부상했다는 점, ② 중국 내에서 고조되는 민족주의 정서가 당면하고 있는 해양영토분쟁에 적극적으로 대응하도록 하는 압박 요인으로 작용하고 있다는 점, ② 배타적 경제수역의 한계 결정과 대륙붕 문제 등과 같은 해양영토 문제가 중국 내에서 중요한 이슈로 부상하고 있다는 점 등이 제기되고 있다(꾸이 용타오, 2012: 179-182).

사실, 동아시아 해양분쟁을 야기하는 요인들 중에서도 중국의 부상이 갖는 의미는 지대하다. 지리경제학적(geo-economic) 측면에서 해양은 전 세계 연안국가들의 공통적인 관심 대상이며, 그로 인한 경쟁과 갈등의 격화는 자연스러운 귀결이다. 동아시아의 경우에도 해양자원, 해양수송로의 중

---

26 센카쿠 열도 국유화란 일본 도쿄도(東京都)의 센카쿠 열도 매입 계획에 따라 2012년 9월 11일 사유지였던 센카쿠 제도의 5개 섬 가운데 3개 섬, 즉 우오쓰리 섬(魚釣島), 기타코 섬(北小島), 미나미코 섬(南小島)을 일본 정부가 매입하여 국유화한 사실을 말한다. 이에 대한 보다 상세한 내용은 제5장 제2절을 참조할 것.

요성에 비추어 동·남중국해에서 영유권 및 관할권을 둘러싼 갈등이 발생하는 것 역시 마찬가지로 자연스러운 현상이다.

그러나 전략 지정학적(geo-strategic) 측면에서 보면 문제는 달라진다. 1945년 이래 미국은 동아시아 내 해군력 우위를 토대로 지역 내 해양분쟁을 관리해왔다. 그런데 최근 중국이 해군력 증강 및 반접근/지역거부(anti-access/area denial) 전략으로 미국 해군력의 절대적 우위에 도전하게 되면서 지역 내 해양분쟁이 재점화되는 계기를 제공하고 있다(Berger, 2012). 미국과의 동아시아 해양패권을 놓고 힘겨루기에 들어간 것이다.

또 다른 한편, 떠오르는 지역 패권을 추구하고 있는 중국은 동아시아 해양분쟁의 중심에 서 있는 국가이다. 중국은 '고유영토설'에 입각하여 실지회복주의적 야망을 불태우고 있는 것으로 평가된다. 그에 따라 중국은 남중국해 대부분이 포함된 U자형의 '9단선'에 대한 영유권을 주장해왔고, 동중국해에서도 일본의 실효적 지배하에 있는 센카쿠/댜오위다오의 영유권을 부인하면서 갈등하고 있다(구민교, 2011; Hong, 2013).

중국은 경제적 측면에서도 공세적 해양정책의 필요성이 큰 것으로 보인다. 동·남중국해의 해양자원이 중국경제에 갖는 중요성은 차치하고라도, 1993년부터 원유 순수입국이 되면서 에너지와 원자재의 원활한 수송을 위한 해양수송로의 안전을 확보하는 것이 경제발전의 지속을 위한 중요한 이슈로 등장했다. 이것이 중국이 직면하고 있는 동·남중국해 해양분쟁의 주요 원인이 되고 있다(이지용, 2014).

3. 일대일로 전략과 해양강국화 추진

중국의 대외정책 변화는 시진핑 정부의 출범으로 공세적 성향을 보이기 시작했다. 공세적 성향의 특징은 중국의 기존 세계 정치경제 질서에 대한 도전이며, 이는 경제뿐만 아니라 안보 영역에서까지 전방위적으로 전개되고 있다는 점이다. 시진핑은 2014년 아시아교류 및 신뢰구축회의(CICA)에서 '아시아 신안보 개념'을 제시했는데,[27] 이는 기존 안보질서에 대한 도전 양상을 보여주는 대표적 사례라고 할 수 있다.

시진핑은 이 개념의 제시를 통해 아시아에 새로운 안보 아키텍쳐가 구축될 필요가 있다는 점을 역설했다. 특히 아시아의 안보는 바로 아시아 국가들이 주체가 되어 해결해 나가야 한다는 점을 강조했다. 이러한 시진핑의 주장은, 한편으로는 아시아 지역 안보에 미국이 더 이상 개입해서는 안 된다는 의미이고, 다른 한편으로는 국제경제질서에 대한 중국의 야심찬 도전이 시작되었음을 의미한다.

시진핑의 야심찬 도전은 통상과 금융 두 영역에서 나타나고 있다. 중국은 '아시아·태평양 자유무역지대(FTAAP)' 추진을 통해 새로운 통상질서를 수립하려 하고 있다. 미국이 주도적으로 추진하고 있는 '환태평양자유무역지대(TPP)'에 대응하는 자유무역협정이다. TPP가 높은 수준의 개방도를 특징으로 하는 반면, FTAAP는 상대적으로 낮은 수준의 개방도를 제시함으로써 전면적인 개방으로 나설 수 없는 중국경제의 특성을 반영하고 있다. 금융에서는 국제다축통화 필요성을 주장하면서 위안화 국제화를 추진하고 있다. 또 유사한 맥락에서 세계은행(World Bank)과 국제통화기금(IMF)의 개혁을 요구하면서 동시에 지역 수준의 대안적 다자개발은행을 설립하고 있다. BRICS 국가들을 중심으로 추진하고 있는 신개발은행(NDB)과 아시아인프라투자은행(AIIB)이 대표적인 예이다.

27 "習近平在亞信峰會上的主旨講話," http://china.org.cn/chinese/2014-06/03/content_32561159.htm (검색일: 2014년 8월 26일).

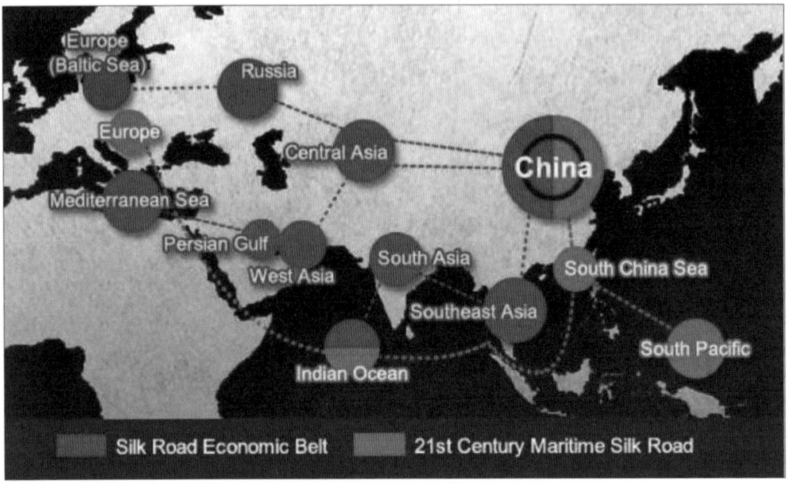

〈그림 6-2〉 중국의 일대일로 전략 구상도

자료: Global Times

그리고 이와 같은 외교안보, 통상, 개발, 금융 등을 포괄하는 종합 발전 전략을 중국은 〈그림 6-2〉와 같이 '일대일로(一帶一路)' 신실크로드 전략으로 명명하고 있다. 일대(一帶)란 중국과 아시아, 유럽을 연결하는 실크로드 경제권을, 일로(一路)란 중국에서 출발해서 동·서남아시아를 거쳐 유럽과 아프리카로 이어지는 바닷길을 뜻한다.

'일대일로' 전략은 시진핑 정부가 추진하는 국가발전전략이면서 대외전략이다. 이는 현재 중국이 대내적으로 당면하고 있는 정치경제적 어려움을 타개하고, 대외적으로는 경제적 측면에서 유라시아 경제통합을 추구하고자 수립된 전략이다. 지역적 경제통합을 통해 이익 공유와 정치적 이해 결속을 추구하고, 더 나아가 '운명공동체'로까지 발전시켜 나가겠다는 전략이다. 결국 이 전략은 넓게는 유라시아, 좁게는 아시아에서 중국 중심의 정치경제질서의 토대를 구축하고 여기서 중국이 영향력을 발휘할 수 있도록 하려는 의지를 담고 있다. 적어도 아시아에서는 아시아 국가들이 나름의 대안적 지역질서를 재구성할 필요가 있다는 입장을 견지하고 있으며, 바로 그 중심에 중국이 위치하려는 것이 중국의 의도이다.

일대일로 전략에서 특히 주목해야 할 것은 중국이 대륙·해양국가로서 자신의 정체성을 새롭게 다져나가는 가운데 해양을 일대일로 전략의 한 축으로 삼는다는 점이다. '해상' 실크로드 구축이 바로 그것이다. 중국 푸저우(福州)를 기점으로 홍콩, 베트남, 태국, 싱가포르를 거쳐 인도양으로 진출해, 아프리카와 호루무즈 해협을 거쳐 남유럽을 통해 유럽까지 연결하는 신실크로드 인프라를 구축하겠다는 것이다.

이 전략에서 구축하려는 인프라가 단지 항만과 같은 인프라 건설에 국한되지 않는다는 점에 주목해야 한다. 당연히 항만 인프라가 건설되어 거점 역할을 하지만, 여기에 덧붙여 거점 항만을 중심으로 한 산업지대 구축과 이를 경제자유무역지대로 개발해 나간다는 것이다. 그리고 이러한 자유무역 산업지대를 경제회랑으로 연결하고 자유무역협정을 체결함으로써 제도의 고속도로까지 뚫겠다는 전략이다. 요컨대, 이 '해상' 실크로드 전략은 하나의 통합된 경제지대를 구축하는 것을 장기목표로 설정하고 있다.

중국은 이러한 전략 실현을 위해 외교 전략의 틀도 마련해 놓고 있다. 사실상 이러한 전략의 실현을 위해서는 실크로드의 길목에 위치한 국가들과 외교관계를 강화해야 한다. 자유무역협정 체결과 경제적 통합을 향해 나아가기 위해서 외교관계의 강화는 필수적이기 때문이다. 그리고 이와 병행하여 중국은 동중국해, 남중국해, 그리고 말라카 해협과 인도양에서 해양안보의 강화를 추구하고 있다. 외교적 우호적 관계를 넘어서 해상물류 이동의 안전성을 확고히 하기 위해서는 안보역량이 필수적이다. 갈수록 치열해지는 미·중 간 해양경쟁을 염두에 둘 때, 중국은 해양에서의 국익 보호를 위해 해군력 증강에 나서지 않을 수 없을 것이다. 그리고 중국의 해군력 증

〈그림 6-3〉 중국의 국방백서: 中國的軍事戰略

강은, 앞서 언급했듯이, 적극적 해상방어 전략인 도련(島鍊) 전략으로 구체화되어 추진되어 오고 있다.

2015년『中國的軍事戰略』, 즉『중국의 군사전략』이라는 제목으로 발간된 중국의 국방백서는 이런 측면에서 그 의미와 파장이 적지 않다. 서문을 제외하고 총 6장으로 구성된 2015년 중국 국방백서에서 눈에 띄는 것은 중국의 적극방어 개념이 능동적이고 공세적 개념으로, 그리고 해양방어 개념이 연해방어에서 공해보호로까지 확대되었다는 점이다. 또 미국을 겨냥해 반접근/지역거부(A2/AD) 능력을 확실시하겠다는 점도 두드러진다. 결국 국방백서를 통해 중국은 군사방어 개념에 있어서 더 이상 대륙과 연안방어에 머무르지 않고 동중국해와 남중국해를 포함해 해양과 해외에서 자국의 이익을 스스로 보호할 수 있는 능력을 확고히 하겠다는 의지를 분명히 하고 있는 것이다.

이런 맥락에서 중국의 도련 전략은 의미심장하다. 중국은 미·일의 반발과 대응과는 별도로 스스로 설정하고 있는 해양강국화로 나아가는 전략을 꾸준히 추진할 것이다. 그리고 그에 필적하는 해군력도 지속적으로 증강할 것으로 전망할 수 있다. 미·일과 중국의 갈등은 따라서 불가피할 것이고, 향후 동아시아 해양안보의 불안정성이 지속될 가능성이 높다.

제3절 중국의 해양 민족주의

1. 중국의 해양 민족주의

중국은 개혁·개방 이후 국가정체성의 확립을 위해 국가 주도적으로 '애국주의'를 내세우며 민족주의 동원을 중시하기 시작했다. 이 때 중국의 민족주의는 주요한 외교적 문제에 감정적으로 대처하는 공세적(assertive) 성격이 강했고, 그 형태도 주로 시위였다. 예컨대, 1999년 나토군의 유고 주재 중국 대사관 오폭에 대한 반미시위, 2000년 말에서 2001년 초 일본 역사교과서 문제로 인한 반일시위, 2001년 4월 미국 정찰기와 중국 전투기의 충돌로 인한 반미시위, 2005년 일본의 유엔 안보리 진출 문제 및 역사교과서 왜곡 문제로 인한 반일시위, 2008년 베이징 올림픽 성화 봉송 과정에서의 민족주의 표출, 그리고 2010년 이후 최근까지 지속되고 있는 일본과의 센카쿠 열도/댜오위다오 분쟁 등이다.

이처럼 중국에서 민족주의 문제는 1990년대 이후 지속되어 왔고 시진핑 주석의 취임을 계기로 민족주의는 공식적인 정부 언술처럼 간주되기 시작했다. 2012년 시진핑 주석은 취임사에서 "중화민족의 위대한 부흥"을 언급하면서, 중화민족주의를 통해 국가적 단결을 강조했다.

사실, 중국이 '민족'이나 '민족주의'에 대해서는 그동안 민감하게 반응

했으며, 그에 대응하는 개념으로 '애국'이나 '애국주의'를 주로 사용해 왔다(김동성, 2009; 이남주·배기찬, 2009). 그에 비해 시진핑 주석은 '중화민족'이라는 용어를 취임사에서 거침없이 사용했다. 중화민족이란 한족(漢族)뿐만 아니라 중국 내의 55개 소수민족을 모두 포괄하는 용어로 승화시켜 적극적으로 사용하고 있는 것이다(이동률, 2011/2012: 46). 따라서 중국은 중화민족주의를 통한 국가적 단결과 함께 해양영토분쟁에도 적극적으로 대응하고자 하는 의지가 분명한 것으로 파악된다.

해양영토 문제의 경우는 국가의 경제적 이익과 영토 주권은 물론이고 군사안보 및 해양전략 등이 상호 연관된 문제이기 때문에 쉽게 민족주의에 동기 부여되어 갈등이 고조될 수 있다. 영토 문제와 결합되는 민족주의는 다른 어떤 형태의 민족주의보다도 더 큰 폭발력을 보인다. 경제적 또는 정치적 이익과 관련된 영토분쟁은 타협의 여지가 없지 않은데 반해, 민족주의와 결합된 영토분쟁은 국가 차원에서 통제하기 쉽지 않은 국민감정의 개입으로 인해 타협이 어렵다(최운도·배진수, 2011: 9). 특히 민족주의의 한 요소로서 역사적 적대감(historic animosity)은 분쟁을 증폭시키는 촉매 역할을 할 수 있다.[28]

많은 연구들도 영토분쟁과 민족주의의 결합을 지적하고 있다. 자원개발의 문제라든가 정치적 이익과 관련된 영토분쟁은 타협의 여지가 없지 않다. 이익의 배분을 통해 타협할 수 있기 때문이다. 그러나 민족주의가 개입된 영토분쟁은 타협이 난망해지게 된다. "민족주의는 이익의 문제를 원칙의

28 42개 사례를 대상으로 영토분쟁에 영향을 미치는 정도를 계층분석법(Analytic Hierarchy Process: AHP)으로 분석한 드주렉(Daniel J. Dzurek)에 따르면, 중국이 개입된 분쟁 사례들은 거의 대부분 역사적 적대감이 영향을 미쳤으며, 그 때문에 분쟁 수준도 높게 나타났다(Dzurek, 1999-2000).

문제로 전환시키고, 사람들은 원칙에 대해서는 타협하지 않을"(최운도·배진수, 2011: 9) 뿐만 아니라 국민감정까지 개입됨으로써 심각한 문제를 야기한다.

영유권이나 관할권을 둘러싼 해양분쟁에서 민족주의는 변수(variable)가 아니라 상수(constant)라고 할 만큼 분쟁 당사자 간의 갈등을 고조시키는 핵심적 영향 요인이 되고 있다. 민족주의의 추동력이라고 할 수 있는 일반 시민의 인터넷과 소셜 미디어(social media) 사용의 증가로 국민적 동원과 단체행동이 과거보다 훨씬 더 수월해지게 되었다(Castells, 2009). 또 민족주의적 대결과 공방이 기존의 시위 중심에서 인터넷을 통한 담론 경쟁과 자극적 언술의 대결로 나아가게 되면서 국가 간 외교관계에까지 영향을 미칠 만큼 큰 파급력을 보이고 있다(Wu, 2007).

해양영토 문제에 대한 중국의 민족주의적 대응에 대한 우려는 중국의 해양인식과 담론의 강화 및 해양강국 추진과 맞물려 제기되고 있다. 제8차(1956년) 중국공산당 전국대표대회(이하 당대회)에서 제18차 당대회(2013년)까지의 『보고』(報告)를 분석한 연구에 따르면, 중국의 해양인식 및 담론은 지속적으로 진화해 왔으며, 특히 2000년대 이후 중국의 해양인식은 점차 강화되기 시작했다. 이 연구는 중국의 해양강국 추진이 민족주의에서 비롯되는데, 그 흐름은 당 총서기가 발표하는 약 10여 차례의 『보고』를 통해 확인할 수 있다고 지적한다(이지용, 2014: 95-97). 로스(Robert Ross)는 이처럼 민족주의에 동기 부여된 해양강국 추진을 해양 민족주의(naval nationalism)로 개념화한다(Ross, 2009).

결국 동·남중국해가 위치하고 있는 동아시아 해양은 중국의 부상, 특히 해양패권 제패를 위한 전략의 수준이 강화될수록, 즉 해양 민족주의가 더욱 강하게 발흥할수록 해양영토분쟁에 휩싸일 가능성도 높아질 것으로 보인다. 그 범주 내에 이어도 문제가 놓여 있다. 따라서 중국의 해양 문제에 대한 공세적 인식이 강화될수록, 그리고 중국 내에서 해양영토와 민족주의 정서가 결합되는 빈도와 강도가 높아질수록, 한·중 간에 미해결 과제로 남아 있는 이어도 이슈가 부각되지 않을 수 없고, 나아가 이어도 이슈의 분쟁화 가능성도 점점 더 고조될 것이다.

2. 적극적 대응의 필요성

현대 중국의 민족주의는 1990년대 애국주의로 시작된 이래 관제 동원된 국가주도 민족주의만이 아니라 자발적인 대중적 민족주의도 병존하고 있다. 공자학원의 세계적 전파와 같이 중국의 역사와 문화와 전통의 위대성을 과시하는 문화민족주의도 전파되고 있다. 5억 명이 넘는 인터넷 인구의 잠재력을 이용한 사이버민족주의도 무시하지 못할 현상으로 대두되고 있다.

더욱 주목해야 할 문제는 중국의 민족주의가 대외관계용으로의 활용된다는 점일 것이다. 1999년 나토군의 유고 주재 중국 대사관 폭격(오폭)에 따른 반미시위, 2000년 후반에서 2001년 초반 일본의 역사교과서 문제로 인한 반일 민족주의, 2001년 4월 미국 정찰기와 중국 전투기의 충돌에 따른 반미 민족주의, 2005년 일본의 유엔 안보리 진출 문제 및 역사교과서 왜곡 문제로 인한 반일시위, 2008년 3월 베이징 올림픽 성화봉송 과정에서의 민족주의 표출, 2010년 이후 일본과의 센카쿠 열도/댜오위다오 분쟁의 격화로 인한 민족주의 표출 등에서 보듯이, 1990년대 말 이후 대외 갈등이나 영토분쟁은 중국 내 민족주의 시위와 짝을 이루어 전개되고 있다.[29]

이러한 중국의 민족주의 시위도 중국의 부상과 함께 진화하고 있다. 대체로 2000년대 중반까지만 해도 민족주의 시위가 발생하면 공세적 외교 위치를 확보하기 위한 차원에서 초기에는 정부가 방관하다가 소기의 목적을 달성한 뒤에는 시위를 해산·저지하는 패턴을 보였다. 이른바 '초기 방관-후기 개입' 패턴이 그것이다(이우준, 2006: 4; 이남주·배기찬, 2009: 421; 한석희, 2010: 95).

2000년대 중반 이후 들어서는 '평화적 발전'(和平發展)이나 '조화세계'(和諧世界) 등을 내걸며 눈치 보던 기존의 민족주의에서 훨씬 더 대담하고 공세적인 민족주의로 진화하는 양상을 보이고 있다. 그 단초가 바로 2000년대 들어 '중화민족의 위대한 부흥(中華民族的偉大復興)'을 기치로 내세우면서 '민족'과 '중화민족'을 공개적으로 언급하기 시작했다는 데 있다.[30] 이는 정부 차원에서 중화민족주의를 대내외에 공식 표명하고 고취하기 시작했음을 보여주는 것이다. 시진핑이 취임사에서 "중화민족의 위대한 부흥"을 언급한 것도 중화민족주의의 적극적인 대외적 표명으로 해석될 수 있다.

앞서와 같이 중국 언론들을 통해 제기된 이어도에 관한 문제와 우리 정부에 대한 비난들을 살펴보건대, 이어도 문제에 대한 중국의 민족주의적 접근에 대한 적극적 대응이 점점 더 절실해지고 있다. 중국 정부 및 주요 관료, 그리고 민간단체가 공식·비공식적으로 이어도의 관할권에 대해 표명한 입장들은 다양하다.

---

29 중국의 민족주의와 영토분쟁에 대한 종합적인 연구로는 고충석·강병철(2013)을 참조.

30 1997년 제 15차 당대회에서 처음 공산당의 공식문건에 '중화민족의 부흥'이 동장한 이래로 장쩌민은 2001년 공산당 창당 80주년 창당 기념식 연설에서 '민족'과 '중화민족'이라는 단어를 각각 33회, 10회나 반복했다. 그리고 2002년 11월 제16차 당대회에서도 장쩌민은 "중화민족의 위대한 부흥"으로 보고의 서두와 말미를 장식하면서 9차례나 반복했다. 후진타오 체제 하의 2007년 10월 제17차 당대회에서도 유사한 경향을 보였다(이동률, 2011/2012: 44).

이러한 주장들에는 유엔해양법협약(UNCLOS)을 근거로 비교적 온건한 시각에서 이어도에 대한 한국 정부의 입장에 대해 문제를 제기하고 이어도 과학기지 활동에 대해 항의하는 시각이 있는가 하면, 동북아 지역에서 발생하는 여느 영토갈등들과 마찬가지로 민족주의적 정서를 동원한 감정적 주장이나 극단적인 도발도 만만치 않게 나타나고 있다. 예컨대, 특히 근거가 부족한 역사적 논리를 동원하여 예로부터 중국이 이어도를 관할했다는 주장이나 이어도 과학기지 건설을 중국의 영토주권 침범이라는 강변이 그것이다. 이외에 최근에 나타난 새로운 문제로 이어도와 관련된 중국 홍가(紅歌)가 400만 네티즌들의 지지 하에 최우수 홍가로 선정되었다는 점도 간과되어서는 안 될 것이다(고충석·강병철, 2012: 32).

다음은 그 홍가의 내용이다.

蘇岩礁乃延伸的華夏　수옌쟈오(이어도)가 뻗어나간 화하(중화문명)

赤尾嶼有夢牽挂　적미서(센카쿠 열도의 다이쇼지마大正島)에 꿈이 걸려있고

經緯如弦宛若琵琶　경도선과 위도선이 비파 현 같구나

彈奏壹曲牽手天涯　한곡을 연주함이 하늘가에 손을 잡고

釣魚島上開滿了山茶　댜오위다오(센카쿠 열도)에 동백이 가득 피었네

朵朵奇葩是西沙　송이송이 아름다운 꽃들이 서사(시샤군도)에 피고

早有園丁呵護著它　일찍이 정원사가 가호하였으니

秦漢唐宋世代傳下　진한당송 길이길이 전해 내려왔다

無限蔚藍點點帆　끝없는 쪽빛바다의 점점이 배들

椰樹搖曳貝如花瓣滿沙灘　야자나무가 하늘거리고 조개는 꽃잎이 모래톱에 가득 핀 듯 하다

萬千歲月桑田　기나긴 세월이 흘러도

中國海美麗不變　중국해의 아름다움은 변하지 않는다

億萬炎黃皆是岸　억만 염황*이 모두 바다이니

滔滔江河融滙四海誰能斷	세차게 굽이쳐 흐르는 강물이 사해와 섞이는 것을 누가 막겠는가
多遠都不遙遠	멀긴 멀어도 까마득하진 않구나
中國海血脈相連	중국해의 맥은 서로 연결되어 있으니

* 염황(炎黃): 중화민족의 선조로 여겨지는 염제 신농씨와 황제 헌원씨

요컨대, 해양영토분쟁은 항상 객관적인 사료와 근거 및 국제법을 기초로 합리적인 협상과 타협에 의해 합의에 도달하는 것은 아니다. 영토분쟁은 국내외의 다양한 요인들과 결부되어 가시화되기도 하고 잠재화되기도 한다. 영토분쟁은 영토 획득 그 자체도 중요하지만 경우에 따라서는 국내의 민족주의적 흐름에 편승하는 경우도 종종 있다. 따라서 이어도 문제에 대한 중국의 논리적 근거와 주장에 대한 보다 객관적이고 합리적인 대응태세의 확립과 함께, 민족주의적 동원 전략에 기반한 중국의 이어도 분쟁 가능성을 염두에 둔 대응전략 마련이 필요하다.

사실, 그동안의 이어도 문제에 대한 한국의 대응방안은 대부분 법리적 측면에서 유엔해양법협약에 대한 해석과 새로운 논리와 주장의 발굴에 집중되어 왔다. 예를 들면, 이어도 문제가 국제분쟁화 할 경우에 대비한 국제법적 대비, 다른 국가들의 영토분쟁 관련 국제법적 사례 분석, 중국 영토분쟁의 역사적 기원과 진행과정 소개, 한·중 양국의 이어도 관련 역사적 권원 증거 수집 등에 치중되어 왔다. 이러한 연구는 국가적으로 중요한 작업이고 계속 관심을 가지고 진행되어야 하는 분야임에 틀림없다. 그리고 이러한 연구들은 이어도에 대한 한국의 관할권을 주장하기 위한 역사적·법리적인 근거와 논리가 될 수 있다는 점에서 앞으로도 지속적으로 수행되어야 할 필요가 있다.

그러나 유엔해양법협약과 국제해양법재판소 같은 국제규범과 사법기관의 존재에도 불구하고 영토분쟁에서는 종종 국민정서와 힘의 논리가 관철되어 온 것이 사실이다. 이런 점에서 보면 국제법적 접근만으로 중국과의 이어도 분쟁에 대비하는 것만으로는 미흡하다. 민족주의에 동기 부여된 중국 민간단체가 이어도종합해양과학기지에 상륙하여 시위하거나 고의적으로 충돌을 일으키는 예기치 못한 상황까지도 염두에 두어야 한다. 특히 최근의 센카쿠/댜오위다오 분쟁에서 보듯이, 중화민족주의의 대외적 발현으로 공세적인 해양영토분쟁이 지속·강화될 경우에는 중국과 군사적 대결이라는 극한 상황에 직면할 수 있음도 간과해서는 안 될 것이다.

이어도는 센카쿠/댜오위다오 분쟁에 이은 중국의 다음 대상이 될지도 모른다. 이 때 중국 민족주의는 이어도에 대한 중국의 야욕을 파악할 수 있는 척도라고 할 것이다. 물론 이어도 분쟁의 신호탄은 중국 정부의 공식적인 이어도 관할권 주장이 될 것이다. 그러나 중국 정부의 주장이 공세적 행동으로 연결될 것인지를 예측, 판단할 수 있는 척도는 '점거', '강탈', '영토잠식'과 같은 중국 관영언론의 이어도에 대한 자극적인 민족주의적 보도가 될 것이다. 우리가 한층 대담하고 공세적으로 진화하는 중국 민족주의에 주목하지 않을 수 없는 이유가 여기에 있는 것이다.

제7장 한·중 입장과 이어도 분쟁의 가능성

제1절 이어도와 한·중 관계

1. 해양과 이어도에 대한 중국의 관심

중국은 960만 ㎢의 광대한 영토를 가진 '대륙국가'이면서도 동쪽과 남쪽으로 약 18,000㎞의 긴 해안선을 가지고 있는 '연안국가'이다. 발해, 황해, 동해, 남해로 둘러싸여 있는 해역에는 5,000여 개의 섬들이 흩어져 있다. 지도상으로 보면 중국 대륙과 연접한 동중국해와 남중국해는 중국의 앞마당이라고 해도 과언이 아니다. 그리고 그 바다에는 해양자원이 풍부하기 때문에 해양개발의 필요성이 높아지고 있다. 실제로 중국의 해양에는 해양생물과 석유 천연가스, 고체광산, 재생 가능 에너지 등의 자원이 풍부하고 개발 잠재력이 매우 큰 것으로 알려져 있다.

중국이 13억이 넘는 국민을 부양하고 경제발전전략을 성공적으로 수행하기 위해서는 해양자원을 적극적으로 개발해야 한다. 그에 따라 식량 문제와 에너지 수요 증가뿐만 아니라 해양자원 개발 확대에 따른 영유권의 확대, 긴 해안선을 접한 영해 보호, 막대한 물량의 해양수송로 보호의 필요성도 점증하고 있다(Dowing, 1998: 2).

그동안 중국의 대외개방과 경제성장이 급속하게 진전되는 과정에서 해양권익이 중국의 국가전략에서 차지하는 비중이 크게 제고되었다. 중국의 경제발전전략은 연안지역에 대한 외국의 투자유치 및 대외무역의 증대를 통해 경제를 활성화하는 발전전략이다. 그에 따라 연안지역 및 해상교통로의 중요성이 크게 부각되었다. 특히 영해의 보호, 연안지역의 보호, 해상수송로의 보호 등과 같은 해양권익을 수호해야 할 필요성이 제고되어 왔다. 중국의 30개 성급 행정구역 중 9개의 성과 3개의 직할시(북경, 천진, 상해)가 모두 연안 지역에 위치해 있으며 이 지역들은 중국 경제활동의 중심을 이루고 있다.

경제특구 및 개방 도시의 확산으로 인해 연안지역은 중국 경제발전에 중추적인 역할을 하고 있다. 연안지역은 중국 GNP의 70% 이상을 산출하고 있으며, 경제특구가 집중되어 있는 광동성의 경우 연평균 20~30%의 초고속 성장을 지속해 왔다. 대외개방정책이 실시된 1978년부터 2007년까지 30여 년에 이르는 기간 동안 중국은 연평균 9%대의 고도성장을 이루어 왔다. 이러한 중국의 고도성장은 대외무역을 중심으로 이루어 졌다. 즉 중국 대외무역의 90% 이상이 해로를 통해 이루어져 왔다.

이처럼 중국은 연안지역 도시들을 중심으로 해양과 연계한 경제발전전략을 통해 신흥대국으로 성장을 지속해왔다. 그리고 오늘날에는 미국과 경제력을 견주는 'G2'로 발돋움했다. 이 과정에서 중국은 급속한 경제발전의 속도에 비례하여 에너지원에 대한 수요도 지속적으로 상승하고 있다. 따라서 해양개발이나 해저탐사 등을 통한 에너지자원 확보와 안정적인 에너지 수입을 위한 해상수송로의 안전은 중국 에너지 안보, 나아가 중국 경제의 지속적 성장을 위한 중추라고 할 수 있다.

중국이 일본과 센카쿠/댜오위다오의 영유권을 놓고 일촉즉발의 군사적 대결 상태에까지 이를 만큼 적극적인 분쟁화를 시도하는 것도 해양에 대한 중국의 강화된 관심의 반영이라고 할 수 있다. 남중국해에서 동남아시아 국가들과 분쟁하는 도서 영유권이나 해양 관할권 분쟁도 마찬가지이다. 한국과 중국 간의 해양경계획정 이슈로 남아 있는 이어도 이슈 역시 같은 맥락으로 볼 수 있다.

중국은 이어도 주변 해역에 대해 중요한 이해관계를 갖고 있는 것으로 보인다. 그것은 바로 대륙붕 자원, 특히 석유나 천연가스와 같은 에너지 문제와 관련된 경제적 이해관계이다. 중국에게 이어도 주변수역은 에너지 등 해저 광물자원의 보고로 간주된다. 에너지 자원은 중국의 지속 가능한 경제성장의 토대이다.

중국의 지속성장을 통한 강대국화를 위해서 에너지의 안정적 공급은 절대적인 필요조건이다. 중국의 에너지 확보는 대외 수입도 한 방법이지만 자체 개발도 주요한 방법이 될 수 있다. 중국 국내 유전의 대부분은 1960~70년대에 발견된 것으로 모두 성숙기의 유전이다. 즉 40~50년 전에 발견되고 개발된 대규모 유전들이 이미 대부분 고갈상태에 접어들고 있는 것이다. 따라서 중국의 국내 원유생산량은 점점 감소하여 규모가 큰 유전부터 점차 고갈이 예상되고 있다.

중국은 석유 자원을 적극적으로 개발하기 위해 해양으로 눈을 돌려야 할 상황이다. 그런데 이를 위해서는 우선 대륙붕에 대한 해양관할권 확보가 기본적인 전제가 된다. 이런 의미에서 동중국해 대륙붕 중앙에 위치한 이어도 문제의 경제적인 중요성을 파악할 수 있으며, 따라서 이어도 주변

수역에 매장되어 있는 에너지 자원의 확보를 위해 한국과의 이어도 관할권 확보 경쟁은 불가피하다.

한편, 이어도가 위치한 해역은 중국의 제1도련선 범위에 포함된다. 이 자체만으로도 중국에게 이어도는 '핵심이익'의 범주에 포함된다고 할 수 있다. 그러나 여기에 해저 석유의 개발이나 해외 원유 도입을 위한 해상수송로의 확보 차원에서도 주변 해역에 대한 해양 통제권 유지가 필요한 상황이다. 뿐만 아니라 동중국해 해역은 전반적으로 대륙붕으로 구성되어 있고 해양의 수심이 얕기 때문에 특별히 이어도 인근 해역을 거치지 않고는 칭따오(青島)에 있는 중국 북해 함대와 상하이에 있는 중국 동해 함대가 태평양으로 진출할 해상 통로가 마땅치 않다. 중국에게는 그만큼 이어도의 군사 전략적 중요성이 크다는 것을 의미한다.

2. 한·중 관계의 맥락과 이어도

1992년 수교 이후 한·중 관계는 그 어떤 국가와의 외교관계보다도 질과 양 모든 측면에서 급속히 발전해 왔다. 경제와 사회문화 차원에서 한·중 간 교류·협력은 폭발적으로 발전해 왔다.

중국은 2004년부터 한국 최대의 무역 파트너가 됐으며 한국 수출의 30% 이상은 중국(홍콩 포함)이 차지하고 있다. 한·중 교역액은 1992년 당시 64억 달러에 불과했으나 2011년 2,206억 달러로 35배 증가했다. 2011년 수출액은 1,342억 달러이고 수입액은 864억 달러로 1992년에 비해 각각 51배와 23배 증가했다. 1992~2011년 한국의 연평균 대중 수출증가율은 23%였으며 같은 기간 세계 증가율(11%)에 비해 두 배 이상 높은 수치이다(최필수 외, 2012: 3-4). 한국에게 중국은 제1의 교역 대상국이 되었다(기획재정부,

2012).

양국 간 인적교류도 비약적으로 증가했다. 재중(在中) 한국 유학생은 2001년 16,372명에서 2010년 64,232명으로 약 4배, 그리고 재한(在韓) 중국 유학생은 2001년 5,607명에서 2010년 57,783명으로 10배 이상 증가했다. 국내 외국인 유학생 중 중국인의 비중은 68.9%에 이르고 있다. 중국은 우리 국민들이 가장 많이 방문하는 국가이며, 가장 많은 한국 학생들이 유학하고 있는 국가이다(《중앙일보》, 2011년 4월 29일자).

정치·외교적 차원의 교류에서도 예외가 아니다. 한국에서는 노태우·김영삼·김대중·노무현·이명박·박근혜 대통령이, 중국에서는 장쩌민(江澤民)·후진타오(胡錦濤)·시진핑(習近平) 주석이 상호 방문하여 정상 간 만남을 가졌다. 한·중 수교 이래로 양국 정상들은 매년 1.5회 꼴로 정상회담을 해 왔고, 총리급 고위회담도 28회 개최했다. 한·중 양국의 최고 지도자들은 연평균 3회 이상 정규적으로 만나 현안문제를 협의하고 있는 셈이다(외교통상부, 2012: 233-234).

양국관계의 성격, 즉 외교관계의 수준도 지속적으로 격상되어 왔다. 1992년 수교 당시의 '선린 우호협력 관계'에서 김대중 정부에서는 '21세기를 향한 협력적 동반자 관계'로, 또 노무현 정부에서는 '전면적 협력 동반자 관계'로 확대·발전해왔다. 이명박 정부에서는 양국이 한·중 관계를 비전략적인 관계에서 '전략적 협력 동반자 관계'로 격상시켰다(서진영, 2006: 383-384; 김흥규, 2008).

한·중 관계는 비교적 짧은 시간에 괄목할 정도로 발전했을 뿐만 아니라 동아시아 지역에서 가장 견고한 양국관계 중 하나가 되고 있다(주펑, 2009: 4). 그러나 그동안 여러 이슈 영역에서 다양한 문제점과 모순, 갈등, 분쟁 요인들을 표출해 온 것도 사실이다. 예컨대, 재중(在中) 탈북자 문제와 같은 정치적 이슈뿐만 아니라 동북공정으로 인한 역사적 갈등, 마늘분쟁,

수입 해산물 납 투입, 멜라민 식품 사용과 같은 경제 및 국민 보건과 관련된 문제 등은 양국의 국민정서와 관련되어 위기의식을 조장하기도 했다.

최근 한 연구는 한·중 간 마찰과 갈등을 촉발시키는 장애물을 몇 가지로 정리한 바 있다. 즉 한국과 중국 사이에는 역사와 문화에서의 반목, 경제와 통상에서의 마찰, 규범과 가치관에서의 충돌, 북한과 북핵 문제를 바라보는 격차, 한미동맹을 둘러싼 갈등, 영토와 영해의 분규, 남북한 통일에 대한 이견 등 7가지 이슈영역에서 갈등과 긴장이 계속되고 있다는 것이다(정재호 편저, 2012).

그런데 이 중에서도 문제는 이념과 국민정서의 차이에서 비롯되는 갈등과, 북한 문제와 한미동맹을 둘러싼 전략적 이해관계의 차이에서 비롯되는 갈등과 마찰이다(서진영, 2012: 15). 이러한 이슈들은 관련 당사국들의 '핵심이익(core interest)'과 관련된 것이기 때문에 심각한 문제가 아닐 수 없다.

한·중 관계의 발전 과정에서도 지난 20년간 양국은 이런 '핵심이익' 분야에서 갈등과 마찰을 애써 외면하거나 그 차이를 드러내지 않으려고 노력해 왔던 것으로 평가되고 있다. 서로 간의 공통점은 찾아내고 다른 점은 일단 그대로 두자는 이른바 구동존이(求同存異)의 원칙을 강조하는 가운데, 양국의 경제적 실리를 극대화하려고 하면서도 양국의 핵심적 외교와 안보 이익과 관련된 영역에서의 마찰과 갈등 가능성은 억제하려고 했던 것이다. 이러한 한·중 관계의 복합적 현상은 "경제열(經濟熱), 외교온(外交溫), 안보냉(安保冷)"(서진영, 2012: 16)으로 표현할 수 있다.

수교 이후 한·중 관계는 경제적·사회문화적 교류·협력에서는 심화와 확대의 과정을 지속해 왔다. 그러나 핵심 이익과 관련된 안보 이슈에서 획기적인 발전은 없었으며, 각종 갈등과 분쟁 이슈들을 누적시켜오고 있다. 아시아 역내에서 경제 및 사회문화적 측면에서는 교류·협력의 증가하는 데 반해, 외교 및 안보 이슈를 둘러싸고서 갈등·분쟁도 증가하는 이른바 '아시아 패러독스'와 마찬가지로, 한·중 관계 역시 패러독스로 표현될 수 있을 만큼 불균형한 발전 양상을 보이고 있는 것이다. 이는 미래의 한·중 관계를 반드시 낙관적으로만 바라볼 수 없으며, 언제든 돌발 변수에 의해 불안정한 관계, 즉 갈등·대립·분쟁의 외교관계로 전화될 수 있는 가능성을 안고 있음을 의미한다.

보다 구체적으로 지적하자면, G2 시대의 한 축으로 부상한 중국은 2000년대 말부터 자국의 해양력 강화·확대를 위해 남중국해와 동중국해에서의 해양분쟁에 적극적으로 대처하고 있다. 그런데 최근에는 이어도 주변 수역을 정기적인 해양순시 대상으로 설정했다. 2012년 1월 10일 한·중 정상회담에서 양국 정상은 해양경계획정 문제를 '협상'에 의해 추진하기로 합의함으로써 이어도 관할권은 협상을 통해 결정될 것으로 예상되고 있다.

그러나 2012년 3월경 중국이 우리나라의 이어도를 해양감시선과 항공기의 정기순찰대상에 포함시키겠다고 공식 발표했다. 여기에 2013년 11월 23일 중국이 동중국해 상공에 '방공식별구역'(Air Defense Identification Zone: ADIZ)을 전격 선포하면서 긴장감이 흐르고 있다. 중국이 발표한 ADIZ에는 한국, 일본, 대만 등으로 둘러싸인 동중국해 상공 대부분이 포함됐고, 분쟁 상태에 있는 센카쿠/댜오위다오뿐만 아니라 이어도 상공까지도 포함된 것으로 알려졌다.

최근 동향을 통해서 볼 때, 이어도 이슈에 대한 중국의 대처 방식이 '힘에 의한 접근'과 같이 보다 적극적이고 공세적인 방식을 채택할 가능성도 배제하기 어렵다.[31] 즉 한·중 간 해양경계획정 협상이 난항을 거듭하는 현

31 국회입법조사처가 2012년 발간한 『19대 국회 전반기 주요 입법·정책현안Ⅰ』에서 '이어도를 둘러싼 한중 간 갈등'을 외교통상위원회의 주요 예상 쟁점으로 제기한 바 있다(국회입법조사처, 2012: 135-136).

상황이 개선되지 못하고 이어도 관할권을 둘러싸고 중국이 노골적으로 분쟁화를 시도할 경우, 중국의 이어도 해역 통제나 무력 위협 등 물리적 대응 가능성에 주목하고 그에 대한 대비 태세와 대응 방안을 강구해야 할 필요성도 없지 않다.

제2절 이어도의 관할권 쟁점

한·중 간 해양경계획정 문제는 양국에만 국한된 문제가 아니다. 이 문제의 출발은 복잡하게 상호 얽혀 있는 한·중·일 동북아 3국의 경계 정책에서 비롯되기 때문이다. 따라서 한·중 간 해양경계획정 문제와 쟁점을 파악하기 위해서는 일본의 경계 정책까지 포함에서 보아야 한다.

우선, 한국은 유엔해양법협약에 따라 1996년 8월 배타적 경제수역 경계는 국제법을 기초로 관계국들과 합의에 따라 획정하겠다면서 '배타적 경제수역법'을 공포했다. 그리고 동법 제5조 2항은 한국의 배타적 경제수역에 대한 주권적 권리는 관계국과의 별도의 합의가 없는 경우에는 그 지리적 한계로써 중간선을 채택한다고 규정했다. 일본은 1977년 제정된 '영해법'을 유엔해양법협약에 따라 1996년 수정한 '배타적 경제수역과 대륙붕에 관한 법'을 공포했다. 이 법에서 일본은 경계획정에서 중간선 원칙을 채택했다.

한·일 모두 경계획정의 원칙으로 중간선 원칙을 제시하고 있으나, 당사국 간 합의가 없는 경우에 대한 해석에서는 차이를 보인다. 한국의 경우 일방적인 중간선 채택이 아니라 관할권 행사를 중간선까지로 자제하겠다는 의미이다(구민교, 2011: 14-15). 이에 반해 일본은 당사국 간 합의가 없는 경우 일방적으로 선언한 중간선을 채택하도록 했다. 이러한 일본의 중간선 원칙은 특히 동중국해 경계획정 시 중국과의 첨예한 대립의 소지를 제공해 왔다(김용환, 2007: 62-65; Kim, 2004: 181-184).

한편, 1998년 6월 '배타적 경제수역 및 대륙붕법'을 제정한 중국은 경계 획정에 관해 형평의 원칙에 따라 관련국들의 합의에 따라 해결할 것이라고 규정했다(Kim, 2004: 184-188). 중국이 채택한 '형평의 원칙'은 한·일이 채택한 중간선 원칙과 달라 한·중·일 간 배타적 경제수역과 대륙붕 경계획정에 대한 합의 도출을 어렵게 하는 요인이 되고 있다(구민교, 2012: 7).

대향국 간에 배타적 경제수역이 겹칠 경우, 일반적인 경계획정의 원칙은 중간선이지만, 모든 국가가 수긍하는 것은 아니다. 특히 대륙 국가이면서 세계에서 가장 많은 인구를 보유한 중국은 중간선에 의한 해양경계의 획정에 반대한다. 대륙과 섬이 동일한 배타적 경제수역을 관할할 수 없을 뿐만 아니라 인구까지 고려해야 하기 때문에 대향국 간 해양경계획정은 형평의 원칙이 적용되어야 하며 중간선 원칙을 기계적으로 적용해서는 안 된다고 주장한다.

중국은 또 대륙붕 관할권에 대해서도 자연연장설, 즉 대륙붕이 시작된 국가에 귀속된다는 대륙붕조약을 내세워 서해와 동중국해 대부분의 대륙붕이 중국에서 연장된 것이라고 주장한다. 이 이론은 서해와 동중국해 방면으로 대륙붕이 길게 연결되어 있는 중국에게 유리하다. 또 이 이론은 한·일 간 대륙붕 경계획정에서는 한국에 유리하게 작용한다. 한국은 1974년 일본과 한일대륙붕협정을 체결해 중간선을 넘은 수역의 대륙붕 개발과 관련한 권리를 확보한 바 있다. 당시 일본이 한국에게 양보한 것은 이후 중국과의 협상을 고려한 것이라는 해석도 있었다(이남주·배기찬, 2009: 408).

한국과 중국 간의 해양경계획정의 쟁점을 좀 더 상세히 살펴보면, 우선, 양국 사이에는 도서 영유권 분쟁은 없다. 그러나 양국의 해안으로부터 멀리 떨어진 곳에 존재하는 작은 섬들과 수중 지형물들을 기점으로 삼을 수 있느냐의 여부를 놓고 의견 차이를 보이고 있으며, 서해와 동중국해에서 경계획정의 문제가 존재한다.

한국과 중국의 배타적 경제수역이 겹치는 수역에 위치한 이어도는 한·중 간의 가상 중간선에서 한국 쪽으로 28해리에 위치해 있다. 만약 배타적 경제수역의 경계를 중간선 등거리 원칙으로 확정할 경우, 이어도는 중국의 관할 범위에 속할 수 없다. 그 때문에 중국은 이러한 원칙에 근거한 경계획정을 수용하지 않고 있다. 대신에 중국은 해저지질학적 요소와 해안선의 길이 등에 근거한 '형평의 원칙'을 주장하고 있다(김영구, 1998: 36).

한·중 양국은 양측의 가장 가까운 지점에서 측정했을 때 400해리가 안 되는 수역이 존재하는 문제를 해결하기 위해 1996년부터 공식협상을 시작해 왔으나 아직까지 경계획정 원칙에 대한 합의도 하지 못하고 있다.

한국은 서해상에서 '등거리 및 특수한 사정의 원칙'(equidistance-special circumstances principle)을 주장하는 반면, 중국은 '형평의 원칙'만 되풀이 주장하고 있다. 한국 측은 우선 잠정적인 중간선을 먼저 그은 후에 필요한 경우 세세한 부분들에 대한 조정을 하자는 입장이다. 하지만 중국은 먼저 고려요인들을 모두 따진 후 이들 간의 균형을 맞추는 것이 급선무이고, 그런 이후에야 구체적인 경계선에 합의할 수 있다는 입장이다.

〈표 7-1〉 한·중의 해양경계획정 협상 원칙과 주장

구분	한국	중국
경계획정의 원칙	등거리 및 특수한 사정의 원칙	형평의 원칙
경계획정의 절차	잠정적 중간선 긋기 → 필요한 경우 세세한 부분들에 대해 조정 → 구체적 경계선 합의	모든 요인들 고려 → 요인들 간 균형 맞추기 → 구체적 경계선 합의

그런데 한 가지 흥미로운 사실은, 다른 경계획정 사례에서 한·중 양국 모두가 기존의 원칙만 주장하지는 않았다는 점이다. 중국은 이미 북한과의 발해만 경계획정과 베트남과의 통킹만 경계획정 과정에서 중간선 원칙에 동의한 경험이 있다. 한국 역시 마찬가지라고 할 수 있다. 현재 중국 및 일본과 경쟁하고 있는 동중국해의 북쪽 지역 대륙붕 문제에서는 형평의 원칙이 오히려 한국 측에 유리하기 때문이다. 동중국해 대륙붕 경계획정에서 한국은 형평해결의 원칙을 견지하고 있다. 그 이유는 한반도 대륙붕의 자연적 연장이 최남단 섬인 마라도로부터 280해리 떨어져있는 오키나와 해구까지 미치고 있는 반면, 일본의 경우 오키나와 열도의 자연적 연장은 100해리 정도에 걸쳐 오키나와 해구에서 끝나기 때문이다(Kim, 2004: 208; Park, 1983: 106-116).

이처럼 상호 얽혀 있는 이해관계로 인해 해양경계획정 문제를 단기적으로 쉽게 해결되기 어렵기 때문에 한·중·일은 배타적 경제수역 확정 이전까지 임시협정이라고 할 수 있는 어업협정을 체결해 어업과 관련된 각국의 권리를 임시로 정하고 있다. 중·일 어업협정은 1997년 11월에, 한·일 어업협정은 1998년 11월에, 그리고 한·중 어업협정은 2000년 8월에 각각 체결됨으로써 배타적 경제수역과 관련된 갈등이 당장 표면화되는 것을 막을 수 있는 제도적 장치가 마련되었다. 그러나 이러한 협정은 어디까지나 잠정적 조치일 뿐이며, 한국과 중국 간에는 합의된 배타적 경제수역이 존재하지 않는다. 따라서 배타적 경제수역이 겹치는 지역에서의 각종 해양 활동에 대해서는 항상 논란이 발생하고 있기 때문에 당사국 간 합의에 의해 배타적 경제수역과 대륙붕의 경계를 획정해야 하는 과제를 안고 있다.

이어도 관할권을 둘러싼 갈등도 결국에는 한·중 간 배타적 경제수역 미획정에서 배태된 문제이다. 거리상으로는 한국에 가깝지만, 한·중 양국의 배타적 경제수역 범위에 중첩되어 있다. 배타적 경제수역이 중첩될 경우

이의 획정을 위해서는 당사국 간 합의가 있어야 하지만, 양국 모두 상이한 획정 원칙을 주장하며 대립하고 있는 상황이다. 이처럼 양국 간 양보 없는 대립의 이유는 주로 주변 수역이 갖는 경제적 가치 때문이라고 할 수 있다. 이러한 갈등은 도서 등의 영유권 갈등과 달리, 자원개발 등의 경제적 이익과 관련된 갈등의 성격이 강하며, 그만큼 문제 해결의 가능성도 높다고 할 수 있다. 또 이러한 갈등은 공동개발과 같은 해결방식이 시도되고 제안되고 있다.[32]

그러나 최근 미·중 간 동아시아 지역에서의 해양패권 경쟁이 심화되면서 이어도 주변 수역은 안보적으로 중요한 가치를 지닌 것으로 평가되고 있다. 특히 동아시아 해양패권이 미국에서 중국으로의 세력전 가능성이 보이면서 중국뿐만 아니라 한국에게도 이어도 문제는 안보적 이슈를 내장한 분쟁으로 인식되는 것으로 보인다. 그리고 이러한 경향은 기존의 경제적 이슈에 안보적 이슈가 더해짐으로써 합의의 가능성을 더욱 어렵게 하는 요소로 작용하고 있다.

32 2008년 6월 중국과 일본정부는 동중국해 지역 천연가스전을 공동 개발하기로 합의했다. 그 내용은 일본이 주장하는 배타적 경제수역의 중·일 중간선의 중국 측 해역도 공동개발 대상으로 하고 중국이 이미 단독 개발하는 춘샤오(春曉)를 포함한 가스전 개발에 일본 측이 출자, 이에 근거하여 이익배분을 하기로 했다. 뿐만 아니라 된차오[斷橋]와 룽징[龍井] 등 가스전 주변 해역도 양국이 외교 채널을 통해 구체적인 공동개발 구역을 설정, 쌍방 민간회사에 천연가스 채굴을 발주할 계획을 밝혔다(이남주·배기찬, 2009: 410).

제3절 이어도 이슈에 대한 한·중의 입장

1. 중국의 입장

이어도에 관해 중국이 문제를 제기하기 시작한 것은 이어도종합해양과학기지 건설 이후부터라고 할 수 있다. 중국 국가해양국(國家海洋局)의 2005년 『해양행정단속보고서』(海洋行政執法公報)는 중국이 정부 차원에서 이어도 과학기지에 대한 감시활동을 벌였다는 것을 공식적으로 처음 밝혔다. 그 보고서에 따르면, 중국의 해양감시용 비행기를 이용하여 이어도 종합해양과학기지에 대해 5회의 순항 감시를 했다(《한겨레》, 2006년 9월 14일자). 더욱이 이 보고서는 중국이 자국의 해양권 수호를 위해 유엔해양법협약과 중국 영해 관련 국내법을 근거로 관할 해역에 대한 감독·관리와 인접국과의 분쟁이 있는 해역에 대해 순항 감시를 진행했다는 언급을 덧붙임으로써 이어도를 둘러싼 분쟁 가능성을 염두에 둔 감시활동이 이루어지고 있다는 점이 주목을 끌었다.

그리고 2006년 9월 14일 중국 정부는 외교부 차원에서 친강(秦剛) 대변인을 통해 한국 정부의 과학기지를 이용한 해양활동 반대와 함께 그러한 행동의 법률적 효력을 부정하는 공식 발표를 했다. 다음은 기자들의 질문에 대한 답변 요지를 정리한 것이다.[33]

쑤옌자오(蘇岩礁: 이어도의 중국 측 명칭)는 동중국해 북부에 위치한

33 2006년 9월 14일 중국 외교부 대변인 친강(秦剛)의 정례 기자회견. 인민망(人民網).

수중 암초로서 중국과 한국 간에는 이에 대한 영토분쟁이 존재하지 않는다.

중국과 한국은 이미 배타적 경제수역의 경계획정에 대한 협상을 진행했다. 쑤옌자오가 위치한 해역은 양국의 배타적 경제수역 주장이 중첩되는 곳이다.

중국 측은 한국 측이 쑤옌자오에 해양관측기지를 건설하는 문제에 대해 2000년과 2002년 두 차례에 걸쳐 이견을 제기하여 양국 배타적 경제수역의 주장이 중첩되는 해역에서 한국이 일방적으로 활동하는 것을 반대했다. 한국 측은 쑤옌자오가 양국 배타적 경제수역의 경계획정에 영향을 끼치지 않을 것임을 밝혔다.

쑤옌자오 문제에 대한 중국 측의 입장은 일관되고도 명확하다. 즉 한국 측의 일방적 행동은 어떠한 법률적 효과도 없다는 것이다.

이 성명에서 중국 정부는 양국 간 배타적 경제수역 경계설정 문제가 마무리되지 않은 상태라는 점을 들어 한국이 이어도에 인공 구조물을 세운 것은 문제라고 지적하고 있다. 이와 함께 쑤옌자오는 동중국해 북부의 수면 아래에 있는 암초이기 때문에 과학기지 건설과 이를 이용한 한국의 해양활동은 아무런 법률적 효력도 없는 행위라는 점을 강조했다.

그리고 더 나아가 중국 정부는 쑤옌자오를 둘러싼 해양분쟁을 대화와 협상을 통해 해결하기를 바란다[34]고 공식적인 견해를 표명했다. 이는 2006년 9월 13일 국내 언론들이 2005년『해양행정단속보고서』의 내용에 근거하여 중국해감(中國海監)이 이어도 해역에 대한 감시활동을 벌인 사실을 보도한 직후에 나온 것으로, 이어도에 대한 중국 정부 최초의 공식적 언급이다.

홍콩의 시사주간지인 《아주주간》(亞洲週刊)은 2006년 12월 3일자를 통해 이러한 현 중국 정부의 이어도에 대한 공식 입장을 다음과 같이 간명하게 소개한 바 있다.

> 중국은 국제법을 준수, 대화와 협상으로 풀 것이다. 쑤옌자오는 바다 밑에 있는 암초다. 중국과 한국은 영토분쟁이 없다. 중국정부는 한국 정부와 여러 차례 교섭했으며, 한국정부는 쑤옌자오가 배타적 경제수역 획정에 영향을 미치지 않는다고 밝혔다. 우리는 분명한 입장을 갖고 있다. 한국 측의 일방적인 행동은 어떤 법적 효력도 없다.

이처럼 2006년 말까지 중국 정부의 이어도에 대한 공식적인 대응은 과학기지에 대한 문제제기와 항의로, 일반적인 외교적 대응 수준을 크게 넘어서지 않았다.

그러나 2007년부터 중국 정부의 일부 관료들을 중심으로 이어도에 대한 보다 적극적인 대응을 주문하는 주장들이 한층 강하게 대두되기 시작했다. 중국해감의 동해총대(東海總隊) 부총대장인 위즈룽(郁志榮)은 한·중 양국 간에 배타적 경제수역이 아직 획정되지 않았음을 강조하면서 다음과 같은 대응 조치가 필요하다고 언급했다(郁志榮, 2007).

---

34 이와 같은 중국 외교부 대변인의 이어도에 대한 성명은 국내 거의 모든 언론들이 일제히 보도했다. 《세계일보》, 2006년 9월 15일자; 《문화일보》, 2006년 9월 15일자; 《한겨레》, 2006년 9월 15일자.

> 한국이 쑤옌자오에서 플랫폼을 건조한 것은 심사숙고를 통해 획책한 것으로 표면상 건조 이유가 매우 충분하여 법이나 이치에 공격할 부분이 없지만, 사실 자세히 분석해 보면 그 높은 가격, 복잡한 구조, 튼튼한 기초, 완벽한 설비, 지나친 설계를 통해서, 그것을 영해 기점으로 삼으려는 의도가 있음을 발견하기는 어렵지 않다. … 우리는 쑤옌자오 플랫폼을 결코 소홀하게 대해서는 안 된다. 시종 긴장하며 미연의 사태에 대비하여 유형의 유효한 조치를 취하여 쑤옌자오 플랫폼이 영해기점을 주장하는 방향으로 발전하는 것을 방지해야 한다. 당면해서 급히 취할 수 있는 구체적 행동은 한국 측의 플랫폼 양측에 국기를 내건 것에 대해 외교 경로를 통해 교섭하여 플랫폼 건조자에게 문자 또는 기타 형식으로 국기의 표지를 대체하도록 요구하여야 한다는 것이다.
>
> 중국해감 등 해상집법기구는 쑤옌자오 플랫폼의 동태에 대해 감시활동을 강화하고 한국 측이 시종 무인관측 플랫폼의 약속을 준수하는지 감독해야 하며, 이상 상황이 발생하면 관련 부문이 신속히 반응행동을 취해야 한다. 특히 플랫폼 및 그 주변에 군사시설을 증가하고 기타 오락시설을 건설하는 행위를 방지해야 한다.

위즈룽은 과학기지에 게양된 태극기를 빌미로 과학연구 이외의 '다른 의도'가 감춰져 있다고 주장하면서, 향후 한국 정부의 정치적 의도에 대비해야 한다면서 이어도에 대한 중국 정부의 보다 강력한 대처를 주문했다.

그리고 중국 인민해방군 산하의 난징(南京) 육군지휘학원의 작전지휘교육연구실 소속 천쯔광(陳家光)은 다소 무리한 역사적 논리와 격한 어조로 이어도를 중국 영토라고 강변했다. 역사적 측면에서 그는 이어도 주변이 중국 어민들의 어장이었고, 청나라 말기인 1880~90년에 이미 이어도의 위치가 해도에 표기되어 있었으며, 이어도 해역이 예로부터 중국 고유의 해역이라는 데 대해 한국과 일본이 아무런 이의를 제기하지 않았다는 점 등을 논거로 제시한다. 더욱이 그는 한국 정부의 이어도해양과학기지 건설을 중국의 영토주권을 침범하는 행위라고 강변한다(陳家光, 2007).

이와 같이 2007년 들어서서 중국 정부의 공식 입장은 아니지만 정부의 고위 관료들이 이어도에 대한 억측과 강변으로 중국의 관할권을 주장했다. 이러한 중국 측의 주장은 여기서 그치지 않았다. 같은 해 12월 경 해양신식망(www.coi.gov.cn)의 해양문화 코너의 "쑤옌자오"란에 그러한 논리와 주장이 고스란히 반영되었다.[35] 그 내용을 요약하면 다음과 같다.

- 이어도의 중국명 소위 쑤옌자오는 장수(江蘇) 외해의 암석, 해초의 의미이다.
- 이어도 부근 해역은 예부터 중국 어민들이 활동한 어장으로서, 중국 어민들은 이어도를 굽어보며 많은 신화전설을 만들어냈다.
- 중국은 1880~90년대에 쑤옌자오를 인식했으며 이는 청 말 북양수사(北洋水師)의 해도에 명확하게 표기되어 있는 것으로써 증명된다.
- 1963년 유에진(躍進)호 침몰 사건 당시 저우언라이 총리의 지시로 쑤옌자오 부근 해역에 대한 건국 이래 최초의 정밀 탐사를 실시하고 높은 수준의 해도를 만들었다.
- 1992년 5월 중국 북해함대 해양탐사팀이 쑤옌자오 해역을 전

35 당시의 웹페이지 주소는 다음과 같다. http://www.coi.gov.cn/mzyt/200808/t20080815_5961.htm

면 탐사하여 동경 125°10′45″, 북위 32°7′42″에 최후 위치를 확정하고, 쑤옌자오 해역에 대한 측량을 성공적으로 끝마쳤다.

- 쑤옌자오는 한·중 배타적 경제수역의 주장이 겹치는 지역으로서, 그 귀속은 쌍방의 담판을 통해 해결해야 한다.

중국 해양신식망은 중국 국가 기관인 국가해양신식중심(National Marine Data and Information Service)의 웹사이트로서, 이곳에 게시된 이러한 주장은 중국의 공식 입장에 다름 아니라고 할 수 있다.

한편, 민간 차원에서의 이어도에 대한 중국의 관할권 주장도 유의할 만하다. 《아주주간》 2006년 11월 26일자에 따르면, 한국의 이어도 과학기지를 철거시키고 이어도를 중국령으로 확보하는 것으로 목적으로 2006년 중국 사회과학원 대학원생 왕젠싱(王建興)의 주도로 '중화쑤옌자오보위협회'(中華保衛蘇岩礁協會)가 구성되었다. 이 협회는 이어도 문제에 대한 중국인들의 관심을 촉구하고, 한국 정부에 "쑤옌자오 위에 설치한 모든 불법 건축물을 즉각 철거할 것을 강력 요구"하면서 향후 한국대사관에 항의 서한과 함께 이어도에 선박을 보내 암초에 '중국령'이라고 새겨진 동패와 석비를 세울 계획까지 내놓았다(《동아일보》, 2006년 11월 26일자).

그런데 이러한 2006년과 2007년 사이 이어도를 둘러싸고 벌어졌던 중국 민관 부문의 적극적인 대응은 2008년 8월 25일 후진타오(胡錦濤) 국가주석의 한국 방문을 앞두어 이어도가 중국의 영토라고 자료까지 예시하며 주장했던 해양신식망의 이어도 관할권 주장은 8월 13일자로 삭제되었다. 그 대신에 "이어도는 한·중 양국의 200해리 경제수역이 겹치는 지역에 있다", "귀속 문제는 양국 간 협상을 통해 해결돼야 한다"는 내용을 올렸다. 물론 이 같은 조치는 중국 정부가 후진타오 주석의 방한을 앞두고 더 이상의 외교 문제로 비화되는 것을 원치 않기 때문이라고 볼 수 있다. 그러나 다시 하루 만에 입장을 바꾸어 8월 14일에는 종전대로 이어도가 자신의 영토라고 다시 주장한다. 이에 대해 한국 정부가 대사관을 통해 즉시 항의하고 설명을 요구하자 15일자에는 이어도의 귀속 문제는 양국 간 협상을 통해 해결돼야 한다는 내용으로 수정되었다(송성대, 2010b: 421). 결국, 2008년 8월 후 주석의 방안을 앞두고 이어도를 둘러싸고 나타난 중국의 외교행태는 그만큼 한·중 양국 간 민감한 해양영토분쟁 이슈가 될 수 있음을 중국 정부도 분명하게 인식하는 것일 뿐만 아니라, 후 주석의 방한을 앞두고 이 문제가 현안이 되는 것을 중국 측이 꺼렸음을 보여주고 있다(《중앙일보》, 2008년 8월 18일자).

이와 같은 최근까지의 이어도에 대한 중국의 입장들을 보면, 중국 외교부의 문제제기와 항의, 일부 중국 관료들의 역사적 억측과 주권침탈 강변, 그리고 민간 차원의 적극적인 대응 요구 등 이어도 문제에 대한 중국 대응의 초점이 다소 엇갈리는 가운데에도 이어도에 대한 관할권은 중국 정부가 고려한 적절한 시기에 충분히 분쟁화될 소지를 내장하고 있는 이슈임에 틀림없다고 할 것이다. 후진타오 주석의 방한 전 해양신식망의 이어도 주장에 대한 해프닝은 단지 갈등적 이슈로의 확대를 경계한 외교적 전술일 뿐 전략적인 관점에서 이어도에 대한 관할권 주장은 앞으로도 지속될 것으로 전망할 수 있다.

2. 한국의 입장

한국 정부의 입장

우리 외교부는 해양경계획정과 이어도에 대한 정부 입장을 홈페이지를 통해 간명하게 밝히고 있다.[36] 우선, 해양경계획정에 대해 우리 정부는

1996년 유엔해양법협약 발효 이후 한·일, 한·중 간 상호 면해 있는 바다의 폭이 400해리 미만인 관계로 중·일과 배타적 경제수역 중복에 따른 경계획정 문제가 발생했다고 그 배경을 밝히고 있다. 그에 따라 "우리는 일본 및 중국과 지속적으로 해양경계획정 회담을 개최하여 우리 배타적 경제수역 및 대륙붕을 최대한 확보토록 노력"할 것이라는 기본 입장을 견지하고 있다.

우리 정부는 해양경계획정이 한반도 주변 해양자원의 효율적 활용과 동북아 해양질서의 발전뿐 아니라 역내 평화와 안정 증진에도 중요한 사안임을 지적하면서, 1996년 이래 일본 및 중국과 해양경계획정 문제에 대한 협상을 진행하면서, 한반도 주변 수역에서의 해양 문제를 궁극적으로 해결하기 위해 노력해 왔다고 밝히고 있다. 현재는 해양경계획정에 관한 원칙 등에서 양측 간 이견이 있지만 지속적인 교섭을 통해 우리의 최대 수역 확보를 위해 노력할 것임을 천명하고 있다.

한편, 우리 외교부는 이어도를 "동중국해 4.6m의 수심에 상시 잠겨있는 수중암초"라는 점을 분명히 하면서 "유엔해양법협약상 '섬'이 아니므로 자체적인 영해나 배타적 경제수역을 갖지는 않으며, 영유권 분쟁의 대상에도 해당되지 않는다"는 점을 분명히 하고 있다. 따라서 "이어도 관련 영토문제는 없으며, 해양경계획정의 문제만 존재"하지만, "이어도 수역은 우리 측에 훨씬 가까운 곳으로, 한·중 간 해양경계획정 이전이라도 명백히 우리 측 배타적 경제수역에 속하는 수역"이라는 기본 입장을 천명하고 있다.

따라서 이어도 이슈는 해양경계획정의 문제로서, 현재 진행 중인 한·중 간 해양경계획정 회담 타결을 통해 이어도 문제를 근본적으로 해결하고자 정부가 노력하고 있음을 밝히고 있다.

---

36 외교부 홈페이지의 '이슈별 자료실' 참조. http://www.mofa.go.kr/trade/treatylaw/habando/index.jsp?mofat=001&menu=m_30_50_70.

중국의 주장에 대한 국내 학계의 반론

중국은 해양경계의 원칙뿐만 아니라 역사적 근거 등을 자국에 유리하도록 아전인수식으로 해석, 주장하고 있다. 중국은 배타적 경제수역경계선을 그음에 있어서 대향국 간의 거리가 400해리를 넘지 않는 내대륙붕(內大陸棚, inner-continental shelf)[37]에서의 배타적 경제수역의 경계획정은 중간선 원칙(median principle)을 따른다는 것을 부정한다. 대신 인접국 간에 적용되는 등거리 원칙(equidistance principle)을 적용해야 한다고 주장하고 있다. 중국은 이외에도 자연연장이론을 주장하고 있다.

국내 학계에서는 중국 측 주장에 대한 반론을 위한 논거를 찾는 데 많은 노력을 기울여 왔다. 국내 학계에서는 중국이 주장하는 자연연장이론에 대해 다음과 같이 반론한다. 지질학적으로 이어도는 제주도와 같이 생성되어 한반도와 더불어 대륙으로 존재하다가 바다에 잠긴 곳(박용안, 2009: 6)이다. 더욱이 퇴적토의 어떤 특정한 성분 또는 어떤 지역의 퇴적토가 어디에서 발원된 것인지를 과학적으로 입증하기 어렵다. 따라서 지질학적으로 이어도가 중국에서 비롯된 퇴적층(silt)인지를 과학적으로 입증하는 것은 어렵다고 국내 학계는 주장한다.

국내 학계는 또 서해와 동중국해 대륙붕은 중국과 한국의 공유 대륙붕(동질적인 연속체로 된 하나의 대륙붕)이면서도 400해리가 안 되는 좁은 대륙붕이며, 1985년 이래 일관되게 성립된 국제판례와 국제법 법리에 의거, 육지 자연연장설은 배제되고 있다(1958년 제네바 대륙붕 협약 제6조 1항)고 주장한다. 1985년 리비아-몰타 대륙붕 사건에 따르면, 200해리 내에 있는 대륙붕에 대해서는 해저, 해상토의 지형적 특성을 경계획정에서 고려하지 않

37 200해리 범위를 초과하는 외대륙붕(外大陸棚, outer-continental shelf) 혹은 광역 대륙붕이라고도 한다.

〈그림 7-1〉 한·중·일 경계수역

으면서 자연연장 원칙의 적용을 배제했다. 이후 대륙붕 경계획정에서 육지 영토의 자연연장 원칙은 크게 주목받지 못하고 있다.

다음으로, 형평의 원칙에 대한 반론을 보면, 우선 해안선의 길이에 대해 국내 학계는 직선기선으로 보면 이어도를 접하고 있는 중국 해안선이 한국 해안선보다 1.39배 길지만 통상기선으로 보면 이어도를 접한 한국의 해안선이 중국보다 1.18배가 길다고 주장한다. 그리고 인구를 해양경계획정의 기준으로 삼는 경우는 없다고 주장한다.

한편, 중국이 내세우는 역사적 근거로 『산해경(山海經)』이 유일할 뿐 관련된 문화예술에 관한 생활상이나 관습의 예는 찾아보기 어렵다. 중국은 이러한 빈약한 근거를 나름대로 보완하기 위해 최근에는 '중국해'라는 노래를 지어 "중화문명이 '쑤옌자오(이어도)'에서 비롯됐다"는 왜곡된 역사를 전파하고 있다.[38]

국제적으로 해양경계를 획정하는 일반원칙도 '중간선 원칙'이다. 최근 미얀마와 방글라데시 뱅골 만 해역의 해양경계획정 문제가 중간선 원칙을 근거로 해결되었다. 2012년 3월 14일 방글라데시와 미얀마 간 벵골만 해역에서의 해양경계획정 사건에 대해 판결했다. 벵골만 해역은 인도양 북동부에 위치한 만으로서 이 해역에 위치한 해저유전의 개발을 두고 방글라데시와 미얀마 간에 분쟁이 격화되고 있었다.

이 사건에서 재판부는 기존의 국제 판례들과 같이 먼저 양국 연안으로부터 잠정적 등거리 선을 그은 후 오목한 해안지형과 같은 관련 사정을 고려해서 조정하는 방법론을 따르고, 400해리 이내의 내대륙붕상의 중첩되는 바다의 경계획정에서는 퇴적층과 같은 지질학적 요소가 고려되지 않는다고 결정했다. 결과적으로 200해리 배타적 경제수역과 상당 부분의 대륙붕 관할권이 방글라데시에 있다고 판결한 것이다. 즉 중국이 전가의 보도처럼 써먹는 '대륙연장설'을 인정하지 않은 것이다. 부연해서 소위 중간선 원칙이 국제 판례의 주도적 경향임을 다시금 확인한 것이다.

시민사회의 이어도 관할권 확보 노력

제주도민들의 전설과 신화 속의 이어도는 글자 그대로 섬이었다. 제주도

---

38 이에 대한 보다 상세한 내용은 제6장 제3절을 참조할 것.

민들이 이처럼 이어도를 섬으로 명명하여 사유하고 호칭하는 것은, 그것이 단순한 자연지리적 해저지형물이 아니라 제주도민들의 살아 숨 쉬는 영혼의 쉼터, 즉 '궁극의 장소'로서의 섬(이어도鄕, Ieodotopia)으로 제주도민들에게 인식되어 왔기 때문이다(송성대, 2010b: 416). 이와 같은 이어도에 대해 국내에서 전설과 신화를 넘어 그 실체를 확인하고자 했던 관심은 해방 직후로 거슬러 올라간다.

뒤에서 보다 상세하게 살펴보겠지만, 그 시초는 6·25 전쟁이 지속되고 있던 1951년으로 한국산악회와 해군의 파랑도(波浪島) 공동 탐사가 시도되었으나 실패했고, 1973년 또 다시 파랑도 탐사가 시도되었으나 이 때 역시 그 실체를 확인하는 데 실패했다. 이어도의 실체를 확인한 것은 1984년 3월 'KBS·제주대학 파랑도 탐사반'의 공동 탐사였다. 이 탐사에서 소코트라 암초의 존재를 분명하게 확인했다.

'소코트라 암초'나 파랑도 대신에 '이어도'를 공식적인 명칭으로 사용하기 시작한 것은 2001년 이후부터이다. 국립해양조사원은 2000년 2월 28일 우리 해도상에서 소코트라 록을 이어도로 표기하기로 했다(《조선일보》, 2000년 12월 28일자). 국립지리원의 중앙지명위원회가 2001년 1월 22일 이어도의 명칭 문제를 심의하여 '이어도'(Ieo Do)로 확정하여 이를 공식 명칭으로 사용하고 있다. 특히 1995년 한국 정부(당시 해양수산부)는 총 공사비 178억 원을 포함, 212억 원을 투자해 2003년 6월 11일 '이어도종합해양과학기지' 건설 준공식을 갖게 되면서 국내외적으로 이어도가 공식 명칭으로 본격 사용되기 시작했다. 1,360㎡에 달하는 규모의 이어도종합해양과학기지는 총 높이 76m, 이중 40m는 수중에 있으며 36m는 수면 위로 나와 있는데 수면 위 구조물만 15층 건물 정도의 높이와 비슷하다.

이처럼 이어도의 실체 확인과 공식 명칭 사용을 넘어, 막대한 비용을 들여 장기간에 걸친 공사를 통해 정부 차원의 종합해양과학기지를 건설하게 된 데는 크게 두 가지 측면에서 그 이유를 찾을 수 있다. 해양과학기지 본연의 목적으로서, 지구 온난화에 따른 거대한 자연재난과 같은 지구환경 변화에 능동적으로 대응하기 위한 차원이 그 하나의 이유라고 할 것이다. 즉 과학적 차원에서 이어도해양과학기지는 국립해양조사원이 관리·운영을 총체적으로 책임지고 있으며, 자연재해 예방과 해양 보존 및 이용 등에 필요한 해양 정보를 생산하기 위해 최첨단 해양·기상·환경 관측체계를 갖추고 관련 정보들을 수집·생산하여 국내뿐만 아니라 외국 연구자들과 각 분야의 해양정보 이용자들에게까지 제공하고 있다. 이러한 해양 정보 및 자료의 제공을 통해 해양 연구개발의 초석 역할을 함으로써 한국의 해양경제 및 해양산업의 발전은 물론이고, 동북아 해양 안전과 전 지구적 환경변화 대응에 기여하는 역할을 수행하고 있다.

해양과학기지 건설의 또 다른 이유로 지적할 수 있는 것이 유엔해양법협약 발효와 그에 따른 배타적 경제수역 선포 등으로 해양영토 및 관할권을 둘러싼 국가 간 경쟁 심화에 대비하는 것이다. 사실, 이어도가 해양법상의 도서가 아니기 때문에(김부찬, 1995: 125-145; 김부찬, 2007: 9-12) 중국은 물론이고 한국 또한 섬이 갖는 어떠한 해양 관할권도 가질 수 없으며 영해 기선으로도 삼을 수 없다는 점은 분명하다. 다만, 한국 정부가 이어도에 해양과학기지를 건설했기 때문에 적어도 기지 외연 500m까지는 안전수역(safety zone)을 설정하여 관리할 수는 있다.

한국 정부가 이처럼 해양과학기지에서 수집·생산된 자료와 정보의 국내외 배포 및 공유, 해양과학기지 외연 500m의 안전수역 설정 및 관리 등의 권한 취득 등을 통해 이어도에 대한 관할권 선점을 위해 노력하는 것은, '법적 관할권'(*de jure* jurisdiction) 확보보다는 '사실상의 관할권'(*de facto* jurisdiction)을 확보하고자 하기 때문인 것으로 보인다.

그리고 이러한 이어도에 대한 '사실상의 관할권' 선점을 바탕으로 인접국, 즉 중국·일본과 배타적 경제수역 및 대륙붕 경계획정 협상에 따르는 해양영역의 확대와 배타적 권리 주장의 실리성 확보 등의 효과를 기대하고 있다(《중앙일보》, 2003년 6월 12일자). 이와 같은 한국 정부의 인식은 이어도가 한·중 간의 배타적 경제수역 경계획정을 위한 논의 과정에서 보다 유리한 입장에 서기 위한 장기적 포석의 일환이라고 할 것이다.

유엔해양법협약이 발효된 이후 한국 정부는 1996년 1월 영해(12해리 이내 수역), 접속수역(24해리 내 수역), 배타적 경제수역(200해리 내 수역)를 선포했다. 이어도가 한국의 배타적 경제수역 내에 위치해 있다면 당연하게 한국의 관할권 하에 두게 되므로 분쟁의 여지가 없어지게 된다. 한·중 양국의 배타적 경제수역은 아직도 획정되지 못하고 있는 상황인데 양국의 주장이 첨예하게 대립하고 있는 실정이다. 한국 정부는 유엔해양법협약 제15조에서 규정하고 있는 '중간선 원칙'으로 배타적 경제수역이 겹치는 수역의 경계를 획정하자는 것이 일관된 입장이다. 이 원칙을 근거로 할 때 이어도는 한국의 배타적 경제수역 내에 있기 때문에 그 관할권이 한국에 있다는 시각을 견지하고 있다(이석우, 2003).

이를 보다 분명하게 확인할 수 있는 것이, 뒤에서 상세하게 살펴보겠지만, 2006년 9월 14일 중국 외교부 대변인의 이어도종합해양과학기지 건설에 대한 비판 성명에 대해 한국 정부가 즉각적인 항의에 나서면서 제기했던 반박논리이다. 그 내용은 첫째, 이어도는 지리적으로 우리 측에 더 근접하여 있으므로 한·중 양국 간 배타적 경제수역 획정 이전이라도 명백히 우리의 배타적 경제수역 권원 내에 속하는 수역이며 둘째로, 우리의 배타적 경제수역인 이어도에 해양과학기지를 건설·운영하는 것은 우리나라의 정당한 권리행사로서 유엔해양법협약에도 부합하는 것이다(외교통상부, 2006).

이어도는 여전히 물속에 잠겨 있지만 매우 중요한 가치를 지닌 실체(entity)로 간주되고 있는 만큼, 한국과 중국 간 이어도에 대한 관할권 분쟁에서 이어도가 한국에 권원이 있음을 주장하는 논거 마련을 위해 다각도의 논의와 연구들이 진행되고 있다. 이어도의 연구와 보호를 위해 민간 연구단체인 '사단법인 이어도연구회'(http://www.ieodo.kr/)가 2007년 출범했다.

이 연구회는 제주대 이어도연구센터와 이어도종합해양과학기지 등에서 수집된 자료와 주민의 증언을 모아 이어도가 우리 영토임을 국내외로 알려나갈 계획을 갖고 출범했다(《세계일보》, 2007년 8월 2일자). 이외에도 이어도의 해양과학기지를 활용한 해양·기상·환경 관측 등과 관련된 각종 연구들이 이루어지고 있고, 기지에서 수집·생산된 자료와 정보들이 국제적으로 공유되고 있다. 그리고 이어도에 대한 관할권 확보를 위해 국제 해양체제 하에서 해양법에 대한 해석과 이에 대해 중국과의 협의 및 관할권 주장 논리의 구축 등을 위한 법리체계의 구축을 위한 연구도 지속되고 있다.

제4절 이어도의 분쟁화 가능성

1. 영토분쟁과 중국의 역사적 경험

유엔해양법 체제의 등장과 함께 갈수록 해양의 중요성이 증대됨에 따라 해양의 경계획정과 관련된 이슈가 복잡한 분쟁이슈로 등장하고 있다. 그에 따라 해양분쟁에 직면해 있는 국가들은 해양권익의 확보를 위해 경쟁적으로 해군력을 증강하고 있다. 해군력 증강에서 가장 두드러지는 국가는 바로 중국이다. 중국은 특히 미국과의 대립을 가상한 A2AD(Anti-Access/Area-Denial) 즉 반접근/지역거부 전략을 적극적으로 추진하고 있는데(김태호, 2008), 이러한 중국의 해양전략이 향후 해양분쟁의 가능성을 고조시키는 요인이 되고 있다.

한편, 중국은 광대한 영토적 특성으로 인해 사실상 접경하고 있는 거의 대부분의 국가들과 건국 이후 최근까지 영토분쟁을 겪었거나 겪고 있다. 중국이 많은 영토분쟁을 겪어온 데는 '역사성'을 간과할 수 없다. 19세기에 중국은 서양 열강의 침략으로 국가주권과 영토를 일부 유린당했던 뼈아픈 유산을 갖고 있다. 이러한 역사적 유산 때문에 중국은 국가주권과 영토에 강하게 집착하는 것으로 보인다. 뿐만 아니라 중국은 수많은 소수 민족들로 구성된 다민족 국가이고 이들 대부분이 국경지역에 거주하고 있다. 따라서 영토 문제는 민족 통합, 나아가 국가통합과 긴밀하게 관련되어 있기 때문에 중국으로서는 영토분쟁에 민감하지 않을 수 없다.

중국이 영토분쟁에 집착해 왔던 또 다른, 그리고 보다 중요한 이유로 과거 열강들과 체결했던 '불평등 조약'의 문제가 있다(이동률, 2008: 25-26). 건국 초기에 중국은 국내외의 불안한 정세 때문에 본격적인 국경 획정 문제에 착수할 수 없었다. 그래서 중국은 '불평등 조약의 불계승'과 '현상유지'를 국경 문제의 원칙론으로 잠정 제시할 수밖에 없었다. 중국은 아편전쟁 이전까지는 러시아와의 국경조약을 제외하고 주변 국가들과의 국경조약을 체결하지 않고 있었다. 그렇기 때문에 중국은 국경을 접하고 있는 모든 국가들과 새롭게 국경선 협상을 추진할 수밖에 없는 상황에 직면해 있었다.

이처럼 중국에게 영토분쟁은 19세기 이후 중국의 역사성과 그 속에서 배태된 서구 열강들과의 불평등 조약 등으로 인해 가장 중요한 국가적·국민적 분쟁이슈였다. 따라서 이러한 중국의 역사성의 맥락에서 볼 때 이어도 분쟁은 중국의 국익 증진과 국민감정 증진을 위해 중요한 분쟁이슈라고 할 수 있다.

2. 해양영토 이슈에 대한 중국의 적극 대응

중국은 역사적으로 많은 영토분쟁을 경험했다. 건국 이후 최근까지(1949~2005년) 중국이 경험했던 23회의 영토분쟁 사례를 분석한 프라벨(Taylor Fravel)에 의하면, 중국은 내륙 영토를 둘러싼 인접국들과의 분쟁의 경우 14개 국가와 12개의 접경조약(boundary treaty) 또는 협정(boundary agreement) 등을 체결하여 육지 국경선의 90% 정도를 확정했다. 또 23건의 분쟁 가운데 17곳을 평화적으로 해결했을 뿐만 아니라 분쟁 대상 영토의 절반 미만을 획득하는 등 실질적 양보를 통해 영토분쟁을 해결하기도 했다(Fravel, 2005).

중국은 불평등 조약의 불계승을 선언한 이래로 여러 주변 국가들과 새롭게 국경선 협상을 진행해야 하는 상황에 직면하게 되었다. 그 시발이 1955년 11월 미얀마와의 국경지역 무력 충돌이었다. 이후 중국은 미얀마와의 국경 문제 협상에 돌입하여 1960년 국경협정을 체결했다. 이것이 중국의 국경문제 해결의 시작이었다. 그리고 프라벨에 의하면, 1960년대 들어 네팔(1961년), 북한(1962년), 몽골(1962년), 파키스탄(1963년), 그리고 아프가니스탄(1963년)과 각각 국경조약 또는 협정을 체결했다. 그러나 중국의 영토분쟁이 조약·협정이 아니라 무력충돌로 귀결된 경우도 있었다. 1962년 인도와 1969년 소련과, 그리고 1979년 베트남과는 영토분쟁으로 무력충돌을 경험했다(Fravel, 2005: 56).

중국의 영토 문제에 대한 입장은 1980년대 이후부터 변화되기 시작했다. 원칙을 강조하는 가운데 상대국에 대한 위협이나 무력 대결보다는 접경국과의 신뢰 구축 및 비군사적 협상 참여 등 실현 가능한 실리적 태도로 변화했다. 더욱이 탈냉전 시대의 도래와 개혁·개방정책을 위해 중국은 평화적이고 안정적인 안보환경의 확보가 중요하다는 판단에 따라 국경 문제를 적극적으로 해결하기 위해 노력하기 시작했다. 그에 따라 1990년대 이후 라오스(1991), 베트남(1999) 등의 동남아 국가뿐만 아니라 러시아와의 서부국경(1994), 카자흐스탄(1994), 키르기스스탄(1996), 타지키스탄(1999), 러시아와의 동부국경(2004) 등의 국경 문제를 해결했다.

1990년대 이후부터 중국의 영토분쟁에는 해양 이슈들이 개입되는 양상을 보이기 시작했다. 실제로 중국의 대중잡지인 『베이징 리뷰』(*Beijing Review*)의 영토와 관련된 기사를 분석한 칼슨(Allen Carlson)의 연구에 따르면, 1982~88년 내륙 대 해양에 관한 글의 빈도는 74대 21이었지만, 1989~97년 기간에는 0대 58로 크게 변화되었다(Carlson, 2003: 682-686).

양적인 변화뿐만 아니라 질적인 변화도 나타났는데, 중국은 해양영토분쟁에 갈수록 적극적이고 공세적으로 대응하고 있다. 중국은 1974년 시사군도를 시작으로 1988년 남사군도까지 무력 점령하여 자국령으로 선포함으로써 동남아 4개국뿐만 아니라 대만까지 포함된 다자 간 영유권 분쟁을 치르고 있다(Hong, 2013). 그리고 2010년 이후 2012년 일본의 '센카쿠 열도 국유화' 조치를 계기로 촉발된 일본과의 센카쿠/댜오위다오 분쟁도 무력충돌 일보직전까지 갈만큼, 기존과 달리 공세적으로 대응하고 있다.

이렇게 볼 때, 이어도 분쟁의 주체로서 중국은 1990년대 이후부터 내륙영토분쟁에서 해양영토분쟁으로 관심사를 전환하고 있으며, 해양영토분쟁에서는 훨씬 더 완고한, 그리고 적극적이고 공세적인 입장과 자세를 보이고 있으며, 무력충돌도 불사하거나 그럴 태세를 보이고 있다. 따라서 중국은 해양영토에 대해 크게 집착하고 있으며, 앞으로도 이러한 경향은 지속될 것으로 보인다.

3. 이어도에 대한 중국의 경제적 이해관계

경제적 측면에서 이어도는 중국에게 중요한 이해관계를 갖고 있는 것으로 보인다. 그것은 바로 대륙붕 자원, 특히 석유나 천연가스와 같은 에너지 문제와 관련된 이해관계이다. 중국에게 이어도 주변수역은 에너지 등 해저 광물자원의 보고로 간주한다. 에너지 자원은 중국의 지속 가능한 경제성장의 토대이다. 앞서도 살펴보았듯이, 중국의 궁극적인 국가 목표는 강대국화이다. 중국이 조화세계를 추구하면서 강대국으로 성장해 나가기 위해서 가장 중요한 당면 과제는 지속 성장이다. 중국은 급속한 경제발전의 속도에 비례하여 에너지원에 대한 수요도 상승하고 있다.

개혁개방 이후 중국의 급속한 산업화는 막대한 에너지 수요를 발생시키고 있다. 중국의 입장에서 해외로부터의 원유수입선 확보는 그야말로 사활을 건 전쟁이다. 이러한 사정은 원유뿐 아니라 여타의 에너지, 천연자원의 경우에도 마찬가지이다. 때문에 중국지도부는 이미 에너지 문제를 국가안보의 핵심 사안으로 규정하고 적극적인 에너지정책을 펼치고 있다. 중국은 국가적 차원에서 종합적인 에너지정책을 수립하고 집행하기 위해 2005년 6월 원자바오(溫家寶) 총리를 조장으로 하는 '국가에너지영도소조'(國家能源領導小組)를 설립했다.

사실, 중국은 세계적 수준의 에너지 생산대국일 뿐 아니라 에너지 자급률 역시 매우 높은 나라이다. 중국은 풍부한 석탄매장량을 바탕으로 현재까지도 전체 에너지소비의 약 90%를 국내에서 자체적으로 조달하고 있다. 중국은 2006 년 기준으로 1조 345억 톤의 석탄 매장량을 지니고 있으며, 세계 3위의 석탄생산국가로서 1차 에너지 소비에서 차지하는 석탄의 비중은 약 70%에 이른다(박병광, 2012: 2).

그러나 중국은 동시에 세계 최대의 에너지 소비국가이다. 중국은 이미

지난 2009년 미국을 제치고 세계 최대의 에너지 소비국이 되었으며(Swartz and Oster, 2010), 현재 중국의 에너지 소비는 매년 세계 평균 증가율의 2배 이상을 기록하면서 급속히 증가하고 있다. 국제에너지기구(International Energy Agency: IEA)에 따르면, 2007년부터 2030년까지 전 세계의 에너지수요량은 매년 평균 1.5%씩 증가할 것으로 보이지만, 중국의 경우는 3.2%씩 증가할 것으로 예상되고 있다(IEA, 2010: 76). 특히 중국이 소비하는 에너지 가운데 석유소비는 매우 빠른 속도로 증가하고 있다. 〈표 7-2〉와 같이 중국이 수입하는 원유의 대외의존도는 매년 빠르게 증가해 왔고 전망치로 볼 때 2020년에는 70%에 육박할 것으로 전망되고 있다.

〈표 7-2〉 중국의 석유 수입의존도

연도	1994	1995	1996	1997	1998	2000	2005	2010	2020*
수입의존도(%)	1.9	5.4	8.1	17.0	15.4	30.0	35.7	52.1	70.0

* 2020년도 통계는 IEA의 예상치.
자료: IEA(2011).

중국의 지속성장을 통한 강대국화를 위해서 에너지의 안정적 공급은 절대적인 필요조건이다. 중국의 에너지 확보는 대외 수입도 한 방법이지만 자체 개발도 주요한 방법이 될 수 있다. 중국 국내 유전의 대부분은 1960~70년대에 발견된 것으로 모두 성숙기의 유전이다. 즉 40~50년 전에 발견되고 개발된 대규모 유전들이 이미 대부분 고갈상태에 접어들고 있는 것이다. 따라서 중국의 국내 원유생산량은 점점 감소할 것으로 예상되며 규모가 큰 유전부터 점차 고갈이 예상되고 있다(박병광, 2012: 3).

중국은 석유 자원을 적극적으로 개발하기 위해 해양으로 눈을 돌려야 할 상황이다. 그런데 이를 위해서는 우선 대륙붕에 대한 해양관할권 확보가 기본적인 전제가 된다. 이런 의미에서 동중국해 대륙붕 중앙에 위치한 이어도 문제의 경제적인 중요성을 파악할 수 있으며, 따라서 이어도 주변 수역에 매장되어 있는 에너지 자원의 확보를 위해 한국과의 이어도 관할권 확보 경쟁은 불가피하다.

4. 이어도에 대한 중국의 군사전략적 이해관계

중국은 과거 '연안방어'를 중심으로 하던 해양전략에서 보다 적극적인 '근해방어' 전략으로 전환하면서 동중국해와 남중국해에서의 미국 및 일본, 그리고 인근 국가들과의 충돌도 빈번해지고 있다. 중국이 미국에 버금가는 강대국으로 성장하면서 미국과의 갈등과 대립이 부상하고 있다.

미·중 양국은 상호 전략적 불신(strategic mistrust) 속에 상호견제와 제한적 협력을 추구하고 있는 것으로 보인다(Glaser, 2009). 미국은 표면상으로는 부강한 중국을 환영하고 중국이 동아시아에서 더 큰 지역적 책임을 떠맡기를 기대하지만, 내심으로는 중국 해군력의 빠른 증강 및 이를 통한 태평양과 인도양으로의 세력 확장을 자신에 대한 위협으로 받아들이고 있다(서정경, 2010: 105-108). 또한 중국을 이해관련자로 지칭하면서도 다른 한편으로는 여전히 패권 도전국으로 상정하고 경계하는 이중적 인식을 지니고 있다.[39]

반면 중국은 미국에 대해서 일본과의 동맹강화, 미사일방어(Missile Defense: MD) 체제의 구축 시도, 중앙아시아와 서남아시아 지역에 대한 군사

39 라이스 전 국무장관은 "중국은 아시아·태평양지역에서의 미국의 역할에 불만을 갖고 있다. 이는 중국이 '현상유지' 파워가 아니라 아시아의 전략적 균형을 자신에게 유리하게 변경시키려는 파워임을 의미한다"(Rice, 2000)고 지적한다.

적 영향력 증대, 북한에 대한 압박, 대만에 대한 무기판매 등 일련의 조치들이 중국의 주변 정세를 불안정하게 할 뿐만 아니라 중국을 고립 또는 포위하는 새로운 봉쇄정책(containment policy)을 펼치고 있다고 불신을 떨쳐버리지 못하고 있다(조현태, 2010: 50).

미·중의 경쟁과 갈등은 양국의 해양전략 충돌이 핵심 요인의 하나로 작용하는 것으로 보인다. 2010년 3월 초 다이빙궈(戴秉國) 중국 외교담당 국무위원과 스타인버그(James Steinberg) 미 국무부 부장관 및 베이더(Jeffrey Bader) 백악관 국가안보회의(NSC) 아시아 담당 선임보좌관의 회담에서 남중국해가 대만, 티베트와 같은 자국의 주권 및 영토보전과 관련된 중국의 핵심이익에 속한다는 입장을 미국 측에 통보한 바 있다. 또 같은 해 7월 23일 베트남 하노이에서 개최된 아세안지역포럼(ARF)에서 미국과 중국이 남중국해 문제를 둘러싸고 날카롭게 대립하였다. 이날 힐러리 클린턴 미 국무장관은 중국 및 주변 5개국의 영유권 분쟁 해역인 남중국해 문제와 관련하여 "미국의 이해와 직결된 사안"이라고 하면서 동 지역이 중국의 핵심이익이라고 한 주장을 반박했다.

이에 대해 양지에츠(楊潔篪) 중국 외교부장이 영토분쟁 지역인 남중국해를 국제 이슈화하려고 들지 말라고 경고했다. 2010년 10월 3일 홍콩의 사우스차이나 모닝포스트는 중국이 일본과 영토분쟁을 벌이고 있는 댜오위다오 문제를 대만, 티베트(西藏) 및 위구르자치구(新疆), 남중국해에 이어 중국의 '핵심이익'으로 격상한 것으로 보도했다. 또 같은 해 7월 18일 필리핀을 방문한 로버트 윌라드 미 태평양함대 사령관도 "미국은 남중국해의 안보를 보장할 것이며 이곳의 중요한 해상 교역로를 보호할 것"(《문화일보》, 2010년 8월 20일자)이라고 했다.

미·중 간 해양에서의 경쟁과 갈등이 최근의 일은 아니다. 양국이 해양에서 대치하기 시작한 것은 중국이 해군력 증강에 나서기 시작한 1990년대 이후부터이다. 미국의 항공모함(이하 항모) 키티호크호와 중국 핵잠함이 1994년 10월말 서해 해상에서 조우, 항공기까지 발진하는 등 군사대결 사태까지 간 사건이 발생하였고, 1996년 대만해협에 위기가 고조됐을 때 미국은 항모 2척을 급파한 바 있다. 2001년 4월 해남도 인근에서 발생한 미 정찰기와 중국 전투기 충돌사건으로 양국 간 힘겨루기가 있었다. 또 2006년 10월 26일 중국의 쑹급(宋) 잠수함이 오키나와 해상에서 작전 중인 미국 항공모함 키티호크에 5마일(9㎞)까지 접근해 떠올랐다. 10여 척의 호위함에 둘러싸였지만 대잠 경계망에 탐지되지 않았던 것이다. 2007년 추수감사절(11월 22일)을 맞아 홍콩에 입항하려다 중국 정부가 거절해 일본으로 회항했던 미국 항모 키티호크가 대만해협을 통과하면서 중국 잠수함 및 함정과 28시간 동안 일촉즉발의 대치를 했던 사실이 뒤늦게 알려지기도 했다. 2009년 3월 8일에도 남중국해에서 미 정보수집함 임페커블호와 중국 해군 함정 5척이 대치, 양국 간 외교적 문제로까지 비화됐었다. 또 2개월 이후인 5월에는 중국 어선 2척이 서해에서 해양관측선 USNS 빅토리어스호(3384t급)에 30야드(27.4m)까지 근접, 한동안 대치한 사건도 발생했다(조현태, 2010: 51–52).

이처럼 미·중 간 해양에서의 경쟁과 갈등, 그리고 잦은 충돌은 양국 모두에게 군사적 요충 해역이라고 할 수 있는 동중국해와 남중국해에서 주로 발생하고 있다. 그리고 중국의 해군전략은 중국의 광범위한 해양권익의 보호를 위해 적극적 근해방어전략을 바탕으로 그 행동반경을 더욱 확대하기 시작했다. 그에 따라 중국 해군의 임무에는 영해와 중국이 영유권을 주장하는 도서의 방어, 대륙붕 및 배타적 경제수역의 보호 그리고 해양수송로를 포함하고 있다. 이어도가 위치한 동중국해는 중국의 제1도련선 범위에 포함되어 있다. 이 자체만으로도 중국에게 이어도는 '핵심이익'의 범주에 포함된다고 할 수 있다. 그러나 이외에도 해저 석유의 개발이나 해외 원유 도입을 위한 해상수송로의 확보를 위해서도 해양통제권 유지가 중요하다.

서해와 동중국해 해역은 지리적으로는 비교적 협소한 해양 공간에 속하지만, 중국에게는 해양안보를 위한 사활적인 연안 수역이다. 그렇기 때문에 중국은 이 수역 내 해양 군사력에 의한 해양통제권의 우위를 유지하기 위해서 노력할 것이다. 동중국해 해역은 전반적으로 대륙붕으로 구성되어 있고 해양의 수심이 얕기 때문에 특별히 이어도 인근 해역을 거치지 않고는 칭따오에 있는 중국 북해 함대와 상하이에 있는 중국 동해 함대가 태평양으로 진출할 해상 통로가 없기 때문이다. 중국에게는 그만큼 이어도의 군사 전략적 중요성이 크다는 것을 의미한다.

중국이 2005년 이후 이어도에 해역에 대한 감시활동을 하면서 자국의 배타적 경제수역이라고 주장하는 것은 중국과의 해양패권 경쟁과 무관하지 않다. 미·중 간 경쟁은 이어도에 대한 중국의 입장 변화를 제약하는 요인으로 작용할 수 있다. 중국이 미국과의 해양패권 경쟁을 고려한다면 현 상태, 즉 한·중 간 해양경계획정을 하지 않고 이어도 문제 역시 현 상태를 계속 유지하는 것을 더 선호할 수 있다. 중국은 배타적 경제수역에 대한 연안국의 영해적 권한을 강조하고 있다. 그렇기 때문에 한국의 배타적 경제수역에서 상당한 군사작전 활동 제약을 받지 않을 수 없게 되어 있다. 그러므로 중국 입장에서는 오히려 해양경계획정을 하지 않고 현 상태를 유지하는 것이 군사안보적 시각에서 더 유리할 수도 있다고 판단하는 것으로 보인다.

제4부

이어도의 지속 가능한 미래 찾기

이어도
제주의 마라도에서 서남쪽으로 149km에 위치한 수중 암초로 파랑도라고도 불렸다.
2003년 정부는 이곳에 해양과학기지가 건설했다.

제8장 역사와 문화 속의 이어도

제1절 역사서와 생활사 속의 이어도

1. 역사서 속의 이어도

이어도 또는 이어도로 추정되는 곳에 관한 역사서의 기록은 단편적이지만 이곳저곳에서 심심치 않게 발견되어 왔다. 관련 역사서의 기록은 1800년대 초기까지 제작된 제주도 지도와 문헌의 일부에서 찾을 수 있다. 거기에는 이어도의 다른 이름이라고 주장되고 있는 '여인국(女人國)', '여도(女島)', '제여도(濟女島)', '유여도(遊女島)' 등으로 나타난다. 예컨대, 1700년대 초기의 『제주지도(濟州地圖)』, 1750년(영조 26년) 경에 제작되었을 것으로 보는 『해동지도(海東地圖)』 중 「제주삼현도(濟州三懸圖)」, 1770년대의 『제주삼읍도총지도(濟州三邑都摠地圖)』, 1822년의 『환영지(寰瀛誌)』 중 「탐라도(耽羅圖)」, 그리고

1841년 이원조에 의하여 제작된 『탐라지도병지(耽羅地圖幷識)』 등이 대표적인 고지도라고 할 수 있다. 이들 지도상의 명칭을 보완하는 고문헌 기록으로는 1602년 제주도에 암행어사로 왔던 김상헌(金尙憲)의 『남사록(南槎錄)』과 조선 중기 중앙집권을 강화하던 1700년 초에 제주목사로 부임하였던 이형상(李衡祥)의 『남환박물(南宦博物)』이 있다.

또 다른 중요한 역사적 기록이 『청용만고(聽舂漫稿)』이다. 이 책은 제주에 유배되었던 석촌(石村) 이용호(李容鎬)(1842~1905)의 문집이다. 책의 제목 '청용만고(聽舂漫稿)'란 방아 찧는 소리처럼 생각 내키는 대로 엮은 시문이라는 의미이다. 제목에서처럼, 5년간의 제주 유배 생활 속에서 수집한 제주 관련 정보와 생활상, 한시(漢詩), 그리고 기타 신변잡기들을 엮은 문집이다. 이 책이 빛을 보게 된 것은 석촌 이용호의 증손(曾孫) 이태영이 청용만고 집필 100주년을 기념해 1996년 국역판으로 출판(出判)하게 되면서였다.

이어도에 관한 내용 소개에 앞서 집필자와 그의 유배생활의 배경을 살펴보자(박경훈, 2015 참조). 저자 이용호(李容鎬)의 자(字)는 자관(子寬), 호(號)는 석촌(石村) 또는 아석(我石)이며, 고종 15년(1878년)에 정시 병과(丙科)에 급제(及第)하고, 홍문관(弘文館) 교리(校理) 및 충청어사·경상순무사를 역임했다. 홍선대원군 섭정 기간 때 발탁되어 정무에 임하다, 갑오개혁(甲午改革) 이후 명성황후의 집권으로 홍선대원군이 실각하면서 그에 의해 등용되었던 정객들도 몰락의 길을 걷는데, 이용호 역시 이때 운양 김윤식을 비롯하여 그 일파들과 함께 유배형을 받았다.

이용호는 고종 34년(1897년) 9년의 유배형으로 제주에 오며, 1901년 이재수 난의 여파로 전라남도 완도군 신지도(薪智島)로 이배되기 전까지 제주(濟州)에서 5년간의 유배생활을 했다. 이 기간에 그는 학동들에게 경학을 가르치며 유배생활을 이어 가는데, 제주의 석학 심재 김석익도 16세 때인 1900년, 짧은 기간이었지만 그의 문하에서 글공부를 한다. 또한 그는 자기의 유배 이듬해 종신형을 받고 제주에 유배 온 한말의 대학자이자 노정객이었던 운양 김윤식이 주도한 '귤림시회(橘林詩會)'에 적극적으로 참여하면서 유배의 향수를 달랬는데, 여러 적객들과 제주의 유학자들과 함께 정기적으로 시회를 열었다. 또한 이 시회 활동을 통해 수많은 시문을 남기게 된다. 그렇게 남겨진 시문에는 자연스럽게 유배지의 다양한 풍물과 풍치, 유배지에서의 심경과 다양한 경험담들이 담겨서, 19세기 말 제주의 문화상을 연구

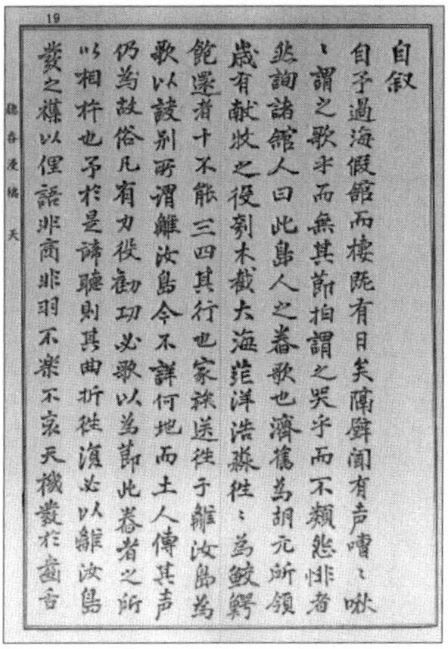

19

聽春漫稿 天

自叙

自予過海假館而棲既有日矣隣辟聞有声嘈嘈咻咻謂之歌乎而無其節拍謂之哭乎而不類悲悱者然詢諸館人曰此島人之舂歌也濟舊為胡元所領歲有獻牧之役刳木截大海茫洋浩渺往往為鮫鰐飽還者十不能三四其行也家族送往于離汝島為歌以訣別所謂離汝島今不詳何地而土人傳其声仍為故俗凡有力役勸功必歌以為節此舂者之所以相杵也予於是諦聽則其曲折往復必以離汝島發之糅以俚語非商非羽不樂不哀天機發於齒舌

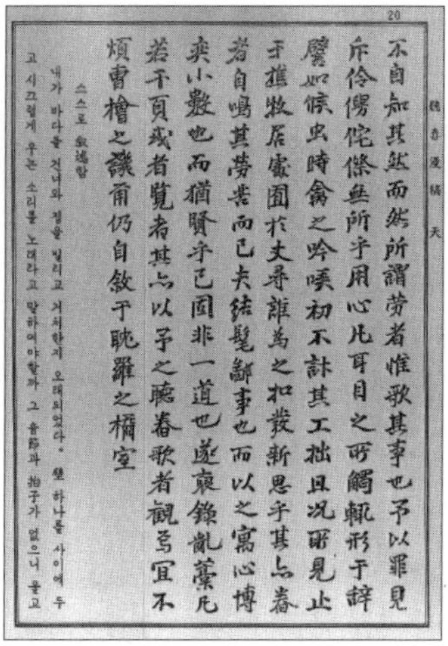

20

聽春漫稿 天

不自知其然而然所謂勞者惟歌其事也予以罪見斥伶俜佗傺無所予用心凡耳目之所觸輒形于辭譬如候虫時禽之吟嘯初不計其工拙且況留見止于樵牧居處圍於丈尋誰為之扣發新思乎其亦舂者自鳴其勞苦而已夫結髮鄙事也而以之寓心博弈小數也而猶賢乎已固非一道也遂裒錄亂藁凡若干頁或者覽者其亦以予之聽舂歌者觀焉宜不煩曹檜之譏爾仍自敍于耽羅之橘室

스스로 敍述함

내가 바다를 건너와 집을 빌리고 거처한지 오래되었다. 壁 하나를 사이에 두고 시끄럽게 우는 소리를 노래라고 말하여야 할까 그 音節과 拍子가 없으니 울고

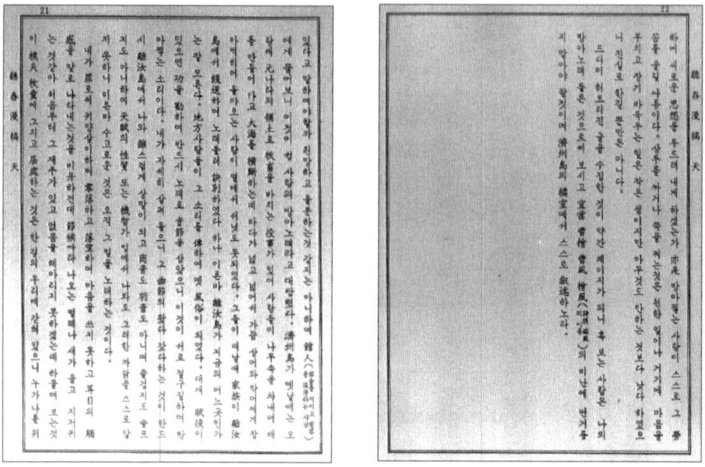

〈그림 8-1〉『청용만고』의 표지와 이어도 관련 내용

하는 데 귀중한 단초를 담고 있는 500여 수의 시문을 모아 저술(著述)한『청용만고(聽春漫稿)』를 남기게 된 것이다. 그는 1905년 사면되었으며, 그해 64세의 나이로 별세한다.

이어도는 이 책에서 "이여도"(離汝島)로 표기되었으며, 이 책의 서문 격에 해당하는 자서(自序) 부분에 나온다. 그런데 내용적으로 이어도 전설 자체에 대한 이야기가 아니라 '방아 찧는 노래'라는 민요의 유래를 전해 듣고 이를 설명하는 대목에 등장한다. 그 내용은 다음과 같다.[40]

---

40 원문은 다음과 같다. 自予過海假舘而棲旣有日矣隔壁聞有聲嘈嘈啾啾謂之歌乎而無其節拍謂之哭乎不類怨悱者然詢諸舘人曰此島人之舂歌也濟舊爲胡元所領歲有獻牧地役刳木截大海茫洋浩淼往往爲鮫鰐餉還者十不能三四其行也家族送往于離汝島爲歌以訣別所謂離汝島今不詳何地而土人傳其聲仍爲故俗凡有力役勸功必歌以爲節此舂者之所以相杵也予於是諦聽則其曲折往復必以離汝島發之襍以俚語非商非羽不樂不哀天機發於齒舌不自知其然而然所謂勞者惟歌其事也…

자서(自序), 내가 바다를 건너와서 관사(館舍)를 빌려 머문 지 며칠째 되었을 때였다. 문득 담벽 너머로 왁자지껄하게 사람들이 소리를 질러 대기에 처음엔 '웬 귀신이 처량하게 우는 소리인가'라고 생각했다. 그것을 노래라고 해야 할까, 그러기에는 절조(節操)와 박자가 너무 희박하다. 아니면 곡(哭)소리를 내는 것이라고 할까, 그러기에는 원통하고 비탄에 잠긴 그런 소리의 형태는 더욱 아니다. 그래서 여러 사람에 물어보았더니, 그중 관인(館人)은 이렇게 말하는 것이었다.

"그것은 이 섬사람들이 부르는 '방애질소리〔舂歌〕'란 것입니다. 제주섬은 그 옛날 오랑캐 원(元)나라에 목축한 마소를 바치는 영토였습니다. 그래서 그 역사(役事)를 위해 배를 만들어 대해를 횡단하는데, 아득히 넓은 바다를 건너다 종종 상어와 악어에게 잡아먹히어 돌아오는 사람이 열에 서넛밖에 되질 않았습니다. 그러니 가족들이 (남자들을) '이여도(離汝島)'로 송별하면서 부르는 노래입니다."

이른바 이여도란 곳이 지금 어디인지는 상세히 알 수 없으나, 토박이 사람들이 그 소리를 거듭 전하게 되면서 그게 바로 오래된 풍속으로 자리 잡았던 것 같다. 대저 힘든 일을 벌이면서 공력을 쏟아 부을 때면 반드시 노래를 불러서 절조를 맞추곤 하는데, 이 '방애질〔舂〕'이란 일도 서로 번갈아가며 절구질하며 곡식을 찧는 일이다. 그러기에 내가 유심히 그 소리를 듣고서 관찰해보니, 노래 곡절에는 반드시 '이여도(離汝島)'란 소리를 반복하면서 사투리로 잡다한 가사를 내고 있었고, 상조(商調)의 슬픈 가락이거나 우조(羽調)의 홍겨운 가락은 아니었다. 하늘이 내려준 작용 그대로 혀와 이빨에서 만들어낸 소리 그 자체이기에 자신도 모르게 그런 모습으로 나타남이니, 그래서 이른바 수고로움이란 오직 그 일을 노래로 부르는 일이다.

이상이 이용호가 청용만고에 남긴 이어도 관련 글의 전문이다. 이용호가 1897년 음력 3월 5일 산지포로 들어와 제주섬에 오른 후 관사에 몸을 부린 지 며칠만의 일을 적은 것으로, 그 당시 제주 여인들이 방아질을 할 때 부르는 노래를 듣고 그 유래를 듣게 된 경위와 또한 당시 구전되던 '이여도'에 대한 일화를 기록으로 남긴 것이다.

당시 낯선 유배지에 여장을 푼 그에게 이웃집의 아낙들이 제주의 방애(방아의 제주 방언형)를 찧으면서 여럿이 불러대는 방애노래는 그에게 상당히 이질적으로 들린 것이다. 이에 그는 여러 사람에게 물었고 마침 객관을 지키던 관원이 답하기를 "가족들이 원나라의 지배를 받던 시절, 공마진상을 나가는 아비를 배웅하면서 불렀던 노래였다."라는 답을 듣고, "그 이여도가 어디인지는 지금은 알 수 없으나 섬 토박이들이 이 일화를 전하면서 오래된 풍속을 자리 잡았을 것"이라는 그의 견해를 보태어 남긴 글이다.

이로 미루어 이어도에 대한 전설은 이미 당시에도 방애질 노래로 널리 불리면서 구전되어 온 것임을 알 수 있다. 그리고 이 짧은『청용만고』의 기록은 그동안 이어도에 관한 설화의 신빙성 여부, 즉 제주 전래의 것이냐 아니면 일제강점기 일본인 학자에 의해 만들어진 전통이냐 하는 저간의 논란을 잠재우는 매우 귀중한 사료이다(박경훈, 2015).『청용만고』의 기록으로 미루어 이어도에 대한 전설은 이미 19세기 말까지 제주 구전문화의 하나로 자리 잡고 있었음을 보여주고 있기 때문이다.

이상의 몇몇 자료 이외에 제주와 관련된 역사서에서 이어도가 명시적으로 나타난 사례를 찾기는 쉽지 않다. 몇몇 고문헌이나 고지도에 이어도를 암시하는 내용들이 조금 있는 정도이고, 비교적 분명하다고 할 수 있는 언급은 『청용만고』 정도라고 할 수 있다. 오히려 수중 암초(여)인 이어도가 역사서에 등장하는 것이 이상한 일인지도 모른다. 그러나 역사서에 등장하지 않는다고 해서 이어도가 실존하지 않았다고 단정해서는 안 된다. 제주인의 생활사 속에 그려진 이어도의 흔적은 어렵지 않게 찾을 수 있기 때문이다.

2. 제주인의 생활사 속의 이어도

환해(環海)의 화산낙도(火山落島)라는 자연지리적 특성(송성대, 2010a: 51)에서 볼 때, 우리 역사에서 제주는 변방의 위치에 있었다. 조선시대는 해양으로의 진출입에 대해 부정적으로 인식하던 시대였다. 이 시기는 해양교류가 위축되었기 때문에 제주는 국토 최남단의 변방이 될 수밖에 없었다. 더욱이 이 시기는 명·청나라 등의 주변국들도 해양에 대한 인식이 그다지 적극적이지 못했기 때문에 해양 활동을 국가가 금했고(윤명철, 2002: 197), 따라서 제주 우리 역사의 변방이었을 뿐만 아니라 동아시아의 변방이 될 수밖에 없었다.

그러나 제주가 변방에만 머물렀던 것은 아니다. 해양을 통한 교류가 활발하고 해양문화가 융성하던 시기에 제주는 해양센터의 역할을 해왔던 것으로 평가된다. 윤명철(2002: 196-197)에 의하면, "삼한시대, 삼국시대, 남북국시대, 고려시대 등은 제주도가 역사에서 자기 역할을 충실하게 할 수 있었"던 시기였다. 그래서 "동아시아에서 해양문화가 발달했고, 그 해양을 통해서 문화, 경제교류가 이루어졌을 때 제주도는 그 질서 속에서 자기 위치를 잘 구현하며 빛날 수 있었다"고 평가한다.

이러한 제주의 해양성은 제주가 타고난 자연지리적 특성과 무관하지 않다. 제주가 위치한 바다는 역사적으로 중요한 항로의 채널 역할을 했던 곳이다. 선사시대로부터 오늘날에 이르기까지 여러 항로들이 제주 해역을 거쳐 갔다(윤명철, 2002: 227). 특히 한반도의 남쪽 바다를 통해서 항해하는 선박들에게 제주의 한라산은 중요한 바다의 이정표였다. 이런 측면에서 제주는 해양항로의 중심이었다고 할 수 있다

이러한 제주의 자연지리적 특성으로 인해 제주인들은 바다를 삶의 터전으로 삼아 생활을 꾸려 왔다. 예로부터 제주인은 일반 식생활에서 먹는 반찬으로나 제의(祭儀) 때 올리는 음식으로 옥돔과 남방참다랑어, 재방어를 제일로 꼽았다. 이러한 어종들을 어획할 수 있는 최대의 어장인 동시에 최후의 어장으로 알려진 곳이 바로 '이어도'이다. 제주 어부들은 한겨울에도 북풍을 등지고 이어도 해역으로 출어하여 이런 생선들을 줄낚시로 잡은 뒤 동풍 혹은 동남풍에 배를 맡겨 귀향하곤 했다.

1970년 초반까지도 이런 조업 과정에서 중국이나 주변의 다른 나라 어선을 만난 적이 없다고 할 만큼 이어도를 중심으로 한 일대 해역은 제주 어민들의 생활 권역이었다. 이어도 어장은 1980년대 초반까지도 존재하고 있었다고 제주 어민들은 말한다.

이어도는 제주도 최남단 마라도에서 동남방으로 약 149km 가량 떨어져 원해(遠海), 즉 난바다(=육지로 둘러쌓이지 아니한, 육지에서 멀리 떨어진 바다)에 위치하고 있다. 제주의 어부들은 이어도를 가리켜 '우리 바당 걸팥ᄀ', 즉 우리 바다의 수중 끝자락이라고 부른다. 그래서 제주 어민들은 이 해역을 조업할 수 있는 가장 먼 곳에 위치한 어장으로 알고 있었다.

제주 어부들은 연례행사처럼 매해 9월부터 이듬해 6월까지 옥돔잡이를 위해 이어도 해역으로 출어했다. 일기예보가 없었던 시절에는 날씨 가늠에 실패해 폭풍우를 만나 침몰하거나 난파되어 표류하는 일이 더러 일어나기도 했다. 그러나 이어도에 좌초되거나 해로를 잘못 잡아 표류하는 일은 거의 없었다고 한다. 제주인들에게 이어도는 하나의 랜드마크로서 항해를

가늠하던 척도였던 것이다.

제주 어부들의 항해술은 풍향을 이용하는 것뿐만 아니라 해류의 흐름을 타기도 하고 물살이 급한 해류 및 암초를 피해 지그재그로 배의 방향을 조종하는 방법 등 아주 다양하다. 또 이어도 어장에 접근하는 방법으로 한라산과 수평선을 꼭짓점으로 연결하는 삼각항해도법을 응용했다. 동향으로 항해하면서 한라산이 시야에서 사라지는 시간을 가늠하는가 하면, 밤에는 별자리를 보는 등 독특한 여러 가지 방법을 시의 적절하게 사용했다. '남성호'라는 제주 선박 선원들의 증언에 따르면, 예전에 전통적인 목선, 흔히 돛단배라고 부르는 풍선(風船)을 이용했는데, 통상 가고 오는데 보름, 조업하는데 보름이 걸리기 때문에 족히 한 달은 잡아야 했다.

미루어 보건대, 제주 어민들은 일찍부터 원양 항해가 가능한 체험적 지식, 특히 이어도 바다의 해류와 해풍 등에 대한 폭넓은 지식을 축적하고 있는 해양민이었음을 짐작할 수 있다. 그리고 제주에서 이어도로 가는 해로가 제주 어민들이 늘 이용하던 바닷길임을 증명하는 자료 중의 하나가 김정호의 『대동지지』(大東地志)이다. 이 기록물에는 제주와 육지를 연결하는 해로를 열거하고 있다.

이어도는 제주 섬사람들에게 무엇이었는가? 첫째는 거친 바다와 힘겹게 싸우면서 살아온 제주인들의 이상향, 곧 마음의 고향이었다. 그 곳은 가난과 질병, 핍박과 수탈이 없는 낙원이므로 죽어서도 영생복락을 누리는 영혼의 안식처이다. 두 번째로 이어도는 섬사람들에게 삶의 터전이었다. 예로부터 이어도 바다는 풍부한 어장이었고 그곳에서 수확한 해산물은 섬사람들의 중요한 수입원이었다. 셋째로 이어도는 외부 세계로 나가는 길목이었다. 이어도는 제주도민이 조공선이나 상선을 타고 중국이나 일본으로 가는 바다에 있었다. 그런데 그 해역은 여울이 있고 수중 암초이기 때문에 선박이 난파하는 사례가 빈번했다. 뱃사람들이 바다로 나갔다가 돌아오지 않으면 섬사람들은 이어도로 갔다고 믿었다.

이어도는 제주민에게 이상향이자 삶의 터전이었고 바깥 세계로 나갈 수 있는 통로였다. 이러한 이유 때문에 이어도는 제주도민과 숙명적인 관계를 맺어 왔다고 할 수 있다. 그래서 이어도는 제주 사람들의 의식세계에 깊게 뿌리 내려 많은 신화와 전설을 낳았다. 또 섬사람들은 물질(=제주의 해녀들이 바닷 속에 들어가서 해산물을 따는 일)이나 밭일 같이 힘겨운 노동을 하면서도 이어도 민요를 부르면서 구원의 섬을 꿈꾸었다. 이상향을 향한 동경 속에서 현실의 고난과 절망을 극복할 수 있었던 것이다.

제2절 제주문화 속의 이어도

이어도는 설화와 민요 등 구비 전승뿐만 아니라 시와 소설, 희곡, 영화와 드라마, 대중가요 등 다양한 장르의 예술 작품으로 표현되어 제주인들의 의식에 깊은 영향을 미치고 있다. 이어도는 제주사회의 생활문화 속에도 침투되어 지역사회의 단체나 상호 등에 이어도 명칭을 사용하는 경우가 늘어나고 있는 추세이다.

이러한 현상은 이어도에 대한 제주도민의 정서를 반영하는 것으로, 인간의 관념 속에서 전설이나 신화 속 대상으로 막연히 존재하던 이어도가 현실 속에 실재하는 섬으로 이미지의 탈바꿈이 이뤄지고 있음을 보여준다. 이러한 인식의 전환은 더 나아가 이어도는 대한민국 영토의 일부라는 인식으로 확고하게 자리잡게 되는 문화적 증거라고 할 것이다.

1. 전통 서사문학 속의 이어도

이어도에 대한 대표적인 전통 서사문학(敍事文學), 즉 설화는 다카하시 토오루(高橋 亨), 진성기, 김영돈·현용준 등의 학자들이 채록하여 기록함으로써 기록문헌의 위치에 서게 되었다. 이들은 제주 각지에서 이어도 설화를 채록했다.

첫 번째로 다카하시 토오루(高橋亨)가 모슬포에서 채록한 설화이다(高橋亨, 1933; 제주특별자치도인력개발원·제주발전연구원, 2008: 299-300 재인용).

> 제주는 고려 충렬왕(忠烈王) 3년 원(元)나라의 지배를 받아 목관(牧官)이 내려와 통치하기 시작했다. 이 때부터 원나라 말기까지 제주는 해마다 토산품을 보내지 않으면 안 되었다. 이 공물선(貢物船)은 북쪽 산동(山東)으로 가기 위해 섬의 서북쪽 모슬포에서 출항했다. 언제부터인지 모르지만 대정에 강(姜) 씨라고 하는 선박 운송업자가 있어 이 공물선의 선주가 되었다.
>
> 그런데 그때마다 수척의 큰 배에다 공물을 가득 실어 황해를 가로질러 출항했다. 그런데 이들의 공물선은 끝내 돌아 온 적이 없었다. 그런데 그 무렵 항로 중간에 '이여도(離虛島)'라고 하는 섬이 있다는 꿈 같은 이야기가 섬사람들 사이에서 회자되었다. 어느 해 강 씨는 자신이 스스로 공물선을 타고 그 섬을 향해 출발하였다. 그러나 그도 역시 끝내 돌아오지 않았다.
>
> 강 씨에게는 나이든 아내가 있었다. 그녀는 그리움을 달랠 길 없어 "아 이여도야 이여도야"로 시작하고 끝나는 노래를 만들어서 불렀다. 하다못해 내 남편이 이여도까지 만이라도 도착했으면 하는 의미였다. 그 곡조는 매우 서글프고 애처로웠다. 비슷한 처지의 다른 부인네들

도 그 노래를 듣고 모두 공감했고, 그렇게 해서 이 노래는 전도(全島)로 퍼지게 되었다.

두 번째로 진성기가 조천리에서 채록한 고동지 설화이다(진성기, 1959; 1992).

옛날 조천리에는 고동지라는 사나이가 살고 있었는데, 어느 해에는 중국으로 국마진상을 가게 되었다. 그날따라 바람 한 점 없이 바다는 잔잔하여 고동지는 동료배들과 함께 말을 잔뜩 싣고 순풍에 돛을 달아 배는 조천포구수진개를 떠나게 되었다. 그런데 배가 수평선에 이르렀을 때 갑자기 폭풍이 불어 닥쳐 배는 나무조각처럼 흔들리며 표류하기 시작하였다.

며칠 며칠을 표류했던지 마침내 배는 한 섬에 표착하게 되었는데, 이 때 고동지는 동료들을 모두 잃고 자기만이 살아남았다는 것을 알게 되었으며, 표류하여 도착한 땅은 '이어도'라는 것도 알 수 있었다.

'이어도'에는 큰 태풍 때 고기잡이 간 어부들이 수중 고혼이 되는 바람에 이른바 과부들만의 섬이었다.

과부들은 고동지가 표착하자 그에 대한 환영이 대단하였다. 과부들은 고동지에게 이 집에서도 묵도록 했고 저 집에서도 묵도록 했다. 고동지는 날이면 날마다, 밤이면 밤마다 이 여자에게서 저 여자에게로 전전하면서 애정을 나누었다. 그러던 어느 하루는 비가 와서 처마에서는 낙숫물이 뚝뚝 떨어지고 있었다. 고동지는 불현듯 고향의 아내와 부모 형제가 그리워졌다. 아내를 만나고 싶은 생각이 불길같이 일어났다. 그 날 밤은 초승달이 반달이었으나 달이 유난히 밝았다. 고동지는 바닷가를 배회하면서 멀리 수평선 너머로 바라보며 아내의 이름을 열백 번도 더 불러 보았다. 달 밝은 밤이면 더욱 고향이 그리워졌고, 고향이 그리워지면 바닷가를 찾는 고동지였다.

바다는 부드러운 가락으로 노래를 불렀다. 고동지도 파도의 가락에 따라 스스로를 달래며 구슬프게 노래를 불렀다.

이어도 (ᄒᆞ)라 이어도(ᄒᆞ)라
이어 이어 이어도(ᄒᆞ)라
이어 말(ᄒᆞ)민 나 눈물 난다
이어 말랑 말앙근 가라
강남을 갈거면 해남을 보라
이어도가 반이옝 해라

이 노래는 강남으로 가는 절반쯤 길에 '이어도'가 있으니, 나를 불러 달라는 애절한 내용의 노래였다. 이어도 사람들은 이 고동지의 노

래를 듣기 위해 모여들었고, 많은 여인네들이 그의 처지를 동정하게 되었다. 고동지의 노래를 듣고 흐느껴 우는 과부들도 많았다. 이윽고 이어도 노래는 모르는 사람이 없을 정도가 되었다.

그 후 고동지는 뜻밖에 중국 상선을 만나 그 배의 도움으로 귀향하게 되었다. 이 때 '이어도'의 한 여인이 이 고동지를 따라 제주에 들어오게 되었다. 고향에서는 태풍으로 죽은 줄로만 알았던 고동지가 살아 돌아오자 잔치가 벌어졌고, 이들은 모두 한 가족이 되어 단란한 가정을 이루었다. 그 때 '이어도'에서 고동지를 따라 온 여인을 마을 사람들은 '여돗할망(이어도의 할머니라는 뜻)'이라 불렀는데, 세상을 떠난 후에는 마을 당신(堂神)으로 모시게 되었으니, 지금 조천리 '장귀동산당'이 바로 그 여돗할망을 모신 당이다.

세 번째로 김영돈·현용준이 동김녕리에서 채록한 설화이다(김영돈·현용준, 1980).

옛날 어느 마을에 한 남편이 아내를 버려두고 무인도인 '이여도'로 가서 첩을 정하여 행복하게 살고 있었다. 남편을 잃어버린 아내는 늙은 시아버지를 모시고 살아가고 있었는데, 어느 날 시아버지에게 부탁하였다.

"아버님, 배 한 척만 지어 주십서."

"뭘 하젠?"

"남편을 찾아 보쿠다."

시아버지는 며느리의 소원을 들어 선흘고지(조천읍 선흘리)로 가서 나무를 베어다가 배를 지어주었다.

어느 화창한 날을 택하여 며느리는 시아버지와 함께 남편이 살고 있는 이여도를 향하여 배를 띄웠다. 이여도로 가는 길은 멀고도 험난했다. 며느리가 노를 저으며 어서 '이여도'에 가자고, '이여도 사나, 이여도 사나' 소리[노래]를 불렀다. 드디어 힘겹게 이여도에 이르렀다. 과연 남편은 새 아내와 함께 행복하게 잘 살고 있었다.

남편은 아버지와 본처가 귀향할 것을 설득하자 하는 수 없어 가족 모두가 고향으로 돌아가서 살기로 결정을 내렸다. 온 가족이 한 배에 타서 고향으로 향하고 있었는데 갑자기 풍파가 몰아치니 다 몰사 당하고 말았다. 그 후 그 고향 사람들은 풍파를 만나 몰사한 그 가족들을 불쌍하게 여겨 당제(堂祭)를 지내듯 늘 제사를 올렸다.

여기서 소개한 모슬포, 조천, 동김녕리 3곳의 설화는 대략 다음과 같은 줄거리이다. 옛날 제주도의 한 마을에 부부가 살았다. 하루는 남편이 배를 타고 바다로 나갔는데 돌아올 줄을 몰랐다. 이 배는 풍랑을 만나 한 섬에 표류하게 되었다. 그 섬이 다름 아닌 이어도이다. 아내가 남편을 기다리다 이어도로 떠났다는 전설이 있고, 그 남편을 그리며 이어도를 노래한다는 전설이 있으며, 남편이 도착한 이어도를 과부들의 섬(여인국)으로 설정한 전설도 있다. 또 아내가 남편을 찾은 후, 이어도에서 돌아오다가 풍파를 만나 모두 저세상으로 갔다는 전설도 있다.

이어도 관련 설화의 내용은 다음과 같이 요약 정리할 수 있을 것이다. 첫째, 이어도는 제주도 서남쪽 항로에 있는 섬으로, 제주도에서 강남(江南)으로 가는 중간쯤에 위치해 있다. 둘째, 옛날 제주도 남자들이 진상품이나 상품을 싣고 중국으로 가다가 이어도라는 섬 주변의 소용돌이치는 물결에 배가 휘말려 들어가서 여지없이 파선되고 몰사하는 일이 거듭됐다. 셋째, 남편을 삽시에 잃은 제주의 여인들로서는 이어도는 원한과 애통의 상징이었다. 그래서 제주 여인들은 이어도의 민요를 부르면서 쓰라린 마음을 달래왔다. 넷째, 이어도라는 섬은 한 번 들어가면 살아 돌아올 길 없는 저승 나라이다. 마지막으로, 이어도는 삶에 필요한 온갖 물건이 두루 갖추어지고 사람이 누릴 수 있는 즐거움과 환락이 넘치는 낙토이다.

제주도민에 의하여 발상된 전통서사문학에 나타나는 이어도에 대해 조성윤(2011)은 다음과 같이 해석하고 있다(조성윤, 2011: 343).

> 이어도가 환상의 섬이지만, 동시에 도민들의 의식 속에서 사회적 실재(social construction of reality)로 작용하고 있다고 생각하게 만들어주는 섬이다. 이어도가 도민들에게 지속적인 관심을 끌 수 있었던 이유는 그것이 현실과는 전혀 다른, 꿈과 소망을 담은 이상적인 세계이기 때문이다. 즉 이어도는 제주도 주민들의 공유하는 집합적 기억(collective memory)으로써, 현실의 한계를 확인하고, 동시에 넘어서도록 하는 상징세계로서, 이미 제주도민의 의식의 일부분을 형성하고 있는 사회적 실재가 되어 있다고 볼 수 있다.

그러나 기존 학계의 연구에서 이어도는 주로 구비문학 분야와 문학 작

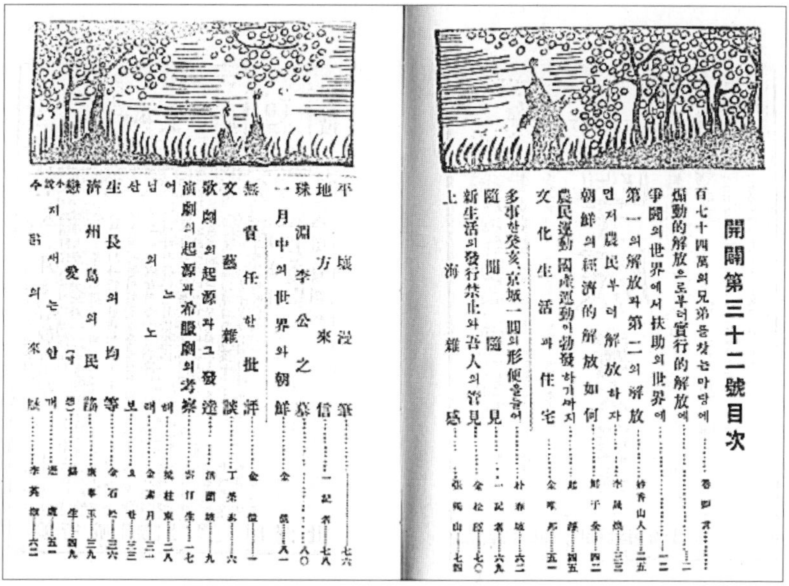

開闢第三十二號目次

百七十四萬의兄弟를찾는마당에
煽動的解放으로부터實行的解放에 …… 一
爭鬪의世界에서扶助의世界에 …… 一三
第一의解放과第二의解放 …… 二五
먼저農民부터解放하자 …… 三三
朝鮮의經濟的解放如何 …… 四二
農民運動國產運動이勃發하기까지 …… 四五
文化生活과住宅 …… 五一
多事한癸亥, 京城一間의形便을들어 …… 六二
隨聞隨見 …… 六九
新生活의發行禁止와吾人의管見 …… 七〇
上海雜感 …… 七四
平壤漫筆 …… 七六
地方來信 …… 七八
珠淵李公之墓 …… 八〇
一月中의世界와朝鮮 …… 八一
無責任한批評 …… 一
文藝雜談 …… 六
歌劇의起源과그發達 …… 九
演劇의起源과希臘劇의考察 …… 一七
어느해 …… 二八
님의노래 …… 三一
산보 …… 三三
生長의均等 …… 三六
濟州島의民謠 …… 三九
戀愛 …… 四九
지새는안개 …… 五一
수탉의來歷 …… 六二

〈그림 8-2〉《개벽》(開闢) 제32호 목차

품 분석에서 이루어지고 있을 뿐이었다. 제주도민들의 아이덴티티를 형성하는 이어도 이미지에 관한 체계적인 정리는 찾아볼 수 없다.

1920~30년대 조선사회에서는 많은 지식인들이 제주도 민요를 수집하고 소개하는 노력을 기울이고 있었다. 특히 강봉옥(康奉玉)은 '이어도' 후렴구가 담긴 민요를 다카하시가 제주도 민요를 조사한 시점보다 빠른 1923년에 소개한 바 있다. 그는 1923년 2월 1일 발행한《개벽》(開闢) 제32호 부록에서 "제주도(濟州島)의 민요 50수(民謠 五十首), 맷돌 가는 여자들의 주고 밧는 노래"라는 제목으로 제주의 민요를 소개하고 있다.

> 離虛島(이허도)는 濟州島(제주도) 사람의 전설에 잇는 섬(島)입니다. 濟州島(제주도)를 西南(서남)으로 風船(풍선)으로 4, 5일 가면 갈 수

있다 합니다. 그러나 누구나 갔다 온 사람은 없습니다. 그 섬은 바다 가운데 수평선과 가튼 平土(평토)섬이라 하며, 언제든지 雲霧(운무)로 둘러 끼고 四時長春(사시장춘) 봄이라 하며 멀리 세상을 떠난 仙境(선경)이라고 濟州島(제주도) 사람들이 동경하는 이상향이올시다(康奉玉, 1923: 39-48).

이를 보면 강봉옥은 이미 이어도를 제주도 사람들이 동경하는 이상향이자 전설의 섬으로 소개했다.

2. 제주소리 속의 이어도

지역 주민의 언어와 가락으로 표출되는 소리(민요)는 그 지역의 정서가 가장 서정적으로 잘 드러난 자료라고 봐도 무리가 없을 듯하다. 제주의 민요는 일찍이 제주도 생활상을 들여다보는 민속학의 도구로 인식되었다. 더구나 이어도에 대한 논의는 바로 학자들이 제주소리를 연구하는 과정에서 두드러지게 나타난 실적이다.

일제 강점기 때 일인(日人) 철학자로 조선사상 연구에 탁월한 다카하시 토오루를 필두로, 1939년 잡지 《삼천리》(三千里) 8월호에 실린 김안서(金岸曙)의 "제 고장서 듣는 민요 정조(民謠 情調): 김능인의 제주도의 멜로디," 시인이며 학자인 임화(林和)가 편저하고 이재욱이 해제한 민요를 묶어 1939년 학예사(學藝社)에서 펴낸 『조선민요선(朝鮮民謠選)』 등이 이어도와 관련된 제주소리를 다룬 저술들이다.

제주소리에서 제주도 주민의 정체성, 그 중에서도 이어도와의 관계를 규명하려는 또 다른 연구들로는 『제주도의 민요』, 『우리고장전래민요』, 『국문학론총(최동원 선생 회갑기념)』, 『제주도언어민속논총』 등이 있다.

이어도 대표 민요에는 이어도로 추론되는 곳이 나온다. "강남(江南)을 가건 해남(海南)을 보라 이어도가 반이엔 해라"(강남 가는 해남 길로 보면 이어도가 절반이라더라). 이어도는 제주도 서남쪽 중국으로 가는 항로중의 어딘가에 위치한다는 뜻이다. 지금의 이어도해양과학기지가 위치한 바로 그 곳이다.

> 이어도 ᄒᆞ라이어도 ᄒᆞ라
> 이어 이어 이어도ᄒᆞ라
> 이어 말ᄒᆞ민나 눈물 난다
> 이어 말랑 말앙근 가라
> 강남을 갈거면 해남을 보라
> 이어도가 반이엔 해라

이 소리는 제주민속박물관 진성기 관장이 1959년 조천리에서 채록한 것이다. 진 관장은 이어도에 대해 다음과 같이 설명한다.

> 옛날 우리조상들이 중국으로 말 진상을 가면서 이어도를 지나곤 하였는데, 말을 실은 배가 백여 척이 출항해도 막상 돌아오는 배는 두세 척에 불과했다. 그러면 돌아오지 못한 나머지 배들은 전부다 이어도로 간 것이라고 생각했다. 진상 가서 돌아오지 못한 나머지 집 가족들은 맷돌을 돌릴 때마다 이어도에서 돌아오지 못한 가족들이 생각나서 이어도 사나를 불렀다.

이어도 소리 채록한 진성기 관장은 "이어도는 맷돌노래와 함께 광범위하게 사람들에게 알려져 있었다. 그러나 맷돌노래가 사장되다시피 하면서 이어도에 대한 제주도민들의 인식도 많이 감소하였다"고 술회한다. 그러면서 "채록 당시에 모두가 이어도가 이상향이라는 것을 명확히 알고 있는 것은 아니었고 일부는 이어도에 대하여 구체적으로 인식하지 못하는 사람도 있었다"고 회고했다. 그러나 "해녀들은 비교적 이어도에 대하여 자세히 알고 있었으며 이어도에 대하여 잘 모르는 사람일지라도 이어도라는 말 자체는 매우 친숙하였다"고 언급했다. 또한 조천리에 있었던 "장귀동산 일뢰한집" 남자무당인 정주병씨의 본풀이에서 고동지와 여돗할망의 이야기가 본풀이로 나온다고 설명했다.

한편, 상군 해녀인 장인숙은 어린 시절 듣고 느꼈던 이어도에 관해 다음과 같이 술회한다.

> 어머니가 바다에서 돌아가셔서 엄청 힘들게 찾아서 묻었다. 가끔 제가 할머니에게 어머니를 찾으려고 어머니가 어디 갔냐고 물으면 바다를 가리키면서 너의 엄마 이어도에 갔다. 이다음에 크면 알겠지 하며 자랐는데, 어머니가 저를 낳고 7개월 만에 바다에서 돌아가신 걸 알았다. 이어도에 돈 벌러 갔다고 한 것은 이 다음에 크면 알겠지 해서 그런 얘기를 했는지는 모르지만, 초등학교 거의 졸업할 때까지도 어머니가 돌아가셨다는 얘기는 해주지 않았고, 이어도에 돈 벌러 갔다

〈그림 8-3〉 제주민속박물관 진성기 관장

〈그림 8-4〉 상군 해녀 장인숙

고만 했다. 들리는 얘기만 (어머니가) 이어도에 있다는 걸 아니까 어릴 때부터 이어도 섬이 있구나, 제주도 섬이 있듯이 이런 것만 들었지 자세한 건 몰랐고, 어르신들도 그저 이어도에 돈 벌러 갔다는 이야기만 할 뿐 자세한 것은 알려 주지 않았다."

또 향토지 전문출판인으로 유명한 디딤돌출판사 박서동 사장은 1878년생인 할머니 이병화씨가 생전에 바다로 가서 돌아오지 않는 할아버지가 이어도에서 살고 있을 것이라는 이야기를 자주 한탄하는 것을 들으며 자랐다고 회고했다. 월정리 출신인 외할머니가 "이어도 허라 이어도 허라"라는 타령을 하면서 맷돌을 갈자 할머니에게 '이어도'가 무엇이냐고 물었을 때 "배타고 나간 네 외할아버지가 이어도에 살고 있을 거다"라는 이야기를 들었다고 회고했다.

이어도가 가장 많이 등장하는 제주소리는 노동요이다. "이어도 사나 아아아~ 이어도 사나 으샤 으샤." 물질하러 깊은 바다로 가기까지 힘겹게 노를 저어야 하는 해녀들의 노래에 나오는 이어도는 힘을 돋우기 위한 후렴의 역할이 많았다. 그것은 구슬픈 가락이지만 힘든 삶을 극복하려는 강한 의지를 담고 있다.

이엿사나 이여도사나 이엿사나 이여도사나
우리 배는 잘도 간다
솔솔 가는 건 소나무 배여 잘잘 가는 건 잡나무 배여
어서 가자 어서 어서 목적지에 들여 나가자
우리 인생 한번 죽어지면 다시 환생 못하느니
원의 아들 원자랑 마라 신의 아들 신자랑 마라
한 베개에 한잠을 자난 원도 신도 저은 데 없다

원수님은 외나무다리 길어 어이 외길인고!

원수님아 길 막지 마라 사랑 원수 난 아니노라

'이어도 타령'(작자 미상)은 바다에서 일하는 해녀들의 노동요이다. 이어도 타령의 사설은 직설적이고 역동적이다. 4·5조 형식과 반복법은 드센 억양과 생동감을 불러일으킨다. "이엿사나 이여도사나"는 노를 저을 때 나오는 여음이다. 해녀노래뿐만 아니라 타작노래, 꼴 베는 노래 등 거의 모든 제주 노동요의 후렴에 이어도가 들어 있다. 맷돌노래, 방아노래에는 이어도가 후렴이 아닌 가사로 등장한다. 이처럼 이어도는 제주소리 속에서 제주 사람들에게 이상향이자 생활의 터전으로 항상 함께 해왔다.

제3절 현대문학과 대중문화 속의 이어도

1. 현대문학 속의 이어도

현대문학에서 이어도를 환상의 섬으로 인식하게 만든 것은 소설가들이었다. 이어도를 소재로 한 소설로 가장 먼저 나온 작품은 『イヨ島(이여도)』이다. 이 작품은 1944년 해방 직전에 제주농업학교 교사로 재직하던 이시형이 일본어로 발표한 소설이다.

그는 전해오는 민요와 전설을 스스로 개작해서 제주도 사람들의 삶을 이어도와 결부시켜 작품화했다. 그는 이 소설에서 이어도를 제주도 동쪽에 있고, 어부들이 폭풍우를 만나면 가는 곳이며, 용궁을 방불케 하는 극락의 세계로 한 번 가면 돌아오기를 잊어버리는 곳이라고 설명하고 있다."

이 작품에 관해 평론가 김영화는 다음과 같이 설명하고 있다.

> 이시형은 사후 세계라는 것을 전제하면서도 그 사후 세계가 절망적인 곳이 아니라 희망이 있는 이상향으로 설정했다. 저승으로 간 남편이 평화롭고 행복한 곳으로 갔기를 바라는 제주 여인들의 마음 속 깊은 소망을 읽어내고, 이여도를 긍정적으로 해석한 것"이(며) "이 점이 민요나 전설과는 다르다.

1974년《문학과 지성》가을호에 처음 발표된 이청준의 소설『이어도』와 이에 앞서 1960년《자유문학》에 발표된 정한숙의 소설『IYEU島』는 이어도에 대한 이미지를 부각시키는 계기가 됐다.

우선, 이청준의『이어도』는 실제로 대한민국 정부 수로국에서 파랑도의 위치 파악에 나섰다가 실패한 사건을 소재로 삼고 있다. 탐사에 동행한 제주 출신《남양일보》의 천남석 기자가 바다에서 실종되면서 이야기가 전개되고, 결국 '이어도'로 갔다고 믿었던 천 기자가 파도에 쓸려 제주의 어느 해안에 다다른 것으로 끝을 맺고 있다.

이청준의『이어도』는 현대문학을 통해 이어도에 다가서게 하는 데 커다란 역할을 한 것으로 평가된다. 이청준은 소설을 통해 제주 사람들이 이상향을 추구하는 것 자체가 허구에 대한 동경에 불과하다는 것을 말하고 있다. 그는 이 소설을 통해 이상향은 이상향으로서 필요하고, 현실 세계의 생활 근거지는 그것대로 소중하다는 것을 강조하고 있다. 이청준의『이어도』는 영화감독 김기영에 의해 영화로도 만들어졌다.

정한숙의『IYEU島』는 같은 마을에 사는 세 명의 친구가 어릴 적 부모 몰래 배를 타고 나갔다가 이틀 만에 구사일생으로 돌아오는 경험담이 이들의 성장에 영향을 미치는 것으로 풀어낸 창작 소설이다. 소설의 공간적 배경은 해안가 '디딤바위'이다. 이를 통해 작가는 이어도는 먼 곳에 있는 것이 아니라 디딤바위가 서 있는 바로 '이 곳'이라고 말하고 있다.

시인 고은(高銀)은 1970년대에 제주도에서 생활하면서 체험한 것과 들은 이야기들을 종합한 『제주도』를 발표했다. 그 책에 제주도민의 이상향으로서의 이어도에 관한 논의를 정리했다. 또 고은의 시 '이어도'는 제주 어민이 생활터전이면서도 가시권 내에 들어 있는 지역 중의 가장 중요한 이어도를 찾지 못하는 처절한 몸부림을 시어를 동원해 표현하고 있다.

이 시를 통해 고은은 제주 어부들이 척박한 제주 섬을 보완해 주는 풍요로운 어장인 이어도를 생활터전으로 두고 있으면서도 이를 상실했다고 보고 있다. 지리적으로 이어도의 위치를 알고 있으면서도 이어도의 실체를 확인하는 것이 가능하지 않았었기 때문이다.

이어도

고은

아무도 이어도에 간 일이 없다
그러나 누구인가 갔다 한다
가서는 영영 돌아오지 않았다 한다
이어도 어디있나
〈중략〉
제주 어부 핏속에 사무친 섬
아무리 노 저어도
돛 올려 내달아도
제주의 꿈 어디있나.
이어도 어디 있나
〈후략〉

그 이후로는 수많은 작가와 시인, 극작가, 아동문학가들이 이어도를 주제로 혹은 소재로 삼아 집필했다. 예컨대, 이어도를 주제로 한 희곡으로는 장일홍이 2003년에 발표한 '이어도로 간 비바리'라는 작품을 들 수 있다. 이 작품은 제주도 주민에게는 이어도가 생활의 터전인 동시에 그 생활에서 벗어나 안주하고 싶어 하는 또 다른 공간으로서 함께 한다는 것을 보여주고 있다. 특히 사단법인 이어도연구회는 2009년 이어도 시모음집인 『또 하나의 제주섬, 이어도』를 펴냈다.

2. 대중문화 속의 이어도

전설과 신화 속에 존재하던, 그리고 실재하지 않는 환상의 섬으로 이미지가 고정되어 있던 이어도는 우리의 대중문화 속으로 파고들었다. 그리고 이어도라는 명칭이 오랫동안 제주도민들의 전유물이었던 시대로부터 전 국민들에게 자연스럽게 다가가는 시대로 바뀌었다. 우리 대한민국의 대중문화 속으로 이어도가 들어선 것이다.

대중가요 속에 나타난 이어도가 두드러진다. 가수 이상은의 12집 앨범 'Roman topia'(2005년) 에 실린 '이어도'의 가사이다.

흰옷을 입은 사람들 피리소리 북소리에 젖어
여름날에 축제는 한창 시원한 하늘 밑에 누워
품속에 안아 지키던 흰 새는 여럿이 돌아와
심어놓은 초록빛 씨앗 보라빛 열매 맺으리
이어도의 꿈속에 사람들과 어우러
이어도의 꿈속에 님의 웃음 안으리 덩실덩실

〈그림 8-5〉 이상은의 12집 앨범, Roman Topia(2005)

〈그림 8-6〉 한영애의 3집 앨범(1992)

〈그림 8-7〉 정태춘/박은옥의 1984년 앨범

이 노래 가사의 이어도는 낭만적인 사랑이 충만한 세계, 몽환적 판타지가 넘쳐나는 유토피아로 나타나 있다.

반면에 1992년 발매된 가수 한영애의 3집 앨범에 수록된 노래 '이어도'는 사랑하는 이를 잃은 슬픈 심정이 구구절절이 나타나 있다. 또한 제주소리에서 후렴구를 차입하여 그 심정을 표현함으로써 제주도민이 구사하는 소리의 뉘앙스와 맥이 닿아 있다.

떠나가면 돌아오지 않는
섬으로 부는 바람은 배를 띄운다
이어도 하라 이어도 하라
이어 하면 눈물 난다
내 님은, 내 님은 남기고 떠난 내 님은 보이지 않네

이어도 하라 이어도 하라

이어 하면 눈물이 난다

이외에도 정태춘의 '떠나가는 배－이어도'가 있다.

저기 떠나가는 배 거친 바다 외로이

겨울 비에 젖은 돛에 가득 찬바람을 안고서

언제 다시 오마는 허튼맹세도 없이

봄날 꿈같이 따사로운 저 평화의 땅을 찾아

가는 배여 가는 배여 그 곳이 어드메뇨

강남길로 해남길로 바람에 돛을 맡겨

물결 너머로 어둠 속으로 저기 멀리 떠나가는 배

〈그림 8-8〉 '떠나가는 배' 시비(제주 탑동 해변공연장)

너를 두고 간다는 아픈 다짐도 없이
남기고 가져갈 것 없는 저 무욕의 땅을 찾아
가는 배여 가는 배여 언제 우리 다시 만날까
꾸밈없이 꾸밈없이 홀로 떠나가는 배
바람소리 파도소리 어둠에 젖어서 밀려올 뿐
바람소리 파도소리 어둠에 젖어서 밀려올 뿐

가곡 '떠나가는 배'는 본래 제주도 출신의 시인 양중해의 시이다. 이 시는 한국전쟁으로 제주 섬에 피난 왔던 이들이 전쟁이 끝나자 고향을 찾아 떠나가는 아쉬움을 표현하기 위해 씌여졌다. 그런데 시어를 보면 마치 이어도로 떠나가는 이들에 대한 아쉬움을 표현하고 있는 것으로 되어 있다. 그는 고단한 피난살이를 마치고 고향으로 돌아가는 이들을 근심 걱정 없이도 살 수 있는 이상향 이어도로 가는 것과 동일시하고 있는 것이다.

한편, 이어도는 드라마로도 방영이 되었는데 TV문학관의 '이어도'와 전설의 고향 '이어도'가 있다. 1979년 11월 27일 방영된 KBS TV 전설의 고향 '이어도'에서는 이어도를 '여인국'으로 그렸다. 실제 제주도 옛 지도(해동지도 중 '제주삼현도,' 1750년경 제작, 서울대 규장각 소장)에 나타난 제주섬 근처의 여인국을 토대로 제주해녀의 이야기를 다뤘다. 그 대강의 줄거리는 다음과 같다(《경향신문》, 1997년 7월 26일자).

해녀 김녕댁은 게으르고 허황된 꿈만 꾸는 남편 부 서방 때문에 속이 썩는다. 어느 날 부 서방은 마을 남자들과 의기투합, 살기 좋은 여인국 이어도를 찾아 가출한다. 그러나 태풍을 만나 이어도를 찾기는커녕 겨우 목숨을 부지해 돌아온다.

〈그림 8-9〉 TV문학관 '이어도'의 이경진, 노주현

출처: KTV 보도자료(2010년 7월 29).

이어 1983년 3월 19일 방영된 KBS TV 문학관 '이어도'는 이청준 소설을 원작으로 이어도의 실체에 대한 접근을 시도했다. 제주도가 신비의 섬이라는 점과 '이어도'를 대중들에게 각인시키는 역할을 했다.

1989년에 제주 MBC 창사특집 텔레에세이 '이어도'에서는 무속본풀이에 나오는 이어도 관련 무가를 채록 방영한 바 있다. 〈그림 8-10〉에서 보는 것처럼 지금은 세계무형문화유산으로 등재된 제주칠머리당영등굿의 무가 기능보유자인 안사인 씨가 「요왕국 본풀이굿」에서 '이어도 무가'를 부르고 있다. 이어도 무가의 내용은 다음과 같다.

옥황상제의 따님이 아버지의 뜻을 거슬려 용궁으로 귀양내려온다.

용왕황제국이 다시 명을 내리기를

"너는 이어도를 차지해서 살아라"

〈그림 8-10〉 요왕국 본풀이굿

“가는 배 오는 배로부터 인정받으며 살아라”
이를 모른 어부들은 그런 일이 있는 줄 모르고 인정 걸지 않았다. 그래서 배가 지날 때마다 옥황상제 딸은 파도를 일으켜 배를 침몰시켰다. 그 뒤로 어부들은 이어도에 신령이 산다고 생각하고 ‘이어도할마님’이라 부르며 인정을 걸었다(MBC창사특집 텔레에세이 ‘이어도’ 1989. 9. 27.방영).

대중문화 속의 이어도는 제주 사회의 생활문화 속에서도 다양하게 체현되는 것으로 나타났다. 제주 지역사회의 단체 혹은 상호 등이 이어도를 명칭으로 사용하는 경우가 많다. 조성윤이 2000년 이후 제주지역 일간지인

《제주일보》 기사에 이어도를 명칭으로 사용하고 있는 사례들을 조사한 바 있다(조성윤, 2011).

조사결과에 따르면, 이어도를 명칭에 차입하여 가장 오래 그 명칭을 사용한 대표적인 사례는 '극단 이어도'이다. 1978년에 창립하여 현재까지 40년에 걸쳐 활동하고 있다. 뒤이어 민요 위주의 공연을 하는 '이어도민속예술단'이 등장한 것으로 조사되었다. 1994년에 창립한 환경시민단체 '푸른 이어도의 사람들'은 이후 제주환경운동연합으로 명칭을 변경했다. 이어도의 청정 이미지를 차입한 첫 번째 사례이다. 그리고 1996년에 사단법인 '이어도정보문화센터'가 제주시에서 창립하여 활동하다가 본부를 서귀포시로 옮겼다.

또 조성윤은 전화번호부에서 이어도를 차입한 상호, 각종 단체 명칭을 수집, 발표했는데 그 사례는 아래와 같다.

이어도청과 〔청과물도매－종합〕
이어도고추상회 〔고추/마늘도매〕
이어도옥돔 〔어물상〕
이어도수산 〔수산물소매－종합〕
제주이어도어가 〔수산물도매－종합〕
이어도식품 〔냉동식품판매〕
이어도유통 〔인터넷상거래〕
이어도횟집 〔횟집〕
제주이어도 〔음식점－일식〕
이어도사랑 〔음식점－한식〕
이어도식당 〔한정식전문〕
민속이어도식당 〔음식점－한식〕
이어도다방 〔다방〕

이어도민박 〔민박〕

훼미리마트이어도점 〔편의점〕

이어도콜 〔콜택시-일반〕

이어도컨트리클럽(주) 〔골프장〕

이어도승마장 〔승마장〕

이어도공인중개사 〔부동산중개〕

이어도노래연습장 〔노래방〕

이어도정보문화센타〔서적/기타기록물〕

이어도기획 〔이벤트기획〕

이어도통신 〔통신공사〕

(사단)이어도연구회 〔인문/사회과학연구개발〕

제주이어도지역자활센터

제주환경운동연합(푸른이어도사람들) 〔환경보호단체〕

일상생활에서 가장 용이하게, 빈번하게 이용하는 상업시설 및 단체 명칭은 시민이 가장 친근하게 접할 수 있는 것을 선택한다는 면에서 지역주민의 의식세계 내에 자리잡고 있는 이어도 이미지를 가장 잘 관찰할 수 있는 사례이다. 그리고 이는 제주지역 주민의 이어도에 대한 정서를 반영하는 근거이다.

이어도는 역사 기록 이전 시대에 이야기되어 왔던 신화나 전설상의 상징을 통해 입에서 입으로 전해 내려왔다. 그러던 것이 근대에 이르러 시와 소설, 희곡, 영화와 드라마, 대중가요 등 다양한 장르의 예술작품으로 표현되어 한국인들의 의식 가운데 깊은 영향을 미치고 있다. 그리고 이어도는 제주 사회 일상의 생활문화에까지 제주와 제주 사람들 가까이에서 전승되고 있는 제주인들의 '이상'이고 '삶'이다.

한편, 최근 사단법인 이어도연구회는 원로 음악인 김희갑·양인자 부부에게 작사 작곡을 의뢰하여 이어도 앨범을 제작했다. 이어도에 대한 국민인식과 대중성을 강화하기 위해 제작된 "이어도, 이어도가 답하기를"의 가사 내용은 다음과 같다.

너를 불러 보았다 이어도
그리워서 불렀다 이어도
한라산이 열리면서 바다 속에 숨겨 놓은 연인
마라도 남남서쪽 일백사십구킬로
4미터 물속 아래 숨바꼭질하는 그대
오늘도 안녕하신가 루 루 루 루
너를 불러 보았다 이어도
그리워서 불렀다 이어도
파도가 밀려와 그대 말을 전한다
무사마시 무사마시 오 무사마시 무사마시
난 언제나 여기 있어요
난 어제나 당신 것이예요

인터뷰를 통해 작사가 양인자 씨는 "이어도가 전설로써 끝나는 게 아니고 좀더 구체적으로 떠오를 수 있게 하도록 가사를 썼다"고 했고, 작곡가 김희갑 씨는 "이어도로 보내는 사랑의 메시지, 먼 바다로 향해서 사랑의 메시지를 보내는 느낌으로 작곡했다"고 밝혔다(《인터뷰365》, 2013년 1월 22일자). 타이틀 곡 '이어도, 이어도가 답하기를'은 가수 김국환이, '이어도'란 제목의 노래는 김성록·권수동·김호중 등 트리오 음악인이 부르고, 이어서 찰리 김의 섹스폰 연주까지 한 장에 다양한 장르의 음악을 담았다.

〈그림 8-11〉 이어도 앨범 제작에 참여한 김희갑·양인자 부부

〈그림 8-12〉 이어도연구회가 발매한 《영원한 이상향, 이어도》 앨범(2012)

시어(詩語)로 된 노랫말을 애잔한 가락으로 담아 낸 독창적인 이어도 앨범을 제작한 김희갑·양인자 부부는 조용필 최진희 등 수많은 가수를 통해 대중음악을 꽃피워 온 작곡 작사 분야를 대표하는 음악인이다. 과거 자신들의 노래 '타타타'로 바람을 일으킨 가수 김국환이 부르게 한 '이어도, 이어도가 답하기를' 노랫말은 이어도에 대한 간절한 그리움을 부르기 쉽고 정감 있게 나타내고 있어서 음색이 지금도 소년처럼 청량한 김국환의 목소리를 한층 매력적으로 느끼게 한다(《인터뷰365》, 2013년 1월 22일자).

특히 이 앨범에는 제작자인 이어도연구회 고충석 이사장의 머리말이 눈길을 모은다.

아득한 남쪽, 그곳에 '섬'이 있다.
그 섬은 눈에 보이기도 하고 안 보이기도 한다.
오늘날 해양과학기지가 들어서 있어
훌륭한 표식이 되고 있지만
본디 물 속에 잠겨 수중 암초로 존재해왔다.
우리는 그곳을 이어도라 부른다.
우리가 그 수중암초를 이어도로 명명하기 전까지,
이어도는 그저 상상의 섬이었다.
해양과학기지가 위치한 그것을 이어도로 확정지었을 때,
이제 이상향으로서의 이어도는 실제로서의 이어도로
자기 위상을 굳히기 시작하였다.

여기서 이어도연구회는 소중한 해양영토인 이어도를 우리 손으로 지키기 위해 이어도 노래를 만든 과정을 밝히고 있다.

제9장 이어도 실재론과 이어도 탐사

제1절 이어도 실재론

1. 이어도에 관한 여러 명칭들

이어도의 명칭은 다양하다. 국립지리원이 공식 명명한 이어도 외에도 이허도(離虛島)와 이여도(離汝島)가 있다. 또 상이한 명칭만큼이나 이어도 전설에 대한 스토리의 상이성도 발견된다. 이어도에 대한 명칭은 이여도(離汝島, 1897), 이허도(離虛島, 1923, 1928~1936), 여도(1958), 이어도 등 다양하게 나타난다.[41]

41 이에 대한 논의는 박경훈(2015)의 분석을 토대로 했다.

가장 오래된 기록은 1897년 저술된 이용호의 『청용만고』에 나오는 '이여도(離汝島)'이다. 글자 그대로 직역하면 '너를 떠나보낸 섬'이 된다.

> 제주섬은 그 옛날 오랑캐 원(元)나라에 목축한 마소를 바치는 영토였습니다. 그래서 그 역사(役事)를 위해 배를 만들어 대해를 횡단하는데, 아득히 넓은 바다를 건너다 종종 상어와 악어에게 잡아먹히어 돌아오는 사람이 열에 서넛밖에 되질 않았습니다. 그러니 집을 나설 때면 가족들은 '이여도(離汝島)'로 떠나보낸다는 전송(餞送)의 노래를 부르곤 했습니다.

이를 오늘날의 시각으로 해석하면, 뱃사람과 가족 간 결별의 의미를 담은 것으로 짐작된다. 이 명칭이 당대 제주사회에서 쓰였던 명칭인지는 확인할 길이 없다. 특히 한자 표기까지 제주 사회 일반에서 알고 있었을지는 더욱 알 수 없다. 적어도 학문적 깊이가 있는 이용호가 당시 관리들로부터 이어도 이야기에 관해 전해들은 의미를 담아 음독자(音讀字) 차자표기를 한 것으로 보인다.

또 다른 기록으로 '이허도(離虛島)'가 있다. 이는 강봉옥이 1923년 《개벽》에 게재한 50수 중 이어도에 대한 설명에 등장하는 명칭이다.

> 이허도(離虛島)는 제주도 사람의 전설에 잇는 섬(島)입니다. 제주도를 西南으로 風船으로 4, 5일 가면 갈 수 잇다 합니다. 그러나 누구나 갓다온 사람은 업습니다. 그 섬은 바다 가온대 수평선과 가튼 平土섬이라 하며, 언제던지 雲霧로 둘러 끼고 四時長春 봄이라 하며 멀리 세상을 떠난 仙境이라구 濟州島 사람들이 동경하는 이상향이올시다.

이는 한자말 그대로는 의미 전달이 잘 되지 않는데, 이어도를 차자표기하면서 음차만 한 것으로 이해된다. 다카하시의 채록본에도 이허도가 나오는데, 그의 표현을 빌리면 "이여도(또 이허도라고도 한다.)라는 후렴구가 붙고 있다. 한자어로는 이허도(離虛島)라고 쓴다."라는 설명까지 부기하고 있다.

1) 옛날 고려 시대 충렬왕 3년 섬이 원의 지배하에 있을 때, 원의 목민관이 와서 제주를 통치할 때부터 원 말까지 제주는 해마다 소와, 말 소고기, 기타의 토산물을 중국에 공물로 헌납하지 않으면 안 되었다. 이 공물선은 산동 남쪽의 강남으로 향해서 섬의 서북인 대정 모슬포에서 출발했다.
2) 공물선은 그때마다 수척의 큰 배에 공물을 가득 실어 황해를 횡단하게 했다. 그런데 공물선은 많이 돌아오지 못했다. 그래서 대부분 항로 중간에 '이허도'라고 하는 섬이 있다고 하는 꿈같은 이야기가 섬사람들에게 믿어지고 있었다.
3) 강씨에게는 노처가 있었다. 그녀는 슬퍼서 참을 수 없었는데, "아아 이허도야 이허도"로 시작해서 마치는 노래를 만들어 그것을 불렀다. 그 곡조는 슬프고 처참하였다. 같은 탄식을 대정의 과부들은 들어서 동감하였다. 그 외의 부인들 모두 동감하였다. 곧 전도에 확대되었다. 중국과의 교통은 끊어져도 뱃사람이 많던 섬의 부인들은 역시 이 노래를 동감하였다. 이렇게 근본의 의미는 이미 잊혔으나, 지금에까지 "이여도야, 이여도"는 그녀들의 노래 앞이나 끝에 두어 노래한다.

이에 대해서는 다카하시가 강봉옥의 글을 보았거나 그가 직접 별도로 채록했을 수는 있지만, 이는 두 경우 공히 이여도라는 방언을 차자표기함에 있어 음가자(音假字), 즉 한자를 음으로 읽고 그 본뜻을 버리고 표음자로만 차용하는 차자 표기를 택한 결과라고 볼 수 있다.

그리고 '여도'는 조천읍 조천리 '장귀동산 일뢰한집'의 본풀이(정주병 심방 구송)를 진성기가 채록한 것으로 여도는 이여도를 줄여 쓴 것으로 보인다.

> 옛날 국만 진상 바찔 때 고동지영감 창옷섶에 부떠온 여돗할망 일뢰중즈님. 고동지영감이 ᄆᆞᆯ을 ᄒᆞᆫ배 식거, 대국진상을 간 오는디 강풍이 불어 여도에 배를 붙쪄 이 할망을 만났구나. –조천면 조천리 남무 54세 정주병–(진성기, 1991)

한편, '이어도'란 명칭은 주로 시, 소설 등 문학작품이나 TV, 라디오 등의 대중매체에서 알려져 고착된 가장 대표적인 용어이다. 특히 환상의 섬 이어도의 이미지를 형성하면서 얻게 된 명칭이다. '환상의 섬' 이미지 형성에 가장 큰 영향을 미친 것은 주로 문학작품, 그중에서도 소설의 영향이 절대적이었다. 이들을 대표하는 작품이 1974년 발표한 이청준의 소설『이어도』이다. 이 작품은 제주에서의 이어도 이미지 재생에 절대적인 영향을 미친 대표적인 작품으로, 1977년 소설을 바탕으로 영화 '이어도(異魚島, I–eohIsland)'가 제작되었으며, 1982년에는 KBS 텔레비전 TV문학관 제작팀이 이청준의 소설 '이어도'를 극으로 만들어 방영, KBS드라마 '전설의 고향'에 제주전설을 활용한 '사굴', '산방덕', '이어도' 등 3편이 제작되었다.

이러한 흐름 속에서 보면, 이어도의 명칭은 이여도, 이허도, 여도, 이어도 등으로 변이를 보여 온 것처럼 보인다. 그러나 이청준의『이어도』와 같은 대중적 문학작품과 각종 미디어를 통해 '이어도'에 대한 대중적 인식과 이해가 높아진 것이 더 중요한 요인으로 작용한 것으로 보인다. 이와 더불어

지적되어야 할 중요한 사실은 이어도 해양과학기지 건설을 전후한 정부의 공식적 지명 결정이다.

우리 정부는 제주도 남쪽 해상의 바다 밑에 잠겨 있는 소코트라 록(Socotra Rock) 위에 해양과학기지를 1995년 착공해 2003년 6월에 완공했다. 각종 과학 기자재가 장착된 표면면적 225평, 해수면 위 15층 높이 규모이다. 해양지명위원회는 소코트라 록 위에 건설된 종합해양과학기지에 '이어도종합해양과학기지'라고 이름을 붙였다.

> 국립해양조사원은 남제주군 대정읍 마라도에서 서남쪽 150km 지점의 '소코트라 초(礁)'(Socotra Rock)를 '이어도'로 표기하기로 했다고 27일 밝혔다. 이는 소코트라 초를 이어도로 표기해달라는 중앙지명위원회 건의에 따른 것이다. 그러나 항해자가 혼동하지 않도록 당분간 이어도와 소코트라 초를 병기하다 이어도에 해양과학기지가 준공되는 2002년께부터 이어도 명칭만 표기할 계획이다.
>
> 소코트라 초는 1900년 영국 상선 소코트라 호가 이 섬을 발견하면서 이어도의 해도 상 공식지명이 돼왔다. 국립해양조사원 관계자는 "해도 상 공식지명인 소코트라 초는 국제지명위원회에 등록돼 있지 않아 우리나라 연안 해도에서 이어도로 표기해 배포하면 국제적으로도 이어도로 불리게 될 것"이라고 말했다(《한겨레신문》, 2000년 12월 28일자).

이 지명위원회의 결정은 중요한 역사적 함의가 있다. 현대에 와서 그동안 소코트라 록은 일찍부터 그 존재가 알려져 파랑도(波浪島)라고 불렀고, 여러 차례 한국 정부 또는 민간단체에 의해 탐사가 이루어졌다. 제주인들 사이에서는 이어도라는 전설의 섬에 관한 이야기가 전해 내려오고 있었는데, 지명위원회의 결정은 제주도 주민들의 환상의 섬 이어도와 현실의 소코트라 록을 하나로 묶어 놓았다. 이에 대해 적지 않은 논란이 있다. 특히 해양과학기지가 들어선 암초와 제주도 주민들이 이어도라 부르는 환상의 섬은 전혀 다른 것이라는 의견부터 제주도민들이 이어도라고 부르던 환상의 섬의 실체를 정부가 제대로 밝혔다는 의견까지 다양하게 제기되었다(조성윤, 2013: 8).

2. 두 개의 이어도: 현실과 설화 속의 이어도

지금까지 우리에게 알려져 있는 이어도는 두 가지이다. 하나는 현실의 이어도이고, 다른 하나는 설화 속의 이어도이다(주강현, 2004; 송상일, 2010; 조성윤, 2013). 현실의 이어도는 해도(海圖) 상에 구체적인 좌표가 있으며 한·중·일 3국 사이에 존재하는, 그러나 한국의 마라도와 가장 가까운 위치에 존재한다.

그런데 이름과 같은 섬(島)이 아니라 4.6m 수심의 수중 암초이다. 이에 대한 역사적 기록도 앞서 지적한 바와 같다. 오래토록 그 존재와 위치를 찾기 위한 우리 정부와 민간의 탐사가 있었고, 비로소 1984년 이후 '파랑도'라는 이름으로 현실의 존재로 부상하기 시작했다. 2001년 국립지리원이 그것을 이어도로 명명하면서 현실의 이어도는 우리에게 알려지기 시작했다. 그리고 2002년 이어도해양과학기지의 하부구조 설치가 완료되고 2003년 6월 11일 준공되면서 이어도는 해양과학기지를 받치고 있는 섬과 같은 존재로 우리 국민들에게 인식되기 시작했다.

다른 하나의 이어도, 즉 설화 속의 이어도는 이어도와 관련된 다양한 형태의 문화가 역사적이고 자연적으로 제주인들의 생활과 풍습에 깃들어

신화, 전설, 민담 등으로 전해지면서 회자되어 왔다. 설화 속 이어도는 김상헌의 『남사록』 같은 역사서의 기록을 통해서 그 존재와 위치가 유추되어 왔다. 또한 이어도는 제주 해민들의 전통적 어획 활동과 이를 위한 원양 항해술 등의 해민 생활사 속에도 깊게 깃들어 있다. 제주의 전통 서사문학과 제주소리 등에서 이어도는 끊임없이 운위되고 사유되던 존재였다. 이러한 설화 속 이어도는 현대에 들어와서도 문학과 각종 대중문화를 통해 다양하게 묘사되어 왔다.

다음의 글은 두 개의 이어도에 대한 논의를 잘 보여주는 신문 기사이다.

> 옛 제주도 사람들은 이어도를 이상향으로 생각하는 전설이 있었다. 이어도는 원래 구전되는 전설에 따르면 바다로 나가 돌아오지 않는 어부들이 가는 섬, 어부들이 죽으면 가는 환상의 섬으로 알려져 왔다. 1984년 제주대학교가 이곳을 탐사한 뒤, 이 암초를 파랑도라고 명명하고 이를 전설상의 이어도와 결부시키는 계기가 되었지만 이 암초가 실제 전설상의 이어도와 동일한 것인지는 명확하지 않다(《연합뉴스》, 2008년 8월 7일자).

이 글에 따르면, 이어도를 실제로 확인하기 위한 탐사가 이루어졌는데, 여전히 전설과 현실의 동일성 여부는 명확하게 판명되지 않은 상태이다. 따라서 현실의 이어도가 바로 그 전설 속 이어도인가에 대해서는 아직 확고부동한 결론에는 이르지 못하고 있다.

그 원인은 아마도 그동안 그러한 문제의식이 불분명했기 때문일 것이다. 즉 일반인들은 두 개의 이어도를 동일한 존재라고 인식했던 것으로 보인다. 의문의 여지가 거의 없었던 것이다. 학자들의 경우도 두 이어도의 동일성 여부에 관심을 보이지 않았다. 이들은 이어도를 유토피아나 이상향으로, 인간의 동경이 빚은 상상력의 산물일 뿐이라고 보았다. 이러한 소치로 학자들은 이어도를 학문적 연구의 대상으로 관심을 기울이지 않았던 것으로 보인다(송상일, 2010: 85-86). 오늘 제주인들에게는 설화 속 이어도의 문화와 역사가 확고하게 뿌리내려 있다. 한국을 대표하는 세계적인 해양과학기지가 오늘도 지금 그곳 이어도를 토대로 위풍당당하게 버티고 서 있다. 이러한 현실 때문에 그동안 이 두 개의 이어도가 동일한 것인지에 대한 입증의 필요성은 그다지 크지 않았던 것으로 보인다.

그런데 새로운 문제적 이슈가 생겨났다. 주지하듯이, 중국이 2000년과 2002년 두 차례에 걸쳐 한국이 이어도에 해양과학기지를 설치하는 것에 대해 문제를 제기했을 뿐만 아니라 한·중 간 배타적 경제수역이 중첩된 해역에서 한국 측의 일방적 활동을 반대한다는 입장을 밝혔기 때문이다.

박근혜 대통령과 시진핑 주석은 2013년 정상회담 공동성명에서 한·중 관계의 잠재적인 불씨가 될 수 있는 해양경계획정 협상을 조속히 가동하기로 합의한 바 있고, 2014년에는 양국 정상이 해양경계획정 협상을 위한 회담을 2015년부터 가동하기로 합의했다. 이제 이어도 문제는, 한·중 간 해양경계획정 회담을 위한 이슈로서, 현실의 이어도로서 해양과학기지의 존재가치를 입증하고 확장해 나가는 일뿐만 아니라 이어도가 위치한 곳이 우리의 역사와 문화 속에 깃들어 있는 우리의 바다이자 애환이 서린 삶터였다는 것을 주장하고 입증해 나갈 필요가 있다.

중국이 "쑤옌자오" 등과 같은 허구적인 역사적 사실을 내세우면서 이어도 주변수역을 자국의 바다라고 강변하는 상황이다. 한·중 간 해양경계획정 회담을 앞둔 상황에서 이어도 관련 해양법과 국제법 등에 근거한 법리 이외에도 다각적인 방어 논리와 근거의 입론(立論)이 필요한 시점이다. 요컨대, 이어도해양과학기지가 바로 그 전설의 섬 이어도 위에 세워졌다는 사실을 증명할 수 있다면, 이는 기존 법리에 더해 역사민속학적 측면에서 중요한 방어적 논거가 될 것이 틀림없다. 아울러 이어도와 이어도해양과학기지에 대한 국민적 관심과 애정도 크게 제고할 수 있을 것이다.

현실의 이어도를 전설 속 이어도와 결부시키는 계기가 되었던 것은 1984년 제주대학교와 KBS팀의 이어도 공동 탐사였다. 당시 탐사를 통해 발견한 것은 섬이 아니라 물 밑에 잠긴 암초였다. '소코트라 록'으로 알려져 있던 암초를 찾아냈고, 그 암초를 '파랑도'(波浪島)라고 명명했다. 그것이 다시 이어도로 명명된 것은 그로부터 한참 후인 2001년 국립지리원에 의해서였다.

문제는 그렇게 발견되고 명명된 현실의 이어도가 전설로 내려오는 이어도와 같은 것인가 하는 문제이다. 그리고 바로 여기서 두 개의 이어도가 같은 것인지 또는 다른 것인지를 논구하는 데 부딪치게 되는 핵심 난제는 이어도가 과연 실재(實在)하는가 하는 것이다. 이를 입증하기 위해서는 이어도의 존재 여부는 물론이고, 그 형태나 규모, 위치까지도 함께 논의되어야 한다.

3. 이어도는 실재하는가

이어도의 실재 여부는 치열한 논쟁거리이다. 논쟁의 구도를 명료화하면, 상상 속 이어도를 주장하는 '허구론'과 이어도의 실재를 주장하는 '실재론'으로 구분할 수 있다(송상일, 2010). 이어도의 허구와 실재를 둘러싸고 깊이 있는 논의를 지속해 왔던 제주학계의 전반적 분위기는 허구론의 입장이 상대적으로 강한 듯하다. 우선 허구론의 시각을 검토해 보자.

이른바 '파랑도'는 하나의 섬으로 알려져 왔지마는, KBS 탐사반에서 확인된 결과는 섬이 아니라, 분명 바다 속 암초였다. …… 이른바 '파랑도'로 일컬어지는 그것을 동시에 '이여도'로도 보는, 그 인식 자체가 문제인 것이다. 소위 '파랑도'는 암초로든 섬으로든 실재하는 사실이요, '이여도'는 실존하지 않는 환상의 섬, 피안의 섬일 뿐이라면, 이 둘 사이에는 어떠한 관련도 맺을 수 없다(김영돈, 1985: 10).

종합해 보면 '이여도'는 아득히 먼 해상에 있는 섬으로 한 번 가면 돌아오지 못하는 이별의 섬이요, 눈물의 섬이며, 저승과 대등한 사후의 나라다. 이 관념은 고대의 타계관(他界觀)의 잔존이리라. 이것이 후대의 진상(進上) 도중 파선의 비애와 결부되어 변형 설화되고 민요로까지 부르게 된 것이라 본다(현용준, 1992: 466-468).

이어도도 오키나와의 '니라이카나이'처럼 동해의 이상향일 것이다. '니라이카나이'는 쌀, 불 등처럼 사람이 생활하는 데 소중한 귀중품이 온 곳이고, 사람이 죽어서 간다는 섬이다. 바로 오키나와의 이상향이다. / 이러한 점을 종합하여 생각해 볼 때, 제주 섬을 통치하던 호족들은 고인돌에 매장되었지만, 동해바다에 그들의 이상향이 있고, 사람이 죽어서 바다에 수장하면 동해의 이상향으로 간다는 신앙이 고대로부터 이어져 온 것으로 보인다(현용준, 2009: 163).

제주인들은 수평선 너머의 해중(海中)에 존재하는 것으로 여기는 이상향을 그리면서도 한편으로는 한라산을 신선들의 세계로 그려냄으로써 한라산 속에 '또 다른 이어도'를 만들어내고 있다. …… 이 파랑도를 놓고 당시 전국의 매스컴은 전설로 전해 내려오던 환상의 섬 이어도가 아니냐고 보도함으로써 관심과 화제를 불러 모았다. 하지만 당시 탐사에 나섰던 제주대 모 교수는 "이 암초가 제주도민들이 이상향으로 그려오던 이어도는 아닌 것 같다"는 말로 제주도민들의 정서와 반응을 대변했다. …… 이어도는 아직까지 그 실체가 확인되지 않아 전설 속의 섬으로만 남게 되었다(강문규, 2006: 118–119, 123).

이어도는 유토피아다. 유토피아는 그리스어로 '없는 곳'이다. '없는' 이어도의 탄생 과정을 상상해 본다. 어느 날 배를 타고 먼 바다로 나간 남편이 영영 돌아오지 않는다. 그러나 아내는 남편이 죽었다고 믿을 수 없다. 사랑하는 이의 존재를 허무로 돌릴 수는 없다. 남편은 돌아오지 않는 것일 뿐, 어딘가에 살아 있을 것이다. 그리하여 수평선 너머 저 멀리에 신비한 섬 하나가 솟아나게 된다. 이어도는 제주사람—특히 제주여자—의 가슴 속에 존재하는 섬이다(송상일, 1985: 1).

이상의 허구론자들의 주장을 집약하면, 이어도는 "저승과 대등한 사후의 나라"로, "동해의 이상향으로 간다는 신앙" 속에 전해 내려오는 섬이다. 따라서 이어도는 "제주사람의 가슴 속에 존재"할 뿐 "아직까지 그 실체가 확인되지 않은" "전설 속의 섬"이다. 이외에 또 다른 허구론자로 소설가 이청준을 빼놓을 수 없다. 동인문학상, 이상문학상 등을 수상했고 『서편제』(1976)의 원작자이기도 한 이청준은 1974년에 소설 『이어도』를 발표했다.

긴긴 세월 동안 섬은 늘 거기에 있어 왔다.
그러나 섬을 본 사람은 아무도 없다.
섬을 본 사람은 모두가 섬으로 가 버렸기 때문이다.
아무도 다시 섬을 떠나 돌아온 사람이 없기 때문이다(이청준, 1997:

289).

위의 구절이 함축하는 바와 같이 이청준에게 이어도는 실재하지 않는 섬, 관념과 상상 속의 섬이다. "섬을 본 사람은 아무도 없다"고 했는데 "섬을 본 사람은 모두가 섬으로 가 버렸다"는 모순어법이나 저승에서 가볼 수 있는 유토피아로 이어도를 보고 있다.

그런데 이청준은 소설에서 이어도와 파랑도 두 개의 섬 이름을 모두 쓰고 있다. 그에게 이어도는 "오랜 세월 동안 이 제주도 사람들의 입에서 입으로 이야기가 전해 내려온 전설의 섬"이며 "아무도 본 사람은 없었지만, 제주도 사람들의 상상의 눈에서는 언제나 선명한 모습을 드러내고 있는 수수께끼의 섬"(이청준, 1997: 304)이다. 그에 반해 파랑도는 제주 어부들 사이에 소문으로 전해져 온 또 하나의 섬 이야기로, "망망대해 어느 물길 한 굽이에 잿빛 파도를 깨고 솟아오른 파랑도의 모습을 보았다"고 어부들이 말한다는 것이다. 특히 파랑도에 관한 "소문의 근원이 따져지기 시작"하면서 "사람들은 그것이 혹시 썰물 때만 잠깐 모습을 드러냈다가 밀물 때가 되면 다시 수면 아래로 가라앉는 거대한 산호초 더미"(이청준, 1997: 304-305)라는 구체적 언급까지 하고 있다.

이처럼 이청준은 이어도와 파랑도를 비교적 상세하게 설명하면서, 양자의 관계에 대해 "이어도의 전설은 아마 파랑도의 실재에서 비롯된 제주도 사람들의 구전에 의한 또 다른 전설의 하나일 것"(이청준, 1997: 305)이라고 추측하고 있다.

한편, 이어도 실재론의 주장을 들어보자. 제주대 송성대에 의하면, 다음과 같이 이어도는 중국과 제주를 잇는 이른바 '이어도 항로' 상에 존재한다는 것이 그의 지적이다.

항해에 있어서 절대거리(絶對距離) 못지않게 중요한 것이 육안항해를 할 수 있는 시인거리(視認距離)지만, 제주도의 자연조건에서 맑은 날 시인거리는 약 170㎞(이어도와 마라도의 절대거리는 149km)에 이른다고 한다. 이러한 시인거리라면 제주 본섬에서 이어도를 육안으로 볼 수 없지만, 반대로 중국 갔던 배가 귀향할 때 이어도에 이르면 한라산이 보이고, 한라산이 보이면 그리운 가족들의 얼굴이 보이기 시작하고 이제 목적지에 다 왔다는 안도의 생각이 들 것이다. 하늘길이 일반화되기 이전, 뱃길만 주로 이용했던 1970년대까지 출륙했다가 귀향하는 많은 제주인들은 한라산이 나타나 보이면 늘 이런 경험을 하였다(송성대, 2010a: 46-47).

다시 말하면, 이어도해양과학기지가 서 있는 '소코트라 록'이 망망대해상의 랜드마크로서 이어도 항로에서의 항해를 가늠하는 중요한 역할을 했다는 것이다. 아울러 송성대는 위의 구절에 바로 이어서 다음과 같은 언급을 덧붙여 이어도 실재론을 강하게 주장한다.

제주 해민들이 이름 지어 부르는 수많은 '여'가 있지만 이어도처럼 민요나 설화에서 구체적으로 위치를 지시한 예는 없기 때문에 이어도가 단순히 상상의 섬, 환상의 섬만은 아니라는 것이다. 이것은 이어도의 실재 주장이 '존재 강요'의 오류가 아니라는 것이다. 다시 강조하지만 종교든 신화든 대상없는 기원은 있을 수 없다. 장님이 꿈꾼다는 사실은 없다(송성대, 2010a: 47).

이러한 실재론자인 송성대의 지적을 감안할 때, 몇몇 허구론자들도 이른바 "장님이 꿈꾸지 못 한다"는 점에 유념하고 있는 것으로 보인다. 즉 허구론자라 해도 이어도가 실재할 가능성을 완전히 부정하는 것은 아니라는 것이다. 소설『이어도』는 파랑도와 이어도의 존재를 부정하는 것으로 결론짓지만, 앞서 지적했듯, "이어도의 전설이 아마 파랑도의 실재에서 비롯"됐을 가능성도 배제하지 않고 있다. 아울러 이어도가 "아직까지 그 실체가 확인되지 않아 전설 속의 섬으로만 남게 되었다"고 언급하고 있다. 여기서 중요한 단서는 "아직까지"이다. 다시 말하면, 전설 속 섬인 것은 "아직까지"라는 뜻이기 때문에 앞으로 언젠가는 그 실체가 확인될 수도 있음을 암시하고 있다고 볼 수 있다.

한편, 또 다른 허구론자인 김영돈은 이어도 설화의 동기에 착목한다. 그는 다음과 같이, 이어도가 실재하지는 않지만 이어도 이야기를 낳게 한 동기는 있을 수 있다고 지적한다.

> 실증적으로는 무슨 상관도 있을 수 없지만, 이 둘(이어도와 파랑도 – 인용자) 사이에 연관이 있는 듯 여겨짐은 앞에서 보았듯이 둘 사이의 속성이 일부 비슷한 점 때문일 것이다. 또한 소위 '파랑도' 주변의 거친 파도로 도민들이 탄 배가 번번이 부서지고 목숨을 잃었다는 설화를 전승하는 가운데 그런 사실을 환기하게 되고, 제주도민의 민간심의(民間心意)에 짙게 물들이게 함으로써 '이여도' 설화를 낳게 되는 중요한 동기가 되었을 법하다(김영돈, 2000: 313).

이상과 같은 김영돈의 언급은 중요하다. 이어도의 실재를 입증하는 데 중요한 요소가 바로 '동기'이다. 설화 속에 묘사된 그대로의 이어도, 즉 죽은 자들이 가서 사는 그 이어도를 찾으려는 것이 아니기 때문이다. 전설 속의 섬 그 자체가 아니라 그런 전설을 낳게 한 '동기'를 부여했던 섬을 찾으려는 것이다. 한때 이어도를 관념의 섬으로 여긴 적이 있던 송상일은 그러한 동기가 왜 중요한지를 다음과 같이 적절하게 설명하고 있다.

> '이어도'는 상상의 섬이 맞다. 그러나 '이어도'가 상상의 섬일 '뿐'이라고 한다면 그 말은 틀렸다. 상상력도 허공에는 집을 못 짓는다. 상상력도 발동하려면 모종의 물질적 근거가 있어야 한다(송상일, 2010: 89).

이상과 같은 송상일의 지적을 유념할 때, 상상의 동기가 되는 물질적 실체를 찾는 것이 이어도의 실재를 밝히는 중요한 논거가 될 것이다. 이어도가 상상의 섬이라 하더라도, 그러한 상상력을 발동시켰던 물질적 근거가 현실 세계 속에 존재할 것이다. 그것이 존재한다면 이어도는 비로소 실재한다고 말할 수 있을 것이다.

4. 이어도는 어떤 모양으로 어디에 있는가

이어도의 '도'는 '섬'을 뜻한다. 상상 속의 이어도 역시 섬이다. 그런데 1984년 탐사를 통해서 발견된 이어도도 파랑'도'라고 섬으로 명명되었다. 주지하듯이, 실제 이어도는 해도 상에 '소코트라 록'으로 명명된 암초이다. 김영돈(1985: 10)에 의하면, 이어도는 허구이고, 파랑도는 실재이다. 현용준(2009: 162)도 "섬이라면 바다 위에 흙이 모여 돌도 있고, 풀도 나고, 하다못해 작은 나무라도 있어야 섬이지, 바닷물 속 4m 밑의 암초가 어찌 섬이란 말인가?"라고 탄식조로 기술하고 있다.

그런데 여기서 간과해서는 안 될 중요한 문제가 있다. 고래(古來)의 전설이라는 것이 후대로 내려갈수록 허구성이 높아지면서 풍부하고 세련되며 정연한 스토리 체계를 갖추는 경향이 있다는 점이다. 바꿔 말하면, 전설의

〈그림 9-1〉 삼성혈 유적 전경

자료: 삼성혈 홈페이지

기원을 더듬어 올라갈수록, 그래서 전설의 원형에 가까워질수록 그 스토리 체계는 오히려 빈약하고 조야한 형태가 되는 경향이 농후하다. 이러한 전설의 속성을 염두에 둘 때, 이어도의 기원 또는 원형이 바닷속 암초라고 해도 놀랄 일은 아니라는 것이 송상일(2010)의 지적이다.

그런데 여기서 한 가지 문제가 제기될 수 있다. 상상 속 이어도가 현실의 그것과 모양새에서 너무나 큰 차이를 보인다는 점이다. 상상 속 이어도는 사람이 살 수도 있는 섬인 반면, 현실의 그것은 암초에 불과하기 때문이다. 이에 대해서는 송상일(2010: 89)의 지적을 유념할 필요가 있다. 상상력 연구의 대가인 바슐라르를 원용한 송상일의 지적을 빌리면, "날개 달린 사자(獅子)를 상상하는 데 가장 기여한 것은 박쥐다. 바꿔 말해서 상상 속에서 사자가 날기 위해서는 현실 속에 박쥐가 존재해야 한다"(송상일, 2010: 89). 상상 속의 사자가 날기 위해서 현실의 박쥐라는 동기가 필요했는데, 상상의 사자는 거창한데 반해, 그 상상력을 촉발한 박쥐는 볼품이 없다는 것이다.

이 대목에서 송상일은 “상상의 섬이 태어나기 위해서는 바위섬 하나로도 충분할 수 있다고”(송상일, 2010: 91)고 단언한다. 그리고 그런 원리를 탐라국 건국신화와 삼성혈의 관계를 빗대서 설명한다. 그에 의하면, 〈그림 9-1〉과 같이, 제주시 삼성로 22(이도 1동 1313번지)가 탐라국의 발상지인데, 부속 건조물을 뺀 삼성혈의 실체는 땅에 팬 구멍 셋이 전부에 다름 아니라고 말한다. 이러한 사실에 근거해 송상일은 다음과 같이 상상력과 현실의 관계를 적실하게 설명한다.

> 상상력이 빚은 신화는 거창하지만, 그것의 현실 속 흔적은 볼품이 없다. 그러나 이 볼품없는 실재가 없이는 상상력 혼자서 건국신화를 지어낼 수 없다(송상일, 2010: 91).

이처럼 이어도는 상상력이 빚어낸 실체로, 제주의 여인들이 ‘이어도 사나’라는 민요 가락에 실어 노래하던 곳이고 뱃사람들이 죽어 가서 산다는 곳이다.

한편으로는 이상이지만 다른 한편으로는 금기이기도 한 곳이 이어도이다. 이처럼 상상 속 이어도는 제법 알려져 있지만, 그런 상상력을 발현해 내는 촉매 역할을 했던 현실적 실체에 대해서는 구체적으로 알려진 바가 없는 것으로 보인다. 그런데 아마도 이어도가 제주인들에게 상상 속 섬이지만 그런 상상을 불러일으킨 동기적 실체는 제주인들의 경험적 범위 내에 존재했을 것이다.

사실, 동서양의 잃어버린 낙원 이야기들에 비해 이어도는 서사(敍事) 내용이 지극히 빈약한 편이다. 풍부한 설화 문학을 낳은 제주인들이 이어도에 대해서만은 그렇지 않은 것 같다. 그래서 갖가지 이어도에 관한 구전은 이어도의 모양새에 대해 거의 말하지 않고 있다. 이러한 이어도의 서사구조의 특징을 통해 송상일은 이어도를 '여'(嶼)의 모양새에 빗대어 설명한다.

> '여'는 숨음과 드러남, 존재와 무의 역설적인, 그러나 실재하는 섬이다 (송상일, 2010: 93).

이러한 설명을 뒷받침하는 또 다른 의견으로 한국과학창의재단에서 운영하는 인터넷 과학신문 《사이언스타임즈》의 이성규 편집위원은 이어도의 유래를 다음과 같이 설명한다.

> 하지만 사실 알고 보면 이어도란 이름 자체에 이미 물속의 암초라는 명확한 의미가 숨어 있다. 이어도는 우리말인 '여섬'에서 비롯되었는데, '여'가 '이어'로 길게 발음되고 섬은 한자어 '도'로 바뀌면서 이어도가 된 것이다.
>
> 여섬의 '여'는 순수한 우리말로서 '물속에 숨어 있는 바위'를 일컫는다. 여에는 '속여'와 '잠길여'가 있는데, 속여란 썰물 때에도 드러나지 않는 여를 의미하고 잠길여란 썰물 때 드러나는 여를 의미한다. 따라서 이어도는 속여이었던 것이다. 그렇게 찾아도 찾을 수 없고 찾아가면 돌아올 수 없었던 이어도가 물속의 암초였음을 우리 선조들은 이미 알고 있었던 셈이다(이성규, 2006)

이러한 논의들을 토대로 할 때, 이어도해양과학기지가 터하고 있는 그곳, 오늘날 우리가 이어도라고 부르고 있는 그곳이 바로 여기서 설명하는 그런 '여'라고 볼 수 있다. 이 지역은 종종 태풍으로 10미터 이상의 파고를 보이는 곳이다. 바닷 속에 숨어 있던 암초가 파도가 칠 때면 섬의 모습으로 해면 위로 솟아나게 되는 곳이다.

위치 상으로는 제주도에서 남서쪽 약 200km 떨어진 곳에 위치해 있다. 1923년《개벽》지에 실린 강봉옥의 기록에는 제주도의 서남방으로 배를 타고 가는 항로가 나온다.

> 離虛島는 濟州島 사람의 전설에 잇는 섬(島)입니다. 濟州島를 西南으로 風船으로 4, 5일 가면 갈 수 잇다 합니다. 그러나 누구나 갓다 온 사람은 업습니다. 그 섬은 바다 가온대 수평선과 가튼 平土섬이라 하며, 언제던지 雲霧로 둘러 끼고 四時長春 봄이라 하며 멀리 세상을 떠난 仙境이라구 濟州島 사람들이 동경하는 이상향이올시다(강봉옥, 1923; 조성윤, 2011: 350).

제주도의 서남방 항로이면 바로 중국의 남방연해부인 상해, 항주, 영파, 주산군도에 닿는 항로이다. 이 항로는 탐라에서 중국대륙에 닿는 오래된 해로이기도 하다. 탐라시대에 탐라복과 탐라방포를 싣고 해상무역으로 동아지중해의 대해를 넘나들 때도 이 항로는 탐라와 중국남방을 연결하는 루트였던 곳들이다. 영파의 앞바다에 있는 저우산 군도(舟山群島)의 군사기지인 정해(定海)는 제주에서 중국으로 연결되는 남방해로의 종착지점으로 해상교류의 중심지에 해당한다.[42] 강봉옥의 이 구전기록에는 중국과 제주 간의 해양루트가 드러나 있다.

고대 항로인 이 뱃길에 대한 관심을 제주인들은 “강남을 가건 해남을

42 이 항로는 동중국해의 ‘사단항로(斜斷航路)’로, 예를 들면 영파나 그 외항인 주산군도의 섬들을 출발하여 동중국해를 동북방향으로 사단한 다음에 제주도를 경유하거나 기항한 다음에 일본 방면이나 한반도의 각 지역으로 항해하는 항로이다(윤명철, 2002b).

보라 / 이여도가 반이라 한다"라며 민요 가락에 담아 노래로 불렀다.

강남을 가는 해남을 보라 〔강남 가는 해남길을 보면〕
이어도가 반이엔 해라 〔이어도가 절반이라더라〕

강남 바당 비지여 오건 〔강남바다에 비가 올 듯 하거든〕
제주 바당 배놓지 말라 〔제주바다에 배 띄우지 말라〕

강남 가도 삼년에 온다 〔江南 가도 삼년이면 온다〕
서울 가도 삼년에 온다 〔서울 가도 삼년이면 온다〕
황천길은 조반날 질이라도 〔黃泉길은 하루아침 길이면서도〕
ᄒᆞᆫ번 가난 올 줄 몰라라 ᄒᆞᆫ다. 〔한 번 가서는 올 줄 모르더라〕

여기서 '강남 바당'은 제주도와 중국의 사이, 구체적으로 제주-저우산 반도 사이 뱃길을 가리킨다. 그 곳은 전설 속 이어도와 지금의 이어도해양과학기지가 있는 뱃길이기도 하다. 여기서 '강남 바당'은 제주도와 중국의 사이, 구체적으로 제주-저우산 군도 사이 뱃길을 가리킨다. 그 곳은 전설 속 이어도와 지금의 이어도해양과학기지가 있는 뱃길이기도 하다.

이상과 같이 보았을 때, 이어도해양과학기지가 있는 그곳이 "모든 조건을 제대로 갖춘" 이어도의 "가장 유력한 후보지"(송상일, 2010: 95)라고 할 수 있다. 요컨대, 이어도는 상상 속 이야기의 이상향으로 축소될 수 없다. 경험적 사실을 토대로 하지 않은 상상이란 거의 없다. '여'와 같이 숨음과 드러남 속에서 실재하는 이어도의 모양새가 그렇고, 제주에서 저우산 반도로 가는 뱃길, 즉 강남 가는 해남길의 중간에 이어도가 있다는 위치 역시 그렇다. 제주인들의 역사와 문화 속에 이어도는 실재했고 현재도 이어도해양과학기지를 떠받치면서 실재하고 있다.

제2절 이어도의 발견: 소코트라 호와 소코트라 록

이어도는 영국 P&O 선박회사(Peninsular and Oriental Steam Navigation Company) 소속 소코트라 호의 이름을 따 영국 해도에서 '소코트라 록'(Socotra Rock)으로 불렸다. 한상복(1991: 460)은 다음과 같이 '소코트라 호'와 '소코트라 록'에 관한 사실을 소개한다.

> 북위 31도에서 33도와 동경 123도에서 128도 사이에 있는 동지나해 북부 해역에는 어떤 섬도 없다. 제주도 남쪽 어디에도 섬은 존재하지 않는다. 따라서 제주도 전설 속에 나오는 섬인 "이어도"는 전설 속의 환상적이고 허구적인 섬일 뿐 실존하지 않는다. 다만 제주도 서남쪽 약 85해리 해역에 암초가 있는데, 이것은 1900년 영국 상선인 "Socotra" 호에 의해서 최초로 발견되었다. "Socotra" 호는 "P&O 선박회사(Penninsular and Oriental Steam Navigation Company)" 소속의 배로 1897년 건조된 총톤수 6,000톤 급의 강선이다. 인도, 호주, 중국 등지에서 화물을 운반하며 우편배달업무도 수행하고 있었는데, 북위 32도 8분, 동경 125도 11분 해역에 암초가 있음을 발견하고 영국해군성에 항해위험해역으로 보고하였으며, 이듬해인 1901년 영국 해군 측량선 "Water Witch"호에 의해서 수심 3패덤(fathoms) 밖에 안 되는 위험한 암초로 확인 측량되어, 해도에 "Socotra Rock"으로 기재되기 시작했다.

영국 해군 수로국은 1837년부터 항행통보(Notices to Mariners)를 발표해 왔다. 항행통보는 '소코트라 록'의 발견 과정을 보여주는 가장 기본적인 자료라고 할 수 있으며 다음은 1900년 560번째 발표된 항행통보이다.[43]

> 1900년 8월 22일자 정보는 P.&O.회사의 총 매니저로부터 수신한 것으로 일본에서 상하이로 항해하던 증기선 소코트라(S.S. Socotra) 호가 1900년 6월 5일 오후 9시 40분에 양자 뱅크(Yan Tsu Bank)에서 북동쪽의 모래톱(shoal)에 충돌하였다. 위치는 대체로 북위 32도 9분, 동경 125도 7분이다. 나중에 수리를 하려고 도크에 들어갔을 때, 밑바닥의 손상된 부분에 진흙과 돌들이 붙어 있는 것을 발견하였다. 그 3패덤 밖에 안 되는 얕은 곳은 결국 그보다 더 위의 장소의 지도에 자리 잡고 있다.
>
> 1896년에 P.&O.회사의 증기선 상하이호(S.S. Shanghai)가 정오에 북위 32도 1분, 동경 120도 10분에서 9패덤의 소리를 포착했음을 보고했는데, 그 당시 날씨는 좋았지만, 안개가 있어서, 결국 어떤 천체 관측도 할 수 없었다; 이 보고를 접수하고 나서 1896년의 312호 항행통보(航行通報, Notice to mariners)가 발행되었고, 나중에 1896년 618호로 수정되었다.
>
> 1896년 12월에 해군함정 플로버(H.M.S. Plover)가 신고 받은 모래톱 조사를 위해 파견되었다. 그러나 그 주변 4마일 구역에서 그 정도 깊이의 모래톱을 발견할 수 없었다. 이 정보를 접수하고 나서, 지도에서 9패덤 지역을 삭제한다는 항행통보를 1897년 340호로 발표하였다.

---

43 Noitice No. 560 of 1900, The Admiralty Hydrographic Office, U.K. 이 자료는 정공흔(1985)의 부록에 실려 있음.

그러나 이 지역 모래톱에 관한 보고는 결코 이것만이 아니다. 1868년에 해군조사선 실비아(H.M. Surveying Vessel Sylvia)가 PMSS 코스타리카(P.M.S.S. Costa Rica)가 북위 32도 10분, 동경 125도 3분의 위치를 보고해 온 것을, 15평방 마일의 공간을 (25패덤 깊이까지) 조사했는데 아무 것도 위험한 것을 발견하지 못했다.

더 이상 자주 신고가 들어오지 않은 상태에서, 위험이 양츠와 일본 사이의 자주 이용하는 노선에 지속적으로 존재할 수 있다고는 상상하기 어렵지만, 어떤 무엇인가 뱅크(bank)가 지난 6월의 그 근방 어딘가에 있는 것이 분명하므로, 이 지역을 완전히 조사할 때까지, 이 지역을 피하도록 항해하는 선박들에게 경고를 알렸다.

이와 같은 뱅크가 홍수 때 양자강에 의해 아래로 운반된 퇴적물 때문에 우연히 형성되는 것은, 북서 계절풍이 불어오면 파도 때문에 결국은 흩어지므로, 불가능하다.

이상의 내용을 보면, 1900년 6월 5일 오후 9시 40분 경 일본에서 상하이로 가던 '소코트라 호'가 해도 상에 나타나 있지 않은 암초에 부딪쳤다. 그런데 이 암초는 전에도 두 차례 보고된 바 있었고, 두 번 다 수로국 측량선이 확인 차 나갔지만 찾지 못하고 돌아왔다. 1868년에 미국 기선 코스타리카(Costa Rica) 호가 부딪쳤다고 보고해 왔을 때 영국 해군 수로국 소속 측량선 실비아(Sylvia) 호가 확인, 측량을 위해 나갔다가 허탕을 쳤다. 그리고 불과 4년 전인 1896년에 영국 P.&O. 소속 증기선 상하이(Shanghi) 호가 암초 발견 보고를 해왔을 때는 암초가 있으니 주의하라는 경고 항행통보를 발표했다가, 이번에도 영국 해군의 플로버(Plover) 호가 나가서 조사했지만 역시 찾지 못하자, 1987년에는 이를 취소하는 해프닝까지 있었던 것이다. 그런데 이번에는 다시 '소코트라 호'가 부딪쳐 사고를 냈으니 세 번째의 사고였다.

당시 이 지역을 오가는 선박은 대부분이 영국과 미국 배였고, 따라서 영국 해군 수로국은 이 문제를 심각하게 받아들일 수밖에 없었을 것이다. 그러므로 항행통보에서 그동안의 일을 설명하면서, "완전히 조사할 때까지 이 지역을 피하라고 항해하는 선박들에게 경고"한 것이다. 사고를 당한 '소코트라 호'는 6,009톤짜리 증기 기선이다. 당시로서는 매우 규모가 크고, 나무가 아닌 철로 건조한 대형 증기선이었으며, 1915년까지 운항했던 기록을 갖고 있다.

'소코트라 호'는 당시에 암초에 부딪쳐 파손된 것은 사실이지만 침몰한 것은 아니었다. '소코트라 호'에 관한 P&O선박회사의 기록에는 이 충돌에 관한 사항이 나오지 않으며, 단지 1915년 11월 26일 프랑스 르투케(Le Touquet)에서 좌초되기까지 중요 사항을 기록한 내용 중에 1903년 벨기에 해안에서 달링톤(Dallington) 증기선과 부딪친 사고만 기록되어 있다. 따라서 당시에 '소코트라 록'과 부딪치면서 파손된 정도는 그리 심각한 수준은 아니었던 것으로 보인다. 수리 후 '소코트라 호'는 아시아 지역을 오가는 화물 운송선으로 역할을 계속했었을 것이다.

당시 영국은 이미 19세기 이후에는 인도와 동남아시아가 아닌 중국 및 일본과의 무역을 통해서 가장 큰 부를 축적하고 있었다. 당시 영국은 전 세계를 무대로 활동하고 있었고, 동중국해는 그들 영국의 배가 수시로 왔다 갔다 하는 바다였던 것이다. 그러니 동중국해의 사정을 세계 어느 국가보다도 더 소상히 알고 교통에 방해되는 요소를 확인하고, 위험을 알리는 일을 맡고 있는 곳이 영국 해군 수로국이었다. 그런 점에서 소코트라 록을 발견하고 확인하고, 나아가 해도에 표시하는 것은 그들의 당연한 일이었다.

영국 해군 수로국으로부터 '소코트라 록'의 위치 확인을 지시 받은 선박은 영국 해군 측량선 '워터위치 호'(HMS Waterwitch)였다. 이 배는 원래 랭커

〈그림 9-2〉 소코트라 호의 모습(그림엽서)

자료: 조성윤(2015: 18) 재인용.

셔 위치(Lancashire Witch)라는 이름의 개인 요트로 1878년 건조된 760톤짜리 목선(木船)으로, 1893년 영국 해군이 이 배를 사들여 측량선 용도에 맞게 개조했다. 측량 과정과 결과 보고에 관한 자세한 내용은 아직 미확인 상태이다. 그러나 당시 영국 해도상에 처음 소코트라 록이 등재되었다는 사실에 비추어 볼 때, 영국 측량선 워터위치 호가 '소코트라 록'의 위치를 측량하고 그 결과를 담은 보고서를 영국 해군 수로국에 보고했고, 수로국은 이를 해도에 등재했을 것이다.

결론적으로, '소코트라 록'은 1901년 영국 화물선 소코트라 호가 일본

〈그림 9-3〉 시드니항에 정박 중인 워터위치 호
자료: 조성윤(2015: 20) 재인용.

과 상하이를 잇는 노선을 항행하다가 부딪치면서 그 존재가 알려졌다. 영국 해군 수로국이 측량선 워터위치 호를 보내 측량에 성공하면서, 수로지와 해도에 기재했다. 영국 해군 수로국이 소코트라 록를 측량하고 수로지와 해도에 기재한 것은 어디까지나 이것이 선박 항행에 위험한 암초였기 때문이었다. 그들은 이 암초의 존재를 일본을 비롯한 각국 수로국에 통보했고, 동중국해상을 왕래하는 선박들은 해도를 통해 이 암초의 존재를 알고 있었다.

'소코트라 록'의 발견과 측량 이후 그에 관심을 가지고 계속해서 탐사를 해온 것은 한국이었다. 1951년의 해군 탐사부터 시작해서 한국 정부와 한국의 민간기관이 여러 차례 탐사를 시도한 끝에 1984년에는 KBS와 제주대학교 해양대학 교수팀이 현지 확인 및 측량에 성공했고, 그 뒤 해양과학기지를 건설하는 단계까지 나아갔다.

제3절 파랑도 탐사 시도와 계속된 실패

해방 후 시작된 이어도 탐사는 이어도 실재론에서 출발한다고 할 수 있다. 이어도가 한낱 신화 속 환상의 섬이라고 생각했다면 가능하지 않았을 일이다. 이어도 탐사 과정을 보면, 우리 정부뿐만 아니라 민간 사회단체, 방송국, 학계가 상호 협력을 통해서 탐사를 진행했으며, 그들의 탐사 동기에는 이어도라는 새로운 섬을 발견하고 이를 우리의 영토라는 것을 대내외에 분명하게 알리고 싶은 우국의 열정이 자리하고 있었던 것으로 보인다. 샌프란시스코 평화조약은 해방 이후 일본의 억압적 치하에 있던 국가들의 영토를 획정하는 중요한 분수령이 되는 회담으로, 해방 직후 우리의 영토, 특히 섬의 영유권을 둘러싸고 적지 않은 논란이 불거졌기 때문이다. 지금은 종합해양과학기지가 서 있는 실체이지만, 이를 육안으로 확인하기 이전까지 이어도는 신화적 존재에 다름 아니었다. 지난한 이어도 탐사의 과정을 통해 현실적 실체로 우리에게 다가왔다. 그 탐사 과정을 살펴보자.

1. 1951년 파랑도 탐사 시도

해방 직후 이루어진 파랑도, 즉 당시 명칭으로 이어도 탐사는 1951년 9월 20일 이루어진 것으로 기록되어 있다. 파랑도 학술조사대가 1951년 9월 20일 오전에 파랑도 탐사를 위해 출발했고, 2일간이나 탐사했으나 실체를 찾는 데 실패했다는 내용이었다. 그 근거 자료는 〈그림 9-4〉의 1951년 9월 23일자 《동아일보》 기사이다. 이를 상세히 살펴보면 다음과 같다. 그러나 관련 기사에는 파랑도가 어떤 섬이고, 어디에 있는지 등에 대한 설명이나 어떤 동기로 학술조사에 나섰는지 등에 대한 정보는 없었던 것으로 보인다.

> 波浪島學術調査 隊廿日現地向發
>
> 제주도 남단에 위치하는 우리나라의 영토의 파랑도에 관한 현지학술 조사대원 일행 삼십여명은 십구일 무사히 제주도에 도착 일박후 이십일 상오 ㅁ시 파랑도로 향하였다 한다(《동아일보》, 1951년 9월 23일자).

그런데 최근에 이화여대 교수인 정병준이 저술한 『독도 1947』은 해방직후 이어도(파랑도)와 관련된 문제들을 파악할 수 있게 해주는 귀중한 연구서이다. 그의 저술은 제목처럼 독도에 관한 연구서이다. 그는 이 저술을 통해 해방 직후 한국·미국·일본의 독도에 대한 인식과 정책을 샌프란시스코 강화조약 초안부터 최종 체결까지의 과정을 중심으로 분석했고, 그에 따라 책의 제목처럼 1947년이 독도 문제의 중요한 분기점이었다는 점을 지적한다.

그에 의하면, 당초 독도는 샌프란시스코 강화조약 초안에 한국령으로 되어 있었다. 그런데 동 조약의 최종안에서 독도가 빠지게 되었는데, 그렇게 된 가장 중요한 이유로 일본 외무성의 허위 로비를 든다. 당시 일본 외무성은 독도가 일본령이고 한국은 그 섬을 알지도 못한다는 허위 정보를 담은 영문 팸플릿을 제작, 배포했고 미국 관리들이 여기에 넘어갔기 때문이라는 것이 요지이다(정병준, 2010).[44]

당시 미국 국무부는 샌프란시스코 강화조약 체결 준비 과정에서 우리 정부에게 그 초안을 보내왔다. 이때 우리 정부는 대책을 마련하면서 파랑도

---

44 이하의 논의는 주로 정병준(2010: 821-825)에 주로 의존하며, 그의 논의는 전적으로 샌프란시스코 강화조약 초안을 중심으로 한 것이다.

大規모空襲은必至
任意疎開等을促求
防空强化策決定

依然迷宮의中性模氏出廷與否
不應時엔斷乎處分?
高位責任者、召喚에應토록조속說

倂合審理에隘路許多
趙永煥 有罪判決되면
新角度서搜査展開?
防衛軍事件 民間人關係

代金淸算
오징어 水產物
貿易界重大危機에

波浪島學術調査
隊廿日現地向發

財務部專賣局長

〈그림 9-4〉 파랑도 학술조사대 탐사 보도

자료: 《동아일보》, 1951년 9월 23일자.

를 한국 영토라고 주장했는데, 그런 주장의 배경에는 유진오와 최남선이 있었다. 우리 정부의 강화조약 대책 마련은 유진오에 의해 주도되었다. 미국이 제안한 초안과 관련해 유진오가 제일 먼저 찾아간 사람은 최남선이었으며,

그의 조언에 따라 대마도 대신 독도와 파랑도를 요구했다(유진오, 1966: 93; 정병준, 2010: 744 재인용).

자신을 찾아온 유진오에게 최남선은 "우리나라 목포와 일본의 장기(長崎), 중국의 상해를 연결하는 삼각형의 중심쯤 되는 해중(海中)에 '파랑도'라는 섬이 있는데, 표면이 대단히 얕아서 물결 속에 묻혔다 드러났다 한다"(정병준, 2010: 744)고 설명했다. 이러한 그의 설명이 지칭하는 것은 소코트라락(Socotra Rock)이었다. 그런데 최남선의 여러 저술들을 검토해 보면 파랑도에 대한 언급은 찾아 볼 수 없었다.

그런데 1947년 10월 《동아일보》는 "波浪嶼"(파랑서)에 관해 〈그림 9-5〉와 같이 보도하고 있다. 이를 상세히 살펴보면 다음과 같다.

> 일본의 侵略的 野慾
> 이번엔 黃海 波浪嶼에
> 자기네 領土라고 맥司令에 報告
> 침략근성을 못 버리는 왜구는 동해 바다에서 우리의 관도인 독도를

日本의 侵略的 野慾

이번엔 黃海 波浪嶼에

自己네 領土라고 맥司令에 報告

침략근성을 못버리는 왜구는 동해바다에서 우리의 관도인 독도(獨島)를 침범하려는 마수를 멈치지안코 있는것은 누차기보한바이거니와 이번에는 또다시 남속황해(黃海)바다에까지도 야욕의마수를뻗치어 또한우리의감정을 격분케하고있다 문제의섬은 황해바다에있는 북위(北緯)三十二도三十분 동경(東經)一백二十五도에 있는 파랑서(波浪嶼)라는 함무리의섬인데 이섬은제주도(濟州島)에서 一백五十키로(粁)목포에서 二백九十키로 일본 나가사끼(長崎)에서 四백五十키로 상해(上海)에서 三백二十키로의지점에있어 지리학상으로만보드래도 명연히우리의 판도에속하는것은 두말할필요조차없는것인데 얼마전일본정부에서는 황해바다를구역별로 난우어 …

〈그림 9-5〉 파랑서에 대한 일본의 침략적 야욕 비난한 보도

자료: 《동아일보》, 1947년 10월 22일자.

침범하려는 마수를 멈추지 않고 있는 것은 누차 기보한 바이거니와 이번에는 또 다시 남쪽 황해 바다에까지도 야욕의 마수를 뻐치어 또한 우리의 감정을 격분케 하고 있다.

문제의 섬은 황해 바다에 있는 북위 삼십이도 삼십분 동경 일백이십오도에 있는 파랑서라는 한 무리의 섬인데, 이 섬은 제주도에서 일백오십키로, 목포에서 이백구십키로, 일본 나가사키에서 사백오십키로, 상해에서 삼백이십키로의 지점에 있어 지리학상으로만 보드래도 당연히 우리의 판도에 속하는 것은 두말할 필요조차 없는 것인데, 얼마 전 일본 정부에서는 황해 바다를 구역별로 나누어 자기들에게 유리한 조건을 부쳐 맥아더 사령부에 보고하고 이 파랑도서를 소위 "맥아더라인" 선(線)내에 넣어 자기네들의 소속 영토라고 자칭하고 있는 것이다. 그런데 이 섬은 남해에 유일한 해산물 생식지인 동시에 큰 어장이기도 하다(《동아일보》, 1947년 10월 22일자).

이상과 같이 《동아일보》가 보도한 위의 기사가 아마도 한국인이 소코트라 락의 존재를 알게 되었음을 보여주는 최초의 기사라고 생각된다. 한국의 이어도 탐사를 체계적으로 연구한 조성윤(2015: 63)에 의하면, 이 기사는 일본 정부가 맥아더 사령부가 '맥아더 라인'을 설정할 때 보고한 내용과 맥아더 라인 설정 과정에서 파랑서가 '맥아더 라인' 안에 들어가도록 노력했던 점을 지적하고 있다. 이 때 파랑서(波浪嶼)의 서(嶼)는 도(島)보다는 작은 섬을 지칭할 때 쓰는 용어이다. 위의 《동아일보》 기사가 적시하듯이, 파랑서는 제주도에서 150km, 목포에서 290km, 일본 나가사키에서 450km, 상해에서 320km 지점에 위치하고 있으며, 지도를 이용한 그림으로 표시하고 있다.

이 기사를 보면, 적어도 일본은 소코트라 록을 분명히 인식, 이를 자신들의 어업구역에 포함시키려는 의도를 보였고, 우리 정부도 이에 대해 파랑서가 우리 섬인데 "자기네 영토"로 편입시키려 한다는 문제점을 지적하고 있다. 소코트라 록이 포함된 통신성의 해저 전선 부설 계획이 보류된 상태였지만 당시 일본 정부 내 관계자들은 주지하고 있던 사실이었다(조성윤, 2014).

최남선이 소코트라 록의 존재를 인지한 것이 상기한 《동아일보》 기사를 통해서인지 아니면 다른 자료를 통해서 인지를 파악하기는 어렵다. 다만 한 가지 추정할 수 있는 근거는 우국노인회(憂國老人會)가 1948년 8월 5일 맥아더에게 독섬(독도), 울릉도, 대마도, 파랑도가 한국령이므로 한국 영토로 귀속되어야 한다는 청원서를 보낸 적이 있는데, 이 청원서의 실질적인 작성자가 최남선이었고, 그 내용이 《동아일보》(1947년 10월 22일자)의 기사 내용을 거의 그대로 전재하고 있었음을 볼 때(정병준, 2010: 255), 최남선은 아마도 이 신문보도를 유심히 보고 기억하고 있다가 소코트라 록을 파랑도라고 주장한 것이라고 생각된다.

이처럼 한국 정부는 최남선의 자문에 따라서 파랑도를 한국령에 속하는 섬이라고 주장하게 된다. 샌프란시스코 강화조약은 1951년 9월 8일 미국 샌프란시스코에서 맺어진 일본과 연합국 사이의 평화 조약으로, 48개국이 참가, 서명하여 1952년 4월 28일에 발효되었다. 미국 주도로 연합국이 일본과의 전쟁을 최종 마무리하는 내용을 담았으므로 대일강화조약(對日講和條約)이라고도 불린다.

앞의 제2장 제3절에서 '근현대사 속 해양인식'을 다루면서 이어도가 독도와 함께 샌프란시스코 조약 상 우리 영토로 기록되지 못한 이유에 대해서는 비교적 상세하게 그 배경을 설명했다. 재론컨대, 당시 우리 정부의 관심은 영토보다는 전후 일본인들이 남기고 돌아간 재산을 일본이 포기하도록 만드는 데 있었다. 결국 1951년 9월 8일 샌프란시스코 조약이 맺어진다.

그런데 그 뒤 며칠 지나지 않은 10월 20일에 한국산악회가 주축이 된 '파랑도 학술조사대'가 해군 군함을 타고 파랑도 탐사를 위해 출발했다. 이 조사대의 목적은 한국산악회 30년사의 관련 내용을 재구성한 조성윤(2015)의 연구에서 다음과 같이 잘 나타나 있다.

한국산악회가 중심이 된 '濟州島, 波浪島 學術調査'는 문교부와 국방부가 의뢰한 사업이었으며, 1951년 9월 18~26일 동안 실시되었다. 조사대는 총 58명으로 구성되었는데, 한국산악회의 홍종인이 대장을 맡고, 김정태가 총지휘를 맡았으며, 학술반 30명 중에는 문교부, 국방부, 해군본부에서 파견한 관계관 6명이 포함되어 있었고, 제주도청이 파견한 20명과 잠수반 8명 등이 참여했다. 문교부에 의하면, 탐사의 목적은 "당시 國民校 地理附圖 標記 確認事項"이라고, 國防部는 "國防上 國土海域 確認事項"이라고 밝히면서 "濟州島(모슬포) 南方 91浬 해상에 있다는 無人島(해도에 同位置標記 Socotona Rock, 卽「礁」로 나와 있다. 북위 32.35°, 동경 120°)를 학술적으로 확인, 조사하기 위해서였다."고 밝혔다. 탐사를 통해 확인하고 싶은 것은 다름 아닌 소코트라 록, 즉 이어도였으며, 해도에 표기된 것을 확인하려는 것이었음을 알 수 있다.

그러나 조사대는 끝내 섬을 발견할 수 없어 수색을 단념하고 귀항했다(한국산악회, 1977: 35).[45] 문교부가 국방부의 협력을 얻어 한국산악회와 함께 진행했던 1951년 이승만 정부의 파랑도 탐사는 결국 별다른 성과를 얻지 못하고 종료되었다.

---

45 그런데 한국산악회 50년사에는 조금 다른 내용이 실려 있다. 함정이 소코트라 락 위에 까지 접근했지만, 풍랑이 심해서 직접 내려가 조사해 보지 못했으며, "한국산악회가 영토 표지의 동판"을 가라앉히고 돌아왔다는 것이다(한국산악회, 1997: 107).

2. 1973년 파랑도 탐사 시도

박정희 정부에서 파랑도 탐사에 대한 관심이 제기된 데는 파랑도 근처로 추정되는 곳에 대한 '공유수면 점용허가 신청서'가 제주도에 제출되면서였다. 1973년 6월 5일자로 한국대학 이사장 한광섭이라는 사람이 동 문건을 제출했다. 신청서에는 점용 장소가 제주도 서남방 파랑서로 2개의 섬, 즉 177.6km 지점의 상파서와 178.4km 지점의 하랑서라고 적시했으며, 면적도 각각 520ha(54정 2반 4묘)와 392ha(395정 9반 6묘)라고 했다(조성윤, 2015: 68).

서류를 접수한 제주도 당국은 이를 교통부 수로국에 문의했고, 수로국에서는 제주지방 해운국에 신청자를 면담하여 전후 사실을 확인하도록 했다. 그런데 제주지방 해운국장은 신청자의 신분이나 거처가 불분명하고 점용 장소와 위치도 신뢰하기 어렵다는 취지로 수로국에 보고했다. 1973년 6월 20일 공문은 다음과 같다.

> 신청자 한광섭은 제주도에 전 한국대학 설립 당시 대학 이사장을 역임하였으며, 현 직업은 없으나 절을 전전하며 일정한 거주지가 없는 자임. … 한광섭은 현지 확인도 하지 않고 해도 상에 도재(해도 No. 802)된 암초(Socotra Rock) 및 침선존재 위험 한계선을 도적 측량한 것임(조성윤, 2015: 68 재인용).

그리고 제주도지사는 이 사실을 내무부에 보고했고, 내무부는 사실을 확인하라고 지시했다. 그러자 제주도는 사실 여부의 확인 조사를 요청하는 협조 공문을 제주지방 해운국으로 전달했고, 해운국은 상급 기관인 수로국으로 그 공문을 보냈다. 교통부 수로국에서는 수로과가 중심이 되어 측량선

한 濟州道民의 占用申請을 계기로 알아본 來歷

「파랑섬」은 과연 섬인가?

51年 李대통령命令으로 一次探訪

수색나섰던 海軍船 결국 찾지못해

滿潮時 물속에 가라앉으면 섬으로 인정안해

대륙붕인경우 國際法上處理문제가 큰關心

〈그림 9-6〉 한 제주도민의 점용신청을 계기로 알아본 내력

자료: 《동아일보》, 1973년 6월 19일자.

인 제3수로호를 타고 1973년 6월 26일부터 30일까지 제주도 남방 수로 조사를 하겠다고 보고하고 파랑초 실체 규명에 나섰다.

그러나 탐사 결과, 이 해역에는 섬이나 노출암이 존재하지 않음을 확인했다. 정확한 수심 측량은 일기가 불순하여 하지 못하였다는 단서를 달았다. 〈그림 9-4〉와 같이 이 탐사는 당시 언론에서도 크게 주목 받았다. 그리하여 하여 주요 신문사와 방송사 기자들이 동승 취재에 나서기도 했다. 이 시기는 이미 소코트라 록의 존재가 비교적 많이 알려진 상태였고 해양영토에 대한 관심도 점점 높아지던 때였기 때문이다.

제4절 파랑도 탐사 성공과 이어도의 대중화

1951년 이승만 정부와 1973년 박정희 정부에서 두 차례의 이어도 탐사가 실패한 이후 1980년대 들어 탐사가 재개되었다. 1984년 3월 16~19일과 동년 5월 8~11일 두 차례에 걸쳐 이어도의 구체적인 위치와 규모, 수심, 지질, 생물 그리고 해양물리학적 특성에 대해 기초 자료를 얻을 목적으로 KBS의 지원을 받고, 제주대학교 해양과학대학 교수들이 주축이 되어 우리나라 최초로 학술조사를 실시했다.

1차 조사는 대조시(大潮時)를 조사시기로 택한 결과 조류가 강했고 조사 기간 역시 짧게 책정되었다. 이와 더불어 기상 악화와 물이 혼탁했던 관계로 이어도를 재확인하는 데는 성공했으나 학술조사는 거의 이루어지지 못했다. 반면 2차 조사는 날씨도 좋았고 바닷물도 맑았으며, 소조시(小潮時)를 택한 결과 조류도 약해 스쿠버 다이버의 수중활동에도 특별한 제약이 없어 순조롭게 학술조사를 마무리 할 수 있었다(이어도연구회, 2012).

1984년 3월 16일 출발한 제1차 탐사대는 모두 50여명으로 구성되었다. 먼저 학술조사반은 제주대학교 해양대학 팀으로 모두 12명(교수 8명, 학생 4명)으로 구성되었는데, 이 중 정공흔, 백문하, 이용필 교수는 1차 조사에는 참가하지 못했다. KBS 취재팀도 제주총국에서 3명의 기자와 서울 본부에서 3명의 기자와 촬영기사 2명, 수중 카메라맨 2명 등이 참가했다. 선박은 선장과 선원 12명이 탐승한 부산 수산진흥원 탐사선인 부산 851호(1,200톤급)를 이용했고, 당시 북제주군 어업지도선(60톤 급)도 탐사반에 합류했다.

3월 16일에 출발했으나 기상상태가 나빠지고 있었기 때문에 화순항으로 돌아갔다가 다음 날인 17일에 다시 출발하여 18일 현장에 도착했다. 당시의 조사 결과를 제주대 해양대학팀은 다음과 같이 기록하고 있다(제주대학교 해양과학대학, 1984a: 30).

> 제1차 조사는 일정이 너무 짧고 일기가 불순하여 Socotra 부근에서 모선(부산801, 1200톤급, 수산진흥원 소속)이 정박한 시간이 불과 8시간 정도(1984.3.18)이고 자선(제주202, 50톤급)이 작업한 시간이 4시간 정도였으므로 상기의 조사 계획을 모두 달성하기는 어려운 형편이었다. 또 Socotra 부근의 조류가 급하고 물이 혼탁하여 특별한 시설과 장비를 갖추지 않고는 Scuba Diver의 수중 작업은 위험하다고 판단하여 Diver들이 물에 들어가는 것을 중지시켰다.
>
> 이상과 같이 여러 가지 어려움이 겹쳐 제1차 조사에서는 조사 계획의 일부만이 단편적으로 수행되었다. 그러나 과거 2회(1951, 1973년)에 걸쳐 Socotra 암초 탐사가 시도되었으나 모두 실패한 것을 감안하면 금번 조사에서 Socotra 암초의 존재를 우리나라에서는 처음으로 재확인하는 데 큰 의의가 있다.

2차 조사는 5월 8일부터 5월 11일까지 실시되었다. 제주대 팀의 2차 보고서는 그 구체적인 의의를 다음과 같이 기록했다(제주대학교 해양과학대학, 1984b: 32).

> 제주도 남서방(마라도 기준) 약 81마일 거리에 위치하고 있는 Socotra 암초(32°-07.8′N, 125°-10.6′E)는 수면 하 5.5.m까지 돌출한 고립 암초임이 해도상에 표시되어 있을 뿐 이 암초에 대한 구체적인 학술조사가 거의 이루어져 있지 않다. 그러나 Socotra 주변 해역은 황해냉수, 중국대륙 연안수, 대마난류수 등의 이질수괴가 서로 마주치고 있어 동지나해, 황해에 출현하는 각 수괴의 세력변화 연구에 매우 중요한 곳 일뿐만 아니라 조기, 갈치, 강달이, 갯장어 등 각종 저서 어종의 월동장이 되며 참돔, 고등어 등을 비롯한 많은 회유성 어종의 회유경로에 해당돼 수산업적으로도 매우 긴요한 해역이다. (제1차 Socotra 학술조사 보고서 참조) 그러므로 본 조사에서는 학술 및 산업적으로 매우 중요한 위치에 있는 Socotra 암초에 대한 구체적인 학술 자료를 얻어 거의 베일에 쌓여있는 Socotra 암초의 실체를 보다 명확히 함과 더불어 암초 주변의 물리환경, 암초의 지질구조 및 생물 분포상 등을 구명해 동 암초의 효과적 활용 방안 탐색에 필요한 기초자료를 얻을 목적으로 KBS의 지원 하에 제주대학교 해양과학대학 교수를 주축으로 우리나라에서는 최초로 1984년 3월 16일부터 3월 19일과, 2회에 걸쳐 학술조사를 실시했다.
>
> 제1차 조사는 대조때를 조사시기로 택한 결과 조류가 강했고 또 일기악화와 물이 혼탁했던 관계로 Socotra 암초를 재확인 하는데는 성공했으나 학술조사는 거의 이루어 지지 못했다. 그러나 제2차 조사는 날씨도 좋았고 바닷물도 맑았으며 소조시를 택한 결과 조류도 약

해 학술조사가 순조롭게 진행됐다.

1984년 3월과 5월 제주KBS와 제주대학교 해양대학 교수들의 두 차례에 걸친 탐사를 통해서 비로소 소코트라 록의 실체가 확인되었다. 이는 해방 이후 몇 차례 시도되었던 이어도 탐사 노력의 중요한 결실을 의미한다. 앞서 언급했듯이, 1951년 이승만 정부에서는 문교부가 의뢰하고 한국산악연맹이 중심이 되어 조직되었던 '파랑도 학술조사대'가 주축으로 이어도 탐사를 시도했다. 그리고 1973년 박정희 정부에서는 교통부 수로국이 중심이 되어 이어도 탐사 활동이 이루어졌다. 그러나 실패로 끝났다. 그럼에도 불구하고 이 두 차례의 탐사 시도는 대한민국의 해양영토를 넓히겠다는 일념하에 추진된 탐사였고, 그러한 열정이 언론을 통해 알려지면서 국민들 사이에서도 파랑도에 대한 관심이 높아지는 계기가 되었다.

이어도의 대중화에 기여했던 이청준의 소설 『이어도』의 내용도 이러한 두 차례의 이어도 탐사 시도와 무관치 않은 스토리 전개를 보여준다. 소설 『이어도』에서는 이어도를 찾기 위해 군함을 타고 바다로 나갔던 탐사대 이야기와 신문 기자 이야기가 허구이기는 하지만 큰 줄거리를 구성하며, 1951년과 1973년의 실제 탐사 활동을 토대로 구성한 것으로 비춰진다. 더불어 여기에 제주도 사람들 사이에서 오래 전부터 전해 내려오는 이어도에 관한 설화가 더해지면서 흥미와 호기심을 자아냈다. 그리고 더욱 중요한 것은 현실 속 '파랑도'와 전설 속 '이어도'가 하나의 이미지로 겹쳐지는 계기가 되었다.

한국해양소년단 제주연맹에 의해 민간단체 최초의 이어도 수중탐사 역시 이 시기에 이루어졌다. 이 탐사는 KBS와 제주대학교의 '파랑도 탐사반'의 1차와 2차 이어도 탐사 중간 시점인 1984년 4월 6~9일까지 한국일보와 함께 20여명의 탐사대에 의해 수행되었고, 이어도의 실체를 규명하는 성과

한국일보 1984年4月11日 (水曜日)

「벌금刑 前科者」 없어진다

受刑人명부에 收錄하지 않아

법무부 「刑失效관계法」 개정안 마련

◇「이어島」에 꽂은 本社旗

傳說의 섬 「이어도」… 本社팀 水中확인성공

한국 해양소년 探査團과 함께

한국일보 1984年4月11日 (水曜日) (10)

「환상의 섬」에 발을 디뎠다

5m 물속 스쿠버다이빙으로 확인

本社 이어島 取材팀 뒤가

탐사선 歸路에 난파…九死一生

「이어島를 본사람은 살아돌아오지 못한다」

視界20㎝ 銀白色암초群-- 굴·산호 한아름 안고 솟구쳤다

良心은 살아있었다

民營아파트 2千一百세대 이달末까지 분양

〈그림 9-7〉 한국해양소년단 제주연맹 이어도 탐사

자료: 《한국일보》, 1984년 4월 11일자.

를 거두었다. 그러나 그들의 탐사 활동은 귀환 도중 풍랑을 만나 배가 침몰하는 사고를 겪으면서 간신히 살아 돌아왔다.

이후 1986년 10월 5~7일 당시 건설교통부 수로국(현 국립해양조사원)에

의해 이어도 해역에 대한 조사연구가 실시되었고, 이는 실질적으로 이 지역에 고정 구조물 설치를 위한 1차 정밀측량이었다. 이어도 최초의 구조물은 〈그림 9-8〉과 같이 1987년 해운항만청에서 설치한 '이어도 등부표'이다. 등부표란 선박항해에 위험한 곳임을 알리는 무인등대와 같은 역할을 하는 항로표지 부표로써, 이를 설치함으로써 그 당시 이 사실을 국제적으로 공표한 바 있다.

〈그림 9-8〉 이어도 등부표설치

〈그림 9-9〉 수중 표석

1989년 여름 두 차례에 걸쳐 제주 MBC가 다큐멘터리 제작을 위해 이어도 탐사를 실시했으며, 1992년 건설교통부 수로국에 의해 2차 정밀측량이 한 차례 더 실시되었다. 그리고 1995년에는 해양수산부가 해양연구·기상관측·어업활동 등을 위한 이어도 해양과학기지 설치를 위해 해저지형 파악과 조류관측 등 현장조사를 실시하기 시작했다.

1990년대 후반에 이르러서는 '한·중 어업협정' 체결을 위한 교섭 과정에서 이어도 주변수역이 소홀히 취급되고 있다는 것이 알려지게 되면서 1999년 5월 제주도에서는 이어도에 〈그림 9-9〉와 같은 수중 표석을 세우는 행사를 통해 이어도와 그 상부 수역에 대한 관심을 표시하기도 했다.

2001년에는 우리 정부가 이어도에 해양과학기지 건설을 착공하여 2003년 6월에 완공했다. 2013년 11월 23일 중국에서 이어도를 포함하는 방공식별구역을 선포하자, 곧이어 12월 8일 우리 정부도 방공식별구역을 이어도까지 확장한다고 선포했다.

제10장 이어도 지키기

제1절 외교적 대응

한·중 간 이어도 관할권을 둘러싸고 벌어지는 갈등은 아직까지 심각한 문제로까지 이슈화되지는 않았던 저강도 분쟁 이슈라고 할 수 있다. 그렇다고 이 문제가 지속적으로 현상을 유지할 것으로 보이지는 않는다. 특히 중국 어선의 불법조업으로 인한 문제가 사회적으로 제기될 때마다 중국과의 배타적 경제수역 경계획정의 조속한 타결에 관한 여론이 팽배해지면서 이어도 이슈에 대한 국민적 관심도 높아지는 경향을 보인다. 따라서 이어도 관할권 이슈는 현상을 그대로 유지하는 것이 국익에 도움이 되지는 않을 것으로 보인다. 우리의 입장에서는 분쟁을 해결하는 것, 즉 배타적 경제수역 경계획정을 협상을 통해 타결하는 것이 국익 증진에 도움이 될 것이다.

도서 영유권을 비롯하여 배타적 경제수역 경계획정 등과 같은 해양영토와 관련된 이슈들은 국민 정서를 자극하는 민감한 이슈이다. 그런 만큼 이런 분쟁 이슈에는 민족주의적 요소가 개입되는 경우가 적지 않고, 그럴 경우 논란은 국민적 정서의 대결로 확대될 수 있다. 그리고 센카쿠/댜오위다오 분쟁을 놓고 중국이 전례 없이 공격적으로 대응하는 경향이나 국가 전략 차원에서 해양강국화를 추진하고 있다는 점에서 이어도 문제는 해경 간의 물리적 충돌이나 심지어는 군사력을 동원한 무력시위 등의 분쟁 상황으로 치달을 수 있는 가능성을 배제할 수 없다.

이러한 상황의 도래에 앞서, 외교적으로 가능한 대응방안을 적극적으로 모색, 추진할 필요가 있다. 그러한 외교적 대응 방안으로 중국과의 해양경계획정을 위한 협상과 동아시아 해양영토분쟁에 개입된 당사국들이 참여하는 다자협력, 그리고 공동개발 협력 등을 구상해 볼 수 있다.

1. 한·중 해양경계획정 협상 추진

일반적으로 영토분쟁을 해결하기 위한 당사국 간 협상은 영토고권(領土高權, territorial supremacy)과 민족주의적 국민 정서 등으로 인해 성공하기 쉽지 않다. 그러나 협상이 성공하는 경우가 전혀 없는 것도 아니다. 당사국이 상호 신뢰관계에 있고 여타의 외교관계에 영향을 미치지 않는 적절한 시기에 협상이 이루어진다면 성공 가능성을 높일 수 있다(최태현, 2007: 85).

많은 영토분쟁을 경험한 중국은 주로 당사국 간 협상을 통해 문제를 해결해왔다. 이웃한 파키스탄이나 네팔, 미얀마 등이 중국과의 협상을 통해 영토 문제를 해결한 경험을 가지고 있는 국가들이다. 국경 협상 당시 이들 국가들은 중국과의 외교관계가 우호적이었을 뿐만 아니라 분쟁 지역이 협소했으며 국경 획정의 기준을 마련하는 데도 큰 어려움을 겪지 않았던 것으로 알려지고 있다(Cukwurah, 1967: 143-148).

물론 중국이 모든 영토분쟁을 협상에 의해 해결한 것은 아니다. 종종 무력분쟁도 없지 않았다. 일본과의 센카쿠/댜오위다오 분쟁에서는 대대적인 무력시위를, 남중국해 해양분쟁에서는 무력행사도 불사했다. 더욱이 최근에는 스프래틀리 군도(중국명 난샤군도)의 인공 섬 건설을 둘러싸고 미국과 대립각을 세우고 있다. 최근 해양영토를 둘러싼 중국의 대응 방식은 적극적이고 공격적인 성향을 보이고 있다.

주지하는 바이지만, 한국도 중국과 잠재적인 해양영토분쟁에 휩싸여 있다. 물론 그것이 도서의 영유권을 둘러싼 갈등은 아니다. 현재 한국과 중국은 해양경계의 미획정으로 잠재적 분쟁 상태에 있다. 한국의 서해안과 중국의 동해안이 마주하고 있는 바다의 거리가 400해리가 되지 않기 때문에 발생한 사안이다. 그에 따라 배타적 경제수역 중첩으로 인해 양국은 협상을 통해 배타적 경제수역의 경계를 획정해야 한다. 그곳이 바로 해양과학기지가 건설되어 운영 중인 이어도 주변수역이다.

우리 외교부는 이어도 관련 영토 문제는 없으며 해양경계획정의 문제만 존재한다고 보고 있으며, 이는 협상을 통해 타결될 문제라고 인식하고 있다. 중국도 마찬가지로 협상을 통해 문제를 해결해야 한다는 대원칙에 동의하고 있다. 그에 따라 한·중 양국 정부는 해양경계획정 회담 타결을 위해 노력 중이다.

사실, 이어도 주변수역의 경계획정과 관련, 중국의 물리적 대응 가능성에 대한 우려의 시선이 적지 않다. 그러나 한·중 간 이어도 문제는 센카쿠/댜오위다오의 도서 영유권 이슈와는 다른 경계획정에 의한 해양 관할권 이슈이다. 중국 스스로도 G2로서의 국제적 위상에 걸 맞는 대국으로서의 면모를 보여야 할 필요가 있다. 한·중 관계도 '전략적 협력 동반자 관계'로 동아시아 지역에서 가장 견고한 관계(주펑, 2009: 4)를 구축하고 있다. 따라서 이어도 주변수역의 해양경계획정은 다른 어떤 방식보다도 협상에 의한 타결 가능성이 상대적으로 높은 이슈라고 할 수 있다.

그럼에도 불구하고 우리가 경험했던 그간의 협상 과정을 돌이켜 보면 앞으로의 과정도 순탄치만은 않을 것 같이 보인다. 한·중 양국은 중첩되는 해양경계획정 문제를 놓고 1997년 2월 회담을 시작한 이래로 2008년 말까지 총 14회를 개최했지만(외교부, 2013 참조) 서로 입장차만 확인했을 뿐 번번이 결렬되었다.

회담 결렬의 이유는 비교적 분명하다. 협상 원칙과 절차에서 극명한 대조를 보였기 때문이다. 협상 '원칙'에서 한국은 등거리 원칙에 따른 중간선 적용을 주장했지만 중국은 형평의 원칙과 여러 가지 관련 사정을 고려해야 한다는 입장이 부딪쳤다. 또 협상 '절차'에서도 한국은 잠정적 중간선을 그은 후에 세세한 부분들을 조정해 가야 한다는 입장이지만 중국은 이와 반대로 경계획정에 영향을 미치는 요인들을 모두 고려한 후에 이들 간의 균형을 맞춰 나가면서 구체적인 경계선에 합의할 수 있다는 입장이 교차하고 있다(구민교, 2012: 9).

국제적인 해양규범인 유엔해양법협약이 있는데도 상이한 주장으로 서로 맞서고 있다. 유엔해양법협약은 태생적으로 분쟁을 다루는 데 취약하다. 협약 참가국들의 동의에 기반한 느슨한 형태의 국제법이기 때문이다. 유엔해양법협약의 이러한 특성을 고려하면 한·중 간 배타적 경제수역 획정을 위한 협상은 불투명하다. 협상의 국제법적 틀이나 준거가 마땅치 않기 때문이다.

그렇다고 이를 비관적으로만 볼 문제는 아니다. 배타적 경제수역 미획정으로 다툼이 있던 필리핀과 인도네시아가 2014년 5월 협상을 통해 협정을 체결했는데, 한·중 간 협상에 시사하는 바가 적지 않다. 필리핀과 인도네시아도 배타적 경제수역 획정에서의 이견으로 20년 동안 협상이 지속되어 왔지만 합의에 이르지 못해왔다. 굽힐 줄 모르던 양국의 주장은 비로소 정상회담을 계기로 누그러지게 되었다. 2011년 양국은 정상회담이 전환점이 되어 2014년 협상 타결에 이르게 된 것이다. 양국 정상의 정치적 의지와 결단이 협상 타결의 핵심 요인이었음을 보여주는 사례라고 할 수 있다.

이러한 선험적 사례로 볼 때, 한·중 양국이 희망을 가질 수 있는 것은 양국 정상 간 합의이다. 실제로 한·중 간에는 2008년 이래로 배타적 경제수역 획정에 관해 양국 수뇌부 간의 이해는 크게 다르지 않다. 그 실마리는 이명박 정부에서 시작되었다. 2008년 8월 한국에서 열린 정상회담과 2012년 1월 중국에서 열린 정상회담에서 이명박 대통령과 후진타오(胡錦濤) 주석은 해양경계획정 문제의 조속한 해결과 이를 위한 회담을 지속하기로 합의했다(외교부, 2013: 386, 393).

박근혜 정부의 출범 초기 양국관계가 더욱 돈독해지면서 해양경계 문제를 해결하기 위한 양국 수뇌부의 정치적 의지도 더욱 확고해지는 듯했다. 박근혜 대통령과 시진핑 주석은 2013년과 2014년 두 차례의 정상회담에서 해양경계획정 협상을 빼놓지 않고 거론했고, 또 그에 대해 인식도 같이했다. 즉 2013년 양국 정상은 공동성명에서 한·중 관계의 잠재적인 불씨가 될 수 있는 해양경계획정 협상을 조속히 가동하기로 합의한 바 있다. 또 2014년에는 양국 정상이 해양경계획정 협상을 위한 회담을 2015년부터 가동하기로 합의했다. 약 20여 년 동안 매듭짓지 못한 해양경계획정 협상은 양국 정상의 정치적 의지와 결단에 의해 타결 가능성을 내비치고 있는 것이다. 협상에 관한 양국 정상들의 강력한 정치적 의지가 엿보이며, 이제 정치적 결단만이 남아 있는 듯하다.

사실, 배타적 경제수역 같은 국가 간 해양의 경계를 획정하는 문제는 국익이 걸린 국가 중대사이다. 그리고 그것이 협상에 의해 획정되어야 한다는 것은 당사국 간 국익을 어떻게 조정할 것인가에 타결 여부가 달려 있음을 의미한다. 그리고 여기에 국가의 자존심과 국민의 민족주의적 정서까지 관련되는 문제이다. 따라서 이 문제는 당사국의 사활적 이해(vital interests)가 걸린 외교 사안이라는 데 이의를 달기 어렵다.

중국은 그동안 해양영토분쟁에 대해 국제적인 사법기관을 통하기보다는 양자 협상으로 문제를 해결해 왔다. 한·중 간 해양경계획정 문제에 대해서도 당사국과의 담판을 통해 해결하겠다는 분명한 의지를 이미 공식적으로 피력한 상황이다. 따라서 한·중 간 해양경계획정은 양국 대표 간 회담을 통해 협상에 이를 것으로 전망되고 있다.

사실, 도서 영유권 분쟁과 달리 해양경계획정을 둘러싼 갈등은 보다 유연하게 접근할 수 있는 가능성이 적지 않다. 도서 영유권 문제는 제로섬(zero-sum) 게임에 가까운 분쟁인 반면에, 해양경계획정 문제는 윈윈(win-win)의 가능성이 있는 게임이며, 협상을 통해 유연성을 발휘할 수 있는 영역이다. 따라서 협상을 통해 원만하게 해양경계가 획정될 수 있을 것이라는 기대를 갖게 한다.

그러나 그동안 중국은 해양경계 회담에 그다지 적극적이지 않았다. 우리 측의 적극적인 태도와 달리 중국은 특히 2008년 이후부터 회담의 장기화를 꾀하는 듯한 인상을 주었다. 2015년 이후 협상을 본격적으로 가동하기로 한 양국 정상의 합의 이후에도 중국의 이렇다 할 적극성을 찾기는 쉽지 않다. 중국이 이처럼 협상에 미온적인 태도를 보이는 데는 중요한 이유가 있을 것으로 보인다. 예컨대, 중국이 배타적 경제수역 획정 협상의 진행을 지연시키는 것은 자국 어민들의 한국 측 수역에서의 약탈적인 어업행위를 계속할 수 있도록 하기 위한 전술적 측면이 작용하고 있다는 지적이 있다.

그러나 그보다 더 중요한 이유는 군사전략적 측면이라고 생각된다. 동아시아에서 미국과의 해양패권 경쟁을 하고 있는 중국에게 동중국해의 배타적 경제수역 획정 협상 타결은 중국에 도움이 되지 않을 수 있다는 점 때문이다. 천안함 폭침 사건과 연평도 포격 사건 이후 서해상에서의 한·미 간의 대규모 해상합동 훈련에 대해 중국은 극도로 민감한 반응을 보인 바 있다. 그리고 당시 중국 측의 반대 논리 중의 하나가 자국의 배타적 경제수역 내에서 제3국, 즉 미국이 군사훈련을 할 수 없다는 것이었다. 따라서 한·중 간 해양경계획정 회담의 결렬과 계속되는 지연은 미국 해군력의 동중국해 접근을 차단하는 지렛대를 놓치지 않기 위한 중국의 전략적 의도인 것처럼 보인다.

결국, 중국이 한국과의 해양경계획정을 위한 회담 성사를 계속 지연시켜 온 것은 이어도 주변수역에 대한 관할권 협상을 타결하지 않으면서 전략적 모호성(strategic ambiguity)을 지속적으로 유지하는 것이 유리하다는 판단에서 비롯된 것으로 추측된다. 다시 말하면, 해양경계를 획정하지 않음으로써 관할권을 분명히 하지 않은 상태가 중국의 전략적 이익에 부합된다고 보기 때문이라는 것이다(고충석, 2014: 62).

그렇다면 한국은 대중(對中) 해양경계획정 회담에 어떻게 접근하는 것이 바람직한가? 한·중 간 배타적 경제수역 협상의 공전은 중국의 의도에 끌려가는 것이며, 이를 조속히 타결하기 위한 노력이 필요하다는 주장이 있는 반면에, 보다 신중하게 접근해야 한다는 신중론도 만만치 않다.[46] 속전속결이든 신중론이든 협상 당사국인 중국의 의도와 전략을 다양한 측면에서 파악하는 것이 중요하다.

46 이에 대한 최근의 논의로는 「시진핑 시기 중국 외교 패러다임의 변화: 2015년 한국의 대중 외교 어떻게 할 것인가?」를 주제로 아주대 중국정책연구소가 개최한 세미나의 발표와 토론을 참조할 것. 그리고 다음 언론기사를 참조할 것. "한중 해양경계 협상 놓고 찬반 격론…"이번에 하자" vs "서두르지 말자"," 《중앙일보》, 2015/02/01; "한·중 해양경계획정협상 난항 예상, 정부 대책은? 속전속결론 vs 신중론 팽팽히 맞서," 《뉴스원》, 2015/02/19.

첫째, 이 이슈가 유엔해양법협약이라는 국제법에 근거하고 있는 만큼, 우리 정부가 한·중 간 협상을 우리 정부가 의도한 방향으로 타결해 나가기 위해서는 유엔해양법협약과 그에 근거한 판례 분석과 검토가 필수적이다. 또 양국 간 갈등요소가 되고 있는 영해기점이나 실트라인(Siltline), 해안선 길이와 해역면적의 비례성 등과 같은 문제에 대한 우리 측의 분명한 논리와 주장이 필요하다.

둘째, 군사전략적 측면에서는 최근 중국의 군사적 부상의 맥락 속에서 동아시아 해양패권을 둘러싼 미·중 간 경쟁과 그에 대응하는 중국의 해양전략, 그리고 중국이 핵심이익으로 간주하는 제1도련선과 그 범주에 포함되는 이어도 주변수역의 군사전략적 가치가 협상에 미치는 영향에 대한 분석 또한 간과되어서는 안 될 것이다.

셋째, 시진핑 체제가 해양의 중요성에 대한 새로운 인식을 기반으로 해양대국으로 나아가기 위한 새로운 비전과 전략을 추진하고 있다. 이런 상황에서 중국 정부가 해양영토 문제를 중화민족주의와 연결시키는 해양 민족주의(naval nationalism)(Ross, 2009)에 대한 경계와 대응도 소홀히 해서는 안 될 것이다.

넷째, 해양경계획정을 위한 협상에 대비하기 위해서는 중국에 대한 다양한 측면의 준비와 대비뿐만 아니라 국내적 대비책도 마련되어야 한다. 정부 내에서 외교부와 해양수산부를 중심으로 범정부적 차원에서 해양경계획정 협상에 대응하기 위한 다각도의 외교 태세를 준비해야 할 것이고, 국민 여론을 적절히 활용해서 회담 협상력을 높일 수 있는 방안도 모색해야 할 것이다.

마지막으로, 도서 영유권 갈등은 국내정치의 영향으로 전략적 유연성을 발휘하기 쉽지 않은데 반해, 해양경계획정 같은 관할권 이슈는 당사국 간의 '협상'과 '합의'에 의해 결정되기 때문에 당사국 간의 공동이익 창출을 위한 전략적 유연성을 발휘할 수 있도록 대내외 환경과 여건들을 조성해 나갈 필요가 있으며, 협상 타결에 이를 수 있는 정치적 조건이나 정치적 타협책을 다각도로 강구해야 할 것이다.

이어도는 단순한 바닷속 암초가 아니다. 제주의 설화와 제주해민들의 애환이 담긴 역사적·문화적 영토에 다름 아니다. 암초 위에 버티고 있는 이어도종합해양과학기지 또한 단순한 과학기지가 아니다. 대한민국 해양영토의 최전선이며 동아시아 해양협력과 해양평화의 상징이다. 2015년부터 본격화될 이어도 주변수역의 배타적 경제수역 경계획정 협상을 위한 물밑 대비가 겉으로는 차분히, 그러나 안으로는 치열하게 이루어져야 하는 이유이다. 이어도 주변수역의 관할권 확보를 통해 대한민국의 해양주권을 확고하게 수호하기 위해서는 한·중 해양경계획정 협상을 성공적으로 추진하는 것이 중요하고, 협상 타결의 명분과 실리 찾기는 끊임없이 지속되어야 할 것이다.

2. 공동개발 협력에 대한 대응

최근까지 중국의 해양 갈등 경험을 통해서 볼 때, 기본적인 대응전략은 무력 행사나 시위를 통해 분쟁을 해결하기보다는 '분쟁유보·공동개발' 전략으로 나타나고 있다. 물론 난샤군도 문제와 관련하여 베트남·필리핀에 대한 무력 접근이 없었던 것은 아니지만, 이후 1990년대 이후 최근의 경향을 볼 때, 중국의 해양영토분쟁 문제에 대한 접근은 무력보다는 외교적 협상이 기본적인 전략으로 자리 잡은 것으로 보인다. 이 전략은 상대적으로 불리한 중국의 영유권 확보 문제는 그대로 유보하고 자원개발이란 실리를 확보하는 것이다.

'분쟁유보·공동개발'이 최초로 제기된 것은 1978년 당시 국무원 부총리였던 덩샤오핑이 일본과의 평화우호조약 체결을 위해 일본을 방문하였을 때 기자회견이었다. 덩샤오핑은 조어도 문제는 당장 해결할 수 없는 문제이며 향후 10년이든 혹은 그 이상이든 영유권 분쟁은 잠시 접어두자는 입장을 표명하였다. 그리고 덩샤오핑은 1984년 2월 미국 조지타운 대학 전략국제문제 연구센터 대표단과의 회담에서도 이를 언급했다(鄧小平, 1993: 49). 같은 해 10월에는 중국공산당 중앙고문위원회에서 조어도와 남사군도 문제의 경우 '분쟁유보 공동개발'의 원칙에서 문제 해결이 가능하다는 입장을 다시 한 번 명확히 했다(鄧小平, 1993: 87). 주변국가와의 공식외교 석상에서 이러한 입장을 명확히 천명한 것은 1986년부터였다. 동년 6월 필리핀 부총리 겸 외교부장 라오레얼이 방문하였을 때, 난샤군도 문제 해법에 대해 무력수단이 아닌 평화적 수단에 의한 문제 해결을 강조하면서 '분쟁유보 공동개발' 해법을 제시했다. 또한 1988년 필리핀 아키노 대통령 방문 시에도 같은 입장을 재차 확인하였다(鄧小平, 1993: 348).

이 정책은 두 가지 함의를 갖는 것이다. 하나는 분쟁해결 방식에서 외교적 협상을 통한 해결 평화적 문제해결 방식을 의미하며, 이는 주변국의 간섭배제는 물론이고 국제사법재판소를 포함한 제3자의 중재에 의한 해결방식을 배제하겠다는 것을 의미한다. 또 하나의 함의는 '공동개발'의 문제로서 중국은 영유권 문제는 후대의 과제로 남기되 자원개발을 먼저 진행하자는 입장이다.

중국이 '분쟁유보·공동개발' 전략은 중국의 대내외적 상황 및 전략 변화와 밀접한 관련을 갖고 있다. 우선, 대외전략의 측면에서 중국은 탈냉전 이후 패권의 추구나 대립보다는 상호 호혜와 협력에 기반한 평화와 경제발전을 가장 중요한 가치로 인식하고 있다. 즉 이데올로기와 체제경쟁 그리고 패권주의보다는 탈이데올로기와 실용주의, 반패권주의를 강조하고 있다. 그에 따라 중국은 지속적인 경제발전을 위한 안정적이고 평화적인 주변환경 조성, '책임지는 대국(負責任的大國)'의 이미지 수립, '평화적 부상'(和平崛起), 그리고 주변국들과의 협력관계 강화와 이에 따른 '중국위협론' 불식 등을 주요한 대외정책의 목표로 설정하고 있다. 중국이 소프트파워 증진을 위해 다양한 노력을 기울이고 있는 이유이다.

중국의 '분쟁유보·공동개발' 전략은 국내적 차원에서의 경제발전과 자원확보를 위해서도 중요한 전략이 되고 있다. 개혁·개방과 함께 중국은 탈이념 실용주의에 기초해서 경제발전과 현대화를 국가정책의 가장 중요한 목표로 설정하여 추진해 오고 있다. 이러한 목표를 순조롭게 실현하기 위해서는 무엇보다 중요한 조건이 안정적인 외교안보 환경의 조성을 위한 대외전략이라 할 수 있다. 그리고 또 다른 중요한 조건이 바로 절대적으로 부족한 자본과 기술을 확보하는 것인데, 이를 위해서는 대외개방을 통해 선진자본주의 국가의 적극적인 투자를 유치해야 한다.

중국이 부상을 지속적해 나가기 위해서는 미국, 일본 등 전통적으로 동아시아 지역에서 대립했던 강대국들과의 평화적인 외교관계 유지가 매우 중요하다. 센카쿠/댜오위다오와 난샤군도 해양분쟁의 경우, 일본, 동남아 및 이 지역에서 가장 강력한 영향력을 가진 미국과의 외교적·경제적 협력관계는 중국의 경제발전과 현대화를 위한 필수 조건이라 할 수 있다. 이런 맥락을 고려할 때, 중국이 해양영토분쟁 문제를 무력을 통한 강제적 해결방식으로 해결할 가능성은 높지 않아 보인다. 그보다는 당사국 간의 협의와 타협이라는 외교적 해결방식을 선호하고 있다. 이로 인해 중국은 센카쿠/댜오위다오와 난샤군도에 대해 지속적으로 주권을 주장하면서도 무력사용을 배제하고 '분쟁유보·공동개발'을 분쟁 해결의 기본적인 원칙으로 개진하고 있다. 그리고 연장선상에서 이어도에 대해서도 이러한 전략을 추진할 것으로 예상된다(전병곤, 2009).

사실, 유엔해양법협약 체제 이후 해양 분쟁 이슈들 중에서도 도서영유권과 해양경계획정 문제를 둘러싸고 나타나는 분쟁에서 특정 당사자의 일방적 양보는 기대하기 쉽지 않다. 도서나 암초 그 자체의 영토적 의미보다 도서로 말미암아 얻을 수 있는 해양 권익이 너무나도 크기 때문이다. 따라서 국익에 충실해야 한다면 도서와 해역을 두고 경쟁하는 관련국들의 분쟁은 물러설 곳도 없고 비켜갈 곳도 없는 마주보고 끝없이 평행선을 달리는 열차와도 같다고 할 것이다.

공동개발 및 협력 방식은 중간선 원칙을 주장하는 한국의 입장과는 거리가 있다. 이어도는 한국 측에 훨씬 가깝게 있기 때문이다. 그러나 장기적으로 해양경계획정 협상이 타결되지 못할 경우, 이러한 중국의 입장을 고려한 대응 또한 필요하다. 분쟁의 성격상 배타적 경제수역 문제는 영유권 문제가 아니라 관할권 문제이고, 그만큼 경제적 측면의 국익 증진이 당사국의 궁극적 목표가 된다. 그리고 배타적 경제수역 역시 해양의 영토로 인식되는 만큼 국민들도 이를 존재론적 갈등 이슈로 인식할 가능성이 높다. 앞서 살펴본 바와 같이 중국 언론들은 이어도를 자국의 영토라고 단정하면서 이어도해양과학기지를 한국 측의 불법 점거라고 보도하는 경우도 있다. 이는 충분히 이어도 문제가 중국 내에서 민족주의적 이슈로 전화될 가능성이 있으며, 이것이 장기적인 분쟁 이슈로 지속될 경우, 이어도와 국가적 정체성을 동일시함으로써 한·중 간 민족주의적 영토분쟁 이슈로 발전할 가능성도 배제할 수 없다.

기존 이어도 관련 연구나 한·중 간 해양경계획정에 관한 연구들은 한·중 간 공동개발 협력의 가능성을 거의 고려하지 않는 것으로 보인다. 장기적인 관점에서 보면 이러한 가능성에 대해 한국 측에서도 이에 대한 대비가 필요할 것이다. 이에 대한 준비가 되지 않은 상황에서 이루어지는 공동개발 협력은 국익을 증진시키는 데 기여하지 못한다. 2008년 6월 중·일간 동중국해 문제(춘샤오 가스전) 관련 주국 외교부 부부장의 담화를 보면, 공동개발을 위한 두 가지의 중요한 전제를 제시한 바 있다. 하나는 중국 측의 주권적 권리와 관할권을 손상하지 않는 것이며, 다른 하나는 중국 측의 법률적 입장과 주장을 손상하지 않는다는 것이다. 공동개발의 경우 중국은 경계획정과 별도로 추진할 수 있지만, 중국의 법률을 근거로 사업을 진행할 수 있다고 밝히고 있다. 따라서 이어도 관할권 확보를 위한 국제법적 근거와 논리의 확보뿐만 아니라 공동개발 협력의 가능성을 고려한 협력 방안과 유리한 조건 확보 등을 위해서도 노력해야 할 것이다.

제2절 물리적 충돌에 대한 대비

1. 안전수역/보호수역 선포

최근 이어도 상공이 한·중·일 간 첨예한 군사적 이슈로 부상하면서 긴장을 고조시킨 바 있다. 2013년 11월 23일 중국이 이어도 상공이 포함된 동중국해 상공의 '방공식별구역'(CADIZ)을 전격 선포했기 때문이다. 최근까지도 이어도 상공은 일본의 방공식별구역(JADIZ) 안에 들어가 있었지만, 중국의 CADIZ 선포를 계기로 우리 정부도 12월 8일 '한국 방공식별구역'(KADIZ) 조정안을 제시, 선포했다(〈그림 10-1〉 참조).

이어도 상공은 이제 한·중·일 3국의 ADIZ가 중첩됨으로써 우발적인 충돌 사태가 발생할 개연성은 더욱 커지게 되었다. 관련국 간 우발적 충돌을 방지하기 위한 실무적 방안 논의가 필요한 상황이다. 이러한 최근의 사태를 보면서, 시급하게 추진해야 할 또 다른 중요한 문제를 제기할 수 있는 것

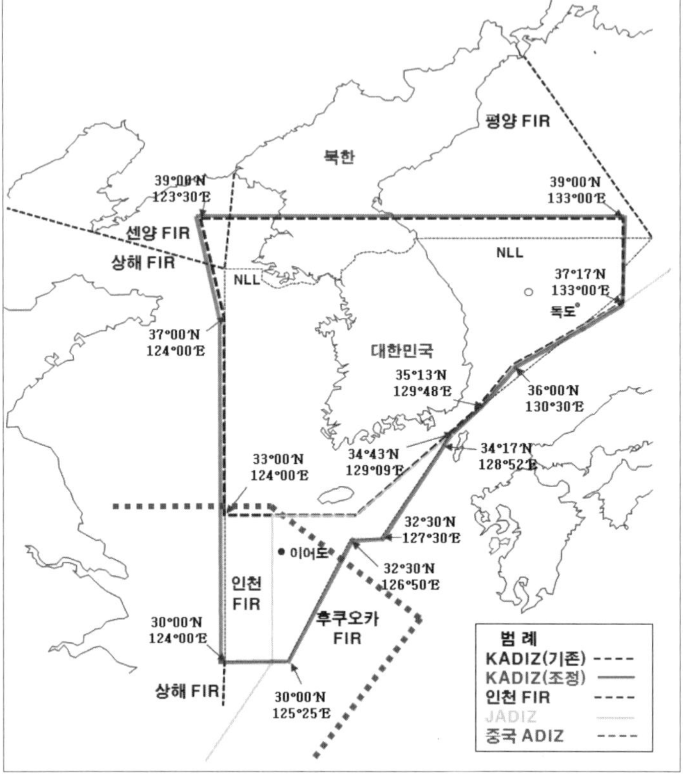

〈그림 10-1〉 한국 방공식별구역 조정안

자료: 국방부 홈페이지.

이 바로 이어도해양과학기지의 안전수역/보호수역의 선포이다.

유엔해양법협약은 제60조 5항에 따르면, 이어도해양과학기지를 건설·운영하고 있는 한국은 "적용 가능한 국제기준을 고려하여 안전수역의 폭을 결정"할 수 있으며, 그것이 없을 경우에는 과학기지의 "바깥쪽 끝의 각 점으로부터 측정하여 500미터" 범위 내에서 안전수역을 설정할 수 있다. 그리고 "안전수역의 범위는 적절히 공시"하도록 규정하고 있다. 이어도해양과학기지는 국내법으로도 보호받을 수 있다. 운항중인 선박 및 해상구조물에 대한 위해행위를 방지함으로써 선박의 안전한 운항과 해상구조물의 안전을 보호함을 목적으로 '선박 및 해상구조물에 대한 위해행위의 처벌 등에 관한 법률'이 제정되었는데, 동법은 '항행안전에 대한 불법행위 억제협약(SUA협약)' 및 이에 대한 국내 이행법률이라는 점에서 국제법에 근거하고 있다. 이뿐만 아니라 2009년에는 영해 밖에 설치된 해양시설 주위에 보호수역을 설정하여 일반선박의 접근을 차단할 수 있도록 하는 '해사안전법'을 제정했다.

이어도해양과학기지와 같은 해상구조물의 안전을 위험하게 할 목적으로 자행되는 온갖 행위들, 즉 폭행·협박·상해·살인, 선박납치, 선박 등 손괴, 선박운항 관련 기기·시설의 손괴, 위험물건 설치·탑재, 허위정보전달, 선박납치 등 살인·치사와 상해·치상 등을 처벌하는 명백한 국제법적·국내법적 규정이 존재하고 있다. 이처럼 이어도해양과학기지의 안전을 보호할 수 있는 '안전수역' 또는 '보호수역' 선포가 가능함에도 아직까지 우리 정부는 이를 유보하고 있다. 아마도 이어도해양과학기지의 합법적 관리·유지를 위해 '안전수역' 또는 '보호수역' 선포가 필요하지만, 그로 인해 한·중 간 외교적 마찰을 불러올지도 모른다는 우려 때문에 소극적인 것으로 보인다(백민정, 2013).

그런데 문제는 배타적 경제수역 경계획정을 위해 한·중 양국은 2008년까지 14차례나 회담을 했지만 아직도 진전이 없는 상태이다. 이런 상황에서 우리 정부가 원하는 방향이 과연 무엇인지에 따라 향후의 행동 방향은 달라질 필요가 있을 것이다. 경계획정을 무기한 미루면서 현상이 유지되기를 바란다면 굳이 중국을 자극하는 등의 외교적 마찰은 필요 없을 것이다. 그러나 조속히 경계획정 협상을 마무리하고자 한다면, 다소 외교적 마찰이나 대립을 감수하면서라도 수면상태에 있는 경계획정 협상에 탄력을 가할 수 있도록 적극적으로 '안전수역' 또는 '보호수역' 선포를 고려해 볼 수 있을 것이다.

주지하듯이, 국제법상 배타적 경제수역에서는 항행의 자유가 인정되는 만큼 해양경계획정을 위한 협상이 타결된다고 해도 중국의 군함이나 해양감시선 등이 우리 측 배타적 경제수역 내에서 항행하는 것은 가능하다.[47] 이와 관련하여 우리나라 배타적 경제수역 내에 있는 이어도해양과학기지는 인공 구조물이므로 독자적인 영해를 갖지 못하지만, 연안국이 그 주위에 안전수역을 설치하는 등 적절한 조치를 취할 수 있다. 한국이 이어도해양과학기지에 '안전수역' 또는 '보호수역'을 설정하였음에도 불구하고 중국 해양감시선이 일방적으로 이어도 주변 500m 내에서 해양과학조사를 벌이거나 이어도해양과학기지 주변을 돌며 위협하는 행위를 한다면, 이는 유엔해양법협약과 SUA협약을 위반하는 것이다.

이어도를 둘러싸고 중국과의 관계에서 고려해야 할 변수들이 많겠지만, 이어도 문제의 본질에 입각한 근본적 대응 수단은 이어도해양과학기지에 '안전수역' 또는 '보호수역'을 선포함으로써 그 기지의 운영·관리에 관한 합법성을 확고하게 다져야 할 것이다.

---

47 배타적 경제수역의 군사적 이용에 대해서는 논란이 많은데, 기본적으로 군함이나 해양감시선이라 하더라도 기본적으로는 항행의 자유를 인정받는다. 다만, 무기 발사, 군사훈련, 군함 기동, 항공기의 발진 및 착함, 군사 장비의 설치 등과 같이 그 성격상 명백한 군사활동에 대해서는 논란이 되고 있다. 배타적 경제수역 내 군사활동 문제에 관한 논란에 대해서는 정상연(2012)을 참조.

2. 해군 작전체계 수립: 제한적 근해우세

영토분쟁은 무력충돌의 위험성이 높은 분쟁이슈이다. 앞서 검토했듯이, 난사군도 분쟁에서 중국은 베트남과 수차례에 걸쳐 무력충돌 했으며, 시기상으로는 1990년대 남중국해에 미·소 양국의 힘의 공백이 초래되던 시기였다. 여기서의 무력충돌은 최근의 중·일 간 조어도 분쟁에서 나타나는 양국 간 해상 대치 수준을 훨씬 넘어서는 수준이었다. 과거 중국은 베트남, 필리핀과 군함을 동원하여 대포를 발사하고 총격전까지 벌이는 유혈 충돌도 불사했다.

이어도 분쟁에 중국이 군사적으로 대응할 가능성은 여러 측면에서 충분한 가능성이 있다. 첫째, 이론적 측면에서 한·중 간 무력충돌의 가능성을 배제하기 어렵다. 현실주의 시각은 영토분쟁의 평화적 해결을 촉진하는 두 변수로 세력균형과 확장억제(extended deterrence)를 강조한다. 그러나 현실적으로 동북아에서 한·중의 세력균형이란 불가능한 문제인 것처럼 보이며, 세력균형을 한·미 동맹에 의해서 보완한다 하더라도, 한·중 사이에는 공통의 동맹국이 존재하지 않기 때문에 확장억제력이 존재하지 않는다(최운도·배진수, 2011: 19). 즉 현실주의적 시각에서 한·중 간의 이어도 분쟁의 평화적 해결은 쉽지 않을 것으로 보이며, 따라서 한·중 간의 무력충돌의 가능성을 배제하기 어렵다.

둘째, 역사적 경험의 측면에서도 중국은 영토분쟁으로 여러 차례의 무력충돌을 경험했다. 남중국해에서 해양영유권 분쟁을 둘러싸고 총 14차례에 걸쳐 군사적 충돌이 발생했다. 이 중 중국은 영토주권을 수호한다는 명목 하에 11차례나 무력을 동원했다(김희열·부승찬, 2012: 5).[47] 일본이 실효적 지배를 해오고 있는 센카쿠/댜오위다오에 대해서는 등소평이 1970년대 말에 "후세에 현명하게 해결되기를 희망한다"고 하여 영토 문제의 현상유지와 문제제기 유보를 제안, 그동안 군사적 충돌은 발생하지 않았다. 그런데 2010년 이후 중국의 경제력이 일본을 추월함과 때를 같이하여 센카쿠/댜오위다오에 대한 무력 위협이 현실화되고 있다.

이러한 역사적 경험을 통해서 보면, 중국은 영토분쟁의 전선을 일국에 집중하면서 무력행사도 불사하는 경향을 보이고 있다. 예컨대, 중국은 과거 일본과는 분쟁을 유보해 놓고 동남아에서는 무력으로 공격하여 도서를 점령해 나갔다. 현재는 한국과 이어도 문제의 이슈화를 유보해 놓고 일본과 센카쿠/댜오위다오 영유권을 놓고 충돌하고 있다. 미래에 남중국해와 센카쿠/댜오위다오 문제가 일단락되면 그 다음 전선은 한국과의 이어도 충돌이 될 가능성이 있다.[48]

셋째, 현상적으로 볼 때 중국은 해양대국을 지향하고 있으며, 따라서 지속적인 해군력 증강을 도모하고 있다. 지속적인 국방비 증액으로 해군력의 증가 추세가 지속적으로 유지될 전망이다. 또한 '핵심이익'으로 규정한 서해의 해양 문제는 분쟁의 소지가 크다. 중국의 최근 움직임은 동아시아 지역에서 안보 긴장을 높이는 주요인으로 작용하고 있으며, 동북아에서의 영토분쟁이 군사 분쟁으로 발전할 수 있는 가능성도 갈수록 높아지고 있는 것으로 평가되고 있다(고상두, 2011: 1).

예컨대, 중국 국가해양국은 2012년 초 이어도 해역을 정기순찰 대상으로 지정한 데 이어, 9월에는 무인항공기(UAV 드론)의 감시 대상에 포함시키기로 했다. 일본과 영유권 분쟁을 벌이는 센카쿠/댜오위다오에 대한 무인항

48 또 다른 예로, 해양영토분쟁에서 중국의 과거 대응방식을 종합해보면, 상대국이 전쟁상태, 사회적 혼란으로 인해 국력이 소진된 시기 혹은 미국과 같은 강력한 동맹국이 철수하는 취약한 시점에 공세전략을 통해 분쟁도서들을 하나씩 점령해 나갔다(김태준, 2007: 212-213).

공기 감시 계획을 밝히면서 이어도도 감시 대상에 포함시킨 것이다(《조선일보》, 2012년 9월 25일자). 이어도 해역은 중국의 제1방위선인 제1도련선 내에 위치하고 있다. 제1도련 내에서 해양통제권을 확보할 수 있는 능력을 상당 부분 보유한 중국은 이 해역에서 분쟁발생 시 자위권 발동 차원에서 해군력을 동원할 수 있다.

이와 같이 다양한 측면에서 검토할 때, 이어도 분쟁에 대한 군사적 대비의 필요성은 크다. 해양영토분쟁에서 중국의 과거 대응방식을 종합해보더라도 간과해서는 안 되는 문제이다. 중국은 과거에 상대국이 전쟁상태, 사회적 혼란으로 인해 국력이 소진된 시기 혹은 미국과 같은 강력한 동맹국이 철수하는 취약한 시점에 공세전략을 통해 분쟁도서들을 하나씩 점령해 나갔다(김태준, 2007: 212-213).[49] 동북아 해역에서 미·중 간 무력 충돌 가능성 및 향후 이 해역에서 미국의 영향력 위축 같은 비관적 상황까지 고려할 때 중국의 해군력에 대응하여 이어도 주변 수역에서 우리의 이어도 수호 의지를 강력하게 표현할 수 있는 나름의 해군력 확보가 필요할 것이다.

중국으로부터 이어도를 지키기 위해서뿐만 아니라 일본으로부터의 독도 수호를 위해서도 해군전력을 강화할 필요가 높다는 주장들이 꾸준히 제기되고 왔다. 그리고 2011년 말 국회 예산결산특별위원회(이하 예결위)는 방위사업청에게 중국과 일본의 해군력 증강에 대응한 중장기 해상전력 강화방안 연구를 수행하도록 연구용역 예산 5억 원을 편성한 바 있다. 이 예산

49 1988년 난샤군도에서 무력충돌이 발생할 때에도 베트남은 전쟁후유증과 폐허의 상처를 치유하기 위해 국력을 결집시키는 시기였기에 중국을 상대로 전쟁을 할 여력이 없었다. 그리고 1995년 중국이 필리핀의 EEZ 내에 위치한 미스치프 섬을 점령한 시기도 미군이 필리핀의 수빅 만에서 철수한 시기와 일치한다는 점에서 중국이 베트남과 필리핀의 열세한 군사력과 취약한 시기를 포착하여 분쟁상태인 도서를 무력으로 점령한 것으로 평가된다(김태준 2007, 212-213).

편성의 부대조건으로 국회 예결위는 영유권(독도, 이어도) 수호를 위한 해상전력 증강 방안에 대해서도 연구를 수행하도록 했다.

이 연구 결과는 독도와 이어도 분쟁시 주변국의 해양전력 30%가 전개된다고 가정하고, 중·일 등 주변국의 위협에 대해 낮은 수준의 '제한적 근해우세' 달성을 목표로 해상전력 증강 방안을 제안하고 있다(《연합뉴스》, 2012년 10월 7일자). 따라서 독도뿐만 아니라 이어도를 둘러싼 해양영토분쟁에 대응하기 위한 현재 우리 해군의 작전은 주변국 해군의 30%가 투입된다는 것을 가정, 이를 억제할 수 있는 개념인 '제한적 근해우세'라고 할 수 있다.

열세한 해상전력 하에서 선택할 수 있는 전략은 제한적이다. 특정 해역의 완전한 보호는 기본적으로 해양통제권이 확보되어야 가능하기 때문에 그보다는 적의 자유로운 해양사용을 방해하기 위한 '제한적 해양우세'나 '해양거부'를 추구해야 한다. 따라서 세 가지 전략에 대한 개념적 이해가 선행되어야 한다.

우선, '해양통제'란 특정 시기 및 해역에서 적의 방해를 받지 않고 자유롭게 해양을 사용할 수 있도록 보장하고 적의 해양 사용을 거부하기 위해 적의 해군력을 효과적으로 제압 또는 통제하는 상태(해군본부 2008, 3-4)를 의미한다.

'해양거부'는 주요 전장보다는 연안지역에 은거, 전투력을 보존하는 가운데 적의 해양사용을 방해할 수 있는 기회를 포착하는 전략이다. 전면전을 가정할 경우 속전속결보다 적의 승리를 거부하는 가운데 지연전을 추구하며, 국지적 분쟁을 가정할 경우에는 전격적 작전을 통해 승리를 거두어야 할 것이다. 예컨대, 적의 취약한 상선 공격이나 어뢰정·잠수함을 이용한 적 함대 공격, 그리고 적의 일부 함대에 대해 전력을 집중한 기습 공격 등이 이러한 해군작전이다(박창희, 2012: 109).

그리고 '제한적 해양우세'는 적의 해양사용을 거부함과 동시에 부분적으로 우세를 달성하는 것을 말한다. 전면전보다 국지적 분쟁이 될 경우 부분적으로나마 가용전력을 집중하여 적 함대에 결정적인 타격을 가하고 국지적 해양우세를 달성하는 전략이다(박창희, 2012: 110).

이 같은 개념에 따를 때, 중·일의 지속적인 해군력 증강을 감안하면 해양통제권 확보는 불가능한 문제이다. 한국 해군이 중국 해군과 동등한 수준의 해군력을 건설해 대칭적으로 대응하기란 현실적으로 불가능하고 할 수 있기 때문이다.

한국 해군이 북한을 제외하고 대주변국에 대해 수행해야 하는 임무는 주변국과의 해양분쟁을 억제하고 분쟁이 발발할 경우 해양영토 및 주권을 수호하는 것이다. 보다 구체적으로 주변국의 해양활동 감시, 접적 해역 및 한반도 주변 해역에 대한 해군력 현시, 해양영토 방위, 해상교통로 보호 등을 들 수 있다. 중·일본의 급속한 해군력 증강으로 독도와 배타적 경제수역, 특히 이어도 등을 둘러싼 해양영토분쟁 가능성이 점증하고 있다.

해양영토분쟁의 가능성이 점증하고 있는 가운데, 주변국의 위협에 대비하기 위해서는 근해 지역(1,000해리)에서의 '제한적 해양우세'를 추구해야 한다. 〈그림 10-2〉와 같이, 한반도를 중심으로 약 1,000해리에 해당하는 북쪽의 쏘야 해협으로부터 남쪽의 대만과 필리핀 사이에 있는 바시 해협까지를 '제한적 해양우세' 영역으로 설정해야 할 것이다. 중국과의 분쟁 가능성이 가장 높은 시나리오는 이어도를 둘러싼 해양영토분쟁으로 예상되는 만큼 해군은 영토주권 수호를 위해 이 지역에서 적의 도발을 억제하고 적극적으로 대응할 수 있는 전략과 능력을 구비해야 한다.

이어도와 관련된 무력 분쟁이 발생할 경우의 대응 목표는 침략행위에 대해 영토주권 수호라는 '소극적' 목표로 설정해야 한다. 우리의 해군력이 중국의 그것에 비해 절대적으로 열세에 놓여 있다는 점을 감안, 이러한 목

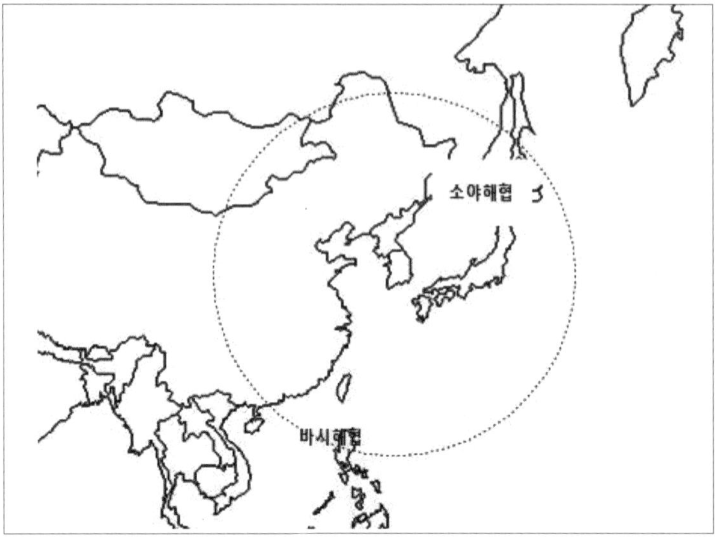

〈그림 10-2〉 한국 해군의 1,000해리 작전영역

표를 확대하는 것은 바람직하지 않다. 따라서 우리 해군은 적 함대가 이어도해양과학기지 보호구역으로 진입하지 못하도록 사전에 그러한 움직임을 억제해야 한다. 이를 위해 상대적 혹은 국지적인 우세를 달성함으로써 주변국의 해양통제를 거부하고 한국 해군의 제한적 해양우세를 확보할 수 있도록 해야 한다(박창희 2012, 116). 그러나 중국과의 군사적 분쟁이 전면적인 충돌로 확대되지 않도록 유의할 필요가 있으며, 분쟁 확대의 방지를 위해 미국으로 하여금 개입하여 중재토록 할 필요가 있다(박창희, 2012: 114).

3. 해군력 강화

최근 중국이 센카쿠/댜오위다오 영유권을 둘러싸고 증강되고 있는 해·

공군력을 바탕으로 일촉즉발의 충돌 위기에 이를 만큼 적극적이고 공세적인 태도를 견지하고 있다. 그러나 중국이 공세적인 태도를 전면적인 군사력 사용으로 확대시킬 수 없는 것은 이 주변지역에서 중국이 일본보다 해군력에서 뒤지기 때문이다. 한용섭(2013)에 의하면, "일본이 이 근해에서 이지스함 6척을 비롯한 고도의 미사일 타격 능력과 첨단 지휘통제(C4I) 능력을 보유하고 있기 때문에 중국은 실제 무력 충돌을 자제하고 있는 것"이라고 분석한 바 있다. 여기에 미·일 동맹도 중국의 섣부른 무력동원을 제약하는 중요한 요인이라고 할 수 있다.

그러나 장기적으로 중국의 국력 부상과 함께 해·공군력에 대한 지속적인 증강이 이루어지는 반면, 미국의 국력이 쇠퇴하고 서태평양 지역에서 미군의 군사력이 감소할 경우 센카쿠/댜오위다오를 둘러싼 중·일 양국의 무력 충돌 가능성은 훨씬 커진다고 볼 수 있을 것이다. 2020년 이후 중국 해군의 영향권이 괌-사이판-팔라우 군도를 잇는 제2도련선으로 확대되고 미·일 동맹의 약화와 함께 미국의 해양우위가 균형으로 바뀌게 되면, 상황은 더욱 낙관할 수 없게 될 것이다(한용섭, 2013).

〈표 10-1〉 한·중·일 해군력 비교(군함수)

국 가	이지스함	잠수함	핵잠수함	구축함	호위함	초계함	소해함	상륙함
한국	3	12	0	9	9	28	3	5
중국	0	71	3	28	52	253	69	60
일본	6	18	0	44	8	7	30	8

자료: 국방백서(2011); Military Balance(2011), 일본방위백서(2012)

주지하듯이, 한국 해군은 동아시아에서 북한 해군을 제외하면 아직도 가장 약한 해군으로 평가되고 있다(이춘근, 2013). 한국 해군과 주변국 해군

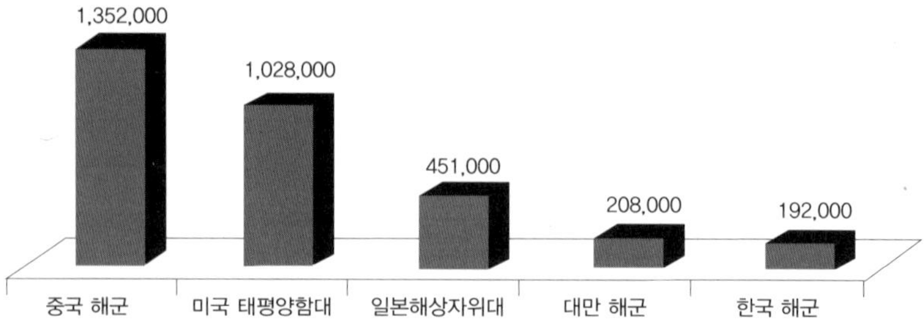

〈그림 10-3〉 동아시아 해군력 비교(톤수)
자료: 이춘근(2013).

을 톤수로 비교한 〈그림 10-3〉을 보면, 한국 해군은 대만 해군보다도 약체라고 평가될 수 있을지 모른다. 군함수로 해군력을 비교하더라도 〈표 10-1〉와 같이 한국은 중국과 일본에 크게 뒤지고 있다. 이런 상황을 고려하면 장기적으로 1,000해리 근해에서 제한적 해양우세를 달성하기 위한 해군력 강화가 추진되어야 할 것이다.

해군력 증강에 대해서는 국방부는 물론 국회에서도 그 필요성이 인정된 바 있다. 이미 2012년 예산으로 한국 해군의 해상전략 증강을 위한 연구용역을 발주, 이를 방위사업청에서 수행한 바 있다. 문제는 해군력 증강과 관련하여 어느 정도의 수준이 되어야 할지이다. 방위사업청의 연구는 중국 및 일본의 해군력과 동등한 수준의 해군력을 확보하여 대칭적으로 대응하는 것이 어렵다는 전제 하에 중국이나 일본 등 주변국 해상전력의 30%가 투입될 경우를 대비한, 즉 제한적 근해우세를 목표로 해군전력 확충을 제안한 바 있다. 이는 유사시 중·일에 맞설 수 있는 최소한의 해군력이라고 할 수 있다(《연합뉴스》, 2012년 10월 7일자; 《세계일보》, 2012년 11월 6일자).

언론을 통해서 일부 공개된 내용에 따르면, 방위사업청은 2030년까지 8조4,000억 원이라는 사상 최대 규모의 해군 전력 증강 방안을 국회 국방위원회에 보고했다. 해군은 2020년 이후 3000톤 급 차기 잠수함(KSS Ⅲ) 9척을 건조하고, 현재 3척인 214급(1800톤) 잠수함도 2018년까지 9척으로 늘리기로 했다. 이지스 구축함(7600톤 급)은 2020년까지 추가로 3척을 건조해 모두 6척을 보유한다는 계획을 마련했다.

〈표 10-2〉 1개 기동전단 전력 구성

구분	전력	소요
예속전력	이지스 구축함(7,600톤급)	2척
	차기 이지스함(5,600톤급)	2척
	한국형 구축함(4,400톤급)	2척
	해상작전 헬기	1척당 2대씩 12대
배속전력	대형수송함(독도함급)	1척
	차기 잠수함(3,000톤급)	2척
	P3-C 해상초계기	3대
	군수지원함	1척

자료: 《연합뉴스》, 2012년 10월 7일자.

그 중에서도 주목할 것은 독도·이어도 분쟁에 대비한 해군전력 증강의 일환으로 제기된 '기동함대' 창설론이다.[50] 기동함대는 해군이 보유한 전력을 필요한 지역으로 신속히 파견해 작전을 수행하는 함대로, 보통 3개의 기동전단으로 구성된다. 〈표 10-2〉는 1개 기동전단의 전력구성이다. 연구 용역

50 이미 해군은 2000년 초반부터 3개 기동전단으로 구성되는 전략기동함대 창설 계획을 추진했으나 2006년 수립된 합동군사전략서(JMS)는 1개 기동전단을 창설하는 것으로 계획이 변경되었다. 그에 따라 2010년 2월 이지스함인 세종대왕함 등 10여 척의 군함으로 1개 기동전단(명칭 제7기동전단)만을 창설했다.

결과에 따르면, 부대구조는 기동함대 예하 3개 기동전단을 구성하는 것이고, 신규 인력으로 3,600명이 필요하며, 소요재원은 2014~2030년까지 8조 4,000억 원이 추가로 소요됨으로써 연평균 국방예산이 4,900억 원 소요될 것으로 전망되었다.

기동함대의 창설은 이어도 분쟁에 대한 우리 해군의 대응력을 크게 진작시킬 것이다. 그동안 제기되었던 비판 중의 하나는 〈그림 10-4〉에서 보듯이, 접근성에서의 절대적 열세였다. 우리 해군이 부산 해군기지에서 이어도까지 접근하는 데 23시간(507㎞)이 걸린다. 그러나 중국 닝보에서는 18시간(398㎞)밖에 걸리지 않는다. 심지어 일본 사세보에서도 21시간(450㎞)이 소요된다. 그래서 제주 남방 교통로 확보와 주변국 견제, 대북전력 우위 등을 위해 제주해군기지 건설의 필요성이 제기된 것이다. 제주해군기지 건설이 완공되면 이어도까지의 거리가 176㎞로 대폭 단축되어 8시간 만에 닿을 수 있다(조선일보, 2011/10/01). 적어도 기동성 면에서는 중국을 훨씬 압도할 수

〈그림 10-4〉 한·중·일 해군기지에서 이어도까지의 거리 비교

있게 될 전망이다.

사실, 이러한 해군전력 확보 계획은 중국의 이어도 위협에 대한 '제한적 근해우세'가 낮은 수준으로 달성되는 수준이라면 점에서 이어도 해양안보의 필요충분조건은 아니다. 최소한의 억지력을 유지할 수 있는 수준의 전력 확보 계획이다. 이러한 전력은 유사시 출동시켜 사용할 수 있는 전력이기도 하지만, 영토분쟁에서 무력은 꼭 직접적인 충돌 이외에도 시위의 효과가 있다. 즉 우리의 해·공군력을 직접 사용하지는 않더라도 언제든 유사시에는 군사력을 사용할 수 있다는 전제 하에 대중 외교전에 나설 경우 훨씬 더 높은 협상력을 가질 수 있다.

결국 이어도 분쟁에 대비하여 궁극적으로는 제한적 근해우세 전략을 관철시킬 수 있는 해군력을 확보함으로써 무력시위 및 충돌시의 대응력을 높일 필요가 있다. 이를 위해서는 국방예산의 제약을 고려, 중장기 계획 하에 단계적으로 꾸준히 추진해 나갈 필요가 있다. 그리고 앞으로 완공될 제주해군기지 등을 활용해 지속적이고 신속한 순찰감시 능력을 확보해야 할 것이다.

제3절 시민사회의 역할 및 대응

중국 정부 및 주요 관료, 그리고 민간단체가 공식·비공식적으로 이어도의 관할권에 대해 표명한 입장들은 다양하다. 이러한 주장들에는 유엔해양법협약을 근거로 비교적 온건한 시각에서 한국 정부의 이어도 정책에 대한 문제를 제기하고 이어도 과학기지 활동에 대해 항의하는 시각이 있는가 하면, 동북아 지역에서 발생하는 여느 영토갈등들과 마찬가지로 민족주의적 정서를 동원한 감정적 주장들도 만만치 않게 나타나고 있다. 특히 근거가 부족한 역사적 논리를 동원하여 예로부터 중국이 이어도를 관할했다는 주장이나 이어도 과학기지 건설을 중국의 영토주권 침범이라는 강변도 등장하고 있다.

해양분쟁이 항상 객관적인 사료와 근거 및 국제법을 기초로 합리적인 협상과 타협에 의해 합의에 도달하는 것은 아니다. 영토분쟁은 국내외의 다양한 요인들과 결부되어 가시화되기도 하고 잠재화되기도 한다. 영토분쟁은 영토 획득 그 자체도 중요하지만 경우에 따라서는 국내의 민족주의적 흐름에 편승하는 경우도 종종 있다. 따라서 민족주의적 동원 전략에 기반한 중국의 이어도 분쟁 가능성을 염두에 둔 대응 전략의 마련이 필요하다.

2000년 이후 최근까지 이어도를 두고 한·중 양국 사이의 치열한 신경전이 벌어지고 있으나 아직까지 본격적인 분쟁으로 돌입하지는 않았다. 따라서 성급하게 이 문제를 본격적인 분쟁 이슈로 제기하여 잠재된 갈등을 현재화시킬 필요는 없을 것으로 보인다. 다만, 불시에 중국이 이어도 이슈를 제기하고 도발할 가능성을 배제할 수 없기 때문에 외교적 차원뿐만 아니라 시민사회 차원에서도 향후의 대응논리와 방안 등을 심사숙고할 필요가 있다.

1. NGO의 활동 촉진 및 지원

오늘날은 NGO의 시대라고 할 만큼 다양한 분야에서 활동하는 수많은 NGO들이 있다. 해양영토분쟁이 높은 관심을 끌게 되면서 이와 관련된 NGO들이 많이 결성되었다. 특히 독도와 관련된 NGO가 많다. 이에 반해 이어도와 관련된 NGO는 사실상 사단법인 이어도연구회가 거의 유일한 것으로 보인다. 이어도 관련 NGO의 결성을 촉진할 필요성이 부각되는 것도 이 때문이다.

이어도 관련 NGO가 많지 않다는 것은 양면적으로 해석할 수 있다. 하나는 이어도에 관한 연구와 사업을 통합적으로 발전시킬 수 있는 가능성이 열려 있다는 것이다. 국내의 수많은 단체들이 독도에 관심을 가지고 있지만 이들 간에 응집성은 결여되어 있는 것으로 평가되고 있다. 예컨대, 멕시코의 싸빠띠스타 운동은 풀뿌리 수준의 다양한 조직구조에도 불구하고 가장 통합적인 리더십을 발휘해 온 사례이다. 한국의 민족주의 운동은 이러한 싸빠띠스타 조직에 비견될 수 있는 통일된 목소리나 대표기관이 존재하지 않는다. 이러한 조직적 리더십의 결여는 국내 및 국제무대에서 민족주의 운동이 장기적인 효과를 거두는 데 취약하다. 또 민족주의 운동의 전략적 접근도 어려워진다. 이런 측면에서 이어도 관련 NGO가 적다는 것은 향후 이어도 관련 활동의 전략적 접근이라는 측면에서 부정적인 문제만은 아닌 것으로 보인다.

그리고 다른 하나는 이어도 관련 활동의 활성화에 제약이 될 수 있다. 이어도 관련 이슈가 사회적으로 제기될 경우 이를 기반으로 관련 활동을 주도하는 단체들이 많아질 경우 훨씬 더 대중적으로 쉽고 크게 어필할 수 있을 것이다. 그리고 중국과의 이어도 문제 관련 대항적 시위나 집회 활동을 위해서도 많은 NGO의 존재는 긍정적일 수 있다. 그러나 이 역시 이어도와 관련된 통일된 목소리를 내거나 전략적으로 접근하는 데는 제약 요소로 작용할 수 있다.

현재, 이어도 문제에 관한 통일되고 정제된 목소리를 내며, 조직적 리더십을 발휘할 수 있는 대표기관으로 사단법인 이어도연구회를 들 수 있다. 현재까지 이어도와 관련해서 가장 대표적인 민간단체로서 이러한 역할을 수행하기에 적합한 단체이다. 향후 이어도 문제가 이슈화될 경우 독도 문제처럼 여러 단체들이 생겨날 수 있다. 이렇게 이어도 관련 단체가 파편화되고 집중성이 결여될 상황을 대비하여 대표기관을 육성할 필요가 있다. 실제로 이 단체는 이어도 관련 연구와 각종 홍보활동을 벌이고 있는데, 최근『이어도 바로알기』(사단법인 이어도연구회, 2011)라는 단행본을 출간하면서 일반 대중의 이어도에 대한 인식을 바로 세우고 잘못 이해하고 있는 이어도 문제의 현실을 직시하도록 하는 활동을 하고 있다. 앞으로 이러한 시민사회 단체들의 이어도와 관련된 다양한 활동을 통해 이어도에 대한 국민적 인식 제고와 함께 이어도 문제를 바로 알고 제대로 알 수 있도록 함으로써 해양주권에 대한 인식 강화는 물론 이어도 문제가 민족주의 경향으로 흐르지 않도록 계몽하는 역할을 수행할 필요가 있다.

더 나아가면, 사단법인 이어도연구회와 같은 이어도 관련 NGO는 중국과의 배타적 경제수역 획정의 국제정치 또는 지역정치라는 소프트파워 싸움에 대처하는 소프트파워 전략 수립 기관으로 거듭날 필요가 있다. 물론 현재도 이어도 관련 연구용역이나 국내외 홍보활동을 수행하고 있으며, 이어도를 하나의 학문 분야로 끌어올리는 사업이나 이어도 관련 역사문헌이나 자료 등을 발굴하고 연구 성과를 집대성하는 역할을 하고 있다.

그러나 이러한 역할은 주로 국내 사회를 대상으로 한 사업이며, 중국에 대해 이어도에 대한 역사적 권원과 법리적·이론적 근거와 논리를 제시함으로써 중국의 주장을 제압하는 방식이다. 그러나 이 방식은 나름의 의미와 효과가 없는 것은 아니지만 그 한계도 비교적 분명하기 때문에 이러한 방식의 접근을 넘어 사단법인 이어도연구회는 이어도의 관할권 확보를 위한 공공외교적 관점에서 중국에 대해 소프트파워를 신장하여 유효적절하게 투사하는 중장기적 전략을 수립하는 역할을 수행해야 할 것이다.

한편, 기존의 유관 단체를 활용하여 이어도 관련 활동을 수행하는 방식이 있을 수 있다. 이러한 활동에 가장 적합한 대표적인 단체로 사이버 외교사절단 '반크'(VANK: Voluntary Agency Network of Korea)를 들 수 있다. 이 단체는 인터넷과 해외 출판물에 잘못 기록된 한국 관련 정보를 찾아내 바로잡는 네티즌 단체로, 아무런 대가없이 자발적으로 국가 홍보와 외교 활동에 참여하고 있다. 전 세계의 수많은 개인과 단체들에 이메일을 보내 한국에 대한 오해를 교정하기 위해 적극적으로 노력하고 있으며, 이는 새로운 형식의 민간외교라고 할 수 있다.

반크는 이어도와 관련된 국제적인 활동을 위해 긴밀한 연계가 필요한 단체라고 할 수 있다. 반크와의 연계사업을 통해 국제적으로 이어도를 알리는 노력이 필요할 것이다. 특히 사이버 독도사관학교(www.dokdo.prkorea.com)는 반크가 운영하고 있으며, 학교수업, 홍보대사 양성, 동아리 활동, 특별 활동, 과제 참여 등 학교 또는 학생들과 연관된 다양한 활동들을 수행하고 있다. 이는 이어도 관련 홍보를 위해 벤치마킹해야 할 주요한 사례라고 할 수 있다.

NGO 활동을 촉진하기 위해서는 정부 차원에서의 지원이 필요하다. 2008년 10월 반크 등의 시민단체에 대한 정부의 지원에 대한 오해로 소동을 겪은 바 있다. 교육과학기술부 보도자료(2008. 10. 23)에 따르면, 당시의 문제는 반크 등 민간단체에 대한 한국학중앙연구원의 예산 삭감에 대해 '예산 지원 중단'이 아닌 정부의 관련 예상을 지원하는 채널이 바뀐 것에 대한 오해 때문에 빚어진 일이었다.

사실, 민간단체에 대한 정부의 지원이 없을 경우 이어도와 관련된 NGO의 활동은 심각하게 위축될 수밖에 없으며, 결성도 쉽지 않을 것이다. 특히 관련 문제에 대한 자료의 발굴, 해석, 번역, 연구 등은 물론 홍보 활동도 불가능하게 될 것이고, 그럼으로써 관련 문제는 간헐적으로 언론을 통해서나 제기될 것이다. 이러한 문제를 개선하기 위해서는 정부 차원에서 NGO의 활동을 촉진할 수 있는 지원이 필요하다.

마지막으로, 이어도 관련 NGO의 결성 지원을 위해 다양한 행위 주체들이 참여할 수 있는 환경 조성과 지원이 필요할 것이다. 21세기 세계화와 정보화의 시대에 외교는 물론 정치의 주체도 다양화되고 있다. 그런 만큼 다양한 주체들이 네트워크를 통해 연결되고, 스스로 조정해 나가는 거버넌스의 시대도 접어들고 있다. 따라서 국가 혼자서 이어도 관할권 확보를 위한 전략과 방안을 마련하고 추진하는 것보다 NGO와의 협력과 네트워크를 통한 접근이 효율적일 뿐만 아니라 국가 차원에서 이어도 문제에 접근하기 쉽지 않다는 점에서 훨씬 효과적일 수 있다.

이런 측면에서 이어도 관련 활동 주체의 다양성뿐만 아니라 새로운 NGO 결성에도 일정한 함의를 제시한다. 민간 차원에서 결성된 이어도 관련 NGO는 국내에서의 이어도 관련 민간 차원의 대응뿐만 아니라 해외에서의 이어도 홍보 활동 등을 수행할 수 있으며, 이러한 조직들은 중앙 조직으로서 뿐만 아니라 제주와 같은 지방 차원에서도 다양한 활동을 수행할 수 있을 것이다.

2. 해양영토 문제에 대한 국민적 이해 증진

'섬'은 국가의 주권이나 주권적 권리 또는 관할권을 가지고 있는 해양의 진주로 일컬어지며, 국가안보적 이익의 중요성과 역할 때문에 '가라앉지 않는 항공모함'(unsinkable aircraft carrier)으로도 곧잘 표현된다. 뿐만 아니라 '섬'은 국가의 경제발전을 위한 어업자원과 석유 가스 등 각종 천연자원의 보고이기도 하다. 이처럼 '섬'이 막대한 가치를 가지게 된 것은 유엔해양법협약 체제가 등장하면서부터이다. 유엔해양법협약은 특정한 요건을 갖춘 '섬'에 대해서는 육상 영토에 비견되는 해양에서의 영토적 권리를 상당 부분 인정했기 때문이다.

그러나 모든 '섬'이 이러한 가치나 권리를 갖는 것은 아니다. 인간이 거주할 수 없고 경제생활을 영위할 수 없는 '암석' 같은 경우는 배타적 경제수역나 대륙붕을 가질 수 없다. 그런데 문제는 '섬'과 '암석'에 대한 이러한 유엔해양법협약의 규정이 그리 명료하지 못한 편이라는 점이다. 그로 인해 연안국들은 도서의 영유권이나 특정 범위의 해양에 대한 관할권을 둘러싸고 치열한 경쟁을 벌이고 있다.

또한 각국은 유엔해양법협약 규정 하에서 최대한 자국의 배타적 경제수역 관할 범위를 확장할 수 있는 방법을 모색·추구하고 있다. 그 방법 중의 하나로 많은 국가들이 영해기점을 최대한 해안선에서 멀리 떨어진 곳으로 정하여 자국의 직접적인 관할수역을 확대하고자 하는 방법을 들 수 있다. 영해기점은 관할해역 설정을 위한 기준점이 된다. 그리고 이것을 연결한 영해기선을 근간으로 한 나라의 해양영토가 결정된다. 따라서 영해기점은 국가주권이나 관할권이 행사되는 각종 수역 범위를 결정짓는 출발점이고 출발선이 된다.

그런데 유엔해양법협약이라는 국제법은 평상시에는 국민들의 관심 대상이 되기 어렵다. 특정 이슈를 중심으로 국가 간 분쟁이 발생해야 비로소 그에 대한 관심과 이해를 견지하게 마련이다. 따라서 유엔해양법협약에 대한 이해가 깊지 않은 국민들로서는 도서나 암석의 중요성을 잘 인식하지 못하거나, 인식한다고 하더라도 피상적으로 인식하는 경우가 많다. 영해기점(base point)이나 기선(baseline)도 마찬가지로, 그 중요성을 잘 모르거나 또는 잘못 이해하는 경우가 있을 수 있다.

해양분쟁과 관련하여 최근 부각되는 두 가지의 핵심 이슈가 있다. 그 하나는 일본이 무인도인 오키노도리시마를 기점으로 배타적 경제수역을 선포하여 자국의 관할 해역을 확대하려 하는 이슈이고, 다른 하나는 중국이 이어도 수역이 포함된 배타적 경제수역 획정에 중요한 자국 영해기점을 무리하게 설정하려고 하는 이슈이다. 중국과 일본은 도서 및 암석의 자격이나 영해기점 및 기선 설정 등에 관한 해양법상 요건이 모호한 점을 빌미로 암석의 도서화를 추진하고 예외적으로 허용된 직선기선을 영해와 배타적 경제수역 설정의 기준으로 채택한 국가들이다.

특히 중·일 양국은 1996년 5월과 6월에 각각 직선기선을 획정, 공표하여 자국 국토의 전 해안에 걸쳐서 해양법상의 법적 요건을 상당히 일탈하는 직선기선을 채택하여 확장된 내수구역을 확보하고 있다. 문제는 양국이 모두 한국과 인접한 대향국이기 때문에 이들의 확장된 직선기선의 획정이 한국의 해양경계획정에 영향을 줄 수 있다는 점이다.

해양분쟁과 직접 관련된 이슈의 국민적 이해는 종종 간과되는 문제이다. 그 내용적 전문성이나 그 절차적 번잡함으로 인해, 정부의 주무부서에서는 보도자료로 대신하고, 이를 보도하는 언론도 커다란 분쟁 이슈가 아닌 경우는 보도자료를 그대로 국민들에게 전달해주는 역할에 머무는 경우가 있다. 따라서 해양분쟁과 관련된 주요 이슈들은 간헐적으로 국민들에게 인지되고, 그런 과정에서 잘못된 정보를 인지하는 경우도 발생할 수 있다. 뿐만 아니라 상대국의 의도가 무엇인지 오도될 가능성도 배제할 수 없다.

오늘날 국민들의 주권의식, 특히 해양영토에 대한 주권의식의 중요성이 날로 커지고 있다. 이미 일본의 의도적인 독도 분쟁화의 과정을 통해 국민들의 영토수호를 위한 집합적 의지의 중요성은 이미 입증되었다고 해도 과언이 아닐 것이다. 그러나 문제는 독도 이외의 또 다른 문제들이 도사리고 있다는 점이다. 일본이나 중국 모두 자국 해양영토를 확장시키기 위해 무리한 논리와 근거로 자신들의 주장을 세우고 있다. 이러한 문제에 대해 국민들이 보다 분명하게 인식하고 국민적 의지를 결집할 수 있도록 관련 정보를 적확하게 제공하는 것은 우리 국민들의 해양주권의식 강화를 위한 필수적 문제라고 할 수 있다.

도서와 암석의 효과를 둘러싼 논쟁, 영해기점 및 기선의 지정 및 설정 등은 도서 영유권과 배타적 경제수역나 대륙붕 등 해양 관할권을 둘러싸고 벌어지는 오늘날 해양영토분쟁의 중심적 이슈라고 할 수 있다. 그런 만큼 해양영토를 둘러싸고 첨예한 갈등에 직면해 있는 우리는 해양영토분쟁의 국제법적 뿌리를 찾아서 그에 대해 올바른 국민적 이해를 도모할 필요가 있다.

이러한 문제의식의 뿌리에는 한·일 및 한·중 간 해양경계획정 협상이 마무리되지 않고 향후 지속적인 협상을 통해 경계획정을 마무리 지어야 한다는 중요한 목표 의식이 자리잡고 있다. 이러한 근원적 문제 때문에 일본과 중국이 각자 해양경계 확장을 위해 영해기점과 기선을 자국에 유리하게 설정하고, 또 무리하게 특정 도서의 영유권을 주장하거나 특정 해역의 관할권을 주장하면서 대치나 충돌에까지 이르고 있는 것으로 보인다. 이러한 주변국의 해양이슈에 대한 부적절한 접근 이유와 근거에 대한 보다 명확한 국민적 인식은 해양 주권과 해양 국익 확보를 위해 중요한 토대가 되며, 향후 분쟁사태 발생 시 그에 대한 국민적 대응력을 높이는 데도 기여할 것이다.

제4절 정부의 해양영토 관리와 홍보

1. 영해기점 관리체계의 재정립과 정책 지원

그동안 국민들은 독도 문제를 마치 해양영토분쟁의 모든 것으로 이해하는 경향이 있었다. 그러다 보니 해양에서의 섬의 지위, 가치 및 효과 등과 함께 배타적 경제수역 등에 대해서는 비교적 많이 알려진 것으로 보인다. 그런데 이와 함께 간과되어서는 안 될 중요한 문제가 바로 12해리 영해와 24해리 접속수역, 200해리 배타적 경제수역의 면적을 결정하는 해양기점이다. 그리고 기점과 기점을 연결하는 기선이다.

영해 결정에 가장 기본이 되는 영해기준점은 영해 면적을 결정하는 가장 중요한 요소이며, 그 때문에 국가는 정밀한 측량을 통해 영해기점과 영해기선을 면밀하게 관리해야 한다. 이를 위해 국립해양조사원에서는 1997년부터 2001년까지 동해안 일부 지역을 기준으로 영해기준점 조사 사업을 수행했고, 통합 망조정 사업을 통해 총 138점에 대한 영해기준점 성과를 최종 결정했다(국립해양조사원 2008). 우리나라 영해기준점의 정확한 성과 산출을 위하여 과거 조사 사업으로 수행되었던 영해기준점 성과와 2009년 조사 성과에 대한 비교 분석을 수행한 연구(이용욱·강은철 2011, 155)는 세 가지 함의를 제시한다.

첫째는 서해안 지역의 경우 대부분의 영해보조기준점 성과가 차이를 나타내고 있지는 않았지만, 제주도 지역에서는 평균 180m 정도의 차이를 나타내고 있어 통상기점에 대한 재조정이 필요하다. 둘째는 영해기준점 실태 조사 결과 과거 매설한 기준점들이 망실된 사례들이 있어 영해기준점에 대한 지속적인 유지 관리가 해양영토의 수호뿐만 아니라 해저자원 보호 측면에서도 필요하다. 셋째는 우리나라와 영토분쟁 대상국이 되는 중국과 일본의 경우 영해보전과 영토 확장 측면에서 중장기 전략을 수립하고 그에 따른 많은 예산이 범국가적 측면에서 지원되고 있어 이에 대한 적절한 대비책들이 마련되어야 할 것으로 생각되며, 해양영토 확보와 경계획정 회담에 대비하여 영해와 관련된 지속적인 자료 확보 및 추가적인 연구가 필요할 것이다.

이러한 선행연구의 제안은 영해기점 관리체계의 확립에 대한 제언에 다름 아닌 것으로 보인다. 영해기점이 적절히 관리될 때 일본과 중국과의 도발에 맞서 해양영토를 굳건하게 수호할 수 있기 때문이다.

주지하듯이, 대한민국의 영해기점이 되는 점들의 종합적 실태파악이나 관리방안 마련은 국가주권의 가장 기본적인 요소인 영토 및 영해에 대한 관리적인 측면에서 매우 중요한 요소이다. 그러나 영해기점에 대한 국민적 인식 부족과 관리 소홀로 점표의 훼손과 유실이 발생하고 있다. 2007년 10월에 행해진 현장조사에 의하면, 일부 점표의 경우 공간좌표와 매설지점이 불일치하고, 점표매설 이후 GPS 위치좌표 관련 기술이 개선되어 좌표와 점표에 대한 일괄적인 점검이 필요하다고 권고한 바 있다(김백수 외 2008, 338). 또 최근의 현황조사에 의하면 황해상에 위치한 직선기선 기점의 경우 사람이 살지 않고 접근도 쉽지 않아 파도와 재해 등으로 점표가 훼손 또는 매몰되어도 그 훼손 여부를 제대로 파악하기 힘들며, 특히 기존의 점표가 지름 수 ㎝ 크기의 동판으로 바닥에 매설되어 있어 시각적인 명시성이 매우 떨어지는 것으로 지적된 바 있다(김백수 외 2008, 339).

2013년 9월 국정감사에서 민주당 김춘진 의원이 해양수산부로부터 받은 「23개 영해기점표 멸실·훼손 현황」 자료를 토대로 현재 23개 영해기점 중 포항 달만갑 1곳의 영해기점표가 멸실됐고 홍도, 하백도, 여서도, 사수도 등 4곳의 영해기점표는 문구가 망실됐다고 영해기점의 관리 문제를 지적하였다. 김춘진 의원은 "우선 23개 영해기점 전수에 대한 즉각적인 실태조사 및 복원과 더불어 실시간 무인관리시스템을 조속히 추진해야 한다"고 촉구했다(아주경제신문, 2013/09/18).

2010년 3월 확정된 '무인도서종합관리계획'에서도 매년 영해기점무인도서 점검계획을 수립 후 국토해양부장관에게 제출, 시행하고 그 결과를 영해기점무인도서 관리대장에 기록·관리하도록 하고 있다. 이러한 교차적 조사와 보호체계에도 불구하고 기점점표의 훼손이나 매몰 등은 큰 문제라고 아니할 수 없다. 따라서 해양영토 수호를 위한 영해기점 관리체계의 재정립이 필요하다.

2. 철저한 해양영토 관리

해양영토를 확보 또는 확대하기 위해서는 전쟁을 통해서만 가능한가? 세계 곳곳에서 육지 영토의 경계는 비교적 분명하며, 따라서 육지에서의 영토를 넓히는 일은 매우 어렵다. 그러나 해양영토는 조금 다르다. 한 나라의 해양영토는 영해의 범위에만 국한되지 않는다. 이를 벗어나서 넓게는 배타적 경제수역과 대륙붕에까지 미친다. 종종 바다를 두고 마주하는 대향국 간의 거리가 200해리가 되지 않는 경우에는 경계획정에 어려움이 생긴다. 이때는 반드시 당사국 간의 외교적 협상을 거쳐야 한다. 한국과 중국 간에는 현재까지도 해양경계획정을 위한 외교적 협상을 마무리하지 못한 상태이다. 외교협상 여부에 따라 해양영토의 확대도 가능한 상황이다.

해양영토를 확대할 수 있는 또 다른 방법으로 영해기점 관리를 통한 확장 방법이 있다. 우리 해양수산부는 2014년 대통령 업무보고에서 영해기점의 재측정을 통해 여의도 면적의 14배에 달하는 해양영토 확장 방안을 주장했다. 해양수산부는 유엔해양법협약 제7조에 근거하여 관할해역 설정의 기준점이 되는 우리의 영해기점을 재측정하고, 23개 영해기점의 간조 노출지를 정확히 측정하여 그 위에 우리 해양영토임을 알리는 영구시설물을 설치한다는 계획이다(해양수산부, 2014).

이를 좀 더 상세히 살펴보자. 우선, 한국은 영해기선 획정을 위해 23개의 기점을 사용하고 있다. 우리의 기점은 동해로부터 1번 기점인 경북(포항) '달만갑'(북위 36도 06분 20초 동경 129도 26분 00초)에서 시작하여 23번 기점

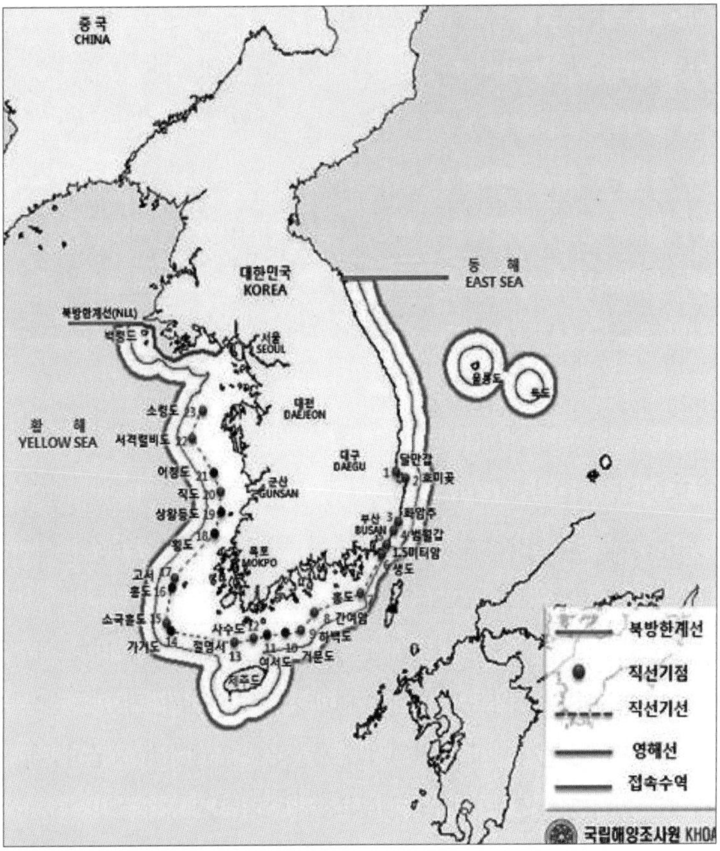

〈그림 10-5〉 한국의 영해기선도 현황

자료: 국립해양조사원

인 서해의 인천(옹진) '소령도'(북위 36도 58분 56초 동경 125도 44분 58초)로 이어져 있다. 물론 현재도 영해기점을 알리는 표지는 23개의 영해기점 도서 해안에 설치되어 있다. 〈그림 10-5〉는 한국의 영해기선도 현황이다.

그런데 〈그림 10-6〉과 같이 기점을 알리는 표식을 동판으로 만들어 바닥에 매설했기 때문에 눈에 잘 띄지 않을 뿐만 아니라 파도와 재해 등으로

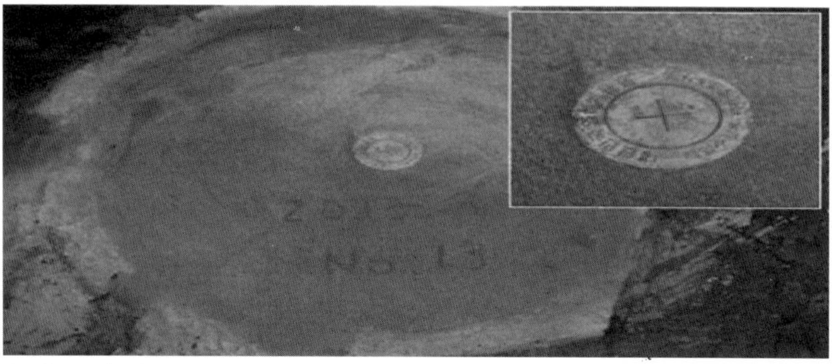

〈그림 10-6〉 기존 영해기점 표식

훼손 또는 매몰된 상태가 대부분이다.

한편, 최근 동북아의 한·중·일 3국의 해양을 둘러싼 갈등이 심화되면서 해양영토주권에 대한 국민적 인식 정립이 필요성이 커지고 있다. 점점 더 고조되는 해양갈등에 범국민적 대응 역량을 강화해 나가기 위해서는 영해기점과 영해기선 등 해양영토 획정에 대한 기초적 지식의 확산이 반드시 필요하다. 해양수산부가 발표한 영해기점 재측정과 영해기점 영구시설물 설치는 적어도 이러한 측면에서 반드시 필요한 사업이다.

이러한 사업은 유엔해양법협약의 규정에 따른 합당한 조치이다. 제7조 4항은 직선기선 설정과 관련하여 "간조노출지까지 또는 간조노출지로부터 설정할 수 없다"고 규정하고 있지만, 예외적인 경우도 적시하고 있다. 즉 "다만, 영구적으로 해면 위에 있는 등대나 이와 유사한 시설이 간조노출지에 세워진 경우 또는 간조노출지 사이의 기선설정이 일반적으로 국제적인 승인을 받은 경우에는 그러하지 아니하다."

유엔해양법협약에 따르면 밀물 때는 해수면 아래 잠겨 있다가 썰물 때 드러나는 간조노출지에도 영해기점을 알리는 시설물을 세울 수 있다. 썰물 때만 해수면 위로 드러나는 암초라도 그 위에 항상 해수면보다 높은 시설을

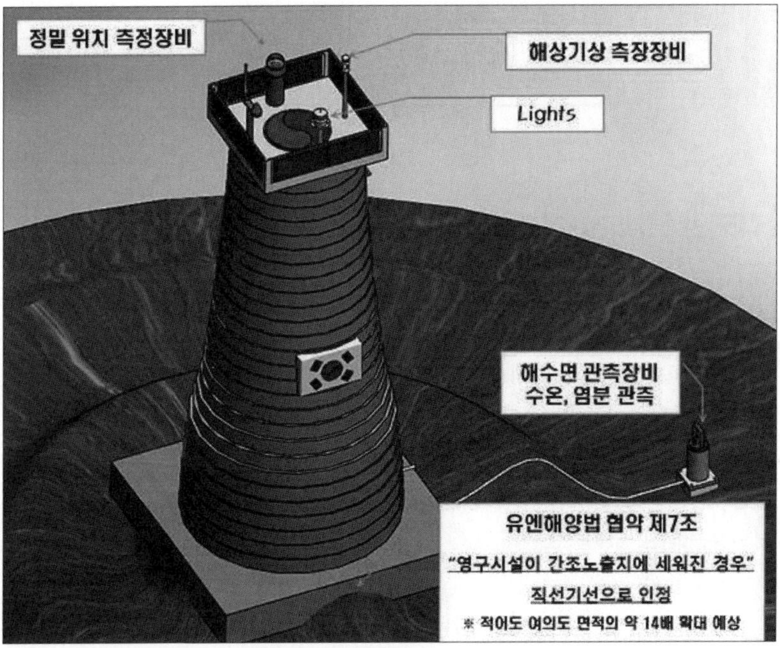

〈그림 10-7〉 직선기점 영구시설물 설치도(안)

세우면 영해기점으로 인정받을 수 있는 것이다. 따라서 기존 영해기점 표지는 50여 년 전인 1960년대 말에 설치된 것으로, 정확한 간조노출지에 설치한 것이 아니라고 해수부는 밝히고 있다. 위의 유엔해양법협약 제7조 4항을 근거로 정확한 간조노출지를 찾아 영구시설물을 설치하면 우리 해양영토가 여의도 면적의 14배 이상 확대될 것으로 추산된다는 것이 해수부의 입장이다.

해양수산부가 발표한 자료에 따르면, 직선기점 영구시설물은 〈그림 10-7〉과 같다(해양수산부, 2014). 이 시설물은 영해기점 도서의 정확한 간조노출지에 등대 기능과 함께 정밀위치 측정장치, 해상기상 측정장비, 해수면 관측장비, 수온·염분 관측 장비 등을 갖춘 다기능 시설물이다. 이 사업은

2014년 4월부터 가거도와 소국흘도, 홍도, 거서, 횡도 등 5개 영해기점 도서부터 설치해 나갈 계획이다.

3. 대국민 해양영토 홍보

기초 해양법에 대한 교육 및 홍보 강화

해양법과 관련된 기초적인 사항들, 예컨대 영해, 접속수역, 배타적 경제수역 등과 같은 주요 용어와 개념들은 정규 교육과정을 통해서 교육되고 있다. 또 관련 이슈들이 제기될 때마다 신문과 방송을 통해서 일반 국민들에게도 홍보되고 있다. 그런데 이러한 해양경계에 관한 기초적인 사항에는 영해기점이나 기선에 대해서는 홍보가 부족한 듯하다. 또한 도서의 지위와 효과에 대한 인식에서도 비슷한 경향을 보이고 있다.

최근 이어도 관련 정부의 기자회견을 보면, 이어도 문제는 도서 영유권 문제가 아니라 해양경계획정과 관련된 문제라는 점을 지속적으로 강조하고 있다. 이는 이어'도'가 용어상으로 마치 도서인것처럼 오해를 불러일으켜 영유권 이슈로 오인하지 않도록 하기 위한 것으로 보인다. 이처럼 해양분쟁 이슈에 대한 보다 분명하고 정확한 이해가 필요한 것은, 분쟁 상대국에서 상대국 국민의 여론 동향이나 언론 대응을 분쟁의 중요한 준거로 삼는 경향을 보이기 때문이다.

사실, 한·일 간 독도 문제나 중·일 간 센카쿠/댜오위다오 문제는 양국 국민들의 여론전이나 다름 없다. 양국 모두 자국 국민들의 정치적 지지 유도 차원에서 영유권 이슈를 국내정치 이슈로 끌어들이는 경향을 보이고 있다. 또 여기에 민족주의라는 국민 정서까지 결합되면서 그 폭발력을 한층 강화시키고 있다. 이처럼 과열된 상황에서 특정 분쟁 이슈에 대한 잘못된 정보가 전달되고 이에 동기부여되어 정치적 동원과 민족주의 정서가 개입될 경우 심각한 국가 간 분쟁 이슈로 비화될 수 있다. 특히 그것이 잘못된 정보에 기인할 경우, 그 충격의 여파는 고스란히 국내로, 국민들에게로 되돌아올 수 있다. 이런 측면에서 해양법적 이해 증진을 위한 교육 및 홍보가 강화되어야 한다.

영해기점 상징조형물 설치 확대

UNCLOS 발효 이후 치열해진 해양 관할권 확보경쟁 하에서 그 기초가 되는 영해기점 설정 및 관리에 대한 관심이 고조되고 있다. 그에 따라 영해기점을 체계적으로 관리하고 활용할 뿐만 아니라 국민들의 이해를 증진시킬 수 있는 방안에 대해서도 검토가 필요하다. 그 방안의 하나로 영해기점에 상징적인 조형물 설치를 확대하는 방안을 적극적으로 검토할 필요가 있다.

사실, 2007년부터 정부(과거 국토해양부, 현재 해양수산부)의 해양영토 담당 부서에서는 이러한 취지에 따라 영해기점과 관련된 지방자치단체와의 연계 및 협의 하에 후보지 선정 및 예산배정(자치단체 경상보조비 1억 원)을 통해 사업을 추진하기로 한 바 있다(국토해양부 해양영토과, 2009). 2007년부터 2011년까지 상징조형물 설치 후보지 선정을 위한 연구와 현지 실사를 실시, 연간 방문객 수와 현장 접근성 등을 고려하여 다도해 최남단인 거문도를 최초 설치 지역으로 결정해 준공한 바 있다. 그리고 이러한 계획에 따라 〈그림 10-8〉과 같이, 2012년 11월 28일 여수 거문도에 해양 영토 수호 의지를 담은 최초의 영해기점 상징조형물이 설치되었다(환경TV뉴스, 2012/11/28).

이 사업은 해양영토 확보 경쟁에서 영해기점의 중요성에 대한 국민적 이해의 제고와 해양주권의식 강화를 위해 지속되어야 할 사업이다. 따라서

〈그림 10-8〉 거문도의 영해기점 상징조형물과 해양영토 수호 표지

영해기점이 분포하고 있는 다른 지역들, 예를 들면 제주, 포항, 부산, 충남, 전남, 강원 등 광역별로 상징 조형물의 설치를 지속적으로 확대해야 할 필요가 있다. 우선적으로 실시할 사업 대상지로는 국토의 상징성이 큰 섬인 국토 최서남단 가거도와 국토 최남단 마라도가 적절할 것으로 보인다.

이어도 홍보 강화를 위한 마라도 공원 설치

국토 최남단 섬인 마라도는 영해기점 상징조형물 설치의 최적지일 뿐만 아니라 이어도 홍보 강화를 위한 공원 조성 최적지이다. 양덕순·윤원수(2012)는 2012년도에 전국 16개 시도에 거주하는 20대 이상의 남녀 1,500명을 대상으로 이어도에 관한 인식조사를 실시했다.

조사 결과에 따르면, 이어도에 대해 들어본 적이 있다는 응답은 54.7%에 불과했다. 그리고 이어도에 대해 들어본 적이 있다는 응답자 중 52.0%만이 이어도해양과학기지 설치를 인지하고 있는 것으로 나타났다. 독도와 같은 현재적 이슈와 달리, 이어도가 아직은 한·중 간 본격적인 갈등이슈로 부상하지 않았음을 고려하더라도, 우리나라의 중차대한 해양 관할권 이슈인 이어도에 대한 국민 인지도가 절반을 조금 넘는 수준이라는 것은 저조한 인식 수준이라 하지 않을 수 없다.

더 나아가 이들의 연구에 따르면, 이어도를 단지 "전설 속의 섬"으로 인지하고 있는 응답자가 44.8%였고 "수중 암초"로 인식하는 응답자는 14.0%, "해양과학기지"로 인식하는 응답자는 19.1%에 불과했다. 이는 이어도 자체에 대한 인지 수준이 턱 없이 낮음을 보여주는 조사결과라고 할 수 있다. 더 나아가 이어도에 대한 관심이 "높다"(많음+매우 많음)는 응답은 9.2%에 불과했고, 이어도의 중요성에 대해서도 51.3%의 응답자만이 "중요하다"(중요함+매우 중요함)고 인식하고 있는 것으로 나타났다.

〈그림 10-9〉 대한민국 최남단 표석

이어도 주변해역은 우리나라의 해양영토의 경계를 가늠할 수 있을 뿐만 아니라 우리나라가 태평양으로 뻗어나가기 위한 교두보 내지 관문임에도 불구하고, 이처럼 저조한 국민적 인식은 큰 문제라고 아니할 수 없다. 사실, 이어도가 이처럼 중요한 국가적 이슈임에도 불구하고 이어도의 중요성을 상징화할 수 있는 징표가 없다. 이어도에 대한 국민 인식의 수준을 높이기 위해 상징물의 설치는 이어도 홍보의 중요한 한 방법이 될 수 있다. 이런 측면에서 우리 국토의 최남단 마라도에 이어도 상징물을 설치해서 마라도를 방문하는 사람들에게 이어도를 새롭게 인식하게 해줄 필요성이 크다.

해양영토의 중요성과 해양자원 확보의 중요성이 높아지고 있고 최근 중국의 해양진출로 인한 해양영토분쟁이 본격화되면서 국가적 차원에서 학술적 대비뿐만 아니라 영토주권 확보 차원에서 이어도에 대한 실질적인 영토 확보 및 대국민 홍보의 필요성이 높아지고 있다. 특히 이어도에 대한 대국민 홍보의 차원에서 이어도 기념공원을 조성할 필요가 있다.

최근 사단법인 이어도연구회는 이어도를 기념하는 공원으로 마라도 포켓공원(Pocket Park) 조성을 제시한 바 있다(김태일 외, 2012). 이 제안처럼 국토 최남단 영해기점의 상징성과 함께 이어도와 가장 가까운 유인도라는 특징을 살려 쌈지공원과 같은 소공원 건립을 계획할 필요가 있다. 이렇게 설치될 마라도 공원화는 향후 청소년들의 해양사상 및 해양주권의식 고취를 위한 수단으로, '영해기점 답사 국토순례' 같은 프로그램으로 발전시킬 수 있을 것이다. 아울러 제주의 지역 관광거점 시설로, 관광 프로그램과의 연계하에 상징조형물 및 이어도 테마공원을 적극 활용할 수 있을 것이다.

참고문헌

賈宇(2009). "대륙붕한계위원회의 법적 성격과 문제점."『독도연구저널』, 7호.

강문규(2006).『제주문화의 수수께끼』. 제주: 도서출판 각.

강봉룡(2004).『장보고』. 서울: 한얼미디어.

강봉룡(2005).『바다에 새겨진 한국사』. 서울: 한얼미디어.

강봉옥(1923). "濟州島의 民謠 五十首, 맷돌 가는 여자들의 주고받는 노래."『개벽』, 32호, 2월호.

강석규(2010). "이어도 어장의 경제성 평가."『이어도연구』, 창간호(이어도연구회).

강효백(2009). "한중해양 경계획정 문제: 이어도를 중심으로."『한국동북아논총』, 제50집.

고경민 외(2011). "한·중 이어도 관할권 논쟁의 함의 및 대응방안."『평화학연구』, 제12권 1호.

고경민(2009). "발전지향적 권위주의 체제의 인터넷 발전모델? 중국과 베트남의 인터넷 확산과 정보 통제."『한국정치학회보』, 제43집 2호.

高橋亨(1933). “民謠에 나타난 濟州의 女: 이허도(離虛島) 전설.”『朝鮮』, 212號(朝鮮總督府).

高之國(2008). “일본의 오키노도리시마 지배는 중국의 태평양 진출에 장애.”『독도연구저널』, 여름호.

고충석(2013). “이어도에 대한 중국의 민족주의적 접근과 대응 필요성: 중국의 언론보도(2006~2008) 내용 분석.”『STRATEGY 21』, 통권 제31호.

고충석(2014). “기조연설문: 해양 거버넌스와 국제동향 논의.” 2014 이어도 국내 학술대회 자료집(11. 7).

고충석·강병철(2012). “오키노도리시마 분쟁이 이어도 이슈에 주는 시사점.”『이어도연구』, 3호.

고충석·강병철(2013).『이어도 해양분쟁과 중국 민족주의』. 서울: 한국학술정보.

고타니 데쓰오(2009). “일본의 오키노도리시마 정책.”『독도연구저널』 7호(가을호).

구민교(2011a). “ARF 외교장관회의 이후 새로운 동아시아 해양질서의 모색.”『EAI 논평』, 제21호(2011년 8월 3일, 동아시아연구원).

구민교(2011b). “지속가능한 동북아시아 해양질서의 모색: 우리나라의 해양정책과 그 정책적 함의를 중심으로.”『국제지역연구』, 제20집 2호.

구민교(2012). “2010년대 한국 해양정책의 과제와 전망.” EAI 국가안보패널 보고서: 2020 한국외교 10대 과제, EAI NSP Report 53.

구민교(2013). “미·중 간 신(新)해양 경쟁과 우리나라의 해양안보정책.”『주요국제문제분석』, 10. 23.

국회입법조사처(2012).『19대 국회 전반기 주요 입법·정책현안Ⅰ』, 5월.

기획재정부(2012). “한-중 수교 20주년 경제적 성과 및 시사점,” 보도참고자료. http://www.mosf.go.kr/_upload/bbs/62/attach/20120127183438 23.hwp.

김경신·이주하(2008). “일본의 도서관리 정책과 우리나라에 미치는 영향.”『월간 해양수산』, 9월호.
김동성(2009). "동북아 안보질서의 형성과 민족주의." 『국가전략』 제15권 4호.
김민수(2009). "총성 없는 '해양영토 전쟁'은 이미 시작되었다." 『독도 연구저널』, 봄호.
김민수(2013). "해수면 상승이 해양경계와 섬에 미치는 법적 쟁점 연구." 『해양정책연구』, 제28권 제2호.
김병렬(2008). "이어도 주변어장에 관한 한·중·일 간의 분쟁 요인 및 이를 해소하기 위한 대책." 2008년 추계 이어도연구과제 발표회 자료집.
김보한(2009). "근대 이후 일본의'해양세력권'과 동아시아 해양인식의 전개." 『동북아역사논총』, 26호.
김부찬(1995). "해양법상 도서의 의의." 『법과 정책』, 제1호.
김부찬(2007). "이어도 및 이어도 주변수역의 해양법적 지위." 2007년 정책토론회, 『이어도, 지금 우리에게 무엇인가』, 해양수산부, 제주특별자치도, KBS 제주방송총국, 제주MBC 후원, 1. 25.
김성진(2006). "미래 국가해양전략 국제포럼 브리핑." 해양수산부 장관 정례브리핑(9. 13.)
김성진(2013). "해양은 바다가 아닙니다." 『파이낸셜뉴스』, 5월 31일자 및 『새바다신문』, 제6호(6월 3일자).
김양규(2011). "핵심이익의 충돌과 미중관계의 미래." EAI US-China Relations Briefing No. 1(5. 4).
김영구(1998). "새로운 국제해양질서와 한국의 해양주권." 김진현 편. 『해양21세기』. 서울: 나남출판.
김영구(2004). 『한국과 바다의 국제법』. 서울: 21세기북스.
김영돈(1985). "이여도와 제주민요," 『濟硏』, 濟州道問題硏究會.
김영돈(2000), "제주민요에 드러난 이여도," 『제주민요의 이해』, 제주: 제주도.
김영돈·현용준(1980). 『한국구비문학 大系: 북제주군편』. 서울: 한국정신문화연구원.

김영석(2016). "가슴 뛰는 바다를 만나다: 2016 해양수산 정책방향." 제177회 한국해양전략연구소 모닝포럼 발표자료(2.18).

김용환(2007). 『독도 인근해역 경계획정의 국제법적 쟁점 및 대응방안』, 한국해양수산개발원 보고서.

김용환(2008). "중국의 해양경계선과 그 획정방법에 관한 국제법적 검토." 『해양정책연구』, 제23권 제1호.

김용환(2009). "오키노도리시마, 지록위마(指鹿爲馬)." 『독도연구저널』, 7호(가을호).

김은석(2012), "이어도의 존재론적 의미," (사)이어도연구회 2012 이어도연구중간발표회.

김자영(2011). "남중국해 해양영토분쟁의 최근 동향과 국제법적 쟁점." 『안암법학』, 제34집.

김재철·박춘호·이정환·홍승용 공편(2008). 『신해양시대 신국부론: 바다를 통한 강한 한국 창조』.파주: 나남.

김종두(2002). 『중국해양전략론』, 서울: 문영사.

김창수(2015). "샌프란시스코체제의 재강화와 미국의 동아시아정책 변화." 지식협동조합 좋은나라, 동국대 분단/탈분단연구센터, 코리아연구원 공동주최 『분단 70년, 남북관계는 어디로 가고 있나?』 자료집(4. 22, 동국대학교).

김태준(2007). "중국의 해양 영토분쟁에 대한 대응방안 연구." 『국방정책연구』, 제78호.

김태호(2008). "중국의 해양전략과 해군력 발전 추이: '반접근'(Anti-access) 전략의 추진 및 운용을 중심으로." 『Strategy 21』, 제21호.

김학린(2009). 『유엔에서의 영토 문제 논의현황과 사례분석』, 서울: 동북아역사재단.

김형건 외(2012). 『제3차 정부석유비축계획 조정 및 비축 효율화 방안연구』. 지식경제부 연구용역보고서.

김흥규(2008). "한중 전략적 협력 동반자 관계 형성과 한중관계." 『주요 국제 문제분석』(외교안보연구원, 6. 12).

꾸이 용타오(2012). "중국의 대일본 정책: 전환기의 영유권 분쟁 대응." 배정호·구재회 편. 『중국의 국내정치 및 대외정책과 주요 국가들의 대중국 전략』. 서울: 통일연구원.

노홍길(1991). "Socotra 암초 주변해역의 수산학적 특성." 『해양정책연구』, 제6권 제2호.

농림수산식품부(2012). "Fishflation 시대에 대응한 수산물 자급률 제고 방안 마련." 수산정책과 보도자료(1. 10).

다우어, 존 W.(2014). "샌프란시스코 체제: 미-일-중 관계의 과거, 현재, 미래 〈1〉." 프레시안, 3월 18일자.

동양증권(2011). "Fishflation이 온다." SmallCap 이슈분석. 리서치센터 투자전략팀(2. 15).

라크루와, 칼·데이빗 매리어트 저, 김승완·황미영 역(2011). 『왜 중국은 세계의 패권을 질 수 없는가』. 서울: 평사리.

문일주(2008). "이어도기지를 활용한 한반도상륙 태풍특성조사 및 예측연구." 2008년 춘계 이어도 연구과제 발표 자료집.

문정인·부승찬(2013). 『걸프에서 동북아, 해상교통로는 안전한가?』. 서울: 오름.

박경훈(2015). "'이여도(離汝島)' 소고." 『이어도연구』, 제6호.

박문진(2011). "중국, 해양산업 발전전략 추진." 『해양산업동향』(한국해양수산개발원), 제36호(4. 5).

박민수(2013). "2009년 이후 중국의 이어도 침범 총 192회," 국정감사 보도자료.

박배근(2009). "오키노도리시마는 섬의 지위를 가질 수 있는가?" 『독도연구저널』, 7호(2009).

박병광(2012). "중국의 에너지안보정책과 중미관계." EAI 중국연구패널 보고서 No.1(동아시아연구원).
박병섭(2014). "대일강화조약과 독도·제주도·쿠릴·류큐제도." 『독도연구』, 제16호.
박성현(2007). "공공외교 무대에 한국은 없다." 『뉴스위크』(한국판), 제17권 제14호.
박영준(2012). "동아시아 해양안보의 현황과 다자간 해양협력방안." 『JPI 정책포럼』, No. 2012-10.
박용안(2009). "해저지형과 해양 경계획정." 『국토의 남단 이어도』.
박창희(2012). "강대국 및 약소국 해양전략사상과 한국의 해군전략: '제한적 근해우세'." 『국가전략』, 제18권 4호.
배진수(1998). "동북아시아 지역에서의 해양영토분쟁의 배경 및 현황." 이춘근 편. 『동아시아의 해양분쟁과 해군력 증강 현황』. 서울: 한국해양전략연구소.
백민정(2013). "이어도 안전수역 관련 국제법적 논의." 『동북아안보정세분석』(10월 17일, 한국국방연구원).
백충현(1982). "영토분쟁의 해결방식과 증거." 『서울대학교 법학』, 제23권 4호.
부승찬(2015). "중국의 국가성향과 이어도의 현재적 함의: 방공식별구역(ADIZ) 선포와 남중국해 분쟁 사례를 중심으로." 『이어도저널』, 제6호.
서울신문(2010). "600년 전 정화의 부활, '중국의 야심' 무엇을 노리는가." 7월 31일자.
서유택·강성필·이재구·이흔(2008). "가스하이드레이트 : 차세대 에너지 자원으로의 가치, 현황, 그리고 전망" 『NICE』, 제26권 제3호(한국화학공학회).
서정경(2010). "동아시아 지역을 둘러싼 미중관계: 중국의 해양대국화 전략을 중심으로." 『국제정치논총』, 제50집 2호.
서진영(2008). 『21세기 중국외교 정책』. 서울: 폴리테이아.

서진영(2012). “한중관계 20년: 회고와 전망 – 한국의 시각에서.” 『국방정책연구』, 제28권 제1호.

서철인(2009). “〔르포〕 대학민국 최남단 이어도 종합해양과학기지를 가다.” 『월간조선』, 10월호.

손열(2008). “국제정치적 맥락에서 본 동북아 역사분쟁과 소프트파워.” 『주요 현안 분석』 (동북아역사재단, .10. 15).

송상일(1985). “춘하추동,” 『제주신문』. 8월 3일자.

송상일(2008). “송상일의 세상읽기: ‘이어도’를 찾아서,” 『한라일보』, 8월 18일자.

송상일(2010). “이어도를 찾아서.” 『이어도연구』, 창간호.

송성대(2010a). “지리적 팩트에 기반한 제주해민들의 이어도 픽션.” 『이어도 연구』, 창간호(이어도연구회).

송성대(2010b). “한·중 간 이어도해 영유권 분쟁에 관한 지리학적 고찰.” 『대한지리학회지』, 제45권 제3호.

송성대(2015). 『두 개의 얼굴 이어도』. 제주: 이어도연구회.

송춘복·김맹진·한소현(2010). “이어도 주변해역의 어류자원에 대한 연구,” 『이어도연구』, 창간호(이어도연구회).

신복룡(2014). “한국사에서의 해양 문화의 유산과 몰락,” 『이어도연구』, 제5집(이어도연구회).

신창훈(2010). “한국 주변수역에 대한 새로운 정책패러다임 형성의 필요성.” 『독도연구저널』, 10호.

심재설(2007). “해양과학의 보고, 이어도.” 강창일 국회의원 주최 2007년 정책토론회. 『이어도, 지금 우리에게 무엇인가』. 1월 25일. 제주대학교 국제교류회관.

심재설(2014). “이어도 종합해양과학기지 구축 20년사: 이어도 기지 구축의 역사로 살펴보는 과학적·정책적 가치.” 『과학과 기술』 2월호.

심재설·박광순·이동영(1996), “이어도 해양과학기지 건설방안 분석,” 『해양정책연구』, 제11권 제2호.

심재설·전인식(2004). "이어도 해양과학기지의 설치 및 운영." 『대한토목학회지』, 제52권 제4호.

아탈리, 자크(2007). 양영란(역). 『미래의 물결』. 서울: 위즈덤하우스.

외교부(2013). 『2013 중국 개황』.

외교통상부(2006). "이어도 해양과학기지에 대한 중국의 문제제기 관련 당국자 논평." 『보도참고자료』, 9. 15.

외교통상부(2012). 『중국현황 2012』.

우인수(2007). "조선 후기 해금정책의 내용과 성격." 이문기·장동익·우인수·홍성구·이에나가 쥰지. 『한·중·일의 해양인식과 해금』, 동북아역사재단 연구총서 23(서울: 동북아역사재단).

유동원(2011). "21세기 중국 대외전략과 핵심이익 외교." 『한중사회과학연구』, 제9권 제2호.

유병화(2005). "영토분쟁과 국제법." 『한국사연구』, 96호.

유승훈(2009). "독도의 경제적 가치 평가." 『독도연구저널』, 제8권.

유진오(1966). "韓日會談이 열리기까지: 前韓國首席代表가 밝히는 十四年前의 곡절(上)." 『思想界』, 2월호.

유철종(2005). "남중국해의 남사군도 영토분쟁에 관한 연구." 『정치 정보연구』, 제8권 2호.

유하영(2014). "동아시아 도서현안과 해결방안: 이어도현안을 포함하여." 2014 한국정치학회 춘계특별학술회의 논문집(4. 25-26, 국립목포대학교).

윤명철(2002). "제주도의 해양교류와 대외항로." 『동국사학』, 제37집.

윤명철(2002b). 『한민족의 해양활동과 동아지중해』. 서울: 학연문화사.

윤진숙(2013). "해양 영토전쟁서 이기는 길." 『한국경제』, 5월 22일자 및 『새바다신문』, 제6호(6월 3일자).

이남주·배기찬(2009). "동아시아공동체 추진과 민족주의 극복방안." 동북아역사재단 편.『동아시아공동체 논의의 현황과 전망』. 서울: 동북아역사재단.

이동률(2008). "중국 영토분쟁과 해결: 쟁점과 요인." 이동률 외.『중국의 영토분쟁』. 서울: 동북아역사재단.

이동률(2011/2012). "중국 민족주의 고조의 대외관계 및 한중관계 영향."『중소연구』, 제35권 제4호.

이만용(2012). "중국의 서태평양 전략." Chindia Journal, 7월호.

이명찬(2012). "일·중 간 센카쿠제도 분쟁과 일본의 대응."『영토해양연구』, Vol. 3 (Summer).

이문기(2007). "9세기 신라의 해양을 통한 국제교류와 통제." 이문기·장동익·우인수·홍성구·이에나가 쥰지.『한·중·일의 해양인식과 해금』, 동북아역사재단 연구총서 23(서울: 동북아역사재단).

이상현(2011). "중국의 부상과 미국의 대응: 한국에 대한 안보적 함의."『국가전략』, 제17권 1호.

이석용(2012). "해양경계획정 동향과 대응방안." 국제해양법학회.『유엔해양법협약 관련 쟁점과 대응방안 연구』. 국토해양부 연구보고서.

이석우(2003). "르포: '전설의 섬' 이어도 해양기지."『주간조선』, 1763호(7. 24).

이성규(2006). "이어도의 유래."『사이언스타임즈』, 9월 14일자.

이어도연구회(2011).『이어도 바로알기』. 서울: 도서출판 선인.

이어도연구회(2012).『1984년 이어도탐사 회고 집담회 발표집』.

이영학(2013). "중국 시진핑 체제의 출범과 대외정책 전망."『아태연구』, 제20권 제1호.

이용희(2009). "이어도 주변수역 자원 관리제도의 현황 및 개선방향."『경희법학』, 제44권 제3호.

이우준(2006). "중국 정부의 민족주의 운용방식에 관한 연구: 1999년 반미시위 및 2005년 반일시위를 중심으로." 서강대학교대학원 석사학위논문.

이장훈(2015), "남중국해에 인공섬 만드는 중국의 꼼수,"『주간동아』, 제977호

(3. 2).

이정태(2007). “중국의 해양영토 귀속판단.” 『한국동북아논총』, 제44집.

이주하(2009). “일본의 오키노도리 정책.” 『독도연구저널』, 봄호.

이준태(2010). “중국의 전통적 해양인식과 해금정책의 의미.” 『아태연구』. 17(2).

이지용(2013). “2013년 중국 전국 ‘양회’ 결과분석과 시사점.” 『주요 국제 문제 분석』, No. 2013-13(국립외교원 외교안보연구소).

이지용(2014). “중국의 국가정체성 진화와 동아시아 해양안보환경 변화.” 『국제관계연구』, 제19권 제1호.

이지용(2015). “중국의 해양강국화 전략과 한중 해양경계획정 협상 전망.” 『이어도저널』, Vol. 8(이어도연구회).

이창위(2011). “중국 영해제도의 역사적 전개와 문제점.” 『법학논총』, 제25집(숭실대학교 법학연구소).

이창형(2013). “댜오위다오(釣魚島) 관련 중국의 입장과 한국에의 시사점.” 『이어도저널』, Vol. 4.

이청준(1997). 『이어도』. 서울: 서음문화사.

이춘근(2013). “해양안보 측면에서 평가한 제주 남방해역의 중요성.” 한국해양전략연구소-한국국방안보포럼(KIMS-KODEF) 공동 주최 해양안보학술회의 발표문(2월 7일).

임형두(2006). “정화 선단과 해금 정책.” 『연합뉴스』, 9월 28일자.

장동익(2007a). “새로운 동아시아 국제관계사 연구의 방향을 모색하며.” 이문기·장동익·우인수·홍성구·이에나가 쥰지. 『한·중·일의 해양인식과 해금』, 동북아역사재단 연구총서 23. 서울: 동북아역사재단.

장동익(2007b). “고려시대의 대외교섭과 해방.” 이문기·장동익·우인수·홍성구·이에나가 쥰지. 『한·중·일의 해양인식과 해금』, 동북아역사재단 연구총서 23(서울: 동북아역사재단).

장박진(2011). “대일평화조약 형성과정에서 일본 정부의 영토 인식과 대응 분석.”

『해양영토연구』, 창간호.
장학봉 외(2010). 『남중국해 해양영토분쟁과 대응전략 연구』. 한국해양수산개발원.
전병곤(2009). "중국의 해양영토 분쟁 사례와 이어도에 관한 연구." 이어도연구회 2009년 연구보고서.
정공흔(1985). "Socotra礁의 由來에 대해여: 이여도와의 관련을 덧붙여." 『탐라문화』, 제4호(제주대 탐라문화연구소).
정민정(2012). "한·중 간 이어도 문제의 해결방안." 『이슈와 논점』, 제405호(3. 13, 국회입법조사처).
정병준(2010). 『독도 1947: 전후 독도 문제와 한·미·일 관계』. 서울: 돌베개.
정상연(2012). "EEZ 내 군사활동 문제를 둘러싼 갈등과 한국의 입장." 『동북아 안보정세분석』, 11월 20일(한국국방연구원).
정재호 편저(2012). 『중국을 고민한다: 한중관계의 딜레마와 해법』. 서울: 삼성경제연구소.
제주대학교 해양과학대학(1984a). "제1차 Socotra 암초 학술조사 결과보고서." 이어도연구회. 『1984년 이어도 탐사 회고 집담회 자료집』(2012).
제주대학교 해양과학대학(1984b). "제2차 Socotra 암초 학술조사 결과보고서." 이어도연구회. 『1984년 이어도 탐사 회고 집담회 자료집』(2012).
제주특별자치도인력개발원·제주발전연구원(2008). 『濟州女性史料集 Ⅱ』.
조동오(2010). "글로벌 해양정책의 조류." 한국해양대학교 국제해양문제연구소. 『바다와 인간』. 서울:선인.
조동오·최재선·김경신·김민수·이주하(2008). 『동북아 주요국의 해양관할권 확대 전략과 우리나라 대응방안』. 한국해양수산개발원 연구보고서.
조성윤(2011). "이어도에 관한 제주도 주민들의 이미지." 『탐라문화』, 39호.
조성윤(2013). "영국 배의 소코트라 암초 발견과 측량의 역사적 의미." 『이어도연구』, 4호(이어도 연구회).

조성윤(2014). “일본의 소코트라 락(Socotra Rock) 인공섬 조성 계획.” 『이어도 연구』, 제5집(이어도 연구회).

조성윤(2015). 『이어도 탐사와 해양과학기지』. 미간행원고.

조영남(2013). “시진핑 시대 중국의 국가발전 전략: 사회 및 경제 정책을 중심으로.” 『한국정치연구』, 제22집 제2호.

조정원(2009). “포클랜드 전쟁(Falklands War)의 원인에 대한 재고찰 : 오인, 국가이미지, 속죄양론적 측면의 분석을 중심으로.” 『사회과학 담론과 정책』. 제2권 제2호.

조현태(2010). “미·중 해양전략과 동북아 파장.” 세종연구소 주최 제23차 세종국가전략포럼. 『급변하는 동북아 안보환경과 한국의 대응방향』(10. 27).

좌혜경 편저(1995). 『제주섬의 노래』, 국학자료원.

주강현(2004). “‘바다에 살어리랏다 – 주강현의 觀海記(32): 신화와 과학이 만나는 이어도.” 『서울신문』, 10월 25일자.

주강현(2015). “해양강국으로 가는 길.” 아시아퍼시픽해양문화연구원 주최. 『인문의 바다』 강좌 자료집(7. 10).

주경철(2008). 『대항해시대: 해상 팽창과 근대 세계의 형성』. 서울: 서울대학교출판부.

주펑(2009). “북핵위기와 한중관계: 한중협력은 한반도 평화의 토대.” EAI-CISS 공동 한중 동북아안보대화 전문가패널 Security Briefings Series No. 1.

진성기(1959). 『신화와 전설』. 제주: 제주민속연구소.

진성기(1991). 『제주도 무가본풀이사전』. 서울: 민속원.

진성기(1992). 『제주도 전설』. 제주: 백록.

차도희(2010). “지구화 시대 한국의 해상교통로 보호방안: 해상테러와 해적을 중심으로.” 『군사논단』, 제62호.

최남선(1908). “해에게서 소년에게.” 『소년』, 창간호.

최남선(1953). “해양과 국민생활.” 『地方行政』, 2권 2호.

최남선(1954). “서문.” 해군본부. 『한국해양사』.

최운도·배진수(2011). “민족주의와 영토분쟁: 이론적 논의와 경험적 분석.” 한국학술원, 『동아시아 민족주의와 영토분쟁: 함의와 전망』. 제13차 코리아포럼 자료집(4. 8).

최재선 외(2009). 『기후변화 대응 연구: 글로벌 해양전략 수립 연구』. 경제·인문사회연구회 미래사회협동연구총서 09-06-46. 한국해양수산개발원.

최재선(2009). “오키노도리시마에 대한 중국의 입장.” 『독도연구저널』, 7호(가을호).

최재선·김민수·박문진·김자영(2009). 『배타적 경제수역(EEZ) 해양자원 개발방안 연구』. 정책연구 2009-17(기본)(해양수산개발원).

최태현(2007). “외교적 방식에 의한 영토분쟁의 해결.” 『법학논총』, 제24 집 제4호(한양대 법학연구소).

최필수·노수연·박민숙(2012). “한·중 경제관계 20년: 회고와 향후 과제.” 『KIEP 오늘의 세계경제』. Vol. 12, No. 16.

최홍배(2000). “ICJ의 북해대륙붕사건에 관한 판례연구.” 『해사법연구』, 제12권 제1호.

케네디, 폴(1990). 『강대국의 흥망』. 이일수 외 역. 서울: 한국경제신문사.

토플러, 앨빈(1994). 『제3 물결』. 이규행(역). 서울: 한국경제신문사.

하도형(2012). “중국 해양전략의 인식적 기반: 해권(海權)과 국가이익을 중심으로.” 『국방연구』, 제55권 제3호.

한국산악회(1977). “1951年 9월 18日~26日: 「濟州島, 波浪島 學術調査隊」 派遣.” 『年報: 韓國山岳』, 第11卷.

한국산악회(1997). 『한국산악회 50년사』.

한국학술연구원(2009). 『한국의 공공외교 활성화 방안』. 외교통상부 정책연구용역 과제.

한국해양수산개발원(2009).『국제 해양 문제 주도권 확대방안 연구(I)』.
한국해양연구소(1997).『'97 이어도 종합해양과학기지 구축사업 보고서』(12월, 해양수산부).
한국해양재단(2014).『해양영토 바로알기』.
한석희(2010). "21세기 중국 민족주의의 딜레마: 세계화와 실용주의적 민족주의의 상호관계."『신아세아』, 17권 1호.
한용섭(2013). "동북아 영토분쟁의 군사적 의미와 시사점." 사단법인 아시아기자협회 주최.『영토분쟁의 평화적 해결을 위한 아시아 언론의 역할』세미나 발제문(2. 28).
해군본부(1954).『한국해양사』.
해군본부(2008).『해군비전 2030』.
해양수산부(2006).『미래 국가해양전략 연구』(8. 28).
해양수산부(2014). "2014년 업무 추진계획: 국민과 함께 가는 행복의 길, 바다로 세계로 미래로." 대통령 업무보고자료(2014. 2. 19).
현용준(1992), "고대 한국민족의 해양타계관,"『무속신화와 문헌신화』, 서울: 집문당.
현용준(2009).『제주도사람들의 삶』. 서울: 민속원.
홍성구(2007). "청조 해금정책의 성격." 이문기·장동익·우인수·홍성구·이에나가 쥰지.『한·중·일의 해양인식과 해금』, 동북아역사재단 연구총서 23(서울: 동북아역사재단).
Geoffrey Till(2011). 배형수 역.『21세기 해양력』. 서울: 한국해양전략연구소.
Wong, Chun Han(2015), "중국, 남중국해 인공섬에 '갈등의 씨앗' 될 군사 시설 짓는다,"『월스트리트저널』, 18 June.

高健軍(2004).『中國與國際海洋法』. 海洋出版社.
鄧小平(1993).『鄧小平文選』, 3卷. 北京: 人民出版社.

國務院新聞辦公室(2011).『中國的和平發展』. 白皮書.

防衛省 防衛研究所 編(2012).『中國安全保障レポ.ト2011』. 防衛省防衛研究所.

于有慧(2005). "和平發展: 胡溫體制外交戰略初探."『中國和平發展與亞太安全』. 台北: 政治大學.

海洋政策研究財団(2006b),『中國の海洋政策と法制に關する研究』.

刑廣程(2003). "由中俄美關係變化引發的思考."『現代國際關係』, 4輯.

胡錦濤(2012). "堅定不移沿著中國特色社會主義道路前進 爲全面建成小康社會而奮鬥: 在中國共産黨第十八次全國代表大會上的報告."『中國共産黨第十八次全國代表大會文件彙編』. 北京: 人民出版社.

胡波 編(2015).『2049年的中國海上權力』. 北京: 中國發展出版.

Abu-Lughod, Janet(1989). *Before European Hegemony: The World System A. D. 1250–1350*. New York and Oxford: Oxford University Press.

Arrighi, Geovanni(2007). *Adam Smith in Beijing: Lineages of the 21st Century*. London: Verso.

Bateman, Sam(1998). "Economic Growth, Marine Resources and Naval Arms in East Asia." *Marine Policy* 22.

Bateman, Sam(연도미상). "The Regime of the South China Sea: The Significance of the Declaration on the Conduct of Parties." http://blog.canpan.info/oprf/img/858/dr.bateman_presentation.pdf

Berger, Thomas(2012). "Navigating a Sea of Troubles: U.S. Alliances and Maritime Disputes in East Asia." EAI Fellows Program Working Paper, No. 35.

Blanchard, Jean-Marc F.(2003). "Maritime Issues in Asia: The Problem of Adolescence." In Muthiah Alagapa, ed., *Asian Security Order:*

Instrumental and Normative Features. Stanford, California: Stanford University Press.

Brown, E. D.(1994). *The International Law of the Sea*. Vol. I, Aldershot, England: Dartmouth, Publishing Company.

Carlson. Allen R.(2003). "Constructing the Dragon's Scales: China's Approach to Territorial Sovereignty and Border Relations in the 1980s and 1990s." *Journal of Contemporary China*. Vol. 12, No. 37 (November).

Castells, Manuel(2009). *Communication Power*, Oxford and New York: Oxford University Press.

Cole, Bernard D.(2010). *The Great Wall at Sea: China's Navy in the Twenty–First Centry*, 2nd ed. Maryland: Naval Institute Press.

Costanza, Robert et al.(1997). "The Value of the World's Ecosystem Services and Natural Capital." *Nature*, Vol. 387(May).

Cukwurah, A.O.(1967). *The Settlement of Boundary Dispute in International Law*. Manchester: Manchester University Press.

de Meyer, Dirk(2011). "Growing an Island: Okinotori." *San Rococo*, Vol. 1, No. 1.

Dowing, John(1998). "Maritime Ambition: China's Naval Modernization," *Jane's Navy International*, Vol. 103 (May).

Dzurek, Daniel J.(1999–2000). "What Makes Some Boundary Disputes Important?," *IBRU Boundary and Security Bulletin* (Winter).

Emery, K. O., Y. Hayashi, T. Hilde, K. Kobayashi, J. Koo, C. Meng, H. Niino, J. Osterhagen, L. Reynolds, J. Wageman, C. Wang, and S. Yang(1969). "Geological Structure and Some Water Characteristics of the East China Sea and the Yellow Sea," Committee for Co–

Ordination of Joint Prospecting for Mineral Resources in Asian Offshore Areas, Technical Bulletin Vol. 2.

Fravel, Taylor(2005). "Regime Insecurity and International Cooperation: Explaining China's Compromises in Territorial Disputes." *International Security*, Vol. 30, No. 2.

Glaser, Bonnie S.(2009). *U.S.–China Relations: Cooperation Amid Strategic Mistrust*. CSIS (Sep. 15).

Greenfield, Jeanette(1992). *China's Practice in the Law of the Sea*. Clarendon Press. Oxford University.

Hansel, Paul(1996). "Charting A Course to Conflict: Territorial Issues and Interstate Conflict 1816 1992." *Conflict and Management and Peace Science*. Vol. 15, No. 1.

Harrison, Selig S.(2005). "Seabed Petroleum in Northeast Asia: Conflict or Cooperation?" In Seabed Petroleum in Northeast Asia: Conflict or Cooperation? Woodrow Wilson International Center for Scholars.

Hearnshaw, F.C.J.(1940). *Sea–Power and Empire*. London: George G. Harrap & Co.

Hermanns, Heike(2006). "The Korean Nationalist Discourse Online: An Example of Public Diplomacy in the Internet Era?" presented to the 16th Biennial Conference of the Asian Studies Association of Australia in Wollongong, 26 – 29 June.

Holmes, James R. and Toshi Yoshihara(2008). "China's Naval Ambitions in the Indian Ocean." *The Journal of Strategic Studies*, Vol. 31, No. 3.

Holmes, James R. and Toshi Yoshihara(2008). *Chinese Naval Strategy in the 21st Century: The Turn to Mahan*, Oxon: Routledge.

Holsti, K. J.(1991). *Peace and War: Armed Conflicts and International Order 1648–1989*. Cambridge: Cambridge University Press.

Hong, Zhao(2013). "The South China Sea Dispute and China-ASEAN Relations." *Asian Affairs*, Vol. 44, No. 1.

Huang, Cary(2013). "As China's Navy Grows, End of Deng's Dictum of Keeping a Low Profile?" *South China Morning Post*, 4 January.

IEA(International Energy Agency)(2010). *World Energy Outlook 2010*.

Kaplan, Robert D.(2009). "Center Stage for the Twenty-first Century: Power Plays in the Indian Ocean." *Foreign Affairs* (March/April).

Khattak, Masood. Ur. Rehman(2011). "Chinese Maritime Strategy: A Critical Appraisal" (August 5). http://www.weeklypulse.org/details.aspx?contentID=1066&storylist=2.

Kim, Sun Pyo(2004). *Maritime Delimitation and Interim Arrangements in Northeast Asia*. The Hague/London/New York: Martinus Nijhoff Publishers.

Mahan, Alfred T.(1980). Influence of the Sea Power upon History, Englewood Cliffs: Prentice-Hall.

McNeill, William H.(1988). "World History and the Rise and Fall of the West." *Journal of World History* 9(2).

Office of Naval Intelligence(2009). The People's Liberation Army Navy: A Modern Navy with Chinese Characteristics (August).

Office of the Secretary of Defense(2012). *Annual Report to Congress: Military and Security Developments Involving the People's Republic of China 2012* (May).

Office of the State Council of the People's Republic of China(2013). *Chi-*

na's National Defense in 2010 (Mar. 31). http://www.china.org.cn/government/whitepaper/node_7114675.htm.

Oppenheim, Lassa(1992). *International Law*, Vol.Ⅰ, London: Longman.

Park, Choon-ho(1983). "The Sino-Japanese-Korean Sea Resources Controversy and the Hypothesis of a 200-mile Economic Zone." In Choon-ho Park, ed. *East Asia and the Law of the Sea*. Seoul: Seoul National University Press.

Rahman, Chris(2009). *Concepts of Maritime Security*. Centre for Strategic Studies, Victoria University of Wellington.

Rice, Condoleezza(2000). "Promoting the National Interest." *Foreign Affairs* (Jan/Feb.).

Ross, Robert S.(2009). "China's Naval Nationalism." *International Security*, Vol. 34, No. 2.

Schofield, Clive(2009). "Disputes over Islands and the Delimitation of Maritime Boundaries." 독도연구소 개소 1주년 기념 국제학술회의, 『국제질서의 변용과 영토 문제』(8. 6~7).

Song, Yann-huei(2009). "Okinotorishima: A 'Rock' or and 'Island'? Recent Maritime Boundary Controversy between Japan and Taiwan/China." In Seoung-Yong Hong and Jon M. van Dyke, eds. *Maritime Boundary Disputes, Settlement Processes, and the Law of the Sea*. Netherland: Martinus Nijhoff Publishers.

Swaine, Michael D.(2011). "China's Assertive Behavior. Part One: On 'Core Interests'." *China Leadership Monitor*, Vol. 34(February 22).

Swartz, Spencer and Shai Oster(2010). "China Tops U.S. in Energy Use." *The Wall Street Journal*, July 19.

The Economist(2014). "Chile, Peru and the ICJ: A Line in the Sea." Feb.

1st.

The Secretary of Defense(2011). *Military and Security Developments Involving the People's Republic of China 2011: Annual Report to Congress.*

Toffler, Alvin(1980). *The Third Wave.* New York: William Morrow and Company.

Tønnesson, Stein(2002). "The History of the Dispute." In Timo Kivimaki(ed.), *War or Peace in the South China Sea?* Copenhagen: NIAS(Nordic Institute of Asian Studies) Press.

U.S. Department of Defense(2010). "Annual Report to Congress: Military and Security Developments Involving the People's Republic of China, 2010," Office of the Secretary of Defense.

U.S. Department of State(1987). *Limits in the Seas No. 106 Developing Standard Guidelines for Evaluating Straight Baselines.*

U.S. Department of State(1996). *Limits in the Seas No.117 Straight Baselines Claim: China.*

U.S. Department of State(2009). "Closing Remarks for U.S.-China Strategic and Economic Dialogue." July 28. http://www.state.gov/secretary/rm/2009a/july/126599.htm.

van Dyke, Jon(1988). "Speck in the Ocean Meets Law of the Sea." *New York Times,* January 21.

van Dyke, Jon, M. Lewis M. Alexander and Joseph R. Morgan(1988). *International Navigation: Rocks and Shoals Ahead?* Honolulu: The Law of the Sea Institute, University of Hawaii.

Walch, J. Weston and Kate O'Halloran(1993). *Cases and Controversies in U.S. History.* Portland, Maine: J. Waston Walch, Publisher.

Wu, Xu(2007). *Chinese Cyber Nationalism: Evolution, Characteristics and*

Implications. Lanham, MD: Rowman & Littlefield Publishing Groups-Lexington Books.

Xiaoxuan, Wang(2012). "Navy has to get stronger." *China Daily*, July 27.

Xue, Guifang(2010). "How Much Can a Rock Get? A Reflection from the Okinotorishima Rocks." KMI, COLP, and NILOS Conference on Globalization and the Law of the Sea(1-3 December).

Yoshikawa, Yukie(2005). "Okinotorishima: Just the Tip of the Iceberg." *Harvard Asia Quarterly*, Vol. 9, No. 4(Fall).

찾아보기

ㄹ

ㅁ

ㅂ

ㅅ

ㅇ

이어도 깊이 읽기

발행일 1쇄 2016년 8월 30일
지은이 이어도연구회 대표 집필 고충석
펴낸이 여국동

펴낸곳 도서출판 인간사랑
출판등록 1983. 1. 26. 제일-3호
주소 경기도 고양시 일산동구 백석로 108번길 60-5 2층
물류센타 경기도 고양시 일산동구 문원길 13-34(문봉동)
전화 031)901-8144(대표) | 031)907-2003(영업부)
팩스 031)905-5815
전자우편 igsr@naver.com
페이스북 http://www.facebook.com/igsrpub
블로그 http://blog.naver.com/igsr
인쇄 인성인쇄 **출력** 현대미디어 **종이** 세원지업사

ISBN 978-89-7418-352-3 93330

* 책값은 뒤표지에 있습니다. * 잘못된 책은 바꿔드립니다.

이 도서의 국립중앙도서관 출판시도서목록(CIP)은 서지정보유통지원시스템 홈페이지(http://seoji.nl.go.kr)와 국가자료공동목록시스템(http://www.nl.go.kr/kolisnet)에서 이용하실 수 있습니다.(CIP제어번호: CIP2016020029)